SPSS를 활용한

통 계 학

손방용 · 민만식 지음

KYOWOOSA 敎友社

머리말

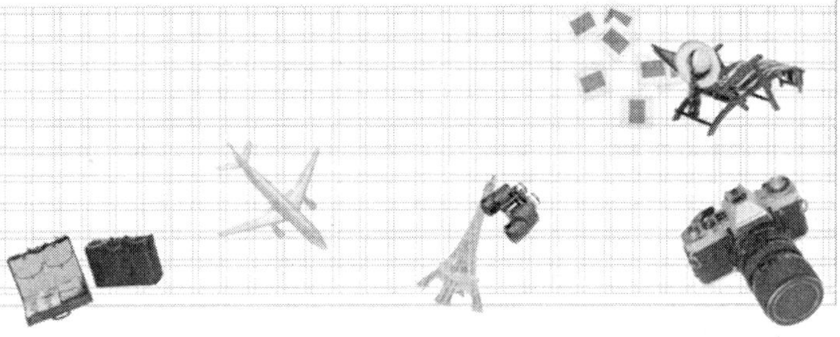

현대사회의 모든 학문을 아우르는 통계분석을 평이하게 해설

현대사회의 모든 학문 분야에서 통계학의 필요성과 그 응용이 매우 넓어지고 있다. 즉 농업, 생물, 의학, 심리학, 공학 등 모든 자연과학뿐만 아니라 경제, 경영, 정치, 사회, 역사 등 인문사회과학 전반에 이르기까지 여러 측면에서 그 어느 때보다도 SPSS를 이용한 통계적 분석 방법에 대한 올바른 이해가 절실히 요구되고 있다.

이 책은 여러 학문 분야에 응용할 수 있는 통계학의 기본 지식을 제공하며 이를 토대로 다양한 학문을 연계, 융합하는데 기초가 되도록 하였다. 따라서 대학에서 통계학의 기초이론의 교과서 또는 참고서가 되도록 엮었으며, 사회 각 분야에 관하여 연구하는 학생들이 통계학의 기본 인식과 응용을 하려 할 때 초보적인 수리에 입각한 통계학의 기본 사항을 쉽게 이해할 수 있도록 서술했다.

본서는 각 장마다 먼저 통계학의 기본 개념을 소개하고 SPSS최신버전인 PSAW Statistics를 이용하여 데이터 분석방법을 설명하였다. 즉, 각 장마다 통계학의 기본개념을 먼저 설명하고 다음으로 예제를 이용하여 실제 적용방법을 설명하였으며 각 장의 끝에는 SPSS실습절을 넣어서 본문에서 다른 예제를 SPSS로 이용하는 분석 방법을 설명하였다.

각 절의 마지막에서는 연습문제를 다양하게 수록해 학생들이 자기 실력을 측정및 실습하고 더욱 이해를 확실하게 하는데 도움이 되도록 하였다. 이 연습문제들은 자세한 풀이와 해답을 첨부했다.

1장에서는 SPSS를 처음 시작하는 독자들을 위해 기본적인 사용방법을 설명하였다. 2장에서는 데이터들을 체계적으로 정리˙요약하는 기술통계에 대해 설명하였고 확률 및 확률변수, 확률분포에 관한 기초이론과 통계적 추론에 관한 기본원리를 각각 3장과 4장에서 설명하였다. 5장부터 10장까지는 표본분포, 신뢰구간, 검정, 범주형자료분석, 회귀분석, 분산분석 등 자주 쓰이는 분석방법들을 소개하였으며 모든 장에서 이공학 데이터를 예제로 하여 개념과 방법을 기술하고 각 방법마다 SPSS를 이용한 분석방법을 단계별로 화면 그림과 함께 실음으로써 이공학 연구자들로 하여금 보다 쉽게 자신의 데이터에 적절한 통계적 방법을 찾아 활용할 수 있도록 하였다.

이 책을 집필하는데 많은 격려와 조언을 해주신 여러분께 깊은 감사의 뜻을 표하며 앞으로도 계속 지도 편달을 해주시기 바란다. 아울러 이 책을 보다 알차게 만들어 행해준 교우사에 감사드린다.

2012년 2월

저자

차 례

1장 SPSS의 기본 사용법 / 1

2장 기술통계 / 53

3장 확률과 확률변수 / 105

4장 확률 분포 / 145

5장 표본 분포 / 173

6장 신뢰구간 / 197

7장 검정 / 231

8장 범주형 자료와 카이제곱 검정 / 263

9장 두 개의 변수를 갖는 자료 탐구 / 293

10장 분산분석 / 345

1 SPSS의 기본 사용법

1-1 SPSS의 시작과 종료

SPSS가 설치된 PC에서 SPSS를 시작하는 방법은 다음과 같다.

1. Window 화면의 왼쪽 아래에 있는 〈시작〉버튼을 누른 다음 모든 프로그램과 SPSS를 찾아 차례로 클릭하거나
2. Window 바탕 화면에 SPSS 아이콘이 설치되어 있다면 이 아이콘을 더블 클릭하면 실행된다.

SPSS를 처음 실행하면 [그림 1.1]과 같은 초기화면이 나타난다.

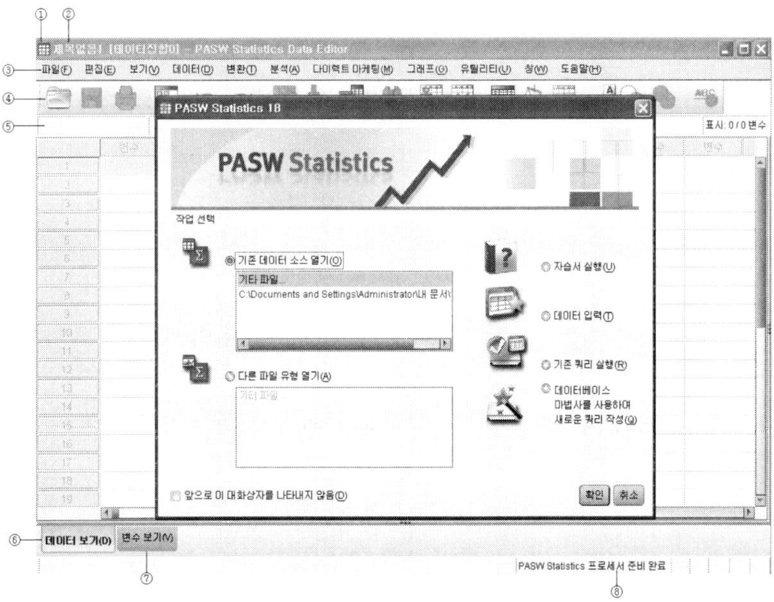

[그림 1.1] SPSS의 초기화면

그림에서 번호에 따른 설명은 다음과 같다.

① 컨트롤 메뉴 버튼으로 이 버튼을 선택하면 SPSS 화면을 조정할 수 있는 메뉴가 나타난다.
② 화면의 가장 위에 위치한 제목 표시줄은 SPSS 창의 이름과 파일 이름을 표시한다. 초기 화면에서는 『SPSS 데이터 편집기 창』이 보여지며, 현재 자료를 저장하지 않았기 때문에 제목없음으로 나타난다.
③ 제목 표시줄 바로 아래에 위치한 메뉴 표시줄은 SPSS 자료편집기를 이용하기 위해 필요한 메뉴들이 정리되어 있다. 주요기능은 다음과 같다.
   - 파일(F) : 데이터 파일을 작성, 작성된 파일을 열기, 저장기능
   - 편집(E) : 파일을 편집 및 복사하는 기능
   - 보기(V) : 도구상자(toolbar)나 상태표시줄 등을 화면에 표시하는 기능
   - 데이터(D) : 변수 정의, 자료를 선택
   - 변환(T) : 새로운 변수를 만들거나 변수값 변환 등의 기능
   - 분석(A) : 데이터에 대한 통계 분석
   - 그래프(G) : 그림이나 도표를 작성
   - 유틸리티(U) : 파일이나 변수의 정보를 표시
   - 창(W) : Window 창 메뉴를 표시
   - 도움말(H) : SPSS에 관한 도움말
④ 도구상자(toolbar)는 많이 사용되는 파일열기, 저장하기, 인쇄하기 등의 명령어를 그림도구로 표시한다.
⑤ 행 및 변수표시기는 현재 활성화된 셀의 행번호와 변수명이 표시되는 곳이다.
⑥ 현재 시트의 이름을 나타낸다. [그림 1.1]에서 데이터 보기가 활성화된 것은 지금 사용하는 시트가 데이터 시트임을 나타낸다.
⑦ 변수보기 탭을 클릭하면 데이터 시트에 나타난 변수의 이름과 특성을 볼 수 있다.
⑧ 상태표시줄은 화면의 가장 아래에 위치하는 긴 상자로, 현재 SPSS 창의 상태를 표시한다.

SPSS를 종료하려면 SPSS 화면에서 상단 오른쪽 끝의 X부분을 선택하거나, [그림 1.2]와 같이 『파일(F) → 종료(X)』를 선택하면 된다. 최종 데이터 편집 후 저장하지

않았다면 변경 내용을 저장하겠느냐는 대화상자가 나온다. 저장을 원하면 〈예〉를 선택한다.

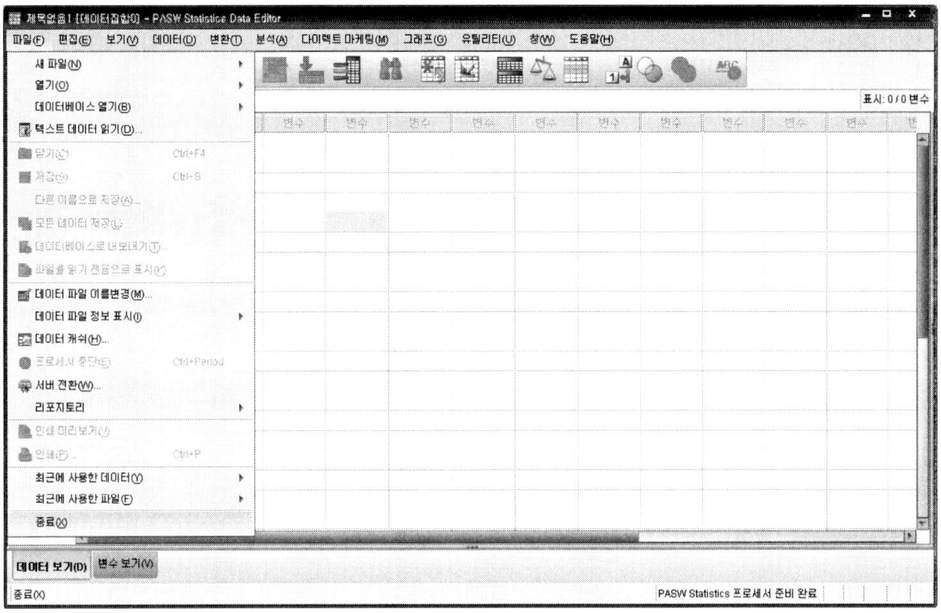

[그림 1.2] SPSS의 종료

1-2 자료의 입력

SPSS에서 자료를 입력하는 방법으로는 외부의 파일을 불러오는 방법과 SPSS에서 직접 데이터를 입력하는 방법이 있다.

만약 이미 형성된 자료 파일이나 SPSS 파일(확장자가 .sav)이 있으면 [그림 1.3]과 같은 초기화면에서 기타 파일 아래에 파일의 이름들이 나열되어 있을 것이며 그 중 하나를 선택 한 후 〈확인〉을 클릭하여 불러온다. 또는 [그림 1-3]에서처럼 메뉴에서 『파일(F) → 열기(O) → 데이터(A)』를 선택해서 [그림 1.4]를 얻으면 읽어들이고자 하는 자료를 포함하는 파일이름을 지정해서 읽어들일 수 있다. 읽어들일 수 있는 외부 파일의 형태는 확장자가 .sav인 SPSS 전용 파일, 확장자가 .txt나 .dat와 같은 일반적인 텍스트 파일, 확장자가 .xls인 Excel 파일, 그리고 SAS 파일 등이다.

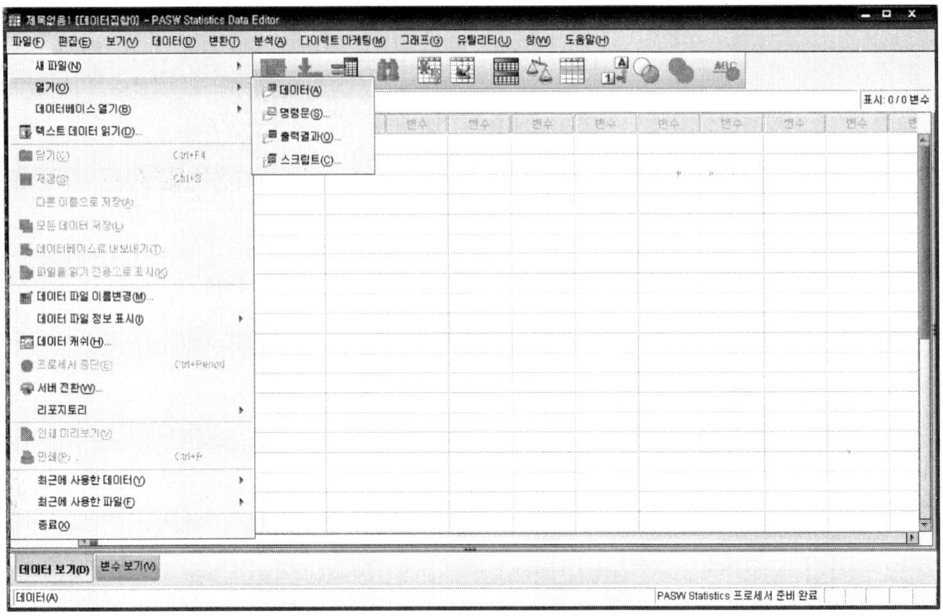

[그림 1.3] 외부 파일 열기 명령어

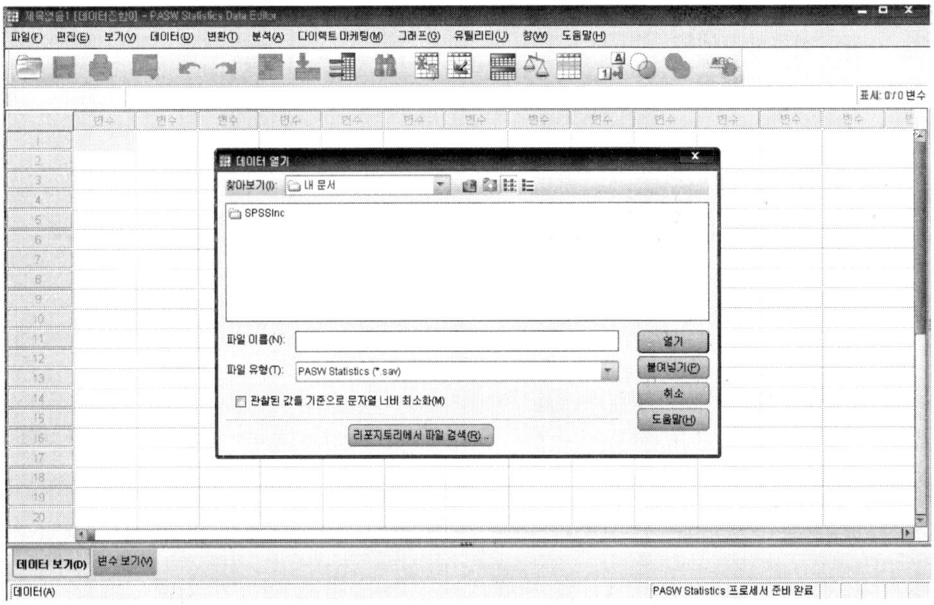

[그림 1.4] 외부 파일 불러들이기

만약 이미 형성된 자료가 외부에 없다면 [그림 1.2]의 초기화면에서 〈취소〉를 선택한 후 직접 자료를 입력하려면 『데이터 편집기』를 이용하여 자료를 입력한다. 자료 입력의 예를 들기 위해서 다음의 자료를 사용하자.

어느 대도시와 지방도시에서 남녀 25명을 뽑아서 다음의 설문조사를 하였다.

성별 :	연령 :	이름 :
목록 :	날짜 : 20 . . .	

1. 성별 : ① 남자 ② 여자

2. 연령 : 만( )세

3. 쇼핑할 때 주로 어디를 이용하십니까?
   ① 백화점 ② 할인점 ③ 재래시장 ④ 동네 주변 ⑤ 기타

4. 문화생활에 대한 만족도는 어느 정도입니까?

①	②	③	④	⑤
매우 불만족	불만족	보통	만족	매우만족

5. 귀하는 흡연하고 계십니까?
   ① 경력없음 ② 경력 있으나 현재 끊었음 ③ 현재 흡연 중임

6. 귀하의 한 달 평균 월 지출액은 얼마입니까? ( )만원

7. 귀하는 자신의 수입이 어느 정도라고 생각하십니까? ( )만원

그 결과 〈표 1.1〉, 〈표 1.2〉, 〈표 1.3〉의 자료를 얻었다.

〈표 1.1〉 대도시설문조사 결과 (test1.sav)

I D	성 별	연 령	쇼핑 장소	문화 생활	흡 연	지출액	수 입
101	1	35	1	5	1	150	250
102	1	48	2	3	2	180	300
103	2	52	1	4	1	160	350
104	2	24	3	4	1	60	150
105	1	27	2	2	1	100	180
106	1	52	4	1	2	85	200
107	2	37	5	2	2	95	250
108	2	42	3	3	3	120	200
109	1	38	2	2	3	180	250
110	2	32	1	2	3	97	200
111	1	25	1	3	1	85	150
112	2	41	4	4	2	190	250
113	2	26	3	5	3	100	250
114	1	50	5	2	3	200	300
115	1	30	3	3	1	180	250
116	2	40	1	4	3	230	350
117	2	39	2	4	3	130	250
118	1	32	2	3	1	110	200
119	2	31	3	4	2	140	250
120	2	47	4	5	1	90	200
121	1	57	3	1	1	260	400
122	2	58	2	2	2	170	350
123	2	42	1	3	1	132	300
124	2	53	5	4	1	90	200
125	2	29	4	4	1	70	150

〈표 1.2〉 지방도시 설문조사 결과 (test2. sav)

I D	성 별	연 령	쇼핑 장소	문화 생활	흡 연	지출액	수 입
201	1	27	1	3	3	85	200
202	1	51	2	4	3	100	180
203	2	41	1	5	3	110	210
204	2	57	3	4	1	90	230
205	1	56	2	4	2	85	150
206	2	45	4	2	2	90	150
207	1	30	5	1	1	120	200
208	2	32	3	2	1	100	200
209	2	38	2	3	1	120	220
210	2	38	1	2	1	110	230
211	1	37	1	1	3	140	240
212	1	49	4	3	3	100	190
213	1	25	3	3	3	80	180
214	2	27	5	4	1	70	170
215	2	30	3	5	2	85	200
216	2	27	1	2	2	65	150
217	1	38	2	4	3	120	250
218	1	42	2	4	3	150	270
219	1	53	3	3	3	140	240
220	2	27	4	5	1	90	180
221	1	28	3	5	3	120	250
222	2	34	2	2	1	180	350
223	1	35	1	1	2	170	370
224	2	52	5	4	3	100	270
225	1	47	4	3	3	98	100

대도시에서 남녀 25명을 뽑아서 추가 설문조사를 하였다.

성별 :	연령 :	이름 :
목록 :	날짜 : 20 . . .	

1. 귀하의 경제사정은?

① 상류 ② 중류 ③ 하류

2. 귀하는 현재 자신의 행복도는 10점 만점에 몇 점이라 생각합니까? ( )점

〈표 1.3〉 대도시 추가 설문 조사 결과 (test3.sav)

I D	경제사정	행복도
101	1	9
102	2	7
103	1	8
104	3	7
105	2	8
106	3	9
107	2	8
108	2	7
109	1	9
110	2	7
111	2	8
112	2	7
113	2	7
114	1	9
115	2	8
116	1	8
117	2	8
118	2	8
119	2	7
120	3	6
121	1	9
122	2	8
123	2	7
124	3	6
125	3	6

〈표 1.1〉의 자료를 SPSS에서 직접 입력하기 위해서는 데이터 편집기 창에서 입력하고자 하는 셀을 마우스로 클릭하면 [그림 1.5]에서처럼 그 셀이 활성화되어 굵은 선이 나타난다.

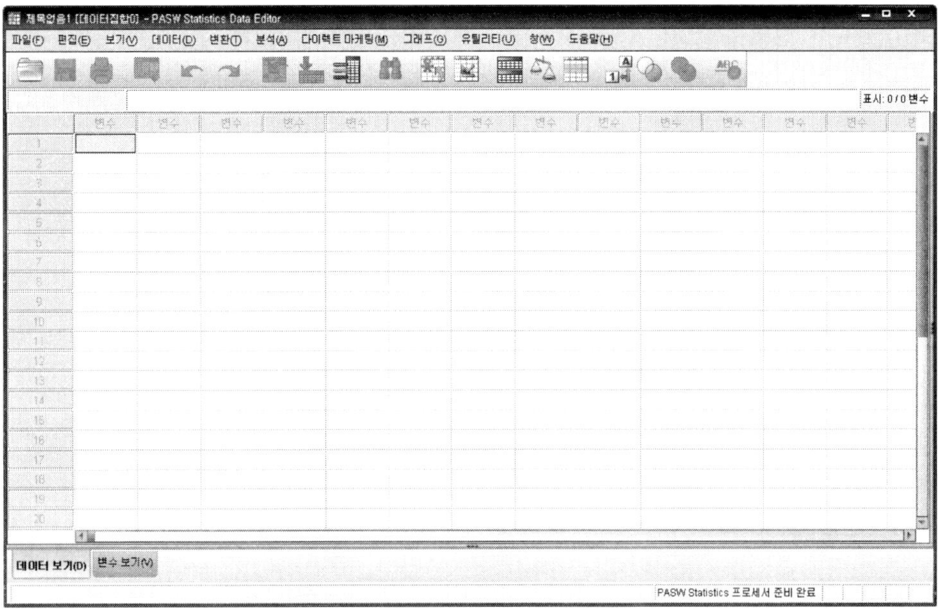

[그림 1.5] 자료 입력하기의 준비화면

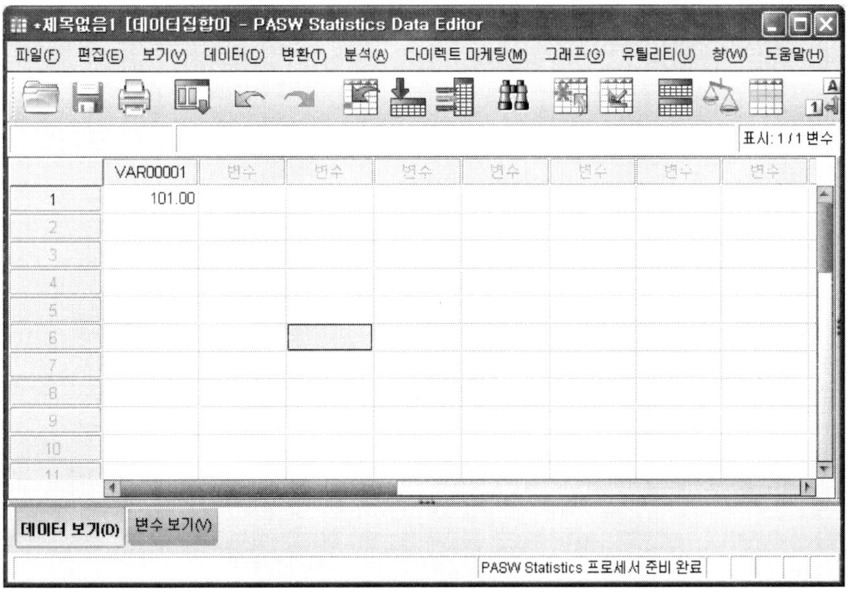

[그림 1.6] 자료 입력의 예

이제 1번의 ID인 숫자101을 입력하고 다음 행에 자료를 입력하기 위해 마우스를 움직이면 [그림 1.6]과 같이 열의 이름이 변수 에서 임의의 변수이름인 VAR00001 로 바뀐다.

여기서 숫자 101을 입력하였는데, 셀에 101.00으로 나타나는 것은 변수의 소수자리를 아직 지정하지 않았고, 임시로 소수 두 자리가 지정되어 있기 때문이다. 또한, [그림 1.7]에서 볼 수 있듯이 행 및 변수 표시기가 현재 활성화된 행인 2와 열의 이름인 VAR00001 로 생성된다. 모든 변수를 입력하게 되면 [그림 1.7]을 얻게 된다.

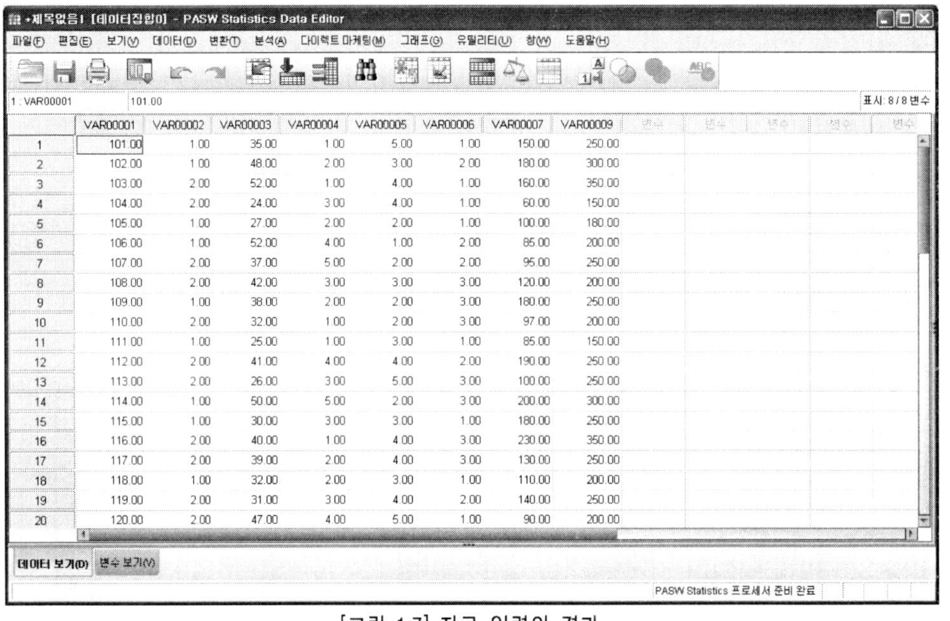

	VAR00001	VAR00002	VAR00003	VAR00004	VAR00005	VAR00006	VAR00007	VAR00009
1	101.00	1.00	35.00	1.00	5.00	1.00	150.00	250.00
2	102.00	1.00	48.00	2.00	3.00	2.00	180.00	300.00
3	103.00	2.00	52.00	1.00	4.00	1.00	160.00	350.00
4	104.00	2.00	24.00	3.00	4.00	1.00	60.00	150.00
5	105.00	1.00	27.00	2.00	2.00	1.00	100.00	180.00
6	106.00	1.00	52.00	4.00	1.00	2.00	85.00	200.00
7	107.00	2.00	37.00	5.00	2.00	2.00	95.00	250.00
8	108.00	2.00	42.00	3.00	3.00	3.00	120.00	200.00
9	109.00	1.00	38.00	2.00	2.00	3.00	180.00	250.00
10	110.00	2.00	32.00	1.00	2.00	3.00	97.00	200.00
11	111.00	1.00	25.00	1.00	3.00	1.00	85.00	150.00
12	112.00	2.00	41.00	4.00	4.00	2.00	190.00	250.00
13	113.00	2.00	26.00	3.00	5.00	3.00	100.00	250.00
14	114.00	1.00	50.00	5.00	2.00	3.00	200.00	300.00
15	115.00	1.00	30.00	3.00	3.00	1.00	180.00	250.00
16	116.00	2.00	40.00	1.00	4.00	3.00	230.00	350.00
17	117.00	2.00	39.00	2.00	4.00	3.00	130.00	250.00
18	118.00	1.00	32.00	2.00	3.00	1.00	110.00	200.00
19	119.00	2.00	31.00	3.00	4.00	2.00	140.00	250.00
20	120.00	2.00	47.00	4.00	5.00	1.00	90.00	200.00

[그림 1.7] 자료 입력의 결과

따라서 변수 보기(V) 탭에서 먼저 지정된 변수를 사용자가 알기 쉬운 이름으로 바꾸기 위해서는 변수의 속성을 지정 하는 것이 좋다. 화면의 왼쪽 아래에 위치한 변수 보기(V) 를 클릭하면 [그림 1.8]와 같은 화면을 얻게 된다.

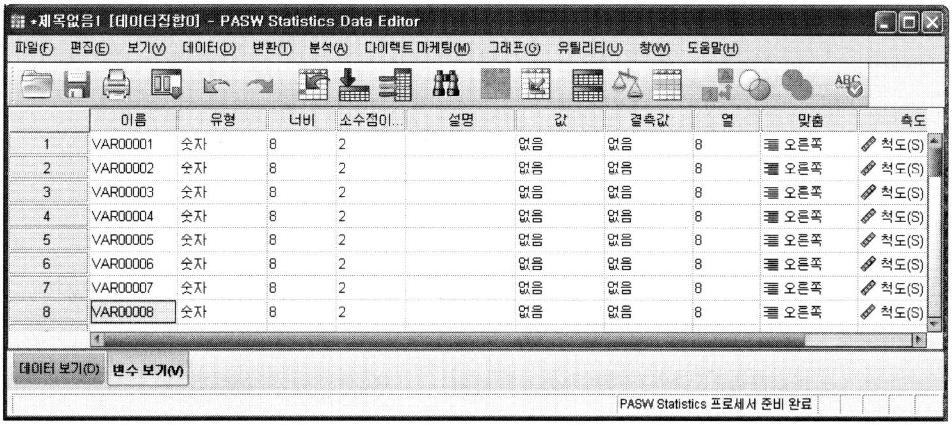

[그림 1.8] 변수 보기의 예

다음은 변수 보기 화면의 각 열의 기능에 대해 알아 보자. 변수의 이름을 바꾸려면 이름 열을 이용한다. 이름을 바꾸고자 하는 셀을 마우스로 클릭하여 새로운 변수명을 입력하면 된다. 예를 들어, VAR00001 을 ID로 바꾸고 싶다면 [그림 1.8]의 화면에서 VAR00001 위에 마우스로 클릭하고 ID를 입력한 후 마우스를 이동하면 된다. 같은 방법으로 변수의 이름을 ID-수입액으로 바꾸면 [그림 1.9]과 같다.

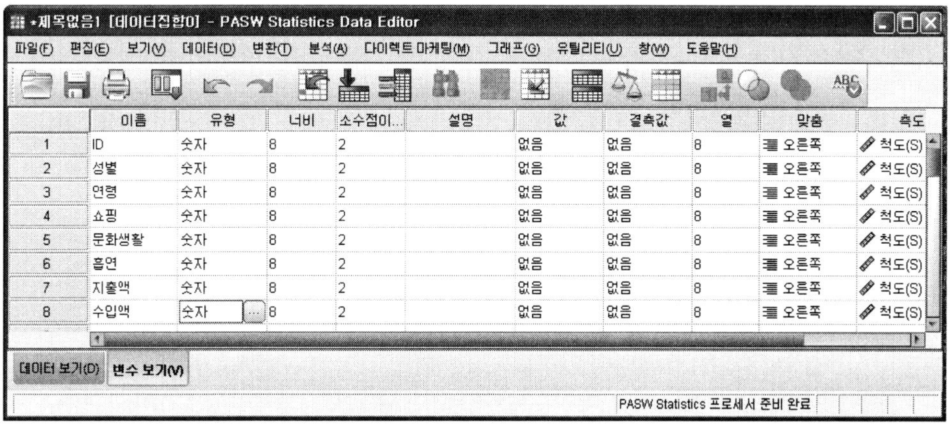

[그림 1.9] 변수 이름 바꾸기

변수 유형은 숫자, 날짜, 문자열 등으로 지정할 수 있는데, 해당 변수(행)에 해당하는 유형(열)의 셀을 클릭하면 [...]이 나타난다. [...]을 누르면 나타나는 「변수유형」 창에서 변수 유형과 자리수 등을 선택한 후 〈확인〉을 누른다.

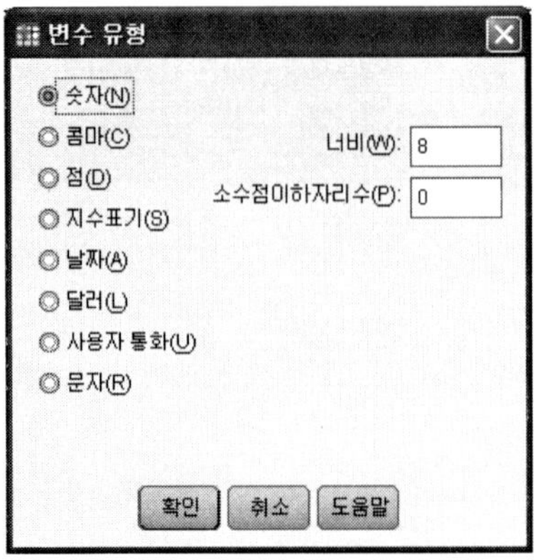

[그림 1.10] 변수유형

[그림 1.11]의 화면에서 소수점이하자리 열을 이용하여 소수 둘째 자리까지 입력된 자료들의 소수점 자리수를 조정할 수 있다. 예를 들어, ID가 소수점 이하 두 자리 수로 입력되어 있지만 소수점 없이 입력하도록 조정하기 위해서는 [그림 1.9]의 화면에서 1번째 행의 4번째 셀을 마우스로 선택하여 [그림 1.11]을 얻는다. 2 를 한 번 클릭하면 셀 안의 수가 2에서 1로 감소하고, 다시 한번 클릭하면 0이 된다. 단말기에서 0을 직접 입력할 수도 있다.

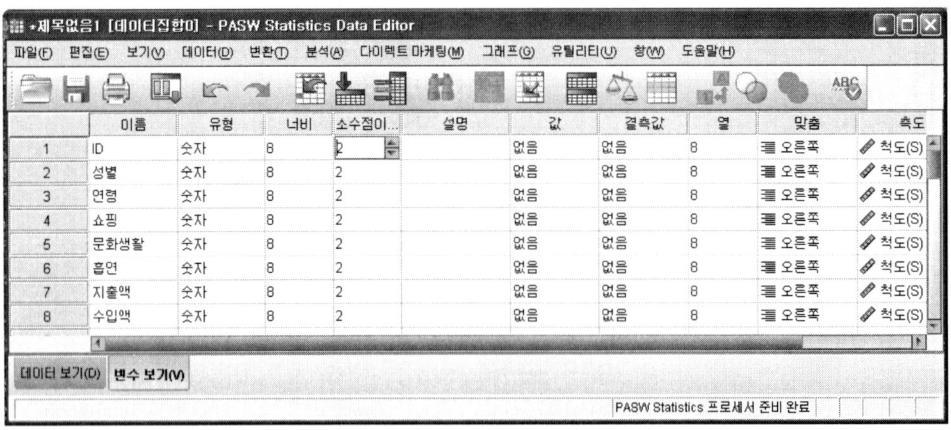

[그림 1.11] 소수점 이하 자리 조정

[그림 1.11]에서 첫 번째 변수의 이름이 기호로 지정되어 있는데, 이 기호에 대한 설명을 설명 열에 입력할 수 있다. 예를 들어, 변수 ID의 학생은 성별을 나타내

는 변수이므로 [그림 1.12]와 같이 '식별번호'을 입력한다. 비슷하게 변수 식별번호-수입액의 설명을 추가할 수 있다.

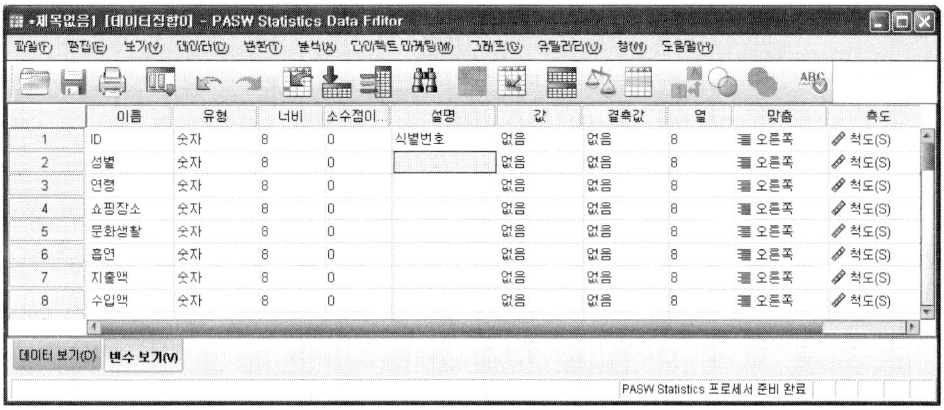

[그림 1.12] 변수명에 대한 설명

변수의 값에 대한 설명을 값 열에 입력해 놓으면 나중에 변수값의 의미를 쉽게 파악할 수 있다. 예를 들어, 성별이라는 변수의 값이 1이면 남자를 나타내고, 2이면 여자를 나타낸다는 것을 입력해 두기 위해 마우스를 1행의 값 열에 마우스를 놓고 클릭하면 [그림 1.13]에서처럼 그 셀이 없음 에서 없음 ... 으로 바뀐다. 이제 ... 를 클릭하면 [그림 1.14]와 같은 화면이 열린다.

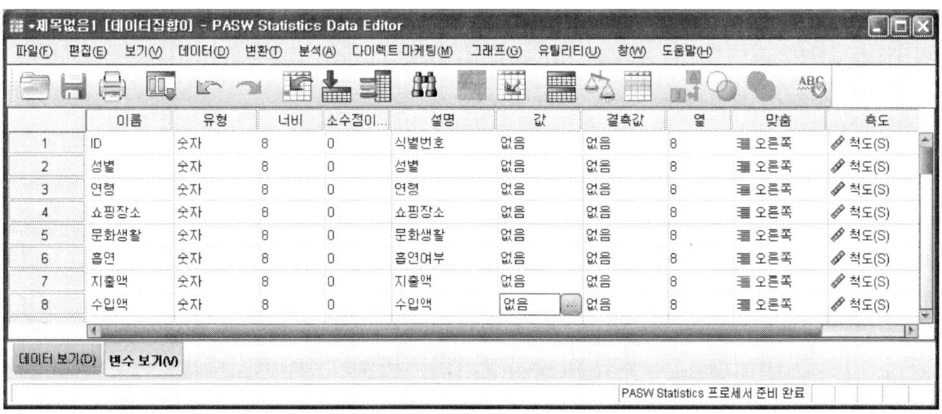

[그림 1.13] 변수값의 설명을 추가하기 위한 초기화면

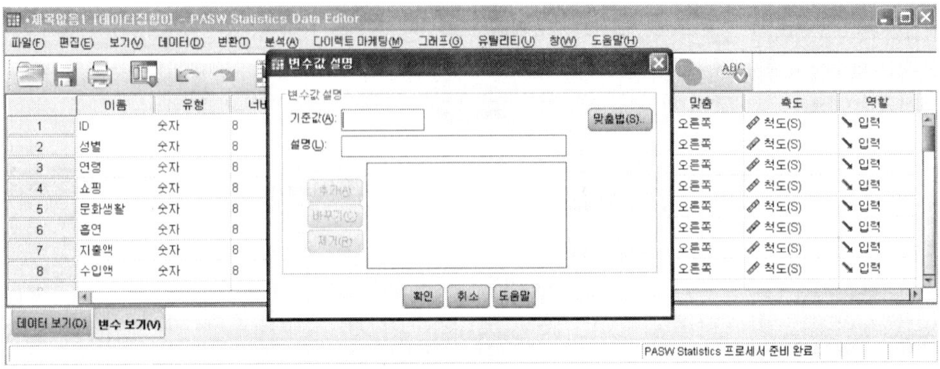

[그림 1.14] 변수값 설명의 예 Ⅰ

[그림 1.14]의 화면에서 기준값(A):에 1을 입력하고 설명(L):에 남자를 입력하고 [그림 1.15]를 얻으면 추가(A) 를 클릭하고, 다시 기준값(A):에 2를 입력하고 설명(L):에 여자를 입력하고 추가(A) 를 클릭한 후 확인 을 클릭한다.

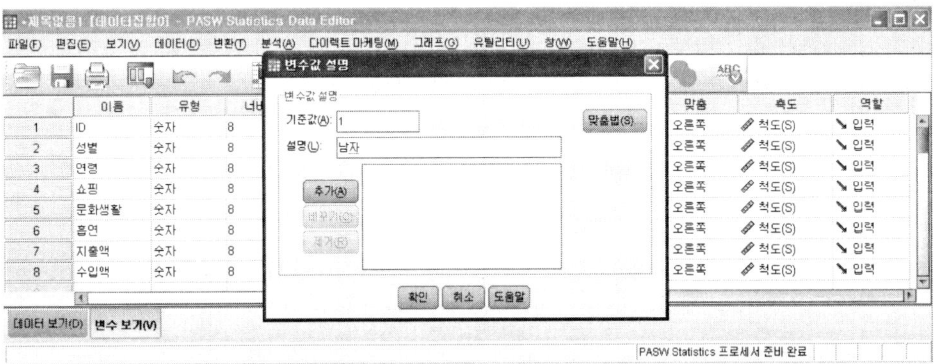

[그림 1.15] 변수값 설명의 예 Ⅱ

마찬가지로 변수 X3와 X5의 값에 대한 설명을 모두 입력하면 [그림 1.16]을 얻게된다. [그림 1.16]에서 보면 척도 행에는 임의로 모든 변수를 척도(S) 로 지정해 놓았다. 그러나 편의상 모든 자료를 숫자로 입력하였다고 하지만, 어떤 변수의 값은 숫자로서의 의미를 가지지 않는다. 예를 들어, 성별은 숫자로 입력되어 있지만, 그 숫자에는 크기나 순서로서의 의미를 가지지 않는다.

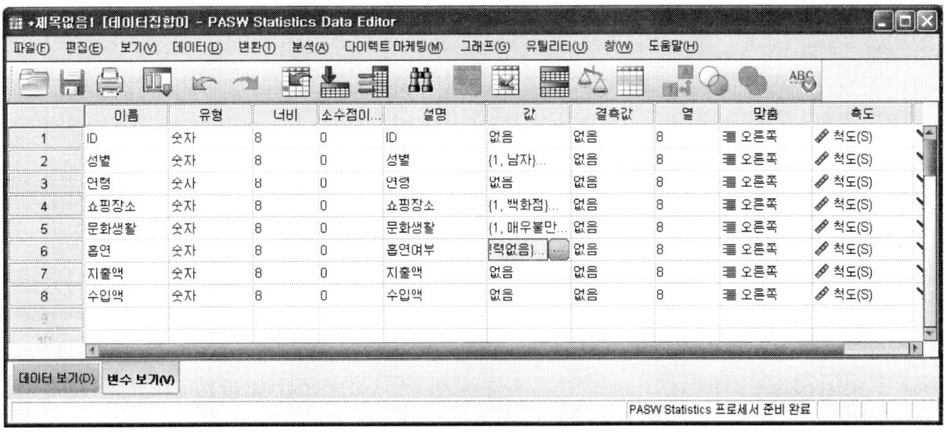

[그림 1.16] 변수값 설명 후의 변수 보기 화면

이를 변경하기 위해서 먼저 1행의 측도열을 마우스로 클릭하여 그 셀이 척도(S)에서 척도(S) 로 변하게 되고, 다시 ▼를 클릭하여 셀이 척도(S) 순서(O) 명목(N) 으로 변하면 그 중 명목을 선택한다. 마찬가지로 쇼핑장소, 문화생활, 흡연여부를 변경시킨 후 [그림 1.17]을 얻는다.

뿐만 아니라 유형부분을 숫자가 아닌 문자로 바꾼다면 앞에 조건에 대해 미리 만족하기 때문에 척도부분이 명목으로 바뀌어있는 것을 볼 수 있다.

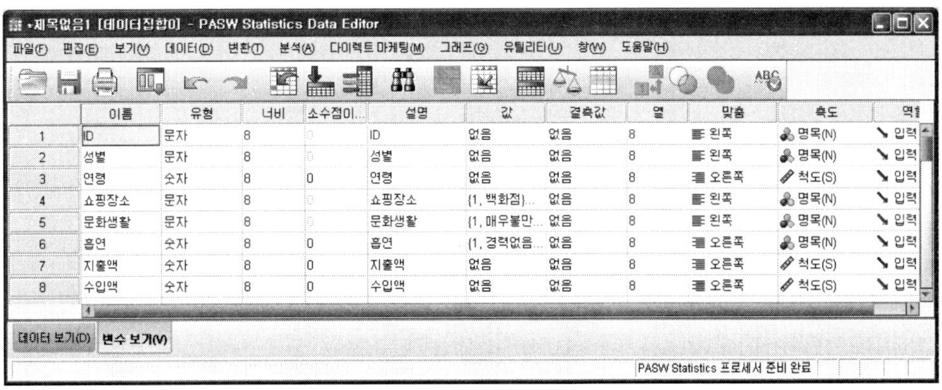

[그림 1.17] 변수 특성을 지정한 후 화면

이제 다시 화면의 왼쪽 아래에 위치한 데이터 보기를 클릭하면 [그림 1.17]이 [그림 1.18]로 변함을 볼 수 있다.

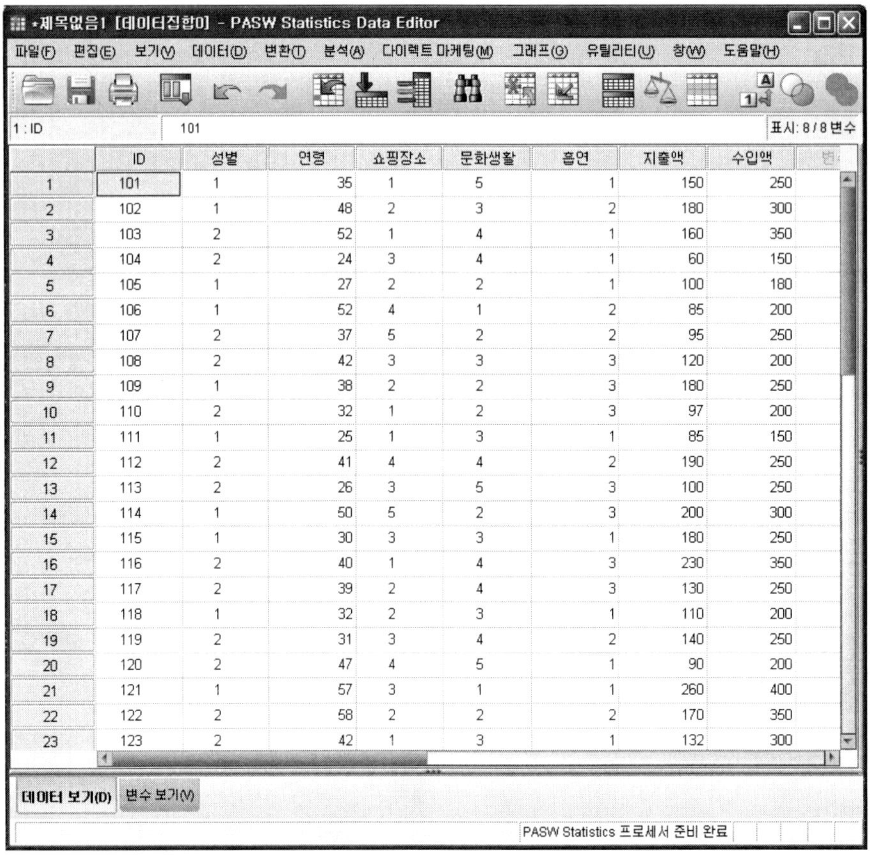

	ID	성별	연령	쇼핑장소	문화생활	흡연	지출액	수입액
1	101	1	35	1	5	1	150	250
2	102	1	48	2	3	2	180	300
3	103	2	52	1	4	1	160	350
4	104	2	24	3	4	1	60	150
5	105	1	27	2	2	1	100	180
6	106	1	52	4	1	2	85	200
7	107	2	37	5	2	2	95	250
8	108	2	42	3	3	3	120	200
9	109	1	38	2	2	3	180	250
10	110	2	32	1	2	3	97	200
11	111	1	25	1	3	1	85	150
12	112	2	41	4	4	2	190	250
13	113	2	26	3	5	3	100	250
14	114	1	50	5	2	3	200	300
15	115	1	30	3	3	1	180	250
16	116	2	40	1	4	3	230	350
17	117	2	39	2	4	3	130	250
18	118	1	32	2	3	1	110	200
19	119	2	31	3	4	2	140	250
20	120	2	47	4	5	1	90	200
21	121	1	57	3	1	1	260	400
22	122	2	58	2	2	2	170	350
23	123	2	42	1	3	1	132	300

[그림 1.18] 변수이름 지정 후의 데이터 보기 화면

1-3 데이터 저장하기

데이터가 열린 상태에서 각 셀을 클릭하여 내용을 편집할 수 있다. 기존 데이터를 편집하거나 새로운 데이터를 입력한 후 저장하려면 메뉴에서 『파일(F) → 저장(S)』을 누르거나 『파일(F) → 다른 이름으로 저장(A)』을 선택한다. 『데이터를 다른 이름으로 저장』창이 나타나면, [저장위치(I)]를 지정한 후 [파일이름(N)]에 새로운 파일이름을 쓰고 〈저장(S)〉을 누른다. 저장된 SPSS 데이터의 확장자는 *.sav이다.

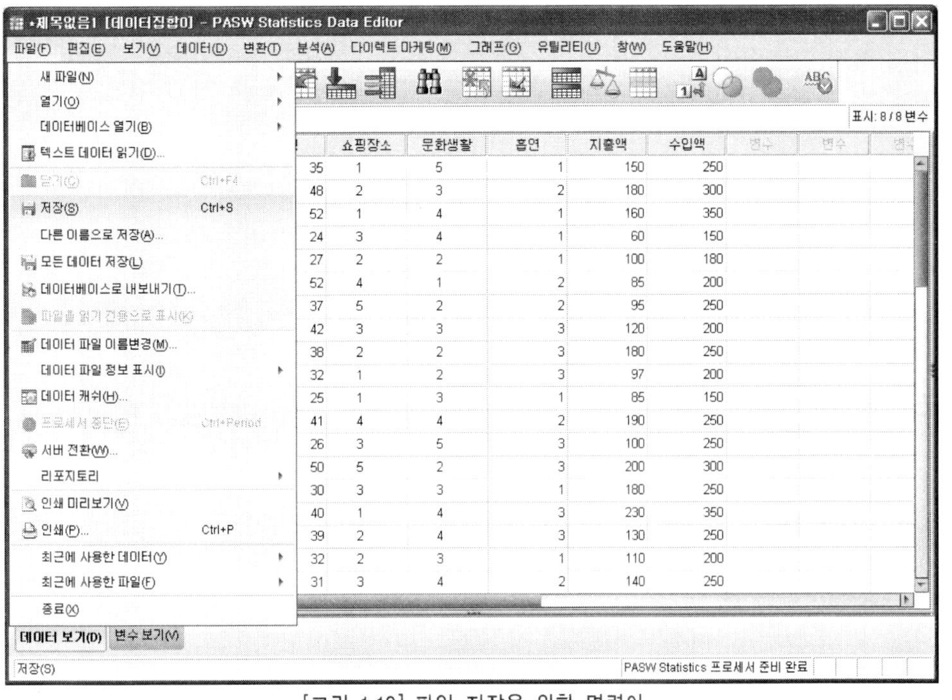

[그림 1.19] 파일 저장을 위한 명령어

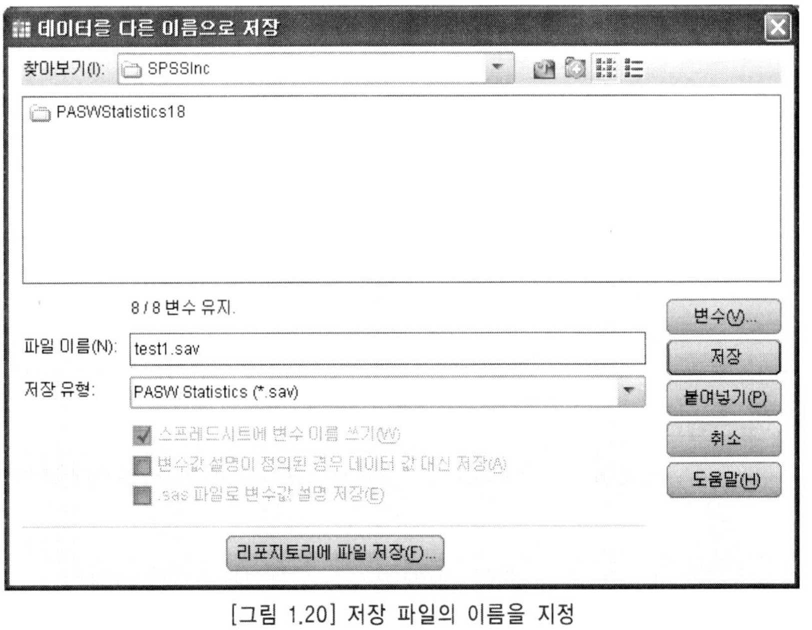

[그림 1.20] 저장 파일의 이름을 지정

이 책에서 사용되는 데이터 파일을 저장하기 위한 폴더를 만들고 그 폴더를 "저장 위치"로 지정해 주면 나중에 다시 사용하기 편리할 것이다. 이제 [저장]을 클릭하면 [그림 1.21]과 같이 제목 표시줄의 제목없음이 test1로 바뀐다.

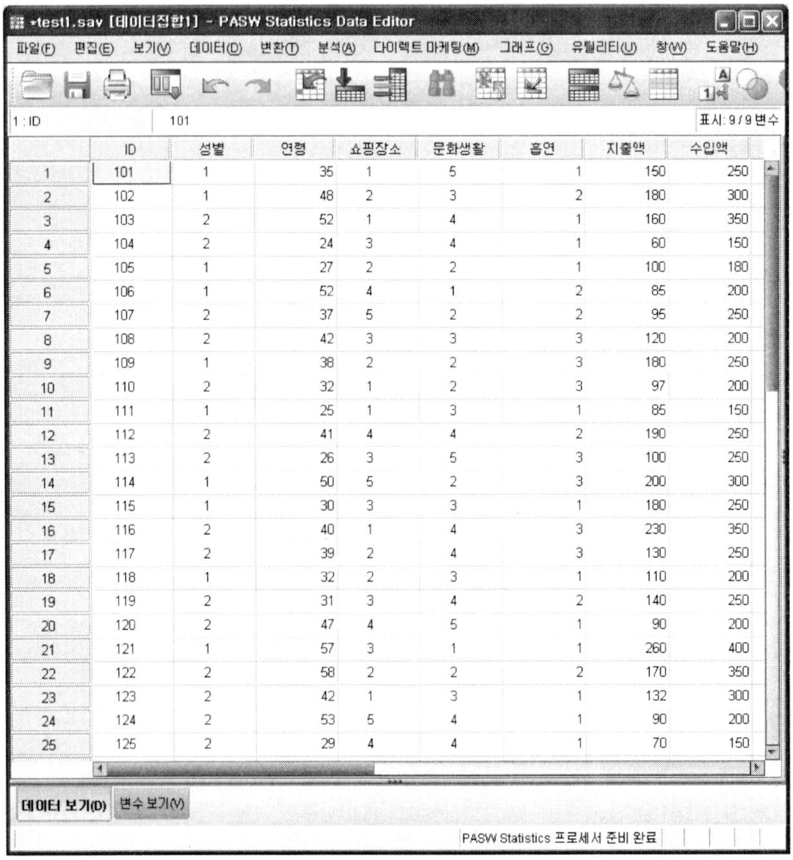

	ID	성별	연령	쇼핑장소	문화생활	흡연	지출액	수입액
1	101	1	35	1	5	1	150	250
2	102	1	48	2	3	2	180	300
3	103	2	52	1	4	1	160	350
4	104	2	24	3	4	1	60	150
5	105	1	27	2	2	1	100	180
6	106	1	52	4	1	2	85	200
7	107	2	37	5	2	2	95	250
8	108	2	42	3	3	3	120	200
9	109	1	38	2	2	3	180	250
10	110	2	32	1	2	3	97	200
11	111	1	25	1	3	1	85	150
12	112	2	41	4	4	2	190	250
13	113	2	26	3	5	3	100	250
14	114	1	50	5	2	3	200	300
15	115	1	30	3	3	1	180	250
16	116	2	40	1	4	3	230	350
17	117	2	39	2	4	3	130	250
18	118	1	32	2	3	1	110	200
19	119	2	31	3	4	2	140	250
20	120	2	47	4	5	1	90	200
21	121	1	57	3	1	1	260	400
22	122	2	58	2	2	2	170	350
23	123	2	42	1	3	1	132	300
24	124	2	53	5	4	1	90	200
25	125	2	29	4	4	1	70	150

[그림 1.21] 실행결과 보기와 저장하기

1-4 파일 합치기

예를 들어, 대도시 자료와 지방도시 설문조사 자료가 각 도시에서 25명씩 조사되어 각각 다른 파일로 저장되었다고 하자. 분석을 하기 위해서는 이들을 하나의 데이터로 통합하여야 할 것이다. 한편 각 ID에 대해서 경제사정과 행복도 등의 변수가 나중에 추가되는 경우도 있을 수 있다. 이런 경우에 SPSS의 [파일 합치기] 기능을 이용할 수 있다. 위 예에서 전자는 [케이스 추가]이고, 후자는 [변수 추가]가 된다. [변수 추가]를 위해서는 통합하여야 하는 데이터들이 각각 기준이 되는 변수를 공통적으로 가지고 있어야 한다.

1.4.1 케이스 추가

다음의 예를 통해 두 개의 파일에 나누어 입력된 케이스를 합치는 방법에 대해 알아보자.

대도시 설문조사와 지방도시 설문조사 정보를 합쳐보자. 다운로드 한 파일 test1.sav와 test2.sav를 이용한다.

test1.sav와 test2.sav를 연다.

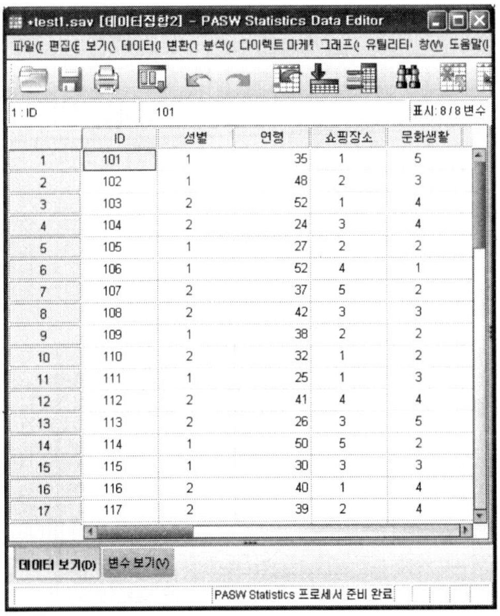

[그림 1.22] test1.sav

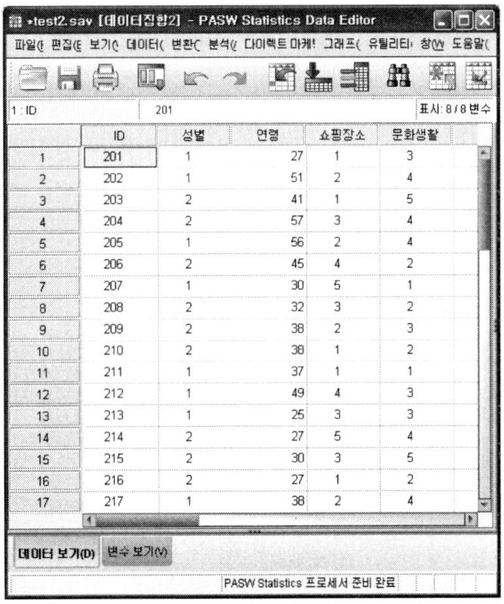

[그림 1.23] test2.sav

test1 데이터가 열려 있는 창의 메뉴에서 『데이터(D) → 파일합치기(G) → 케이스 추가(C)』를 선택한다.

[그림 1.24] 케이스 추가를 위한 명령어

「케이스 추가」 창에서 '열려있는 데이터 파일(D)'의 목록 중 test2.sav를 선택하고 [계속]을 누른다.

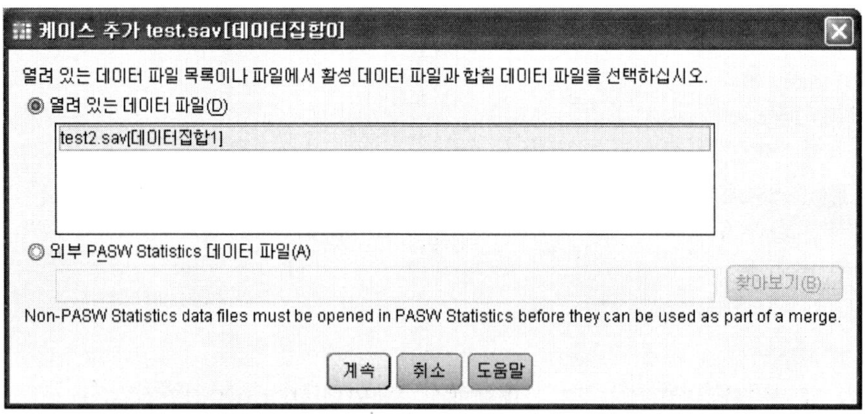

[그림 1.25] 열려있는 데이터 파일 확인

test2.sav 데이터셋의 변수 중 형식(문자열/숫자) 또는 길이가 다르거나, 한쪽에만 있는 변수라서 합치지 않을 변수가 있으면 오른쪽 [대응되지 않은 변수(U)]로 보낸다. 이 예제의 경우 변수 이름과 속성이 모두 동일하므로 확인 버튼을 누르면 두 데이터가 합쳐진다.

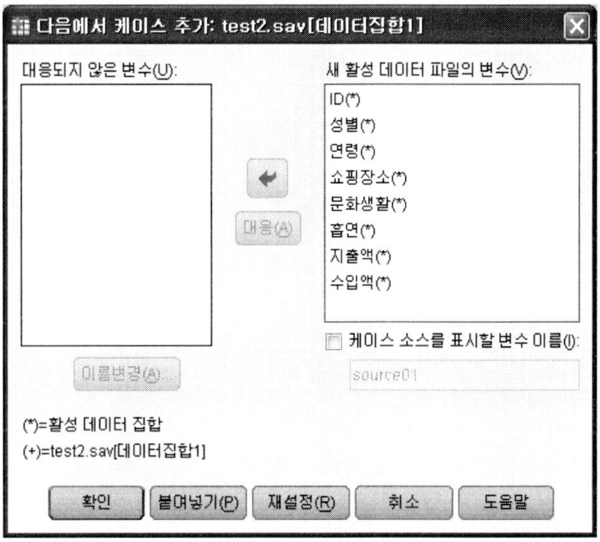

[그림 1.26] 대응되지 않는 변수 확인

케이스를 추가하고자 하는 변수들은 이름, 유형, 길이 등의 변수의 속성이 반듯이 동일해야만 한다.

1.4.2 변수 추가

이번에는 두 개의 파일에 변수별로 나누어 입력된 데이터를 합치는 방법에 대해 알아보자.

대도시 설문조사 정보 외에 추가로 경제사정과 행복도에 대한 데이터가 있을 때 이들은 하나의 데이터로 합쳐보자. test1.sav와 test3.sav를 이용한다.

test1.sav, test3.sav를 연다. 아래 두 데이터셋의 기준변수는 ID이며, 파일 합치기 전에 기준변수는 반드시 올림차순으로 정렬되어 있어야 한다.

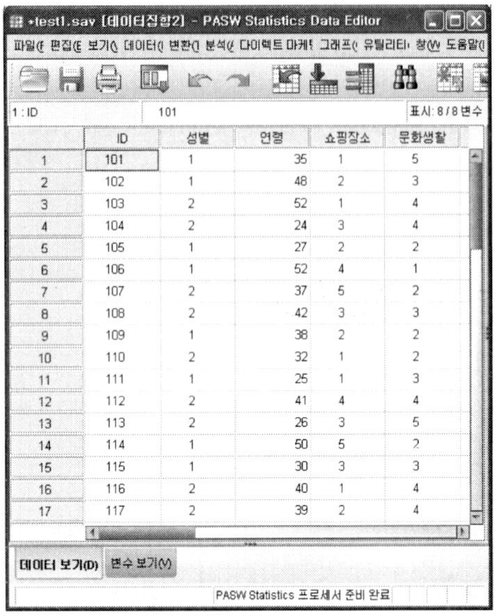

[그림 1.27] test1.sav

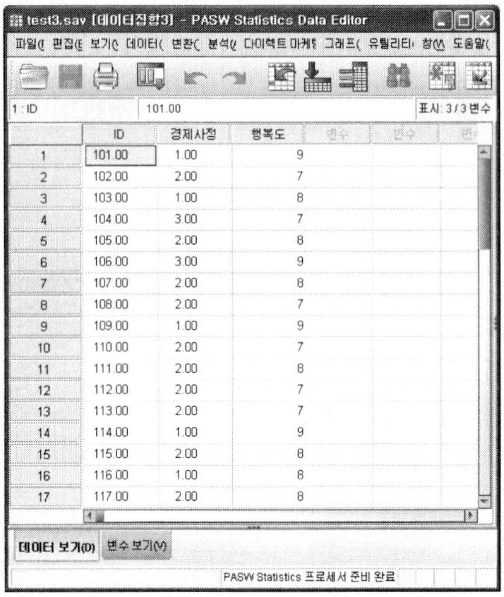

[그림 1.28] test3.sav

test1 데이터가 열려 있는 창의 메뉴에서 『데이터(D) → 파일합치기(G) → 변수 추가(V)』를 선택한다.

「변수 추가」 창에서 '열려있는 데이터 파일(D)'의 목록 중 test3.sav를 선택하고 [계속]을 누른다.

[그림 1.29] 변수추가를 위한 파일 열기

두 데이터셋에 ID 변수가 공통적으로 있으므로 [제외된 변수(E)]에 ID가 보일 것이다. 변수 ID는 양 데이터셋을 합치는 기준변수이므로 '정렬된 파일에서 기준변수에 맞추어 케이스를 연결'을 선택하고, 그 중 '양쪽 파일에 기준이 있음(B)'을 선택한다. [제외된 변수(E)]리스트의 ID를 [➡]를 눌러 [기준변수(V)] 리스트에 보내고 [확인]버튼을 누른다.

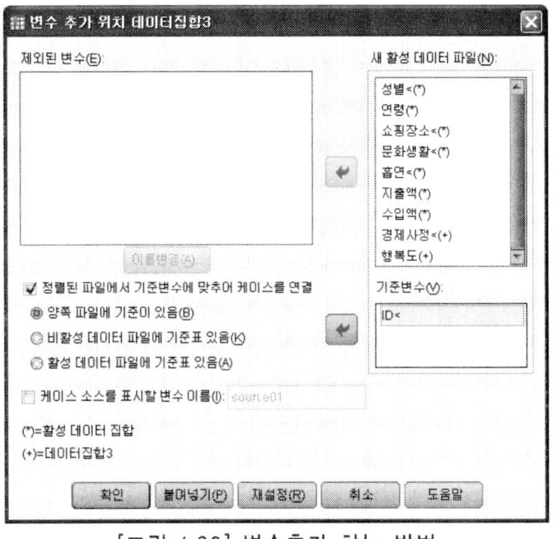

[그림 1.30] 변수추가 하는 방법

다음과 같이 test1.sav 데이터 셋에 경제사정과 행복도 결과가 합쳐진다.

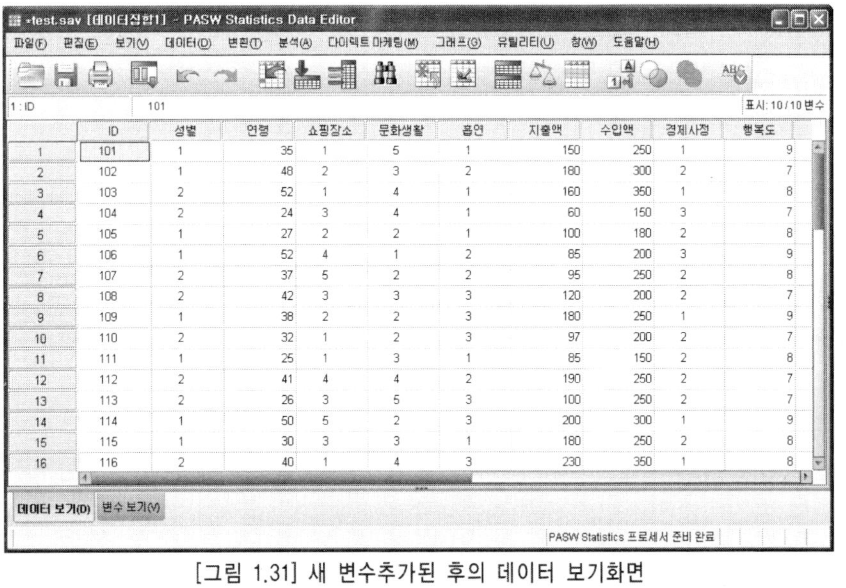

	ID	성별	연령	쇼핑장소	문화생활	흡연	지출액	수입액	경제사정	행복도
1	101	1	35	1	5	1	150	250	1	9
2	102	1	48	2	3	2	180	300	2	7
3	103	2	52	1	4	1	160	350	1	8
4	104	2	24	3	4	1	60	150	3	7
5	105	1	27	2	2	1	100	180	2	8
6	106	1	52	4	1	2	85	200	3	9
7	107	2	37	5	2	2	95	250	2	8
8	108	2	42	3	3	3	120	200	2	7
9	109	1	38	2	2	3	180	250	1	9
10	110	2	32	1	2	3	97	200	2	7
11	111	1	25	1	3	1	85	150	2	8
12	112	2	41	4	4	2	190	250	2	7
13	113	2	26	3	5	3	100	250	2	7
14	114	1	50	5	2	3	200	300	1	9
15	115	1	30	3	3	1	180	250	2	8
16	116	2	40	1	4	3	230	350	1	8

[그림 1.31] 새 변수추가된 후의 데이터 보기화면

1-5 데이터 변환

이 절에서는 생성된 데이터를 정렬하거나, 코드를 변경하는 등의 데이터 변환 기능과 새로운 변수의 생성기능에 대해 살펴보고자 한다. 주로 SPSS 메뉴 중 [변환(T)]의 사용법에 대한 설명이 될 것이다.

1.5.1 변수 계산

변수계산은 기존 변수로부터 단순한 수식, 조건문, 함수 등을 이용하여 새로운 변수를 추가하는 기능이다.

test1.sav 데이터를 열고 변수변환을 이용하여 새로운 변수를 만들어보자.

메뉴에서 『변환(T) → 변수계산(C)』를 선택한다.

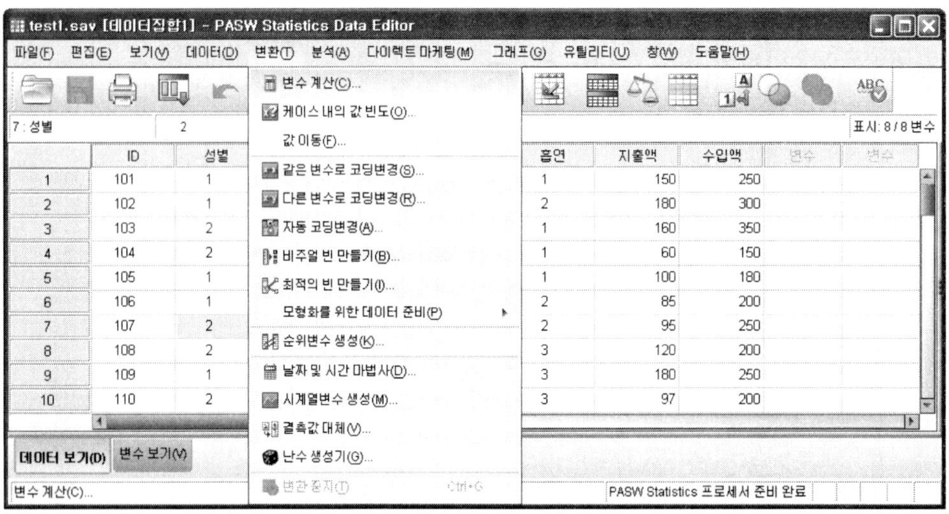

[그림 1.32] 변수계산 명령어

「변수 계산」 창에서 [대상변수(T)]에 새로이 추가할 변수이름을 입력하고, [숫자표현식(E)]에 기존에 있던 변수를 이용한 수식을 완성하면 된다. [숫자표현식(E)]을 완성하기 위하여는 왼쪽에 있는 변수창에서 필요한 변수를 선택한 후 ➡를 클릭하여 오른쪽의 [숫자표현식(E)]으로 보내고, 아래에 있는 부등호와 연산자를 이용한다. 이 예제에서는 새로운 변수로 수입액에서 지출액을 뺀 저축액을 아래와 같이 생성하였다. [숫자표현식(E)]을 완성하고 확인을 누른다.

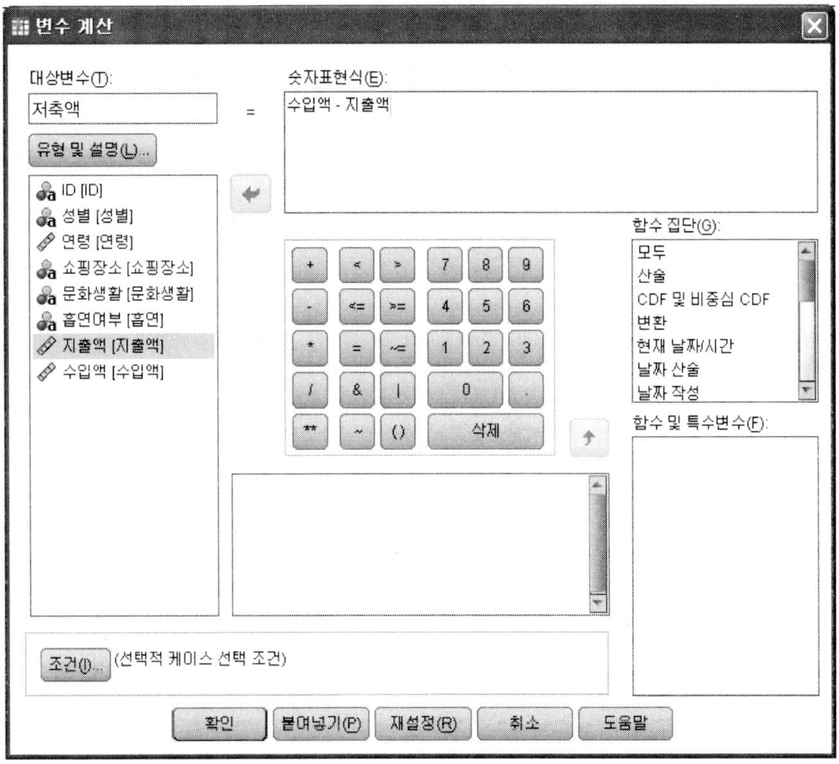

[그림 1.33] 새로운 변수 계산식의 표현

이번에는 로그함수를 이용한 변수 변환을 해보자. 연속으로 변수변환을 이용하려면 두 번째 새변수를 만들기 전에 「변수 계산」창에서 〈재설정(R)〉버튼을 눌러서 새로운 변수계산을 실시할 것임을 알려야 한다.

〈재설정(R)〉버튼을 누른 후, 수입을 로그변환 하여보도록 하자. [함수집단(G)]에서 산술을 선택하면 [함수 및 특수변수(F)]에 가능한 함수명이 나열된다. 이 중 자연로그 Ln을 선택하고 ↑ 를 누른 후 , 변수명단 중 수입액을 선탁하고 ➜ 를 누른다. [대상변수(T)]에 '로그수입액'이라고 쓴 후, 확인을 누른다.

[그림 1.34] 새로운 계산식의 표현

유형 및 설명(L)...을 클릭하여 [그림 1.35]와 같은 화면을 얻으면 새로 생성한 로그수입액에 대한 설명을 입력할 수 있다.

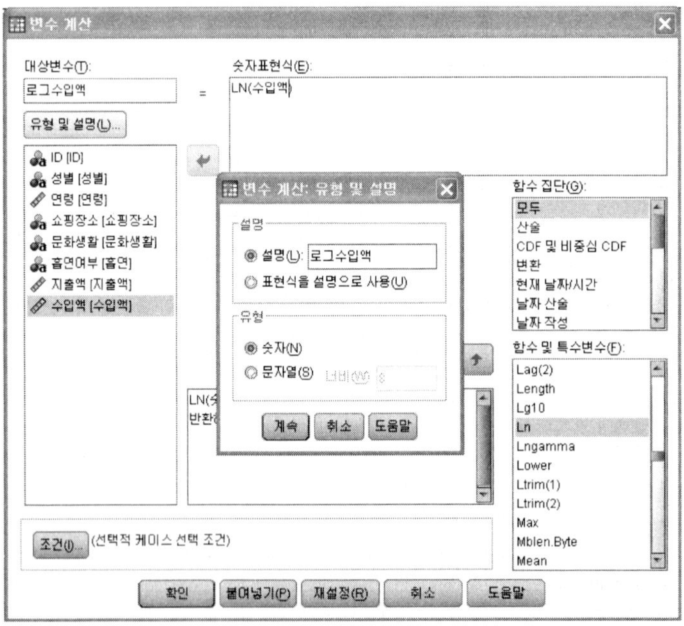

[그림 1.35] 새로운 변수의 설명

계속 과 확인 을 클릭하면 [그림 1.36]와 같이 저축액이라는 변수가 데이터 보기의 창에 새로 생성된다.

다음과 같이 저축액과 로그수입액 두 변수가 계산되어 추가되었다.

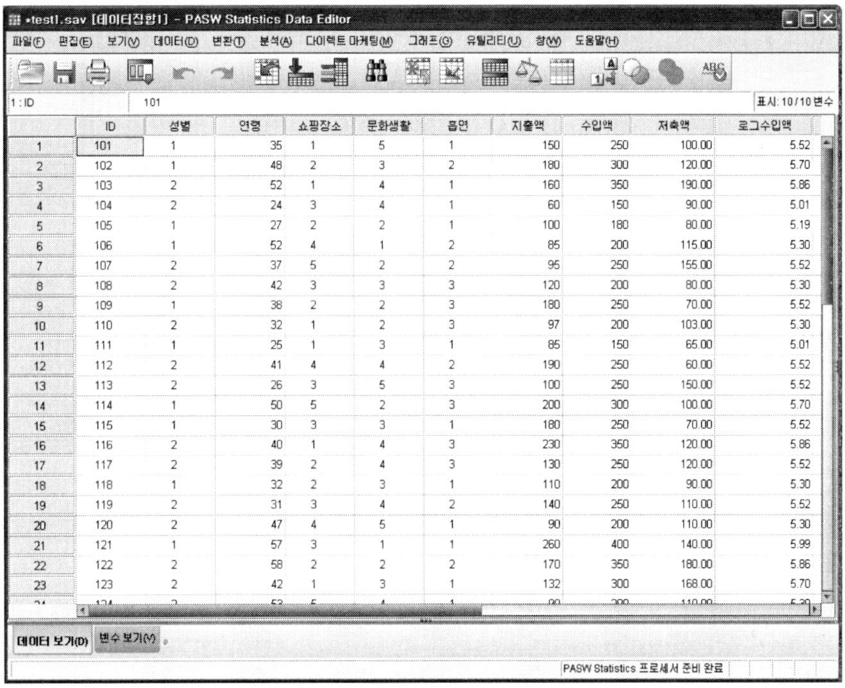

[그림 1.36] 새로운 변수가 생성된 후의 데이터 보기화면

1.5.2 코딩변경

기존에 기록되어 있는 코드 방식을 변경하는 기능으로, 저장되어 있는 변수의 값을 변경할 수도 있고, 새로운 코딩 규칙에 따른 새 변수를 추가할 수도 있다. 가급적 기본 변수를 그대로 두고 새로운 변수를 추가하는 것이 좋다.

test1.sav 데이터에서 기존의 '흡연력' 변수를 이용하여 '흡연여부'이라는 새로운 변수를 만들어보자. 흡연력이 1 또는 2이면 흡연여부는 0으로, 흡연력이 3이면 흡연여부는 1이 되도록 코딩을 변경하여 보자.

메뉴에서 『변환(T) → 다른변수로 코딩변경(R)』를 선택한다.

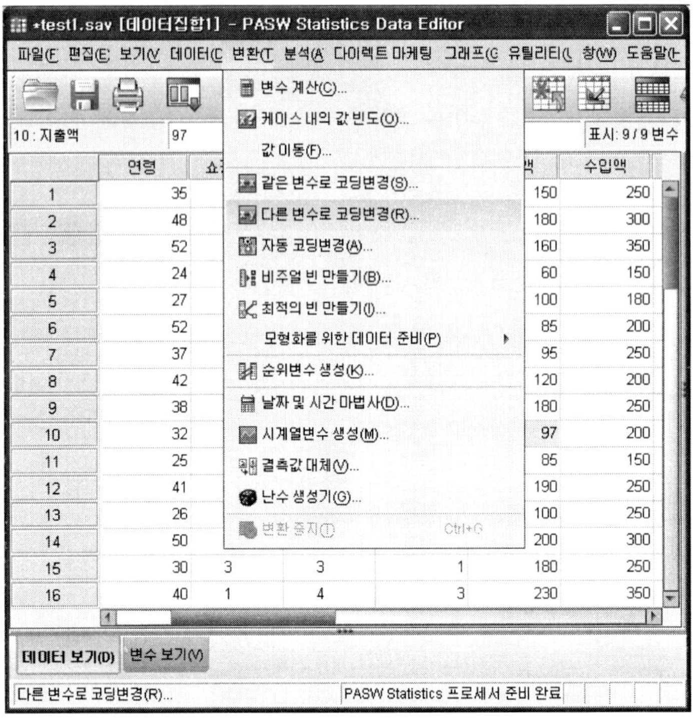

[그림 1.37] 코딩변경 명령어

「다른변수로 코딩변경」 창의 왼쪽에 있는 변수창에서 코딩변경을 실시할 변수를 선택한 후 [→]를 클릭하면 아래와 같은 화면이 된다.

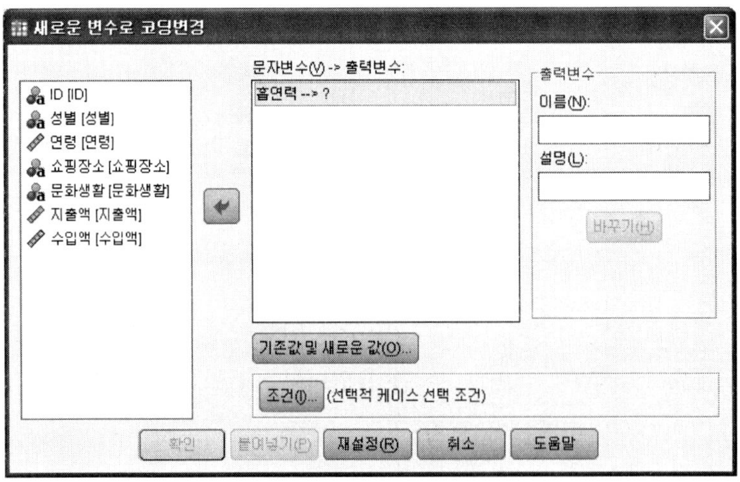

[그림 1.38] 코딩변경 화면

아래와 같이 [출력변수]에 새 변수이름과 변수설명을 쓰고 〈바꾸기(H)〉를 누르면 가운데 [문자변수(V) → 출력변수] 창이 완성된다.

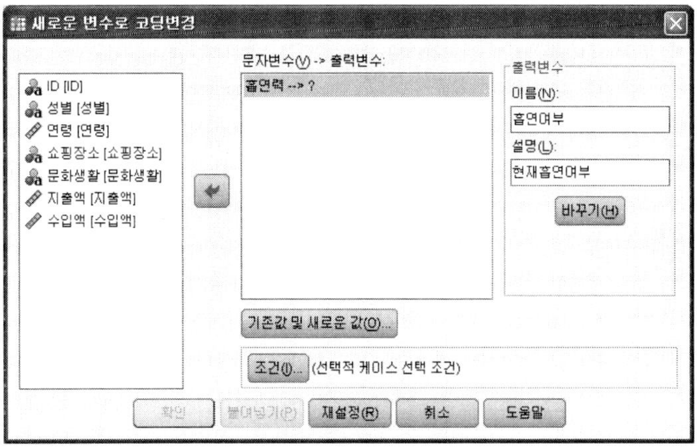

[그림 1.39] 코딩변경 출력변수 표현

〈기존값 및 새로운 값(O)〉 버튼을 누르면 변경할 코드의 조건을 입력할 수 있는 창이 열린다. 만약, 새 변수를 문자열로 지정하고 싶으면 오른쪽 아래의 출력변수가 문자열임(B)을 선택한다. [기존값]의 값(V)에 흡연력의 1을 입력하고, [새로운 값]의 값(L)에 흡연여부의 0을 입력한 후 〈추가(A)〉를 누른다. 동일한 방법으로 아래의 그림을 참조하여 새로운 코드 값을 입력한다. 계속을 누른다.

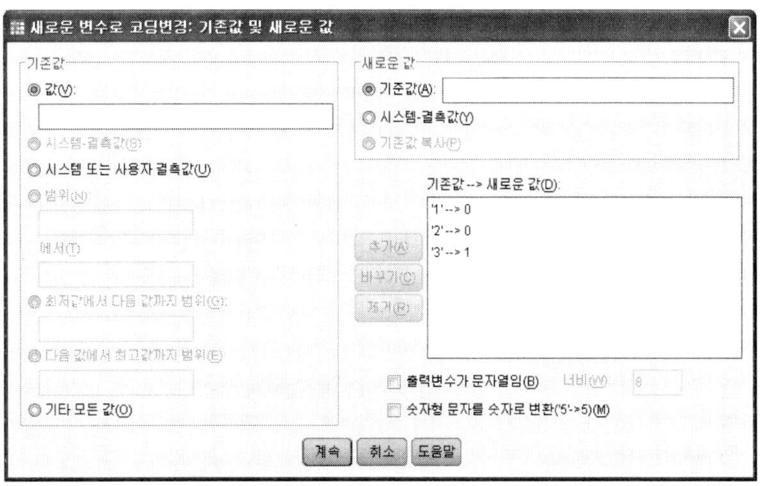

[그림 1.40] 코딩변경 기존값과 새로운 값

「새로운 변수로 코딩변경」창에서 확인 을 누른다. 다음과 같이 흡연여부라는 새로운 변수가 추가된 데이터를 얻을 수 있다.

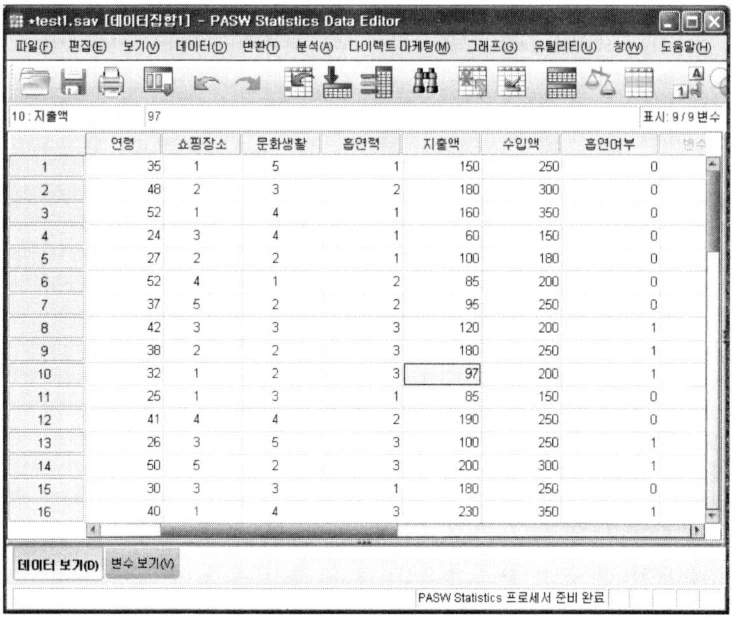

	연령	쇼핑장소	문화생활	흡연력	지출액	수입액	흡연여부
1	35	1	5	1	150	250	0
2	48	2	3	2	180	300	0
3	52	1	4	1	160	350	0
4	24	3	4	1	60	150	0
5	27	2	2	1	100	180	0
6	52	4	1	2	85	200	0
7	37	5	2	2	95	250	0
8	42	3	3	3	120	200	1
9	38	2	2	3	180	250	1
10	32	1	2	3	97	200	1
11	25	1	3	1	85	150	0
12	41	4	4	2	190	250	0
13	26	3	5	3	100	250	1
14	50	5	2	3	200	300	1
15	30	3	3	1	180	250	0
16	40	1	4	3	230	350	1

[그림 1.41] 새로운 변수로 코딩 된 데이터 보기 화면

■ 기타옵션

코딩 변경의 옵션 중 '범위(N)' 또는 '최저값에서 다음 값까지 범위(B)' 등을 이용하여 동일한 효과를 낼 수도 있다. 아래 그림을 참조하여 실행하고, 위의 결과와 비교해보자.

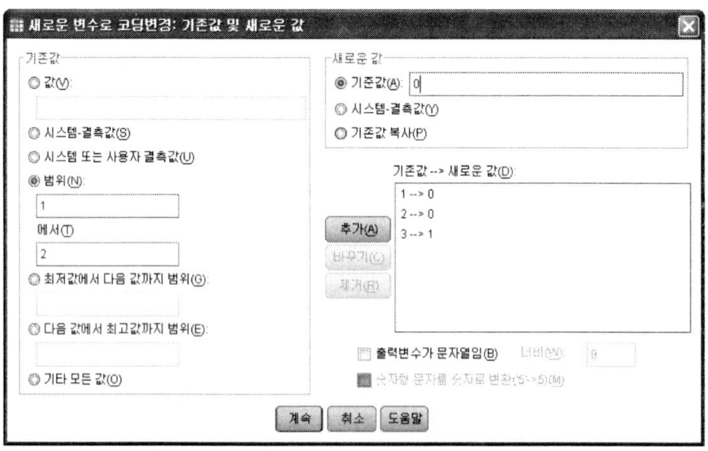

[그림 1.42] 범위(N)

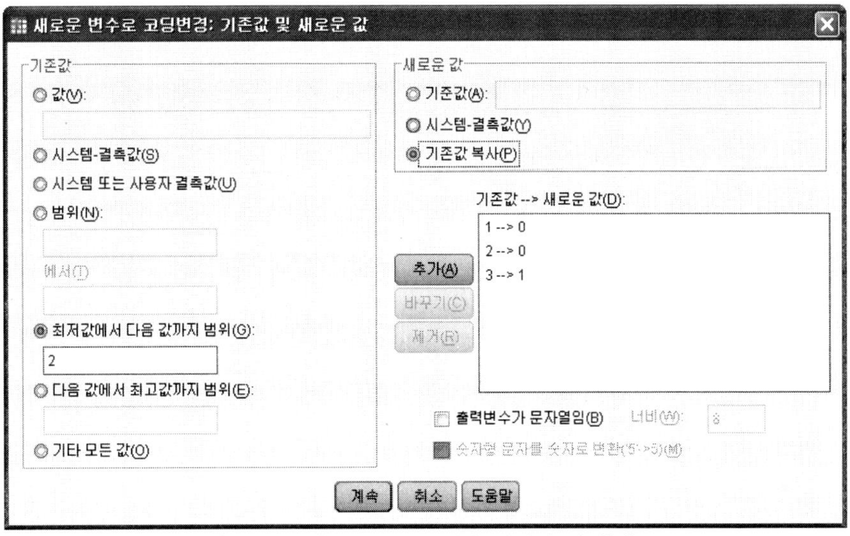

[그림 1.43] 최저값에서 다음 값까지 범위(G)

1-6 데이터 조건설정

통계분석을 진행하다 보면 전체 데이터를 성별, 병원 등으로 분할하여 각각 분석하거나 특정 조건을 가진 집단에 대해서만 분석할 경우가 있다. 또는 범주형 변수에 대한 분할표를 생성해야하는 데이터가 개체별로 수집되지 않고 각 범주별 빈도수로 저장되어 있어 가중치를 가지는 변수를 지정해야 하는 경우도 있다. 이 절에서는 분석을 진행할 때 기존 데이터에 일정 조건을 부여하여 향후에 수행할 통계분석에 작용하는 방법에 대해 알아보도록 한다.

1.6.1 파일분할

데이터에서 특정 변수에 대한 일부 집단별로 분석을 실시하고자 할 때 적용할 수 있는 방법이다. 예를 들면, 남성과 여성을 나누어 성별 특성을 보고자 하거나 연령대별 환자의 특성을 보고자 하는 경우를 생각하면 된다.

test1.sav 데이터에서 성별로 각각 분석을 실시하기 위한 파일분할을 하여보자.

『데이터(D) → 파일분할(F)』을 선택한다.

[그림 1.44] 파일 분할 명령어

「파일분할」 창에서 '집단들 비교(C)'를 선택하고 조건으로 만들 변수를 왼쪽에 있는 변수창에서 선택한 후 을 클릭한다. 만약 데이터가 선택된 변수를 기준으로 정렬이 되어 있지 않으면, '집단변수 기준으로 케이스 정렬(S)'을 선택하고, 확인을 누른다.

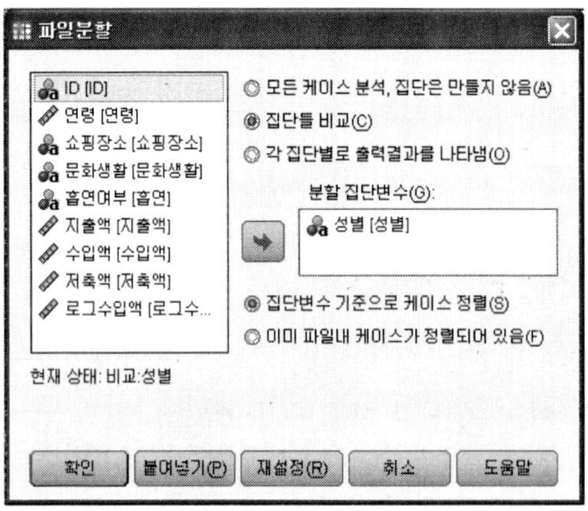

[그림 1.45] 파일 분할 설명

파일분할이 실시된 상태에서 『분석(A) → 기술통계량(E) → 기술통계(D)』를 선택하고 변수 중 수입액을 선택하여 보자. 다음과 같이 여성과 남성의 결과가 각각 계산된다. 참고로 「파일분할」창에서 '각 집단별로 출력결과 나타냄(O)'을 선택하면 남녀별로 표가 따로 작성된다.

기술통계량

성별		N	최소값	최대값	평균	표준편차
남성	수입액	10	150	400	248.00	72.541
	유효수 (목록별)	10				
여성	수입액	15	150	350	246.67	66.726
	유효수 (목록별)	15				

[그림 1.46] 성별 기술통계 결과

■ 파일 분할 기능의 해제

해제를 위해서는 다시 『데이터(D) → 파일분할(F)』을 선택한 후, 「파일분할」 창에서 '모든 케이스 분석, '집단은 만들지 않음(A)' 을 선택하거나 [분할집단변수(G)]로 지정된 것을 삭제하며 된다. 해제를 하지 않으면 이 후에 진행되는 모든 분석에 대해 파일 분할결과를 주므로 주의를 요한다.

1.6.2 케이스 선택

데이터에서 특정 조건에 부합하는 데이터만 선별하여 통계분석을 실시하고자 할 때 적용할 수 있는 방법이다. 예를 들면 남성만을 분석하거나 조건에 해당하는 것만을 분석하고자 할 때 사용된다.

test1.sav 데이터에서 연령이 40세 미만인 사람만 선택하여 분석하는 방법에 대해 알아보자. 메뉴에서 『데이터(D) → 케이스 선택(S)』을 선택한다.

[그림 1.47] 케이스 선택 명령어

「케이스 선택」 창에서 '조건을 만족하는 케이스(C)'를 선택하고 〈조건(I)〉을 누른다.

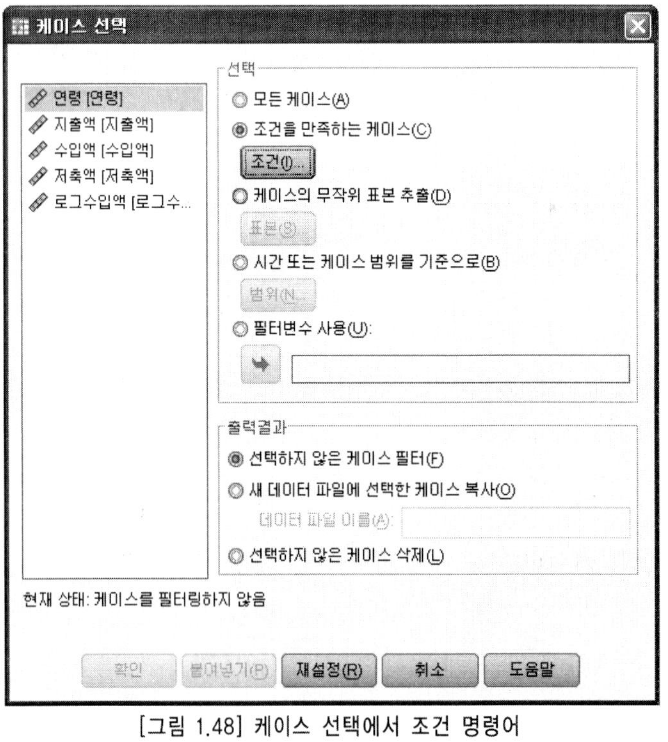

[그림 1.48] 케이스 선택에서 조건 명령어

- 모든 케이스(A) : 조건 없이 모든 데이터를 선택함
- 조건을 만족하는 케이스(C) : 조건식을 만족하는 데이터를 선택함.
- 케이스의 무작위 표본추출(D) : 무작위 표본을 추출함(선택될 데이터의 백분율 또는 개체수를지정할 수 있음)
- 시간 또는 케이스 범위를 기준으로(B) : 개체번호의 범위나 시계열 변수의 기간을 지정하여 선택함.

조건을 지정할 변수를 왼쪽에 있는 변수창에서 선택한 후 와 연산자를 이용하여 조건식을 작성한다. 본 예제에서는 연령이 40세 미만인 조건식을 아래와 같이 지정하였다.

계속을 누르고 나와 「케이스 선택」창에서 확인을 누른다.

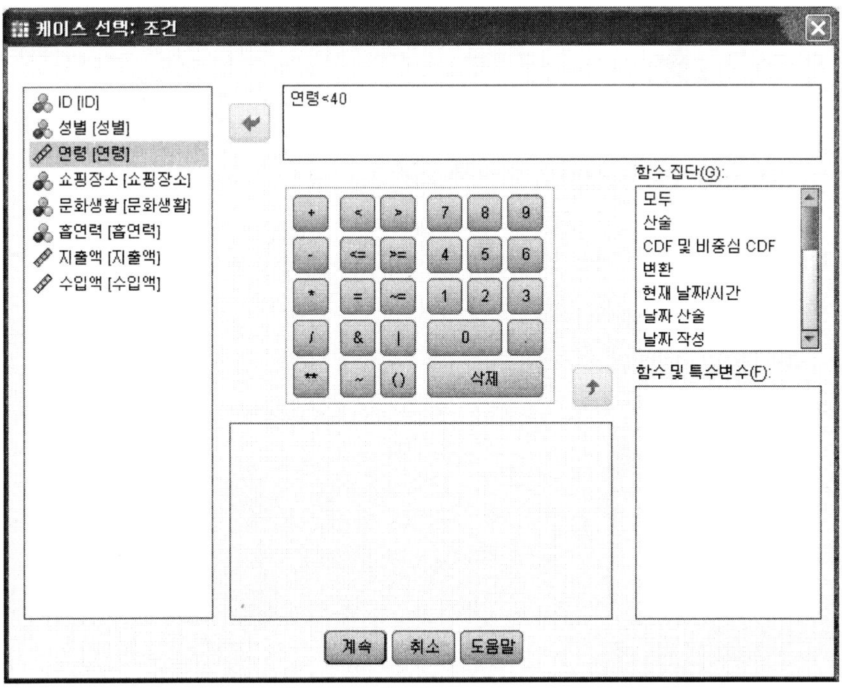

[그림 1.49] 케이스 선택 조건

조건에 맞는 연령이 40세 미만인 환자만 선택되었음을 'filter'$' 변수에서 확인 할 수 있다. 화면 왼쪽에 선택되지 않은 케이스에서 빗금이 그어지게 된다.

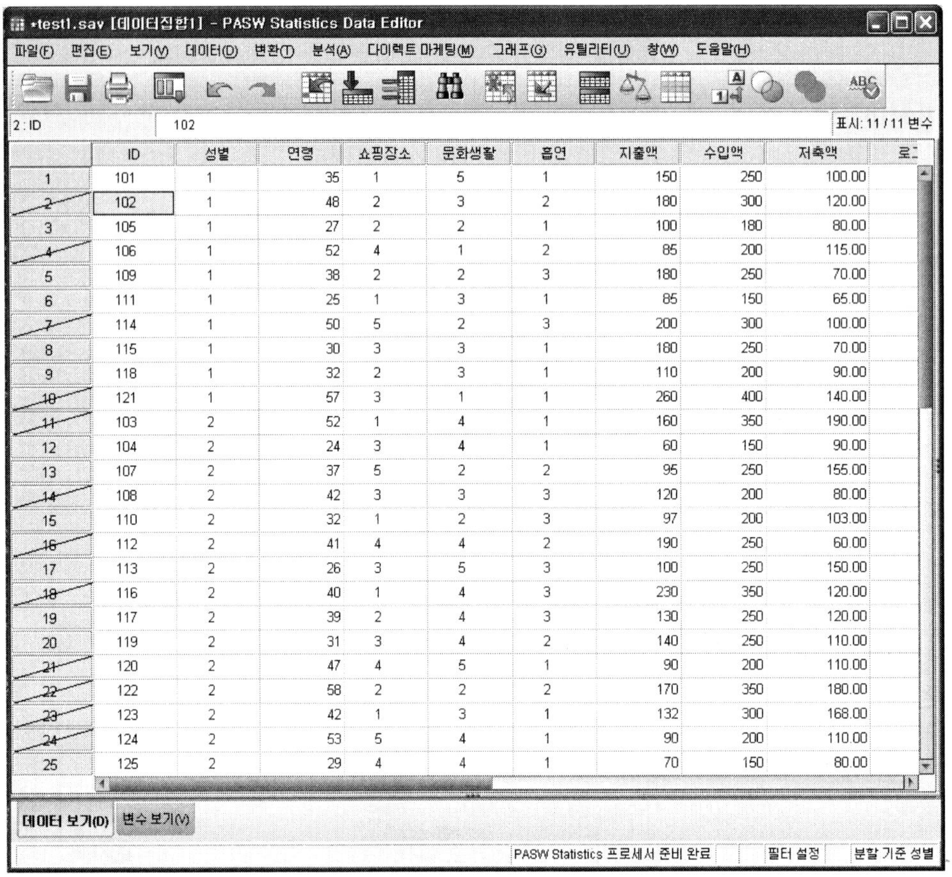

	ID	성별	연령	쇼핑장소	문화생활	흡연	지출액	수입액	저축액
1	101	1	35	1	5	1	150	250	100.00
2	102	1	48	2	3	2	180	300	120.00
3	105	1	27	2	2	1	100	180	80.00
4	106	1	52	4	1	2	85	200	115.00
5	109	1	38	2	2	3	180	250	70.00
6	111	1	25	1	3	1	85	150	65.00
7	114	1	50	5	2	3	200	300	100.00
8	115	1	30	3	3	1	180	250	70.00
9	118	1	32	2	3	1	110	200	90.00
10	121	1	57	3	1	1	260	400	140.00
11	103	2	52	1	4	1	160	350	190.00
12	104	2	24	3	4	1	60	150	90.00
13	107	2	37	5	2	2	95	250	155.00
14	108	2	42	3	3	3	120	200	80.00
15	110	2	32	1	2	3	97	200	103.00
16	112	2	41	4	4	2	190	250	60.00
17	113	2	26	3	5	3	100	250	150.00
18	116	2	40	1	4	3	230	350	120.00
19	117	2	39	2	4	3	130	250	120.00
20	119	2	31	3	4	2	140	250	110.00
21	120	2	47	4	5	1	90	200	110.00
22	122	2	58	2	2	2	170	350	180.00
23	123	2	42	1	3	1	132	300	168.00
24	124	2	53	5	4	1	90	200	110.00
25	125	2	29	4	4	1	70	150	80.00

[그림 1.50] 케이스 선택 된 후의 화면

아래 '기술통계량'에 대한 분석결과는 40세 미만의 환자가 선택된 상태에서 『분석(A) → 기술통계량(E) → 기술통계(D)』를 이용하여 연령에 대한 기술통계량을 계산한 결과이다. 전체 25명 중 13명이 선택되었음을 알 수 있다.

기술통계량

	N	최소값	최대값	평균	표준편차
연령<40 (FILTER)	13	1	1	1.00	.000
유효수 (목록별)	13				

[그림 1.51] 기술통계결과

■ 케이스 선택 기능의 해제

메뉴에서 『데이터(D) → 케이스 선택(C)』을 선택하고 「케이스선택」 창에서 '전체케이스(A)'를 선택한다. 해제를 하지 않으면 이후의 모든 분석에서 선택된 케이스만 분석한다.

1.6.3 가중 케이스

범주형 형태의 데이터가 개체별로 코딩되어 있지 않고 이미 표로 정리되어 있을 수 있다. 이러한 경우에는 일일이 다시 입력하지 않고 가중치변수를 선언해주면 된다.

예를들면 액화천연가스(LNG)의 저장 기지의 후부지로 고려되고 있는 세 지역의 여론을 알아보기 위하여, 세 지역에서 각각 400명, 350명, 350명을 랜덤추출하여 기지의 건설에 대한 찬성여부를 물은 결과가 다음과 같다. 지역에 따라 찬성률에 차이가 있다고 할 수 있는가?

〈표 1.4〉 분할표

	찬성	반대	표본크기
지역1	198	202	$n_1 = 400$
지역2	140	210	$n_2 = 350$
지역3	133	217	$n_3 = 350$
합 계	471	629	$n = 1100$

이 데이터는 지역(지역:1, 지역:2, 지역:3)과 찬반여부(찬성:1,반대:2)라고 이미 표로 정리되어 있다면 아래 [그림 1.52]와 같이 가중치 변수를 넣어주면 간단하다. 단, 이렇게 입력했을 때에는 [그림 1.53]에서 가중치 케이스를 지정해 주어야 한다. 아래 형태의 자료는 위의 자료를 사용한 것이다.

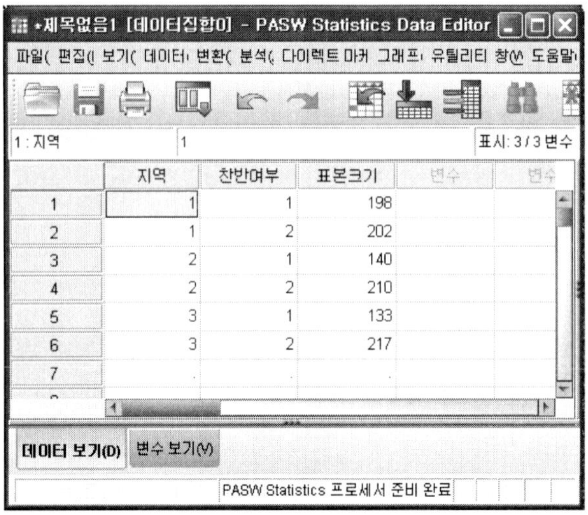

[그림 1.52] 데이터 입력

위의 그림과 같이 지역, 찬반여부, 표본크기를 각각 입력한다. 메뉴에서 『데이터(D) → 가중 케이스(W)』를 선택한다.

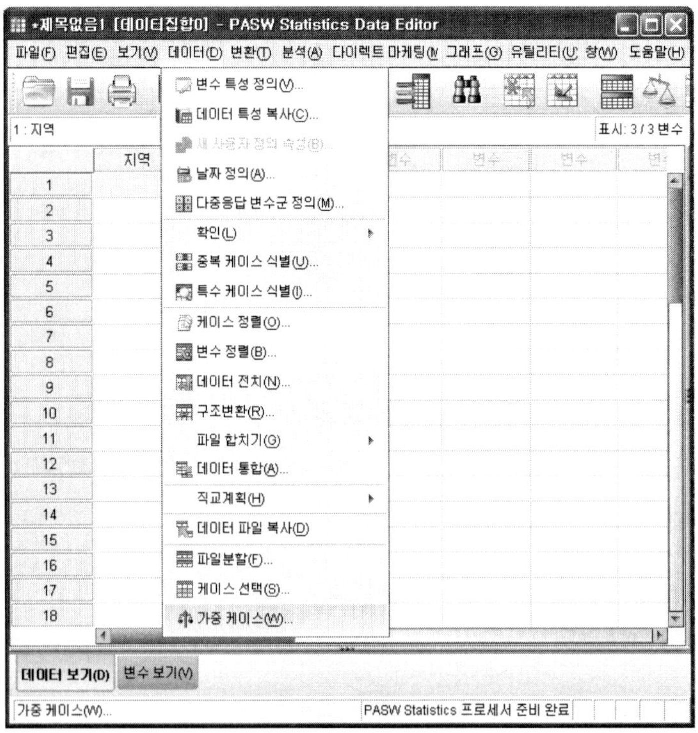

[그림 1.53] 가중케이스 명령어

'가중 케이스 지정(W)'을 선택하고 변수창에서 해당 변수를 선택한 후 [→]를 눌러, [빈도변수(F)]로 옮기고 [확인]을 누른다. 여기서 표본크기를 선택하였다.

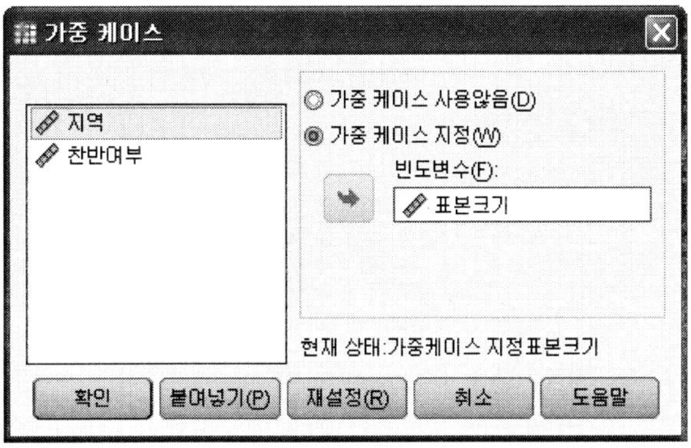

[그림 1.54] 가중케이스 지정

아래 결과는 표본크기 가중케이스로 지정한 후 『분석(A) → 기술통계량(E) → 교차분석(C)』에서 행과 열을 각각 '지역'과 '찬반여부'로 지정하여 분할표를 생성한 결과이다.

지역 * 찬반여부 교차표

빈도

		찬반여부		전체
		찬성	반대	
지역	지역1	198	202	400
	지역2	140	210	350
	지역3	133	217	350
전체		471	629	1100

[그림 1.55] 분할표 결과1

만약 가중케이스를 선언하지 않고 단순히 두 변수의 교차분석을 실시하면 아래 [그림 1.56]과 같이 각 범주별로 찬성 혹은 반대하는 표본크기가 1명씩인 것으로 간주되어 잘못된 결과를 가져오므로 주의해야 한다. 한편, 가중케이스선택을 해제하기 위해서는 「가중케이스」 창에서 '가중케이스 사용않음(D)'을 체크하면 된다.

지역 · 찬반여부 교차표

빈도

		찬반여부		전체
		찬성	반대	
지역	지역 1	1	1	2
	지역 2	1	1	2
	지역 3	1	1	2
전체		3	3	6

[그림 1.56] 분할표 결과2

1-7 자료의 수정 및 편집

1.7.1 데이터 편집기 창 수정 및 편집

자료를 입력한 후 케이스(행 또는 관측값)를 추가하고자 한다면, 추가할 행의 번호를 마우스로 클릭하여 블록을 설정하고, 메뉴의 『편집(E) → 케이스 삽입(I)』을 클릭한다. 예를 들어, 5번째 행에 아래와 같은 케이스를 추가하고자 한다고 가정하자.

〈표 1.5〉 추가하고자 하는 관측값

ID	성별	연령	쇼핑	문화	흡연	지출	수입액
301	2	37	3	4	3	150	350

[그림 1.57]와 같이 행 번호 7을 마우스로 클릭하고 메뉴에서 『편집(E) → 케이스 삽입(I)』을 클릭하면 [그림 1.58]처럼 블록을 설정한 행 번호 7에 새로운 케이스를 입력하도록 공백이 생기고, 이후의 케이스들은 한 행씩 아래로 움직이게 된다. 이제 이 공란에 새로운 케이스를 입력하면 된다.

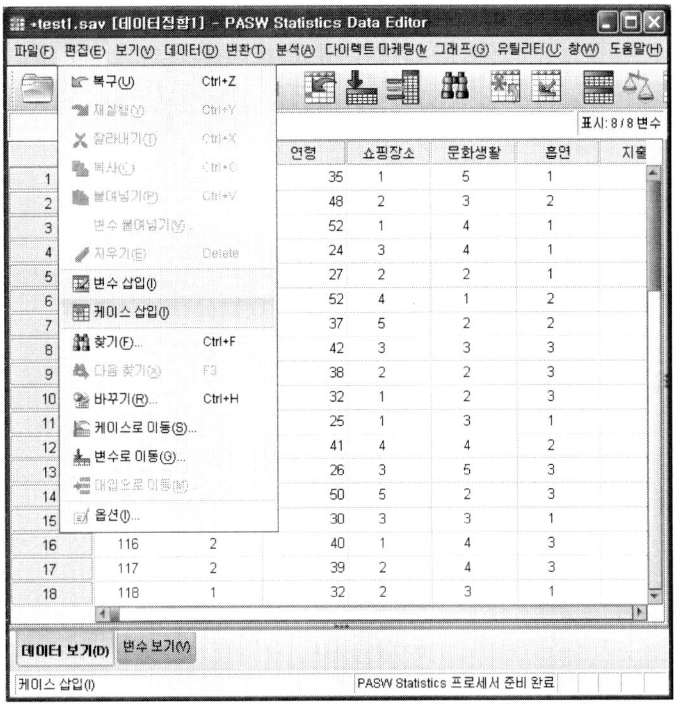

[그림 1.57] 케이스 삽입을 위한 명령어

[그림 1.58] 케이스 삽입 화면

자료를 입력한 후 케이스나 변수를 삭제하고자 한다면 [그림 1.59]에서처럼 해당 행이나 열의 번호를 마우스로 클릭하여 블록을 설정한 후 메뉴의 『편집(E) → 지우기(E)』를 클릭하면 된다. 실수로 삭제한 케이스나 변수를 다시 살리기 위해서는 메뉴의 『편집(E) → 복구(U)』를 클릭하면 된다.

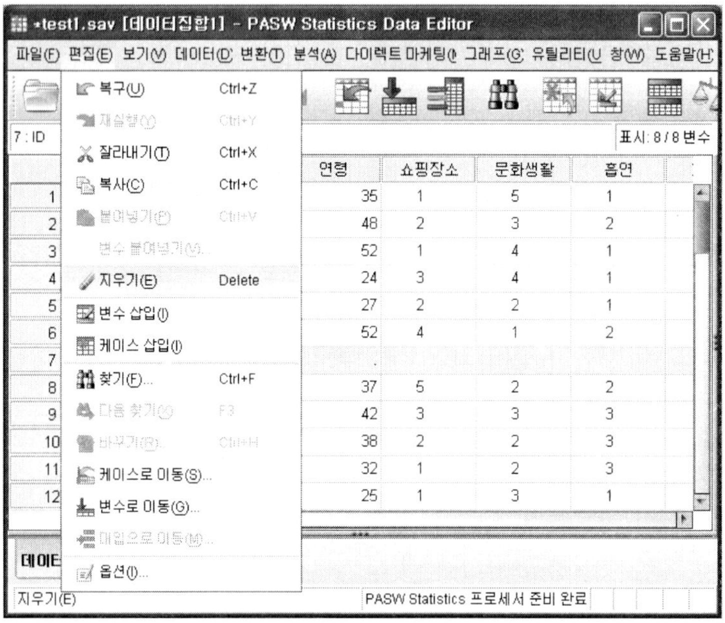

[그림 1.59] 케이스 삭제 명령어

1.7.2 SPSS 뷰어 창 수정과 편집 및 저장

데이터 편집기 창은 SPSS를 시작하면 그 초기화면에 나타나며 이 창을 이용하여 사용자가 분석하고자 하는 자료를 입력하고 편집할 수 있다. 자료를 입력한 후 적절한 통계절차를 수행하면 SPSS의 출력 결과가 나타나는 새로운 창이 열리는데, 이 창이 뷰어 창이다.

[그림 1.60]는 test1.sav 파일을 가지고 변수 지출액을 기술통계 처리한 후에 얻게 된 뷰어 창이다. [그림 1.60]에서 볼 수 있듯이 뷰어 창에는 데이터 편집기 창에서처럼 컨트롤 메뉴 버튼, 제목 표시줄 등이 있으며, 크게 왼쪽 화면과 오른쪽 화면으로 나뉘어져 있다. 왼쪽 화면은 결과물의 목차를 나타내고, 오른쪽 화면은 SPSS의 출력 결과들이다.

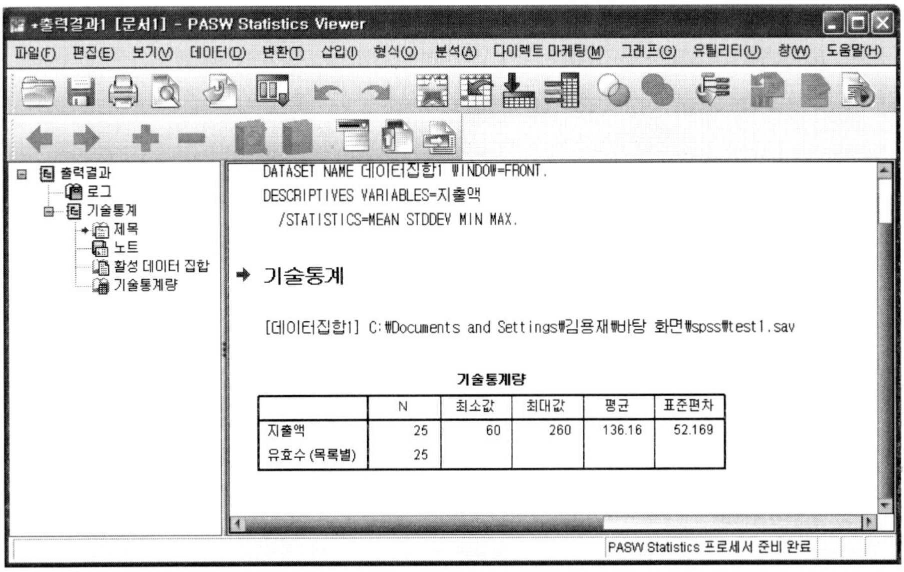

[그림 1.60] SPSS 뷰어 창의 예

SPSS 뷰어 창에서 결과물을 편집하고 파일로 저장하는 과정에 대하여 간단히 알아보자.

수정 또는 편집하고자 하는 결과를 마우스로 선택한 후 마우스를 더블 클릭하면 [그림 1.61]과 같은 점선이 나타난다. 이 후 수정하고자 하는 부분에 커서를 두고 마우스로 더블 클릭한 후 수정하면 된다.

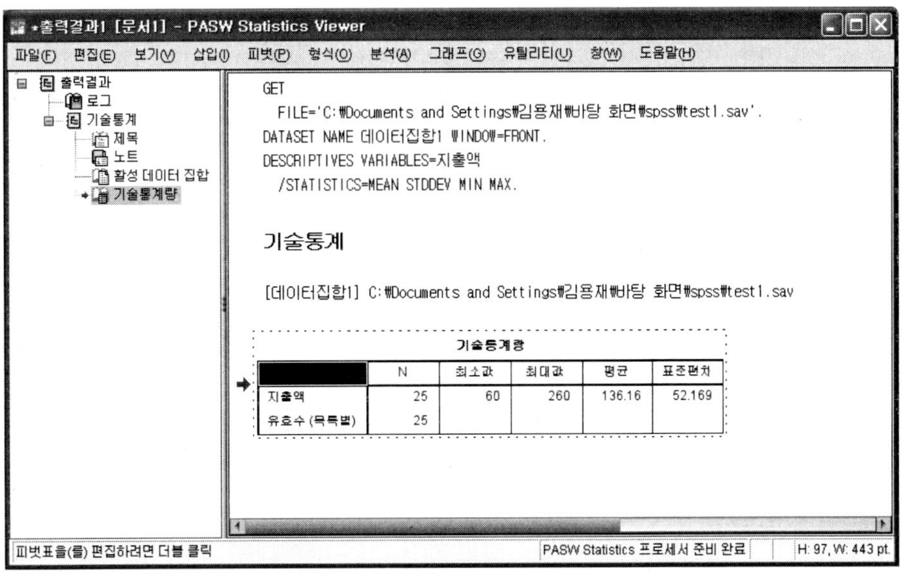

[그림 1.61] SPSS 결과 수정하기 1

[그림 1.62]은 [그림 1.61]에서 N을 수정하기 위해 N 위에 커서를 두고 마우스를 더블 클릭하여 얻은 화면이다.

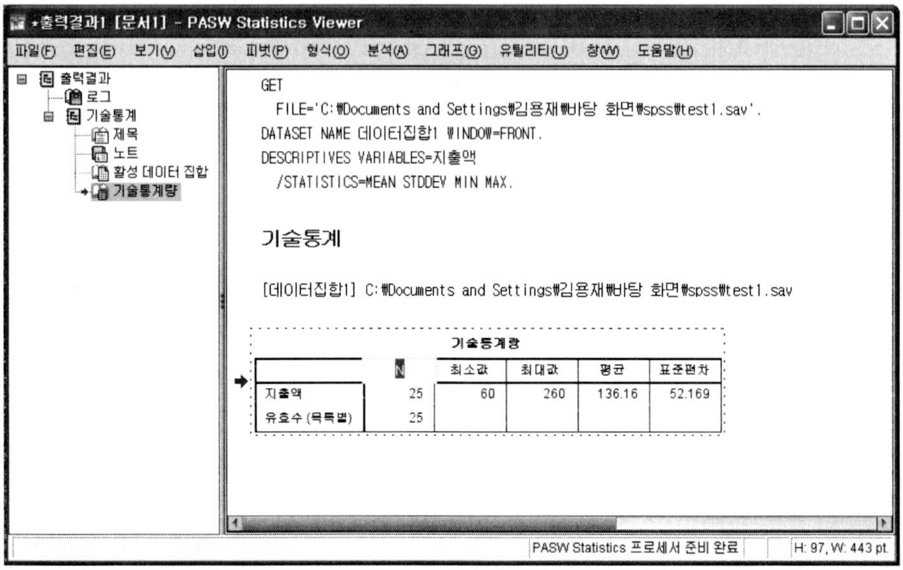

[그림 1.62] SPSS 결과 수정하기 1

이제 N을 Backspace로 지우고 '표본크기'를 입력하면 [그림 1.63]의 결과를 얻을 수 있다. 비슷한 방법으로 출력 결과의 표에서 불필요한 행이나 열을 삭제할 수 있다.

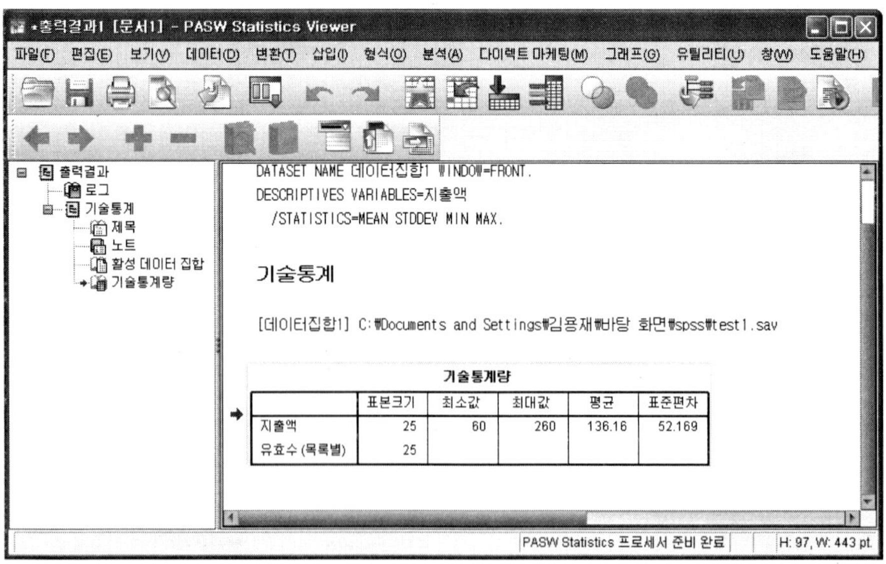

[그림 1.63] SPSS 결과 수정의 예

필요한 수정 및 편집을 한 후 결과를 저장하기 위해서는 [그림 1.64]과 같이 메뉴에서 『파일(F) → 다른 이름으로 저장(A)』을 선택함으로써 확장자가 .spo인 SPSS 전용 파일로 저장 할 수 있다.

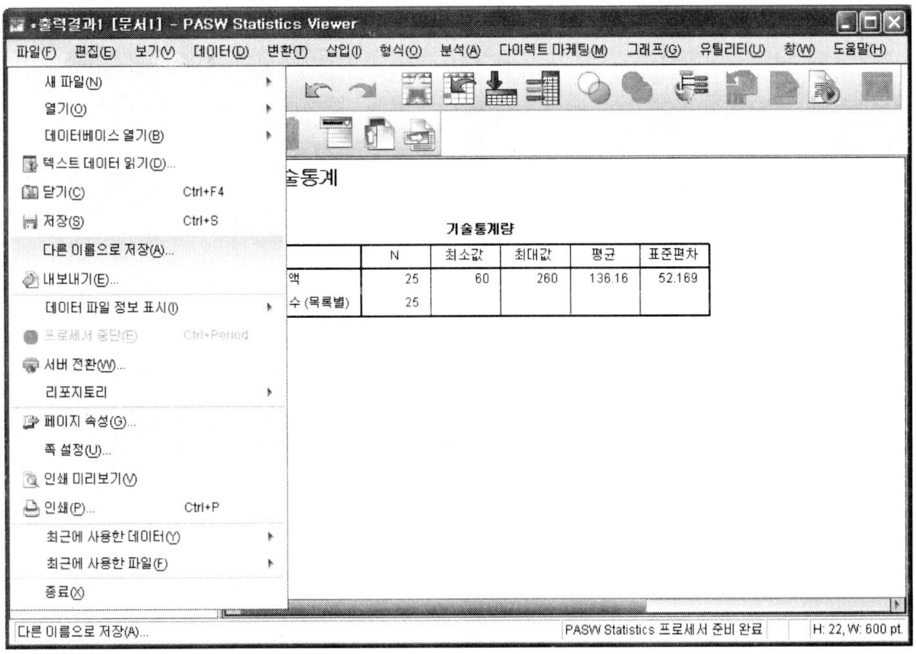

[그림 1.64] SPSS 결과 저장하기

연습문제 1장

1. 아래의 자료는 어느 대학교에서 랜덤하게 추출된 학생 20명에 대한 자료이다. 이 표에서 성별에 관한 자료는 질적자료이고, 학년이나 키, 몸무게에 관한 자료는 양적 자료이다.

번호	성별	학년	키(cm)	몸무게(kg)
1	1	3	183	82
2	2	1	168	52
3	2	1	160	48
4	2	2	160	50
5	1	4	180	79
6	1	2	183	73
7	2	2	170	60
8	1	1	170	66
9	1	2	185	74
10	1	3	165	57
11	1	3	170	54
12	2	2	152	50
13	2	1	173	60
14	2	1	163	63
15	2	4	163	57
16	2	1	178	77
17	2	3	163	50
18	2	2	168	57
19	2	2	170	54
20	2	2	145	37

*성별에서 1은 남자, 2는 여자를 의미함.

1) 적절한 변수속성을 정의하고 환자번호와 이름, 성별, 체중, 키를 입력하라.
2) 변수계산 기능을 이용하여 비만도를 구하여라, 단, 비만도 BMI=체중(kg)/키(m)^{2}으로 계산한다.(참고 : 현재 데이터는 cm 단위로 입력되어 있으므로 전환이 필요하다)
3) 성별로 각각 키에 대한 기술통계량을 계산하여라.
4) 이 데이터를 문제1.sav로 저장하고, 결과는 답안1.sop로 저장하라.

2. 다음 자료는 K대학에서 시행한 모의 Toeic 성적의 일부이다.

일련번호	학년	LC	RC
1	2	305	350
2	4	355	265
3	4	350	270
4	4	305	300
5	4	235	345
6	4	315	225
7	4	280	260
8	4	290	225
9	3	220	285
10	4	235	265
11	3	215	280
12	4	250	235
13	3	245	240
14	4	230	250
15	3	235	240
16	4	220	255
17	3	215	260
18	4	245	225
19	4	235	235
20	4	220	250
21	4	255	210
22	4	220	240
23	4	220	235
24	4	245	200
25	4	235	205

1) 일련번호, LC, RC를 입력하라.

2) 변수계산 기능을 사용하여 LC, RC, 총합을 구하여라.

3) 2)에서 구한 종합점수에 대해 순위변수(석차)를 생성하여라.

4) RC 점수가 250점 이상인 학생들만 선택하여 통계점수의 기술통계량을 계산하여라.

3. 10명의 의과대학 학생을 대상으로 인턴십을 실시하고 활동에 대한 평가점수를 매겼다. 학생들은 두 개 그룹으로 나누어 활동한 후, 그룹별 점수 및 개별 점수를 받았다. 그룹별 점수는 a.sav에, 개인별 점수는 b.sav에 저장하였다고 하자.

1) 다음과 같이 a.sav와 b.sav파일을 작성하여라.

a.sav

번호	그룹	그룹평가
1	A	70
2	A	70
3	B	60
4	B	60
5	A	70

b.sav

번호	개별평가1	개별평가2
1	70	50
2	80	70
3	90	90
4	90	80
5	70	70

2) 향후 분석을 위해서 그룹정보를 이용하여 다음의 c.sav와 같이 해당하는 개별평가 및 그룹별평가점수를 하나의 파일로 만들고자 한다. a.sav와 b.sav를 가지고 [파일 합치기] 기능을 이용하여 c.sav를 만들어 보아라.

c.sav

번호	그룹	그룹평가	개별평가1	개별평가2
1	A	70	70	50
2	A	70	80	70
3	B	60	90	90
4	B	60	90	80
5	A	70	70	70

3) 3명의 학생에 대한 데이터를 추가로 받은 결과는 다음과 같다. 데이터를 d.sav로 저장하고, c.sav에 이를 추가하여 보아라.

d.sav

번호	그룹	그룹평가	개별평가1	개별평가2
1	A	70	80	70
2	B	60	80	70
3	B	60	90	85

4. 한 지역에서 10-12세의 아동 61명을 대상으로 SED(seriously emotionally distributed) 여부와 우울증 정도를 한 결과는 다음과 같다.

	우울증 정도	
	낮음	높음
SED 없음	34	14
SED 있음	5	8

1) 61명의 자료를 각각 입력하는 방식으로 데이터를 작성하여라.

2) 가중치 변수를 지정하여 입력하는 방식으로 데이터를 작성하고 가중치변수를 설정하여라.

5. A병원 20명과 B병원 환자로부터 기초정보인 성별, 체중, 신장, 연령, 흡연력(0: 경력없음, 1: 과거경력 있으나 현재 끊었음, 2: 현재 흡연 중임)를 조사한 결과이다. e.sav

ID	기관	성별	체중	신장	연령	흡연력
0101	A	F	46.8	132.6	35	1
0102	A	F	57.6	148.2	67	0
0103	A	F	44.3	156.9	57	0
0104	A	F	58.4	153.0	65	0
0105	A	F	51.1	148.1	38	0
0106	A	F	45.6	156.5	47	0
0107	A	F	61.4	158.3	42	0
0108	A	F	57.5	136.8	76	0
0109	A	M	83.6	171.9	41	1
0110	A	F	40.6	155.5	31	1
0111	A	F	62.0	145.1	58	0
0112	A	M	83.4	171.5	46	2
0113	A	M	58.6	171.6	63	1
0114	A	M	65.5	177.5	55	1
0115	A	F	55.6	157.6	57	1
0116	A	M	67.2	174.3	48	2
0117	A	F	56.5	142.3	43	0
0118	A	M	59.0	166.2	68	2
0119	A	F	62.2	146.8	54	0
0120	A	F	51.9	154.1	69	1

f.sav

ID	기관	성별	체중	신장	연령	흡연력
0201	B	M	56.3	154.3	62	0
0202	B	F	51.4	132.4	52	0
0203	B	F	43.7	150.6	59	0
0204	B	F	45.3	142.1	38	0
0205	B	F	55.9	141.0	48	0
0206	B	F	44.1	149.5	30	2
0207	B	F	52.6	167.1	40	0
0208	B	F	50.4	153.9	42	0
0209	B	F	65.5	161.1	56	2
0210	B	F	60.3	161.8	36	0
0211	B	F	53.5	142.4	49	1
0212	B	M	65.0	169.0	59	0
0213	B	F	47.7	150.8	48	1
0214	B	F	48.0	150.1	56	0
0215	B	F	60.6	160.8	59	1
0216	B	F	58.7	158.1	48	0
0217	B	F	50.7	142.4	54	0
0218	B	M	74.6	180.4	41	2
0219	B	F	44.8	163.1	58	0
0220	B	F	50.9	149.8	57	0

g.sav

ID	WBC	Hb
0101	6.9	13.9
0102	6.5	13.8
0103	7.1	14.5
0104	4.0	14.9
0105	8.1	14.2
0106	4.1	14.5
0107	5.7	15.9
0108	7.1	15.1
0109	8.2	16.5
0110	8.7	14.8
0111	7.4	14.7
0112	4.9	16.7
0113	9.9	18.8
0114	4.7	13.7
0115	4.2	12.8
0116	7.7	14.3
0117	8.0	14.0
0118	3.1	14.8
0119	5.4	13.4
0120	6.0	13.4

1) A병원과 B병원의 변수속성을 정의하고 환자번호와 기관, 신장, 연령, 흡연력등을 입력하라.
2) A병원의 환자기초정보와 B병원 기초정보를 합쳐보아라.
3) A병원의 환자기초정보 외에 추가로 이 환자들에 대해 혈액검사결과에 대한 데이터가 있을 때 이들을 하나의 데이터로 합쳐보아라.
4) A병원에서 비만지수(BMI) = 체중 ÷(신장÷100)^{2}와 로그체중 = ln(체중)으로 새로운 변수를 생성하여라.

2 기술통계

자료를 구성하고 요약하는 방법은 아주 다양하다. 많은 정보들은 표로 나타낼 수 있지만, 사실 그대로의 표현은 의미가 없다. 그래픽 표현은 모형이나 모양을 보고 자료 전체의 분포를 알 수 있다. 자료의 시각적 표현 방법들 중 가장 일반적인 것은 점도표, 막대그래프, 히스토그램, 그리고 줄기 도표다. 모든 그래픽표현에서 그래프가 나타내는 것이 무엇인가를 확실하게 해주는 변수를 정확히 표기하는 것이 중요하다.

원자료가 주어졌을 때, 전체 모형을 알 수가 없다. 그러나 어떤 값이 더 자주 나타나고, 몇개의 이상치가 나타나고, 값들의 범위를 대충 알 수 있다. 요약과 설명, 그리고 평균값, 분포의 측정, 다양한 값들의 위치, 그리고 분포의 형태와 포함하는 자료의 표현은 기술 통계학이라는 넓은 주제에 속한다.

2-1 그래프를 이용한 자료 요약

2.1.1 도수분포표

데이터 명목형이나 순서형인 경우에 하나의 변수에 대해서 도수분포표(frequency table)를 작성할 수 있다. 이 때 각 범주에 해당하는 관측치의 개수를 세어 범주의 도수(빈도)로 놓는다. 도수분포표에는 흔히 상대도수나 누적상대도수가 같이 쓰인다. 상대도수는 각 구간의 도수를 자료의 총수로 나눈 값이고, 누적상대도수는 이의 누계이다. 장점으로 각 범주의 도수와 상대적인 비율을 쉽게 비교할 수 있다.

예제 2-1

35명의 학생이 있는 반에서, 10명이 농구를 그들이 가장 좋아하는 운동으로 꼽았고, 7명이 야구, 6명이 미식축구, 5명이 축구, 그리고 2명이 하키를 꼽았다고 가정하자. 이 자료들은 도수분포표로 나타내어라.

풀이 〈표 2.1〉 운동종목에 대한 도수분포표

범주	도수	상대도수(%)
야구	7	20
농구	10	29
미식축구	6	17
하키	2	6
축구	5	14
테니스	5	14

■

2.1.2 점도표

점도표와 막대 그래프는 특히 각 개체들이 어떤 분류에 속하는지 찾는 범주형의 (또는 질적) 변수에 유용하다. 이는 수적인 값들인 양적 변수와 대비되는 것이다.

예제 2-2

35명의 학생이 있는 반에서, 10명이 농구를 그들이 가장 좋아하는 운동으로 꼽았고, 7명이 야구, 6명이 미식 축구, 5명이 축구, 그리고 2명이 하키를 꼽았다고 가정하자. 이 자료들은 점 도표로 나타내어라.

풀이

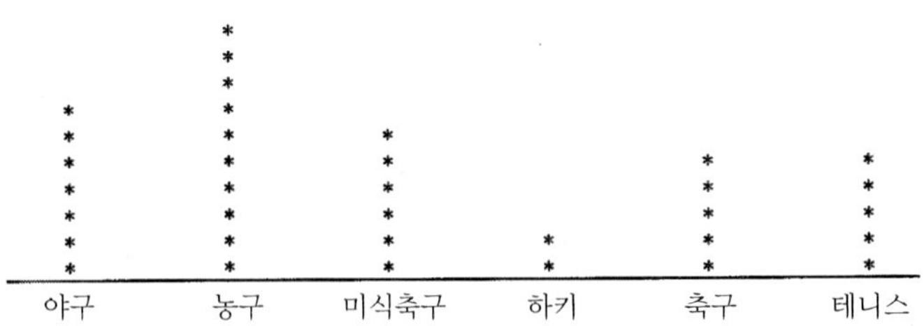

[그림 2.1] 운동 종목에 대한 점도표

도표의 점들의 수는 각 결과의 횟수를 나타낸다.

■

2.1.3 선그래프, 막대그래프

범주 또는 그룹들의 크기를 비교하는 일반적인 시각적 표현이며 다음과 같이 나열할 수 있다.

- 선그래프 : 각 범주에 대응하는 도수 또는 상대도수 등을 수직선으로 나타낸 그림
- 막대그래프 : 각 범주에 대응하는 도수 또는 상대도수 등을 같은 폭의 수직막대로 나타낸 그림
- 파레토 그림(Pareto chart) : 각 범주의 도수가 감소하도록 범주를 재배열한 막대그래프

■ 장점

각 범주에 대한 도수분포표에 비하여 각 범주의 도수 또는 상대도수를 시각적으로 쉽게 비교할 수 있다.

예제 2-3

어느 화장지 회사에서 생산된 미용용 화장지 50장을 임의로 뽑아 불량품을 조사하여 불량의 종류를 알아보았더니, 구멍 뚫림이 15개, 잘못 접혀짐이 5개, 찢어짐이 22개 그리고 기타의 불량이 8개씩 있었다. 불량의 종류에 대한 막대그래프로 나타내어라.

풀이 불량이 1개씩 있는 4가지의 불량을 기타의 항목으로 묶은 후 불량의 종류를 도수의 크기 순서로 배열하면 찢어짐, 구멍 뚫림, 기타, 잘못 접혀짐, 크기 불량, 두께 불량이 된다. 크기 순서대로 배열하고 도수분포표를 만들어 4번째 열에 누적상대도수를 배치하면 다음과 같다.

〈표 2.2〉 화장지 불량품에 대한 도수분포표

불량의 종류	도수	상대도수	누적상대도수
찢어짐	22	0.44	0.44
구멍 뚫림	15	0.30	0.74
기타	8	0.16	0.90
잘못 접혀짐	5	0.10	1
합	50	1.00	

〈표 2.2〉의 도수분포표를 이용하여 히스토그램을 만들면 다음과 같이 주어진다. 그림을 보면 찢어짐, 구멍 뚫림이 전체 불량품 중에서 74% 차지하고 있고 그 이외의 불량은 소수를 차지하고 있다는 것을 알 수 있다. 따라서, 불량품을 줄이려면 먼저

앞의 2가지의 불량에 대한 원인을 찾아 해결하여야 할 것이다.

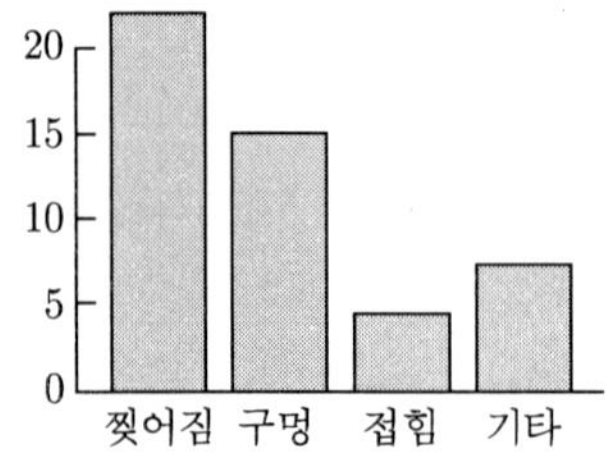

[그림 2.2] 화장지 불량품에 대한 파레토그림

2.1.4 히스토그램

히스토그램은 계급구간과 막대의 높이가 주어짐으로써 그릴 수 있는데, 막대의 높이는 상대도수를 계급구간의 폭으로 나눔으로써 구할 수 있다. 이렇게 구한 히스토그램의 전체 면적은 1이 된다. 모든 계급구간의 폭이 같으면 도수 또는 상대도수를 막대의 높이로 사용하여 그린 그림과 히스토그램과는 같은 모양이 된다. 따라서 도수나 상대도수를 막대의 높이로 사용하여 히스토그램의 모양을 얻기도 한다.

- **장점**

  도수분포표에 비하여 보다 더 시각적으로 중심의 위치와 자료가 어떠한 모양으로 흩어져 있는가에 대하여 쉽게 파악할 수 있다.
- **단점**

  각 계급 안에 놓이는 자료의 정확한 측정값을 알 수 없다.

예제 2-4

조그만 도시에 2000 가구들이 살고, 그들의 자녀의 분포는 다음과 같다. 300가구는 자녀가 없고, 400가구는 한 명, 700가구는 두 명, 300가구는 세 명, 100가구는 네 명, 100가구는 다섯 명, 그리고 100가구는 여섯 명이 있다고 가정하자. 이 자료들은 히스토그램으로 나타내어라.

풀이 〈표 2.3〉 자녀수에 대한 도수분포표

자녀 수	도수	상대도수
0	300	300/2000 = .150
1	400	400/2000 = .200
2	700	700/2000 = .350
3	300	300/2000 = .150
4	100	100/2000 = .050
5	100	100/2000 = .050
6	100	100/2000 = .050

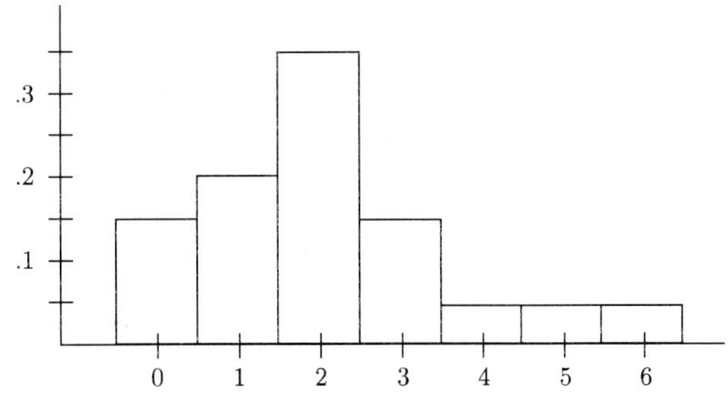

[그림 2.3] 자녀수에 대한 히스토그램

히스토그램은 세로축에 빈도수가 표기되거나 상대 빈도수가 표기되거나 그 모양은 같다는 것을 유의하자.

2.1.5 집단화 자료의 도수분포표

양적자료를 적당한 크기로 집단화하여 좀 더 쉽게 이해하도록 적당한 간격으로 집단화하여 만든 도수분포표

- 장점
  - 누적상대도수 즉, 분포함수가 F(x)=0.5가 되는 대략적인 중심의 위치를 알 수 있다.
  - 대략적인 자료의 흩어진 정도를 파악할 수 있다.
- 단점

  원자료의 정확한 관찰값을 알 수 없다.

핵심용어

계급(class) : 적당한 간격으로 집단화하여 나타낸 범주들

계급간격(class width) : 이웃하는 두 계급의 위쪽 경계에서 아래쪽 경계를 뺀 값

계급값(class mark) : 각 계급의 중앙에 위치한 값, $\frac{\text{위쪽경계} + \text{아래쪽경계}}{2}$

도수분포표의 작성

1. 표본자료의 최대값과 최소값을 찾아 (범위)=(최대값)−(최소값)을 구한다.
2. 자료의 크기에 따라 5~20정도의 계급의 개수를 정하고, 계급의 폭은

   $$(\text{범위}) \div (\text{계급의 개수})$$

   를 계산하여 자료값의 최소 단위까지 끊어 올려 정한다.
3. 첫 번째 계급의 시작점은

   $$(\text{최소값}) - \frac{1}{2}(\text{자료값의 최소 단위})$$

   로 정하여, 2에서 구한 계급의 폭에 따라 그 다음 계급을 정한다.
4. 각 계급의 상대도수(또는 도수)를 구한다.

예제 2-5

다음의 자료는 미국 대통령 취임 나이를 기록한 것이다.

〈표 2.4〉 미국 대통령 취임 나이

대통령	나이	대통령	나이	대통령	나이
Washington	57	Lincoln	52	Hoover	54
J. Adams	61	A.Johnson	56	F.D.Roosevelt	51
Jefferson	57	Grant	46	Truman	60
Madison	57	Hayes	54	Eisenhower	61
Monroe	58	Garfield	49	Kennedy	43
J.Q.Adams	57	Arthur	51	L.B.Johnson	55
Jackson	61	Cleveland	47	Nixon	56
Van Buren	54	B.Harrison	55	Ford	61
W.H.Harrison	68	Cleveland	55	Carter	52
Tyler	51	McKinley	54	Reagan	69
Polk	49	T.Roosevelt	42	G.H.W.Bush	64
Taylor	64	Traft	51	Clinton	46
Fillmore	50	Wilson	56	G.W.Bush	54
Pierce	48	Harding	55		
Buchanan	65	Coolidge	51		

(1) 대통령 취임 나이에 대한 도수분포표와 히스토그램을 그려라.

(2) 분포의 형태와 대푯값, 범위를 써라.

(3) 나이가 가장 젊은 대통령과 나이가 가장 많은 대통령은 누구인가?

풀이 〈표 2.5〉 대통령 취임 나이에 대한 도수분포표

계급	도수	상대도수	누적도수	상대 누적도수
40-44	2	2/43=0.047, 4.7%	2	2/43=0.047, 4.7%
45-49	6	6/43=0.140, 14%	8	8/43=0.186, 18.6%
50-54	13	13/43=0.302, 30.2%	21	21/43=0.488, 48.8%
55-59	12	12/43=0.279, 27.9%	33	33/43=0.767, 76.7%
60-64	7	7/43=0.163, 16.3%	40	40/43=0.930, 93.0%
65-69	3	3/43=0.070, 7.0%	43	43/43=1.000, 100%
합	43			

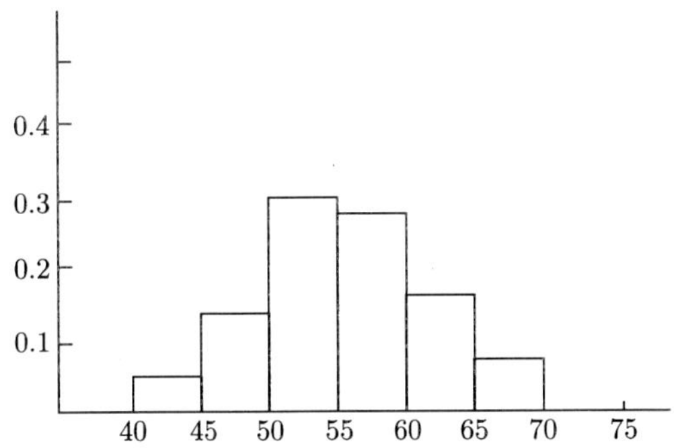

[그림 2.4] 대통령 취임 나이에 대한 히스토그램

(2) 분포형태는 55세를 중심으로 대칭형태이다. 또 범위는 27세이다.

(3) 가장 젊은 대통령은 루즈벨트로 42세이고, 가장 나이가 많은 대통령은 레이건, 69세이다.

■

2.1.6 줄기-잎 그림

도수분포표나 히스토그램이 갖고 있는 성질을 그대로 보존하면서 각 계급 안에 들어 있는 개개의 측정값을 제공하는 그림이다.

줄기-잎 그림 작성 방법

1. 줄기와 잎을 구분한다. 변동이 작은 부분을 줄기, 변동이 많은 부분을 잎으로 지정한다.
2. 줄기 부분을 작은 수부터 순차적으로 나열하고, 잎 부분을 원자료의 관찰 순서대로 나열한다.
3. 잎 부분의 관찰값을 순서대로 나열한다.

예제 2-6

농구선수의 13년 경력 동안 3점 슛의 퍼센트를 나타낸 집합인 {17, 17, 18, 13, 28, 38, 31, 27, 35, 50, 43, 37, 24}을 보자. 1, 2, 3, 4, 5를 10, 20, 30, 40, 50로 대체해보자. 그 결과는 이 자료들의 줄기 도표를 나타내어라.

풀이

줄기	잎			
1	7	7	8	3
2	8	7	4	
3	8	1	5	7
4	3			
5	0			

[그림 2.5] 3점슛의 퍼센트에 대한 줄기-잎 그림

더 상세한 형태는 각 열에 있는 숫자들을 오름차 순서로 재정렬 하여 나타낼 수 있다. 이 정렬된 표현은 본래의 도수 도표에서 더 자세한 정보를 나타낸다.

예제 2.6의 자료의 개선된 표현은 다음과 같다.

1	3	7	7	8
2	4	7	8	
3	1	5	7	8
4	3			
5	0			

[그림 2.6] [그림 2.5]의 재배열

예제 2-7

어느 집단에서 광고된 25채의 집의 가격의 집단은 {56, 89, 165, 73, 83, 145, 90, 189, 127, 77, 110, 112, 132, 120, 94, 130, 84, 65, 99, 154, 86, 120, 122, 103, 130}이라 주어졌다고 가정하자. 이 자료들로 가능한 줄기 도표를 나타내어라.

풀이

50–74	56	65	73					
75–99	77	83	84	86	89	90	94	99
100–124	03	10	12	20	20	22		
125–149	27	30	30	32	45			
175–200	89							

[그림 2.7] 집가격에 대한 줄기-잎그림

■

2-2 수치를 통한 자료 요약

2.2.1 평균값과 중앙값

■ **평균값**

평균이라는 단어는 일상에서 자주 쓰인다. 사람들은 볼링과 배팅 평균 또는 배터리나 사람의 평균 수명을 말한다. 즉, 집합의 모든 항목들의 합계를 항목들의 수로 나눈 값을 평균값이라고 한다. 전체 모집합의 평균값은 자주 그리스 문자 μ(mu)로 표기되고, 표본의 평균값은 $\overline{x}$로 자주 표기된다.

■ **모평균(population mean)**

$$\text{모집단의 평균} : \mu = \frac{1}{N}\sum_{i=1}^{N} x_i$$

■ **표본평균(sample mean)**

$$\text{표본의 평균} : \overline{x} = \frac{1}{n}\sum_{i=1}^{n} x_i$$

예를 들어, 미국에 있는 모든 가구들의 집합의 평균값은 $\mu = \$52,100$이고, 무작위로 뽑은 100 가구의 평균값은 아마 $\overline{x} = \$52,100$ 또는 어쩌면 $\overline{x} = \$63,000$ 또는 $\overline{x} = \$124,000$일 것이다.

표본평균의 특성은 다음과 같다.

- **장점**
  - 계산하기 쉽다.
  - 모든 측정값을 반영한 정보를 제공한다.
  - 각 자료와 평균과의 편차의 제곱을 모두 더한 잔차제곱합(residual sum of squares : RSS)이 다른 유형의 위치척도에 비하여 작다.
- **단점**
  - 이상점에 큰 영향을 받는다.

예제 2-8

13개의 야구장에서 필드의 중심까지의 홈런 거리의 집합을 살펴보자.
{387, 400, 400, 410, 410, 410, 414, 415, 420, 420, 421, 457, 461} 평균값은 얼마인가?

풀이 평균값은

$$\frac{387+400+400+410+410+\dots+457+461}{13} = 417.3 \text{ feet}$$

이다.

■

■ 중앙값

표본평균이 갖는 이상점에 대한 영향을 제거할 수 있는 중심위치의 척도이며 자료의 측정값을 크기순서로 나열하여 가장 가운데 순위에 놓이는 값이다. 즉,

$$M_e = \begin{cases} x_{\left[\frac{n+1}{2}\right]} & , n\text{이 홀수인 경우} \\ (x_{\left[\frac{n}{2}\right]} + x_{\left[\frac{n}{2}+1\right]})/2 & , n\text{이 짝수인 경우} \end{cases}$$

■ 장점

- 어느 한 쪽으로 치우친 분포를 갖는 자료에 대하여 평균보다 좋은 중심의 위치를 나타낸다.

■ 단점

- 전체 자료를 크기 순으로 나열하여 중앙에 놓이는 자료를 찾아야 한다는 점에서 자료의 수가 많은 경우에 부적절하다.
- 수리적으로 다루기 매우 힘들다는 이유로 추측통계학에서 별로 사용하지 않는다.

예제 2-9

한달 동안 다섯 명의 의사가 불필요한 수술을 제안한 수의 집합이 {2, 2, 8, 20, 33}으로 주어졌다고 가정해보자. 중앙값과 평균을 구하여라.

풀이 중앙값은 8이고, 평균값은

$$\frac{2+2+8+20+33}{5}=13.$$

다섯 번째 의사 불필요한 수술을 추가적으로 25번 제안했다면, 중앙값과 평균값은 어떻게 영향을 받을 것인가?

집합은 이제 –2, 2, 8, 20, 58″이다. 중앙값은 여전히 8이다. 평균값은

$$\frac{2+2+8+20+58}{5}=18$$

로 바뀐다.

■

2.2.2 범위, 사분위수 범위

■ **범위**

가장 간단하고 쉽게 변이성을 계산하는 척도는 범위이다. 가장 큰 값과 가장 작은 값의 차이를 범위라 한다. 범위의 한 용도로는 아주 적은 항목들을 가진 표본에서 분포로 계산할 때 유용하다.

예제 2-10

집단 A : 최대값 = 95, 최소값 = 20

집단 B : 최대값 = 81, 최소값 = 55

이라 가정하자. 각 집단의 범위를 구하고 설명하여라.

풀이 $R_A = 95 - 20 = 75$

$R_B = 81 - 55 = 26$

집단 B에 비하여 집단 A가 폭넓게 분포되어 있음.

■ 사분위수 범위

자료를 크기순으로 나열했을 때 전체 자료가 4등분 되는 위치의 관측값을 사분위수(quartile)라고 한다. 사분위수는 제일 작은 사분위수를 제1사분위수(Q_1), 두 번째로 작은 사분위수를 제2사분위수(Q_2), 다음 사분위수를 제3사분위수(Q_3)라 하며, 제2사분위수는 중앙값이 된다.

사분위수 범위(IQR)를 찾는 것은 범위에서 극값들의 영향을 받지 않기 위한 하나의 방법이다. 그것은 중간 50% 값들의 범위이다. 즉 $IQR = Q_3 - Q_1$으로 계산한다.

이상치를 구하는데 사용되는 수적 규칙으로 만약 이상치가 $Q_1 - IQR \times 1.5$보다 작거나 $Q_3 + IQR \times 1.5$보다 클 때, 이상치라 부른다.

예제 2-11

한 작은 마을의 농장 크기가 다음과 같은 성질을 가지고 있다고 가정해보자. 가장 작은 값은 16.6 에이커이고, 값의 25%는 41.1 에이커, 75%는 101.9 에이커, 90%는 124.0 에이커, 가장 위의 값은 201.7 에이커이다.

(1) 범위는 무엇인가?

(2) 사분위수 범위는 얼마인가?

(3) 수적 규칙이 이상치로 쓰였을 때, 가장 작은 또는 가장 큰 값을 이상치라 불러야 하는가?

풀이 (1) 범위는 $201.7 - 16.6 = 185.1$에이커

(2) 사분위수 범위는 $Q_3 - Q_1 = 101.9 - 41.1 = 60.8$에이커이다.

(3) $1.5 \times IQR = 1.5 \times 60.8 = 91.2$

가장 큰 값인 201.7은 $Q_3 + 1.5 \times IQR = 101.9 + 91.2 = 193.1$보다 크기 때문에, 이는 이상치라고 할 수 있다.

■

2.2.3 상자 도표

상자그림(box plot)은 표본 사분위수범위를 이용하고 이런 단점은 보완하면서 자료의 흩어진 모양을 쉽게 알 수 있도록 자료를 요약한 그림을 말한다. 상자그림을 작성하는 자세한 과정은 다음과 같다. [그림 2.8]은 이해를 돕기 위하여 구성요소를 표시한 상자그림이다.

이제 다음 순서에 따라 상자 그림을 그린다.

1. 자료를 크기순으로 나열하여 사분위수(Q_1, Q_2, Q_3)를 결정한다.
2. Q_1과 Q_3을 네모난 상자로 연결하고, 중앙값(Q_2)의 위치에 수직선을 긋는다.
3. 사분위수범위= $Q_3 - Q_1$을 계산한다.
4. 상자 양끝에서 $1.5 \times IQR$ 크기의 범위를 경계로 하여, 이 범위에 포함되는 최소값과 최대값을 Q_1과 Q_3으로부터 각각 선으로 연결한다.
5. 양 경계를 벗어나는 자료값들을 *로 표시하고, 이 점들을 이상점이라고 한다.

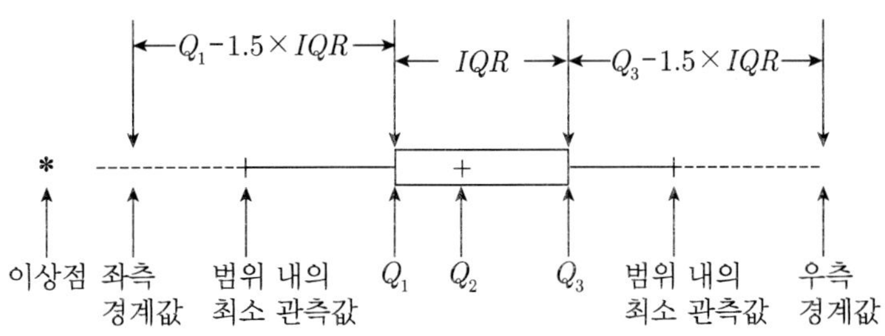

[그림 2.8] 상자그림

예제 2-12

어떤 교차로에서 교통소음 정도를 측정한 값이 아래와 같다. 측정자료를 이용하여 상자그림을 그려라.

55.9	63.8	57.2	59.8	65.7	62.7	60.8	51.3	61.8	56.0
66.9	56.8	66.2	64.6	59.5	63.1	60.6	62.0	59.4	67.2
63.6	60.5	66.8	61.8	64.8	55.8	55.7	77.1	62.1	61.0
58.9	60.0	66.9	61.7	60.3	51.5	67.0	60.2	56.2	59.4
67.9	64.9	55.7	61.4	62.6	56.4	56.4	69.4	57.6	63.8

풀이 이 자료를 크기 순서로 재배열하여 사분위수를 구한다. $Q_1 = x_{(13)} = 57.6$, $Q_2 = (x_{(25)} + x_{(26)})/2 = (60.8 + 61)/2 = 60.9$, $Q_3 = x_{(38)} = 63.8$이 된다. 제1, 제3 사분위수로부터 상자의 아래와 위의 경계치는 각각 $Q_1 - 1.5 \times IQR = 57.6 + 9.3 = 48.3$, $Q_3 + 1.5 \times IQR = 63.8 + 9.3 = 73.1$이 된다. 관측값 77.1은 이 경계를 초과하기 때문에 해당 위치에 *로 표시하고, 이상점이라 판정한다. 이렇게 작성된 상자그림은 [그림 2.9]와 같다.

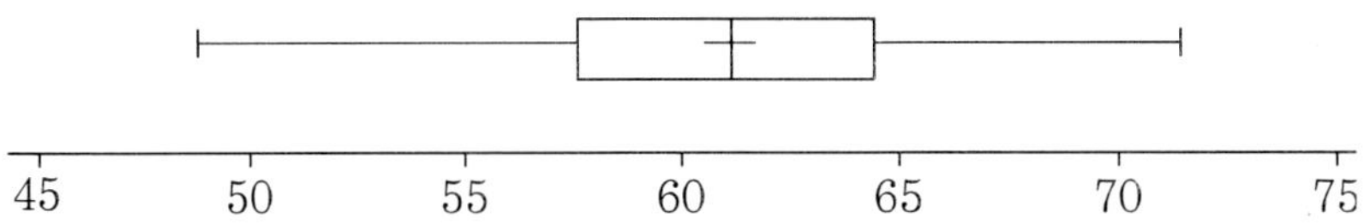

[그림 2.9] 교통소음에 대한 상자그림

2.2.4 분산과 표준편차

모집단에서 분산은 σ^2로 표기된다.

$$\sigma^2 = \frac{\Sigma(x-\mu)^2}{n}$$

s^2로 표기되는 표본분산은 다음과 같이 계산된다.

$$s^2 = \frac{\Sigma(x-\overline{x})^2}{n-1}$$

예제 2-13

생산직의 일주일 평균 일하는 시간은 각각 45, 43, 41, 39, 39, 35, 37, 40, 39, 36, 37이었다. 분산은 얼마인가?

풀이

$$\mu = \frac{45+43+41+39+35+37+40+39+36+37}{11} = 39.2\text{시간}$$

$$\sigma^2 = \frac{(45-39.2)^2+(43-39.2)^2+\ldots(37-39.2)^2}{11} = 8.1$$

■ **표준편차**

특정 모집단의 변의성을 대표하는 값을 구하려고 한다. 따라서 평방편차의 제곱근을 고려해야 한다. 이 값은 표준편차라고 하며, 다음과 같이 표기한다.

$$\sigma = \sqrt{\frac{\Sigma(x-\mu)^2}{n}} = \sqrt{\frac{\sum x^2}{n} - \mu^2}$$

표본의 표준편차는 s로 표기되고 계산기로 계산하거나 다음과 같이 계산할 수 있다.

$$s = \sqrt{\frac{\Sigma(x-\overline{x})^2}{n-1}}$$

분산이 제곱 단위로 측정되는 반면, 표준편차는 자료와 같은 단위로 측정된다.

2.2.5 위치 측정: 백분위수 서열 그리고 $z-$위치

■ **백분위수**

앞에서 배운 중심위치의 측도와 산포의 측도는 자료의 형태를 이해하는데 대체적으로 유용한 정보를 제공했다. 그러나 자료 안에서 어떤 특정한 값의 상대적인 위치에 관심이 있는 경우, 위의 두 측도는 크게 도움을 주지 못한다. 예를 들어, 한 정유회사는 그들의 연간 매출액이 모두 정유산업체에서 어느 정도 위치에 해당하는지를 알고 싶은 경우 평균이나 분산으로는 그 정확한 위치를 볼 수가 없다. 이를 위해서는 백분위수(percentile)나 $z-$점수($z-$score)와 같은 상대적 위치의 측도(measure of relative standing)가 필요하다.

※ 제100×p 백분위수를 구하는 방법

1. 관측값을 큰순으로 배열한다.
2. 관측값의 개수(n)에 p를 곱한다.
   ⓐ 만약 $n \times p$가 정수이면, $n \times p$번째 관측값과 $n \times p + 1$번째 관측값의 평균을 제 $100 \times p$백분위수로 한다.
   ⓑ 만약 $n \times p$가 정수가 아니면, $n \times p$에서 정수부분에서 1을 더한 값 m을 구한 후, m번째 큰관측값을 제 $n \times p$백분위수로 한다.

예제 2-14

서울의 한 전철역에서 수원의 한 전쳘역까지 소요되는 시간을 기록한 자료가 다음과 같다.(단위 : 분)

42 40 38 37 43 39 78 38 45 44 40 38 41 35 31 44

제 50 백분위수인 중앙값과 제 30 백분위수를 구하여라.

풀이 위의 자료를 크기순서로 재배열하면 다음과 같다.

31 35 37 38 38 38 39 40 40 41 42 43 44 44 45 78

관측값의 개수가 16이고 16×0.05=8이므로 제 50 백분위수는 8번째값과 9번째값의 평균이 40이므로 제 50 백분위수인 중앙값은 40이다. 제 30백분위수의 경우는 16×0.3 = 4.8이므로 제 30백분위수의 값은 5번째 값인 38이다.

■

■ $z-$**위치**

개개의 특정한 측정값을 전체자료 자료집단의 상대적인 수치로 변환된 척도를 $z-$점수라하며 다음과 같이 정의한다.

$$\text{모집단 } z-\text{위치} : z = \frac{x-\mu}{\sigma}$$

$$\text{표본 } z-\text{위치} : z = \frac{x-\bar{x}}{s}$$

예제 2-15

큰 도시의 휘발유의 평균 가격이 갤런 당 \$1.80이고 표준편차가 \$0.05라고 가정해보자. \$1.90의 $z-$값, \$1.65의 $z-$값, $z-$값 +2.2는 원래 값, $z-$위치 −1.6의 원래 값을 구하여라.

풀이 \$1.90의 $z-$값은 $\dfrac{1.90-1.80}{0.05}=+2$, \$1.65의 $z-$값은 $\dfrac{1.65-1.80}{0.05}=-3$, 원래의 값은 $z-$값이 2.2일 때 $x=1.80+2.2\times 0.05=1.91$. $z-$값이 −1.6일 때

$$x=1.80-1.6(0.05)=1.72$$

에 해당한다.

예제 2-16

두 자료집단의 측정값 비교와 표준점수에 의한 비교를 하고 설명하여라.

〈표 2.6〉 집단 A, B의 자료

집단	측 정 값														
A	20	35	43	28	37	35	49	28	32	25	39	29	28	36	44
B	77	80	76	87	85	71	75	76	81	87	75	85	78	79	86

풀이 자료집단 A와 자료집단 B의 평균과 표준편차의 비교

$$\bar{x}_A=33.87,\ \sigma_A=7.84$$
$$\bar{x}_B=79.87,\ \sigma_B=5.08$$

두 집단의 절대 측정값에 대한 점도표 비교

- 집단A

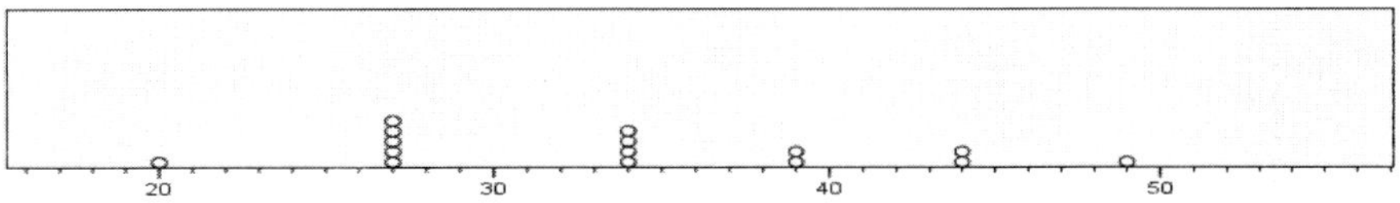

- 집단B

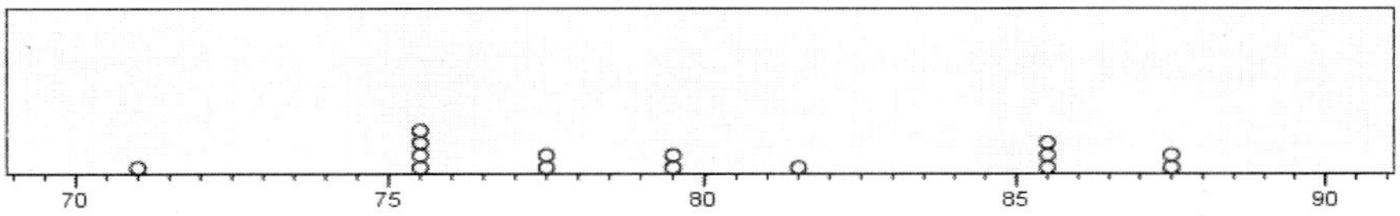

[그림 2.10] 두집단측정값에 대한 점도표비교

[결과] 자료집단 A에 비하여 자료집단 B의 평균이 매우 크고 평균에 관한 자료의 밀집정도는 자료집단 A에 보다 자료집단 B가 작다

$$z-\text{점수}: z_A = \frac{x-33.87}{7.84},\ z_B = \frac{y-79.87}{5.08}.$$

이다.

2-3 SPSS 실습

2.3.1 범주형자료에서 도수분포표

『SPSS 데이터 편집기창』에 test1.sav를 열어 놓은 후 도수분포표를 그리기 위해서는 아래와 같이 메뉴에서 『분석(A) → 기술통계량(E) → 빈도분석(F)』를 클릭하여 [그림 2.12]를 얻는다.

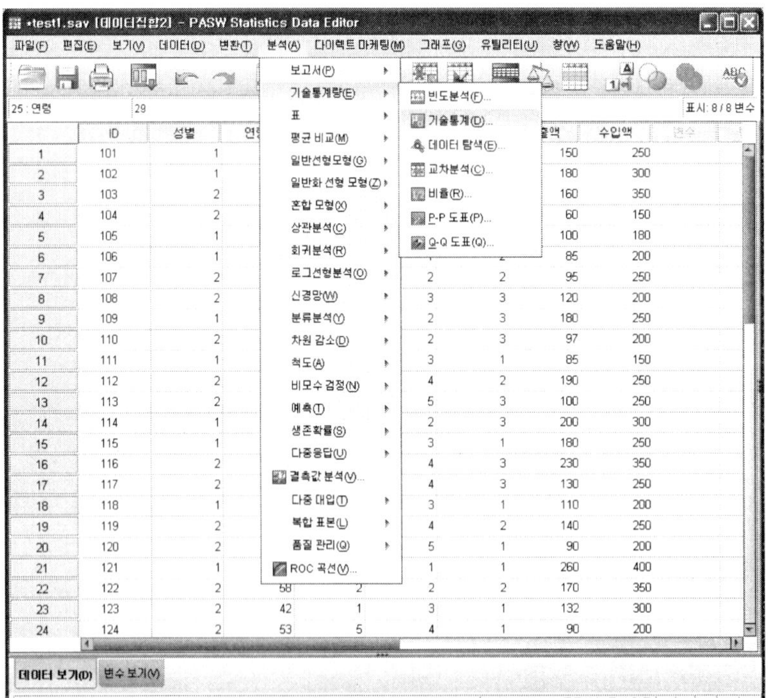

[그림 2.11] 도수분포표을 얻기 위한 명령어

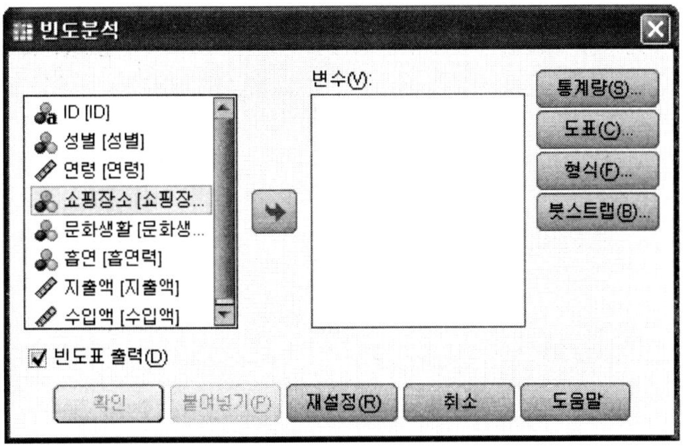

[그림 2.12] 빈도분석대화상자

빈도분석 대화상자의 왼쪽 창에는 현재의 변수들이 모두 나열되어 있는데, 그 중에서 빈도 분석을 적용하고자 하는 변수 이름 위로 마우스를 옮겨서 파란색으로 변한 후 ➡를 클릭하면 선택된 변수가 오른쪽으로 이동하게 된다. [그림 2.13]은 변수 쇼핑장소의 빈도분석을 위해 오른쪽으로 이동시킨 것이다.

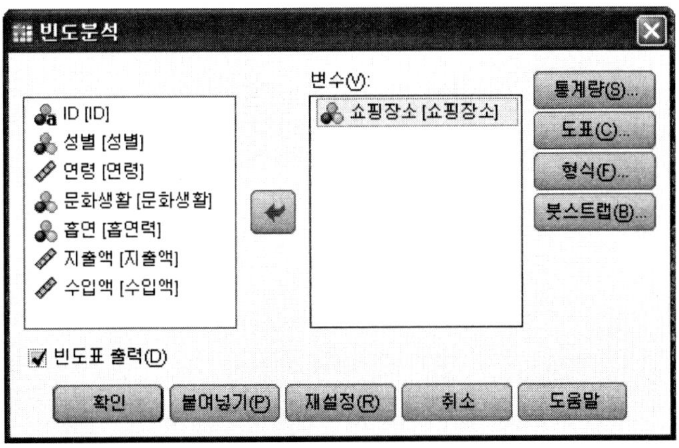

[그림 2.13] 빈도분석을 위한 변수선택

확인 을 클릭하면 SPSS 뷰어 창 화면이 새로 생기면서 결과들이 출력된다. [그림 2.14]는 그 출력 결과에서 빈도표(도수표)만 복사하여 편집한 것이다.

쇼핑장소

		빈도	퍼센트	유효 퍼센트	누적퍼센트
유효	백화점	6	24.0	24.0	24.0
	할인점	6	24.0	24.0	48.0
	재래시장	6	24.0	24.0	72.0
	동네주변	4	16.0	16.0	88.0
	기타	3	12.0	12.0	100.0
	합계	25	100.0	100.0	

[그림 2.14] 쇼핑장소에 대한 도수표

쇼핑장소의 각 항목에 대한 빈도와 전체에서 차지하는 퍼센트가 나타나 있다. 2-1-1절의 도수분포표에서 설명한 상대도수는 현재의 퍼센트를 소수로 나타낸 것이다. 유효 퍼센트란 만약 자료에서 무응답으로 인한 결측값이 존재하는 경우 이를 제외한 자료를 전체로 간주하고 퍼센트를 구한 것을 말한다

참고로 [그림 2.15]와 같이 메뉴에서 『분석(A) → 표(T) → 통계표 작성(C)』를 선택하여 도수분포표를 얻을 수도 있다.

[그림 2.15] 도수분포표를 얻기 위한 명령어

2.3.2 연속형자료에서 도수분포표

『SPSS 데이터 편집기창』에 test1.sav를 열어 놓은 후 SPSS를 이용하여 연속형 변수의 도수분포표를 만들기 위하여는 먼저 계급구간 변수를 생성하여야 한다.

『변환(T) → 코딩변경(R) → 새로운 변수로(D)』에서 위에서 정의한 계급구간에 따른 변수를 생성한다.

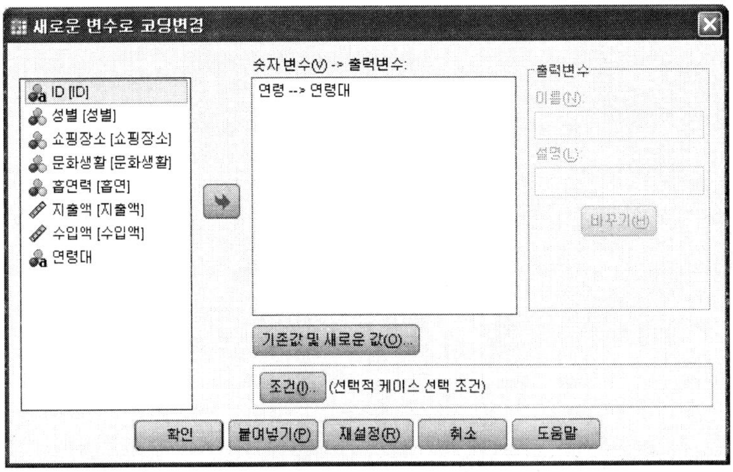

[그림 2.16] 코딩변경 화면

'최저값에서 다음 값까지 범위(B)' 또는 '다음 값에서 최고값까지 범위(E)'를 이용하여 아래와 같이 변수의 [자리수(W)]를 10으로 한 문자열 변수 연령대를 생성한다.

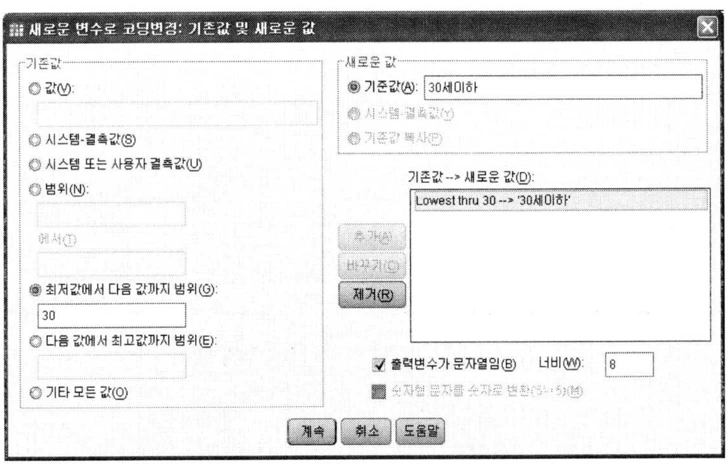

[그림 2.17] 최저값에서 다음값까지 범위

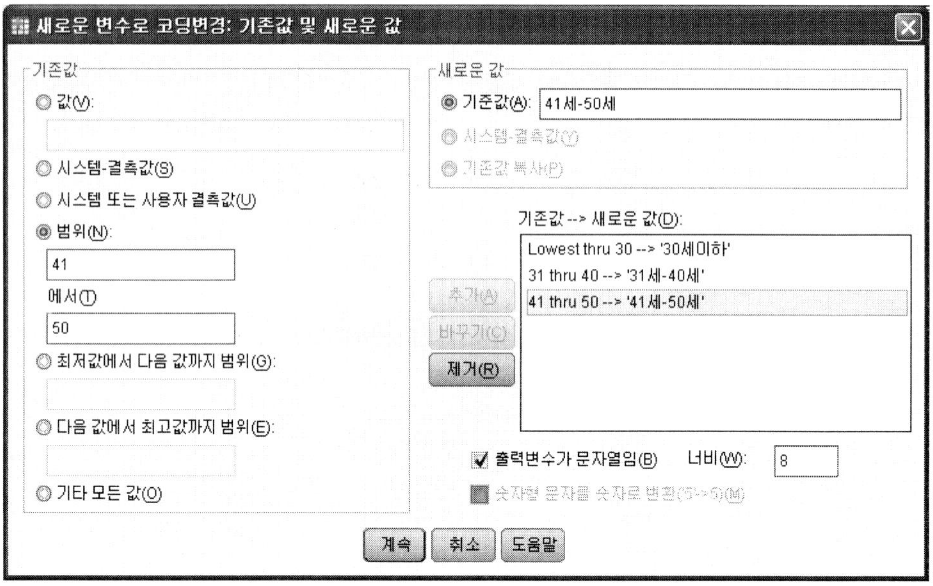

[그림 2.18] 너비를 10으로한 문자열변수연령대

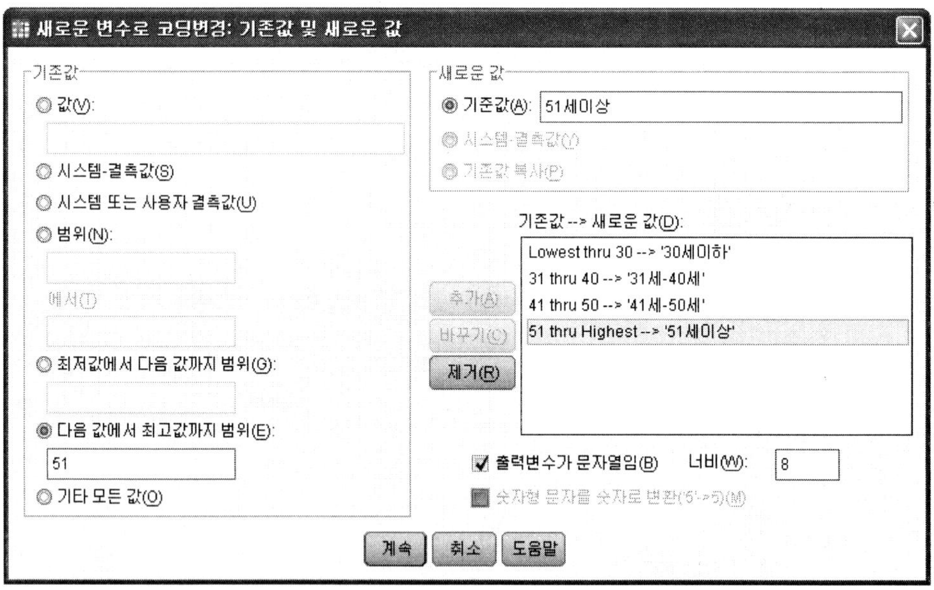

[그림 2.19] 다음값에서 최고값까지의 범위

『분석(A) → 기술통계량(E) → 빈도분석(F)』을 선택한다.「빈도분석」창에서 왼쪽변수 리스트 중 연령대를 선택하여 오른쪽으로 옮긴 후 확인을 누른다.

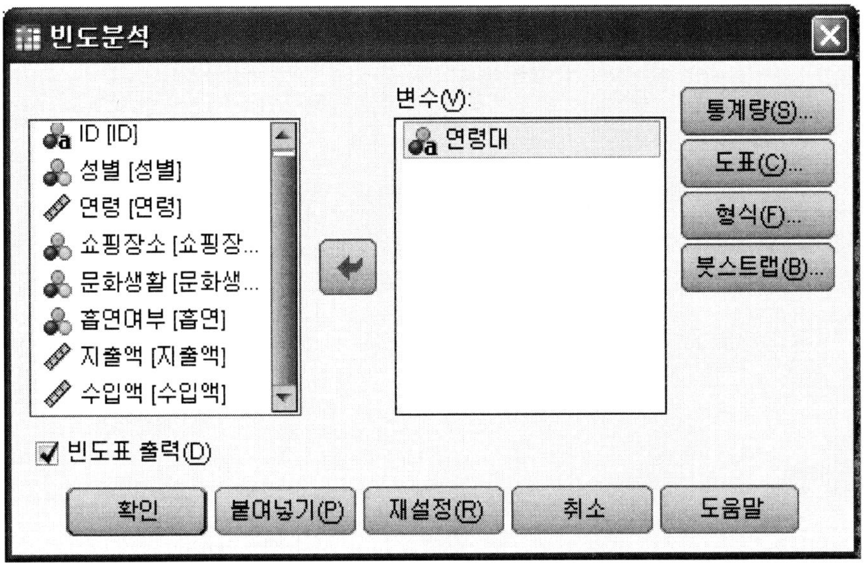

[그림 2.20] 빈도분석화면

『SPSS 뷰어』 창의 도수분포표를 확인한다. 여기서 상대도수와 누적상대도수는 각기 '퍼센트'와 '누적퍼센트'로 표시된다.

연령대

	빈도	퍼센트	유효 퍼센트	누적퍼센트
유효	3	10.7	10.7	10.7
30세이하	6	21.4	21.4	32.1
31세-40?	8	28.6	28.6	60.7
41세-50?	6	21.4	21.4	82.1
51세-60?	5	17.9	17.9	100.0
합계	28	100.0	100.0	

[그림 2.21] SPSS뷰어창의 도수분포표

2.3.3 분할표

한 개체에 대해 두 가지 변수를 조사하고 이것이 모두 질적 범주인 경우에는 두 변수를 각기 행과 열에 배치하고 해당되는 관측치를 세어서 이차원 분할표(contingency table)로 데이터를 정리 할 수 있다.

test1.sav 데이터에서 성별과 흡연경력에 대한 2차원 분할표를 구하면 다음과 같다.

〈표 2.7〉 도수에대한 2차원분할표

흡연경력 \ 성별	여 성	남 성	총 계
경험없음	6	6	12
과거 경험있으나 현재 끊었음	4	2	6
현재 흡연중	5	2	7
총 계	15	10	25

위의 표는 분할표의 각 셀에 도수를 쓴 경우이나, 상대도수를 쓸 수도 있다. 예컨대 성별로 흡연경력의 분포를 비교하고 싶다면 다음 분할표의 여성과 남성의 상대도수가 각각 1이 되도록 할 수 있다.

〈표 2.8〉 상대도수에대한 2차원분할표

흡연경력 \ 성별	여 성	남 성
경험없음	0.4	0.6
과거 경험있으나 현재 끊었음	0.26	0.2
현재 흡연중	0.34	0.2
총 계	1	1

SPSS를 사용하여 분할표를 작성하여 보자.

『분석(A) → 기술통계량(E) →교차분석(C)』을 선택하여 「교차분석」 창에서 성별을 [행(W)] 칸으로, 흡연력을 [열(C)] 칸으로 옮긴다.

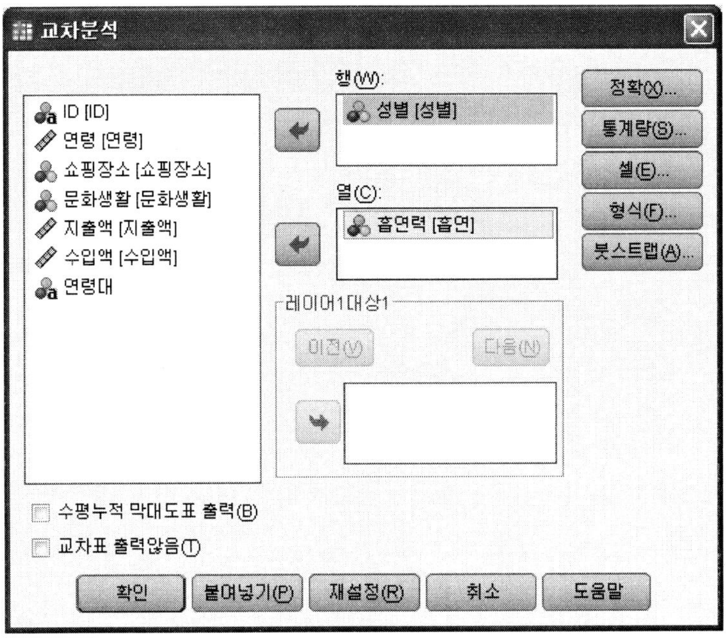

[그림 2.22] 교차분석을 위한 명령어

확인을 누르면 다음과 같은 결과가 나타난다.

성별 * 흡연력 교차표

빈도

		흡연력			전체
		경력없음	끊은상태	흡연중	
성별	남성	6	2	2	10
	여성	6	4	5	15
전체		12	6	7	25

[그림 2.23] 이차원분할표

단순빈도 외에 기대빈도나 행 또는 열 백분율을 보고 싶으면 〈셀〉 버튼을 눌러 아래와 같이 분할표에 출력할 통계량을 체크한다.

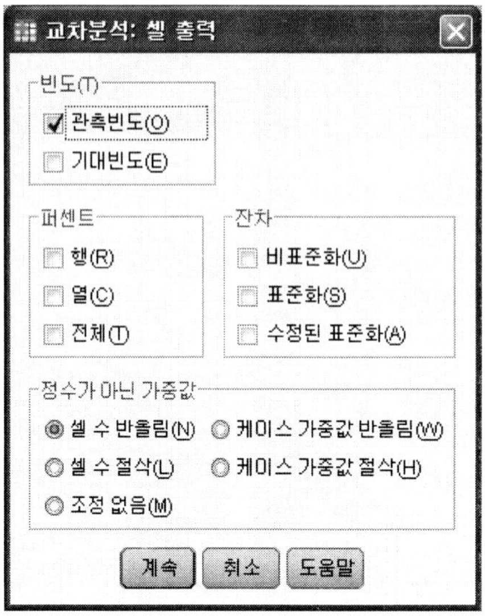

[그림 2.24] 행 또는 열백분율 명령어

2.3.4 막대도표

막대도표를 그리기 위해서는 『분석(A) → 기술 통계량(E) → 빈도분석(F)』에서 도표(C)... 를 선택하여 [그림 2.25]을 얻는다.

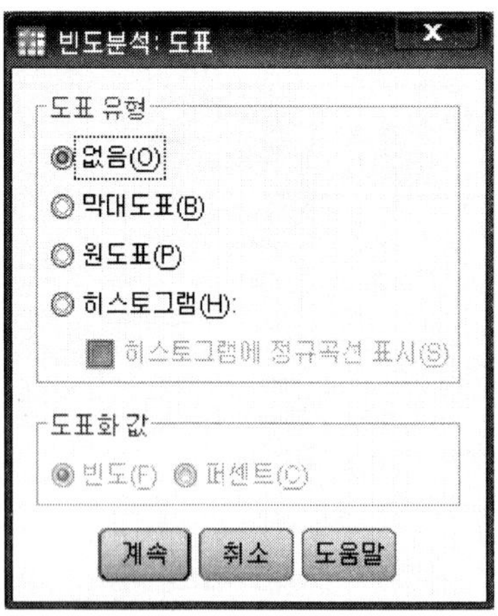

[그림 2.25] 빈도분석도표화면

도표 유형에 막대도표(B)를 선택하면 아래의 도표화 값이 더 진하게 변하는데, 이 때 막대도표의 세로축에 빈도를 표시할 것인가 퍼센트를 표시할 것인가를 선택한 다음 계속 을 클릭하면 다시 빈도분석 화면을 얻게 되고, 「빈도분석」 창에서 왼쪽 변수 리스트 중 쇼핑 장소를 선택하여 오른쪽으로 옮긴 후, 확인 을 클릭하여 [그림 2.25]와 같은 결과를 얻는다. 또는 데이터 편집기 메뉴에서 『그래프(G) → 레거시대화상자(L) → 막대도표(B)』를 클릭하여 막대도표를 그릴 수 있다.

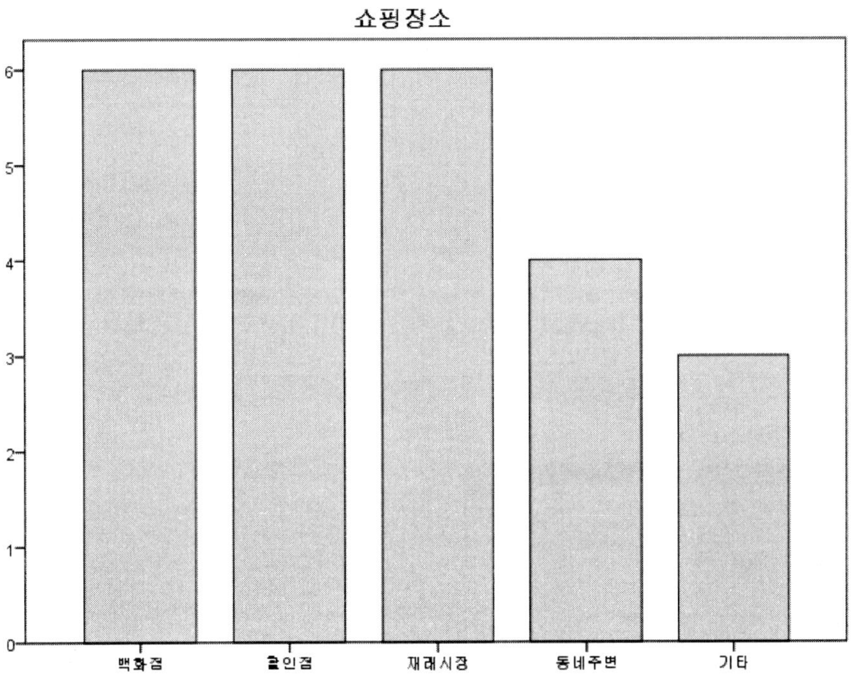

[그림 2.26] 막대도표의 결과

또 데이터 편집기 메뉴에서 『그래프(G) → 레거시대화상자(L) → 막대도표(B』를 클릭하여 막대도표를 그려보자.

『그래프(G) → 레거시대화상자(L) → 막대도표(B)』를 선택하면 「막대도표」창이 나타나는데, 여기서 [단순]을 선택하고 〈정의〉 버튼을 누른다.

[그림 2.27] 막대도표명령어

[막대표시]에는 도표에 표시할 통계량을 선택한 후, [범주축(X)]에 성별을 옮기고 〈확인〉을 누른다. 여기서는 막대의 높이가 '케이스 수'인 그래프가 아래와 같이 구해진다.

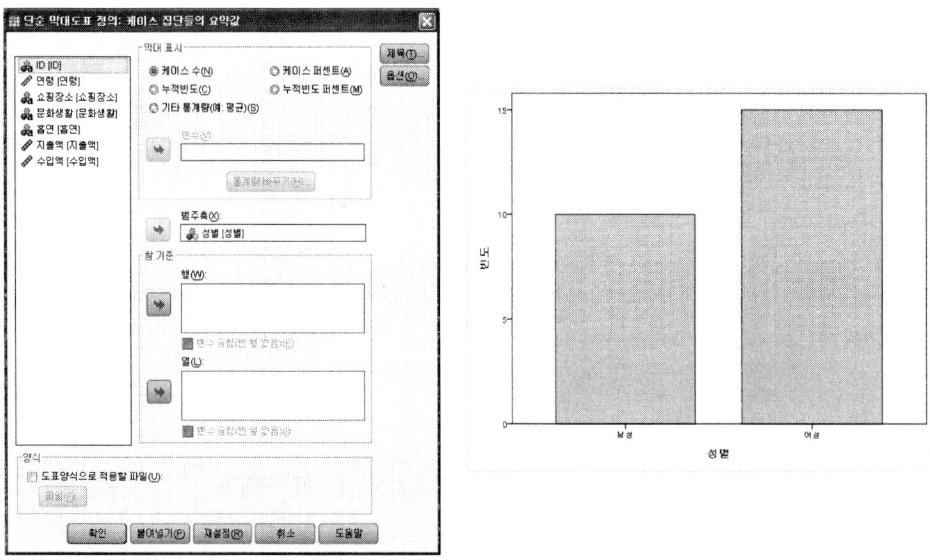

[그림 2.28] 성별막대그래프

「막대도표」 창에는 [단순]외에도 [수평누적]이나 [수직누적]을 선택할 수 있다. 예를 통해 기능을 알아보자.

- 단순 : 한 개 변수의 범주에 대한 요약값으로 그래프의 막대를 표시함
- 수평누적 : 두 개 변수 중 나머지 한 변수의 범주 내에서 다른 변수의 범주에 대한 요약값으로 막대를 표시함
- 수직누적 : 한 개 변수의 범주에 대한 막대에 대하여 다른 번수 범주의 요약치를 수직적으로 구분하여 표시함

이번에는 『그래프(G) → 레거시대화상지(L) → 막대도표(B)』를 선택한 후 「막대도표」 창에서 [수평누적]을 선택하고 〈정의〉버튼을 누른다. 대화창에 [수평누적 기준변수(B)]라는 항목이 추가되었다. 아래 그림과 같이 [수평누적 기준변수(B)]라는 항목이 추가되었다. 아래 그림과 같이 [수평누적 기준변수(B)]에 흡연을 지정하고 〈확인〉을 누르면, 아래 그림과 같이 성별로 흡연 수준을 구분해서 막대도표가 그려진다.

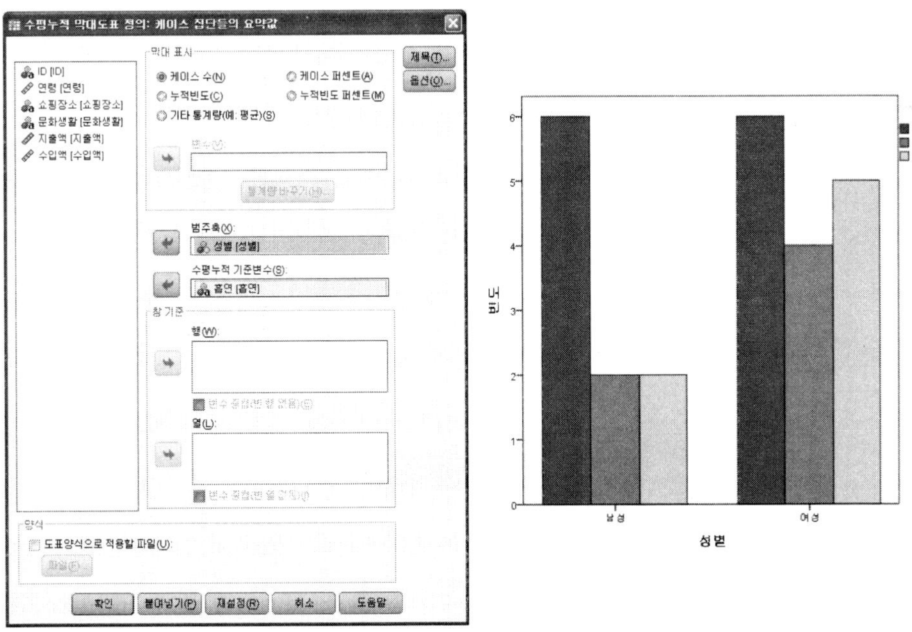

[그림 2.29] 성별흡연력 막대그래프

2.3.5 원도표

원도표를 그리기 위해서는 빈도분석 도표 화면에서 도표 유형으로 원도표(P)를 선택하고 [계속]을 클릭하면 다시 분도분석 화면을 얻게 되는데, 여기서 [확인]을 클릭하여 [그림 2.30]과 같은 결과를 얻는다.

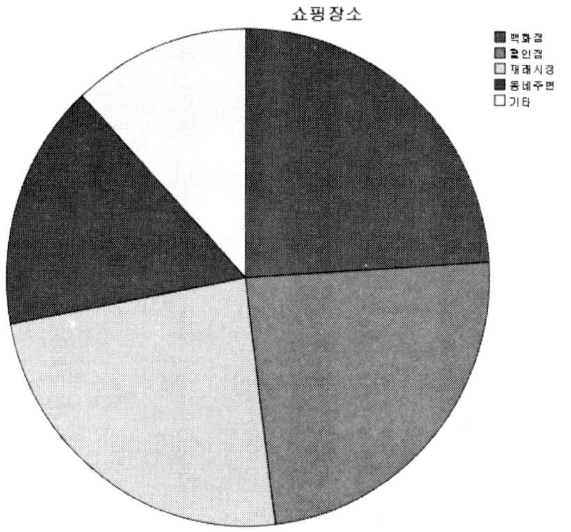

[그림 2.30] 원도표결과

또는 데이터 편집기 메뉴에서 『그래프(G) → 원도표(P)』를 클릭하여 원도표를 그릴 수도 있다.

『그래프(G) → 레거시대화상자(L) → 원(P)』를 선택하면 「원도표」창이 나타나는데, 이 중 적절한 데이터 형태를 선택한 후 [정의]를 누른다.

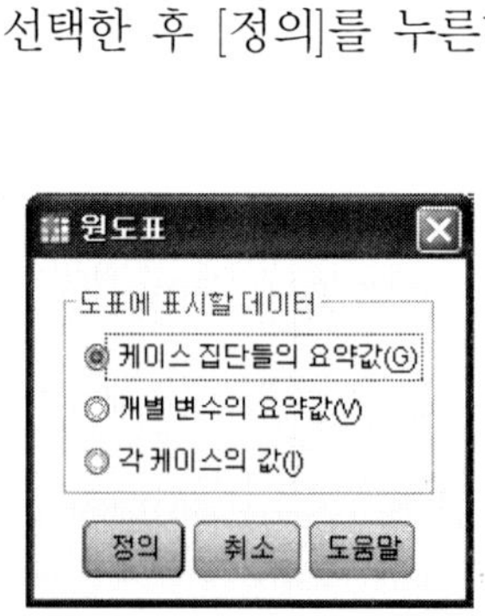

[그림 2.31] 그래프(G)에서 원도표명령어

• 케이스 집단들의 요약값(G) : 한 개 변수의 범주에 대한 요약값으로 도표를 작성함
• 개별 변수의 요약값(V) : 두 개 이상의 숫자변수에 대한 요약값으로 도표를 작성함
• 각 케이스의 값(I) : 각 관측치의 단일 숫자변수를 요약하여 도표를 작성함

「원도표」창에서 [케이스 집단들의 요약값(G)]을 선택하고 〈정의〉 버튼을 누른다. [조각표시]에는 도표에 표시할 통계량을 선택한 후, [조각기준변수(B)]에 흡연을 지정하고 〈확인〉을 누른다.

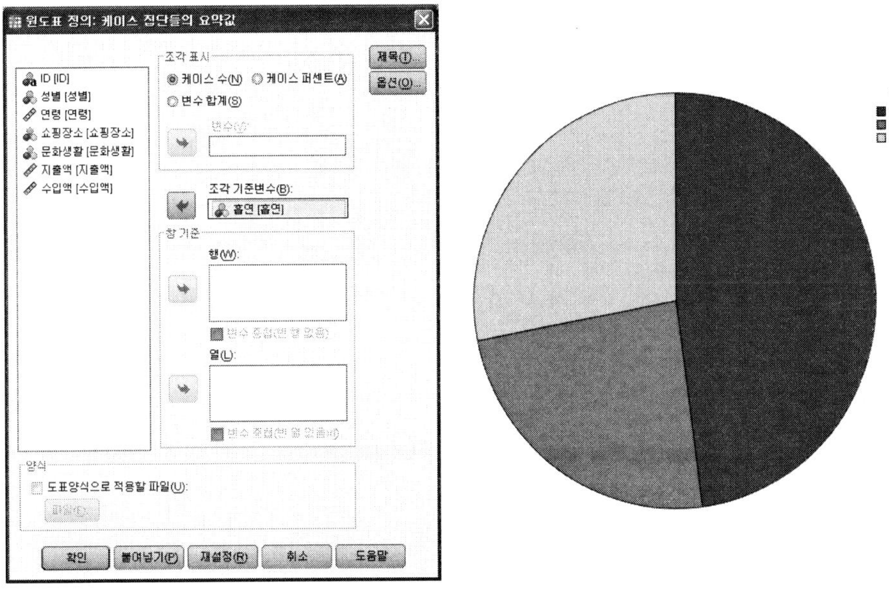

[그림 2.32] 원도표결과

2.3.6 줄기-잎 그림

데이터 편집기의 메뉴에서『분석(A) → 기술통계량(E) → 데이터 탐색(E)』을 클릭하면 데이터 탐색 화면을 얻게 된다. 탐색 화면의 왼쪽 창에는 현재의 변수들이 모두 나열되어 있는데 그 중에서 관심의 대상이 되는 변수 이름을 마우스로 클릭하고 파란색으로 변하면 [➔]를 클릭하여 오른쪽으로 이동하도록 한다. [그림 2.33]은 변수 연령을 선택하여 [➔]를 클릭하여 오른쪽 종속변수로 이동시킨 다음 [도표(T)...]를 선택하여 얻은 화면이다.

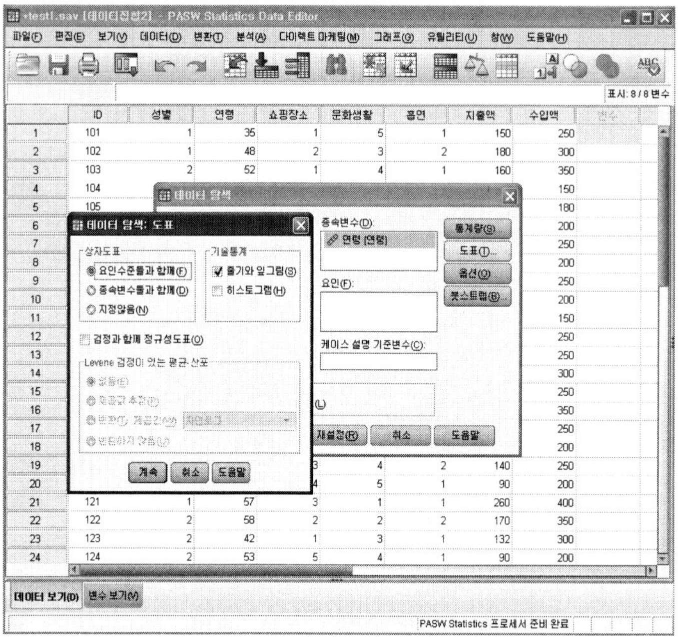

[그림 2.33] 줄기-잎그림을 위한 도표화면

이제 줄기-잎 그림이 선택되어 있으므로 [계속]을 클릭한다. 그러면 데이터 탐색 화면이 나타나고, 이때 [확인]을 클릭하면 다음과 같은 출력 결과를 얻는다.

```
연령 Stem-and-Leaf Plot

 Frequency    Stem &  Leaf

     1.00        2 .  4
     4.00        2 .  5679
     4.00        3 .  0122
     4.00        3 .  5789
     4.00        4 .  0122
     2.00        4 .  78
     4.00        5 .  0223
     2.00        5 .  78

 Stem width:        10
 Each leaf:       1 case(s)
```

[그림 2.34] 줄-잎그림

2.3.7 히스토그램

데이터 편집기의 메뉴에서 『그래프(G) → 레거시대화상자(L) → 히스토그램(I)』을 선택하면 히스토그램 화면을 얻게 된다. 히스토그램 화면의 왼쪽 창에는 현재의 변수들이 모두 나열되어 있는데 그 중에서 관심의 대상이 되는 변수 이름 위를 마우스로 클릭하고 파란색으로 변하면 ➡를 클릭하여 오른쪽으로 이동하도록 한다. [그림 2.35]는 변수 연령의 히스토그램을 위해 오른쪽으로 이동시킨 후 히스토그램 위에 정규분포 곡선을 겹쳐 그리도록 **정규곡선 출력**(D)을 선택한 화면이다. 다시 확인을 클릭하면 [그림 2.36] 결과를 얻게 된다.

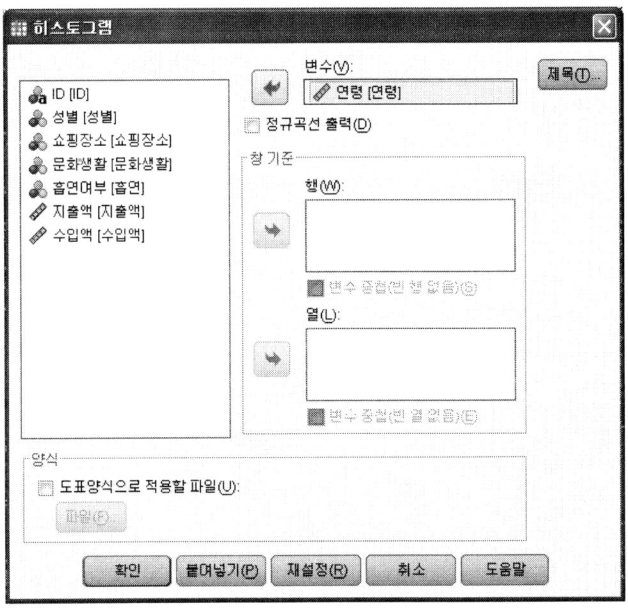

[그림 2.35] 히스토그램의 변수지정

같은 그림을 줄기-잎 그림에서처럼 『분석(A) → 기술통계량(E) → 데이터 탐색(E)』을 클릭하고 데이터 탐색 화면을 얻으면 도표(T)...를 선택하고 다시 **히스토그램**(H)을 클릭하여 그릴수도 있다.

『SPSS 뷰어』 창에 생성된 히스토그램의 가로축, 계급구간을 변경할 수 있다.

『SPSS 뷰어』 창의 히스토그램을 더블클릭하면 다음과 같은 「도표편집기」 창이 열린다.

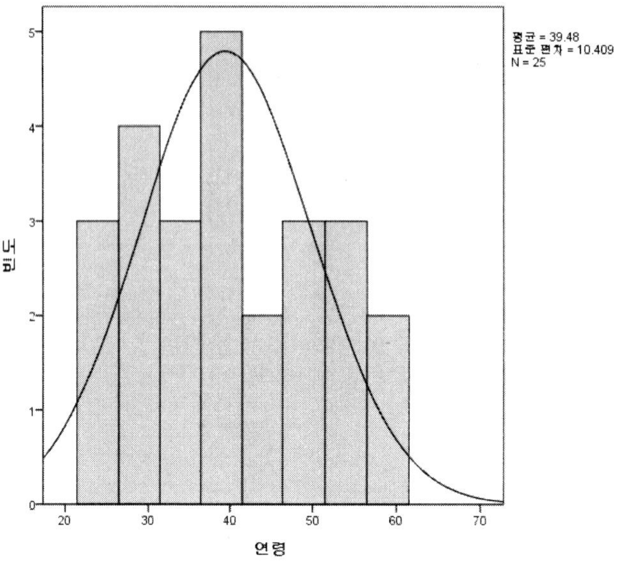

[그림 2.36] 연령의 히스토그램

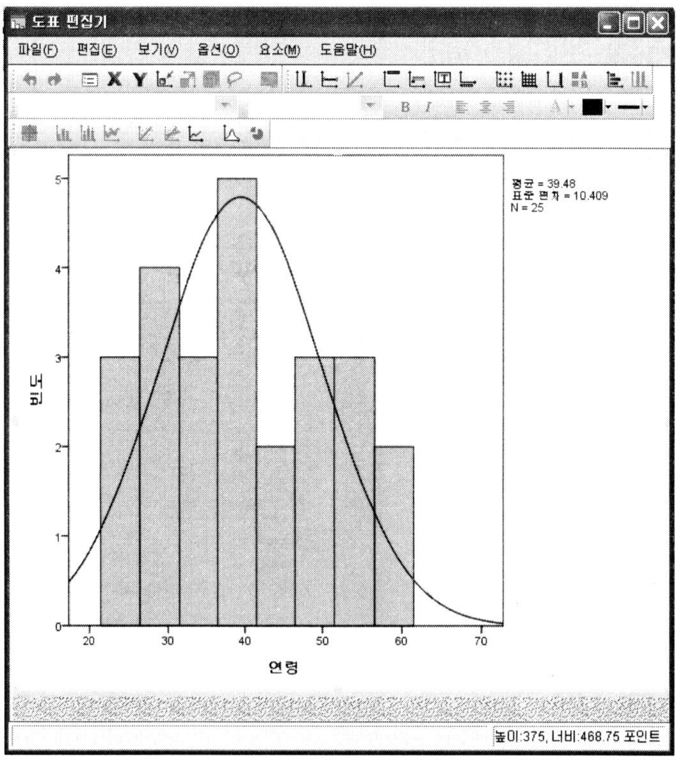

[그림 2.37] SPSS뷰어창에서 히스토그램

「도표편집기」 창에서 막대그래프 부분을 클릭하면 막대그래프 부분이 선택이 된다. 이 상태에서 메뉴의 『편집 → 특성』을 선택하거나, 도구모음의 를 클릭하면 「특성」 창의 [히스토그램 옵션]탭이 열린다. [x축의 사용자정의]에서 구간수는 '6'으로 설정하고 〈적용〉을 누른다. 그리고 막대그래프 부분에서 x축을 선택하면 「특성」창의 [척도화분석]창이 열린다. 이 때 [최소값]을 20으로 하고 〈적용〉을 누른다.

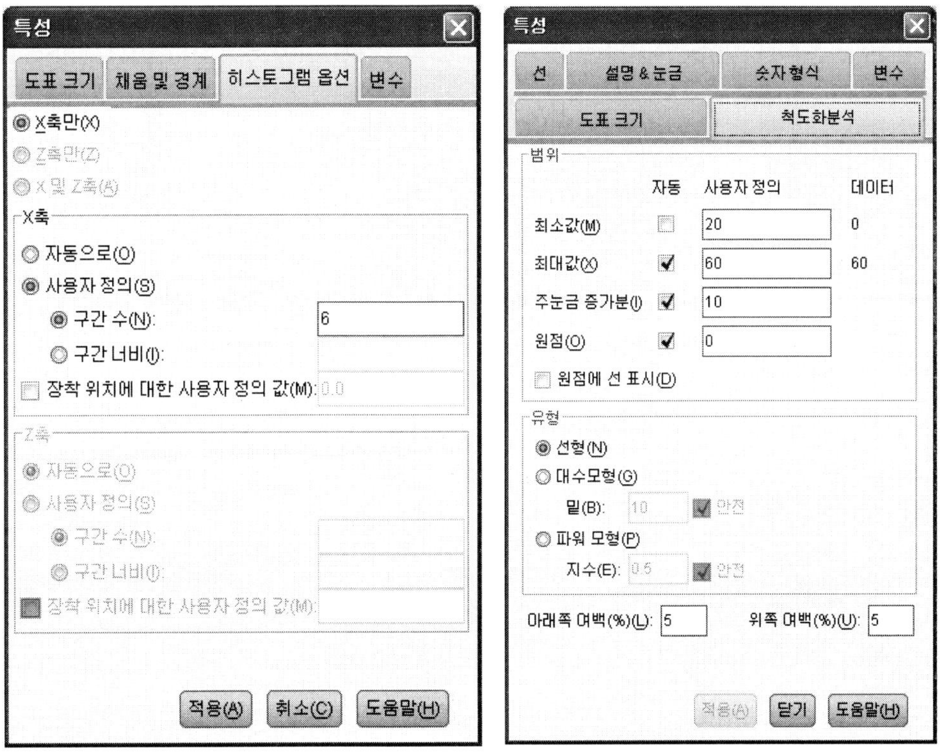

[그림 2.38] SPSS뷰어창에서 가로축, 계급구간 변경화면

히스토그램이 아래와 같이 변경되었다.

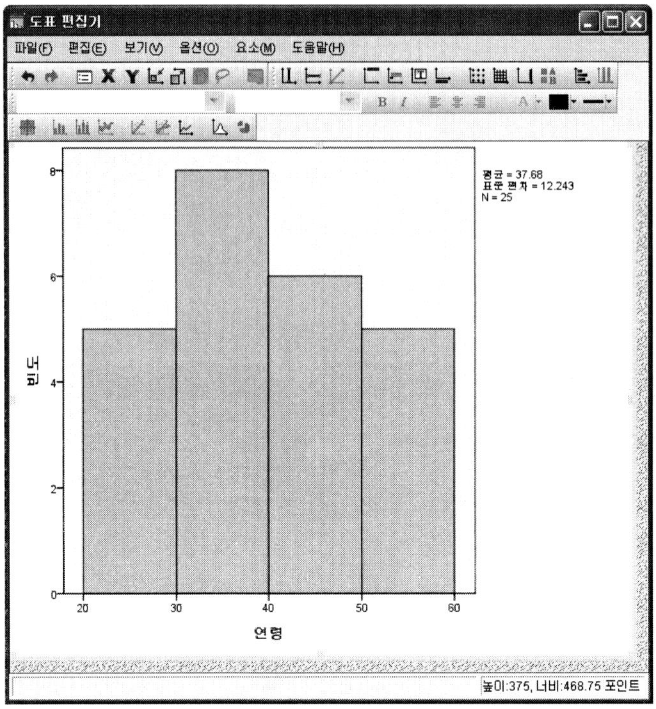

[그림 2.39] 변경된 히스토그램

『SPSS 뷰어』 창에 나타난 그림을 선택한 후, 『파일(F) → 내보내기(T)』를 선택하면 결과를 그림파일로 저장할 수 있다. 「내보내기 출력결과」 창에서 [내보내기 대상]을 '선택한 개체'로 지정하고, 〈찾아보기(B)〉 버튼을 눌러 그림을 저장할 위치와 파일이름을 지정하면 된다.

2.3.8 중심과 산포의 측도

수리적인 측도를 통해서 자료의 특성을 파악하기 위해서는 메뉴에서 『분석(A) → 기술통계량(E) → 기술통계(D)』를 클릭하여 기술통계 화면을 얻고, 기술통계 화면의 왼쪽창에 있는 변수들 가운데 관심의 대상이 되는 변수 이름을 마우스로 클릭하고 파란색으로 변하면 를 클릭하여 오른쪽으로 이동한다. [그림 2.40]은 변수 연령과 지출액을 선택하고 를 클릭하여 오른쪽 '변수'로 이동시킨 후 얻은 화면이다.

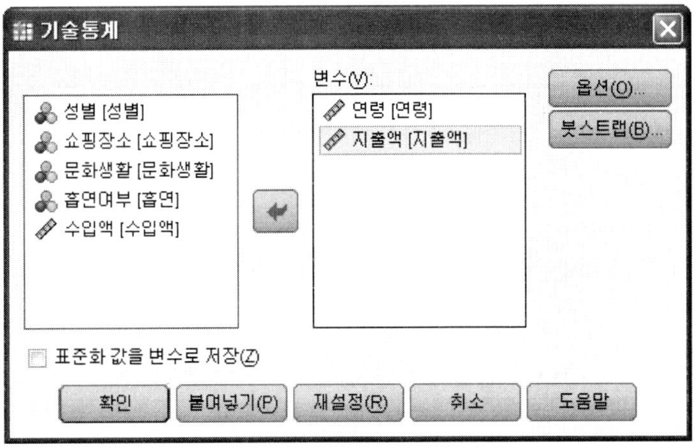

[그림 2.40] 기술통계명령어화면

기술통계 화면에서 옵션(O)... 을 클릭하면 [그림 2.41]의 기술통계 옵션 화면을 얻게된다. 여기서 원하는 통계량을 선택한 다음 계속 을 클릭하여 다시 기술통계 화면으로 돌아오고, 확인 을 클릭하면 뷰어 창에 [그림 2.42]와 같은 출력 결과를 얻는다.

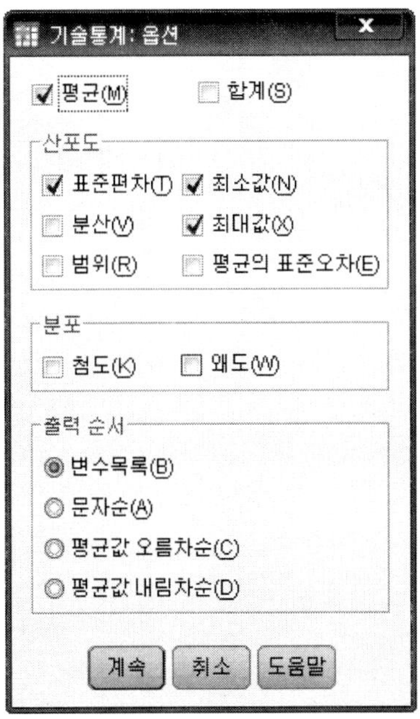

[그림 2.41] 기술통계옵션화면

기술통계량

	N	최소값	최대값	평균	표준편차
연령	25	24	58	39.48	10.409
지출액	25	60	260	136.16	52.169
유효수 (목록별)	25				

[그림 2.42] 기술통계결과

다음은 연령과 지출액의 기술통계량 값을 성별에 따라 구해 보자.

메뉴에서 『분석(A) → 표(T) → 통계표작성(C)』를 클릭하여 통계표 작성 화면을 연 다음 왼쪽에 나열되어 있는 변수들 중에서 성별을 행(W)로 옮기고 연령과 지출액를 마우스로 클릭 성별 우측으로 드래그해서 다음 그림과 같이 될 수 있게 옮긴다.

[그림 2.43] 통계표 작성 화면

이제 변수(지출액, 연령)를 더블클릭하여 통계량 화면을 얻으면 왼쪽의 통계량 리스트에서 필요한 통계량을 선택하고 선택한 항목에 적용(S)을 클릭하면 [그림 2.44] 표시(D)에 추가되어 나타난다. 다시 확인을 클릭하면 뷰어 창에 [그림 2.45]과 같은 출력 결과를 얻는다.

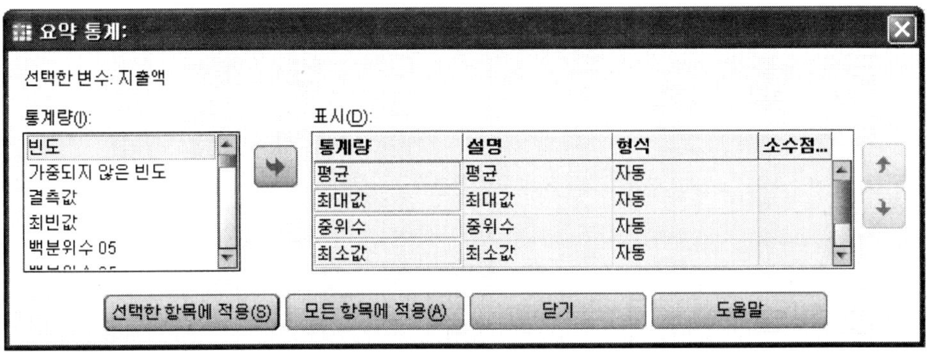

[그림 2.44] 통계표작성통계량화면

통계표

			평균	최대값	중위수	최소값	범위	표준편차
성별	남성	지출액	153	260	165	85	175	58
		연령	39	57	37	25	32	11
	여성	지출액	125	230	120	60	170	47
		연령	40	58	40	24	34	10

[그림 2.45] 통계표작성출력결과

2.3.9 상대적 위치의 측도

SPSS에서 백분위수를 계산하기 위해서는 [그림 2.46]와 같이 『분석(A) → 표(T) → 통계표작성(C)』를 이용한다. 예를 들어, 지출액의 백분위수를 계산하기 위해서는 지출액을 요약변수로 선택하고 부집단을 지정하지 않은 상태에서 N% 요약 통계량(S)... 를 클릭하여 통계표 작성: 통계량 화면을 얻으면 왼쪽의 통계량 리스트에 제5, 제25, 제75, 제

95 백분위수를 지정한다. 이 과정을 나타낸 화면이다. 여기서 '계속'과 '확인'을 계속 클릭하면 [그림 2.47]의 출력 결과를 얻는다.

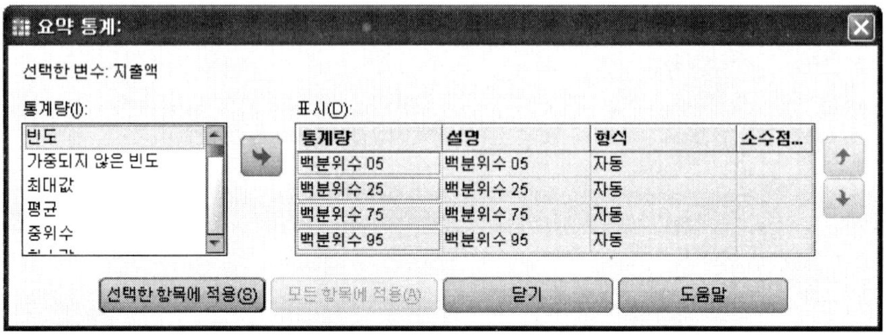

[그림 2.46] 백분위수계산

통계표

			백분위수 05	백분위수 25	백분위수 75	백분위수 95
성별	남성	지출액	85	100	180	260
	여성	지출액	60	90	160	230

[그림 2.47] 백분위수 출력결과

이제 SPSS를 이용하여 z-점수를 계산하는 방법을 알아보자.

지출액 값의 z-점수를 계산하기 위해서는 『분석(A) → 기술통계량(E) → 기술통계(D)』를 클릭하여 기술통계 화면을 얻으면 [그림 2.48]과 같이 같이 변수를 선택하고 '표준화 값을 변수로 저장(Z)'을 체크한 다음 [확인]을 클릭한다.

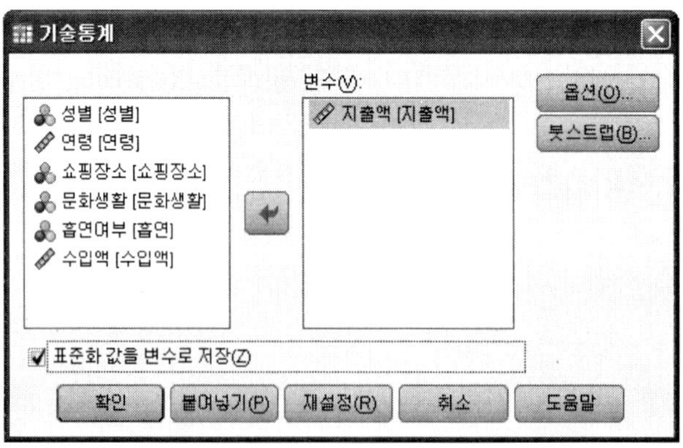

[그림 2.48] Z-점수를 계산하기위한 명령어

데이터 편집기 화면을 열어보면 [그림 2.49] 새로운 변수 $Z-$지출액과 지출액의 각 값에 대한 $z-$점수를 저장하기 위해 새로 생성되어 있는 것을 확인할 수 있다.

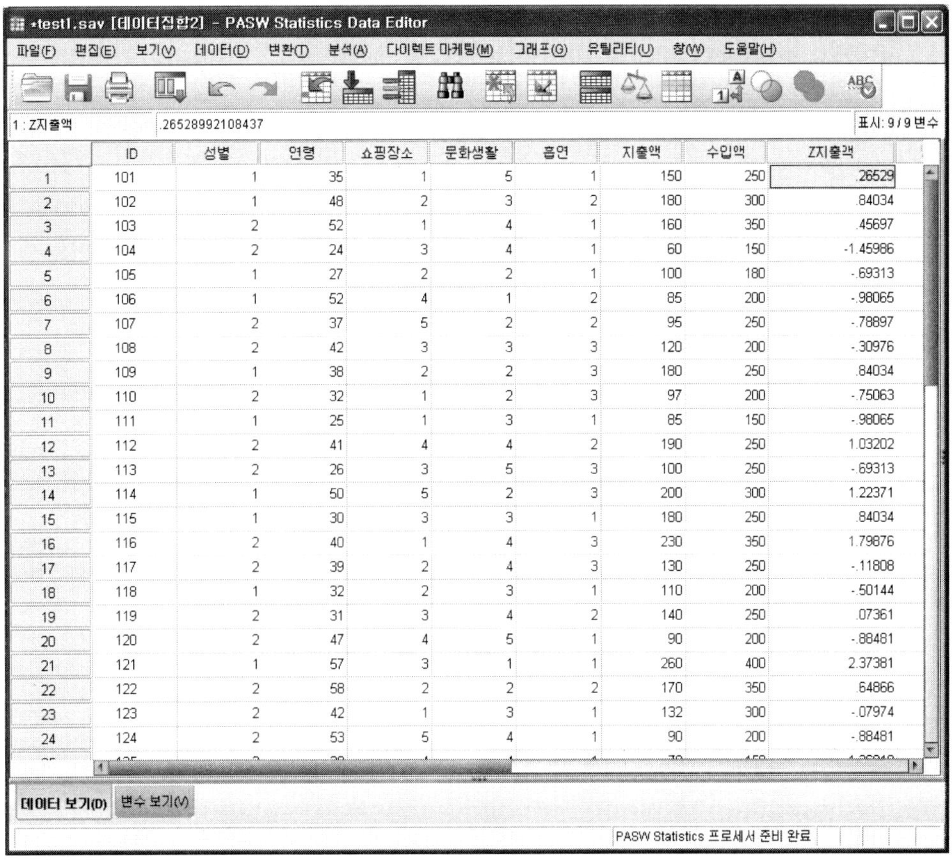

	ID	성별	연령	쇼핑장소	문화생활	흡연	지출액	수입액	Z지출액
1	101	1	35	1	5	1	150	250	.26529
2	102	1	48	2	3	2	180	300	.84034
3	103	2	52	1	4	1	160	350	.45697
4	104	2	24	3	4	1	60	150	-1.45986
5	105	1	27	2	2	1	100	180	-.69313
6	106	1	52	4	1	2	85	200	-.98065
7	107	2	37	5	2	2	95	250	-.78897
8	108	2	42	3	3	3	120	200	-.30976
9	109	1	38	2	2	3	180	250	.84034
10	110	2	32	1	2	3	97	200	-.75063
11	111	1	25	1	3	1	85	150	-.98065
12	112	2	41	4	4	2	190	250	1.03202
13	113	2	26	3	5	3	100	250	-.69313
14	114	1	50	5	2	3	200	300	1.22371
15	115	1	30	3	3	1	180	250	.84034
16	116	2	40	1	4	3	230	350	1.79876
17	117	2	39	2	4	3	130	250	-.11808
18	118	1	32	2	3	1	110	200	-.50144
19	119	2	31	3	4	2	140	250	.07361
20	120	2	47	4	5	1	90	200	-.88481
21	121	1	57	3	1	1	260	400	2.37381
22	122	2	58	2	2	2	170	350	.64866
23	123	2	42	1	3	1	132	300	-.07974
24	124	2	53	5	4	1	90	200	-.88481

[그림 2.49] Z-점수의 생성결과

연습문제 2장

1. 다음 자료는 헌혈자 40명의 혈액형을 나타낸 것이다.

O	O	A	B	A	O	A	A	A	O	B	O	B	O	O	A
O	O	A	A	A	A	AB	A	B	A	A	O	O	A	O	
O	A	A	A	O	A	O	O								
AB															

위의 자료에 대한 도수분포표를 만들어라.

2. 한 사람이 자동차를 운전하여 집 앞에 있는 신호등을 통과하는 데까지 걸린 시간을 42일 동안 측정한 결과가 다음과 같다. (단위 : 분)

5.9	5.3	1.6	7.4	9.8	1.7	8.9	1.2	2.1
4.0	6.5	7.2	7.3	8.4	8.9	6.7	9.2	2.8
4.5	6.3	7.6	9.7	9.4	8.8	3.5	1.1	4.3
3.3	3.1	1.3	8.4	1.6	8.2	6.5	4.1	3.1
1.1	5.0	9.4	6.4	7.7	2.7			

1) 도수분포표를 구하여라.
2) 1)의 도수분포표를 이용하여 막대그림표를 그려라.
3) 신호등을 통과하는 데 5분 이상 소요된 경우는 몇 %인가?
4) 줄기와 잎 그림을 그려라.
5) 평균, 중위수, 최빈값을 구하여라.
6) 범위, 표준편차를 구하여라.
7) 상자그림을 그려라.

3. 자료는 문이 닫혀있을 때 방출되는 전자파의 양을 25개의 표본에서 측정한 결과이다. (단위:mw/cm^2)

15	3	18	10	5	12	8	5	8	10	7	2	1	5	3	5
15	10	15	9	8	18	1	2	11							

위의 자료에 대한 점도표를 그려라.

4. 다음은 미국에 사는 도마뱀들의 속도를 측정한 결과이다.(m/초)

1.28	1.36	1.24	2.47	1.94	2.52	2.67	1.29
1.56	2.66	2.17	1.57	2.10	2.54	1.63	2.11
2.57	1.72	0.76	1.02	1.78	0.50	1.49	1.57
1.04	1.92	1.55	1.78	1.70	1.20		

1) 0.45~0.90, 0.90~1.35...의 구간을 이용하여 도수분포표를 작성하라.
2) 히스토그램을 그려라.

5. 다음은 오일 안에 있는 철의 양에 대하여 측정한 결과이다.

20	18	25	26	17	14	20	14	18	15	22	15	17
25	22	12	52	27	24	41	34	20	17	20	19	20
16	20	15	34	22	29	29	34	27	13	6	24	47
32	12	17	36	35	41	36	32	46	30	51		

줄기-잎 그림을 그려라.

6. 혈중 콜레스테롤 농도를 43명으로부터 조사하였다.

239	212	249	227	218	310	281	330	226
233	223	161	195	233	279	284	245	174
154	256	196	299	210	301	199	258	208
195	227	244	355	234	195	179	357	282
265	286	286	176					
195	163	297						

1) 도수분포표를 작성하라.

2) 히스토그램을 그리고 분포에 대해 설명하라.

7. 어느 도시의 5월 1일부터 5월 31일 까지의 낮 최고기온을 재보았더니 다음과 같았다. 단위는 ℃ 이다.

15.2	11.0	16.8	23.2	14.3	21.9	22.4	20.5
15.0	17.0	12.8	21.0	27.7	28.0	18.8	16.4
14.9	20.0	23.5	23.9	24.0	13.2	13.6	24.1
25.9	30.8	26.3	32.1	29.2	31.5	28.5	

1) 계급의 수를 5개로 하여 도수분포표를 작성하라.

2) 도수분포표를 기초로 하여 막대그림표와 꺾은선 그림표를 작성하라.

8. 싸이클 경기에 참가한 8명의 선수들은 다음과 같은 기록으로 경기를 마쳤다. (단위: 분)

28	22	26	33	21	23	37	24

경기를 마친 기록의 평균과 중앙값을 구하여라.

9. 다음은 남부 위스콘신 주에서 수집된 인디언들의 고분의 직경 측정치이다. (단위: 미터)

6.71	7.32	9.14	6.71	6.10	8.53
9.14	7.32	10.36	10.96	4.57	11.28

1) 점도표를 그려라.
2) 평균과 중앙값을 구하고 점도표 위에 그것을 표시하여라.
3) 사분위수를 구하라.

10. 다음 자료를 가지고 문제에 답하여라.

10	8	16	6

1) 편차$(x_i - \overline{x})$를 계산하고, 합이 0이 됨을 보여라.
2) 분산과 표준편차를 계산하라.

11. 어느 학과의 학생 40명의 시험 총점이 다음과 같다.

162	171	138	145	144	126	145	162								
174	178	167	98	161	152	182	136	165	137	133	143	184	166	115	115
95	190	119	144	176	135	194	147	160	158	178	162	131	106	157	154

1) 중앙값을 구하라.
2) 사분위수 Q_1과 Q_3를 구하라.

12. 다음은 한 음반매장에서 베토벤 교향곡 9번 콤팩트 디스크 7장을 표본으로 하여 연주시간을 재어 본 결과이다. (단위: 분)

66.9	66.2	71.0	68.6	65.4	68.4	71.9

1) 표본중앙값을 구하라.
2) 표본평균을 구하라.
3) 표본표준편차를 구하라.

13. 다음 자료는 30개의 동종의 연료펌프에 대한 수명 년 수를 소수 첫째 자리까지 측정한 것이다.

2.0	3.0	0.3	3.3	1.3	0.4	0.2	6.0
5.5	6.5	0.2	2.3	1.5	4.0	5.9	1.8
4.7	0.7	4.5	0.3	1.5	0.5	2.5	5.0
1.0	6.0	5.6	6.0	1.2	0.2		

1) 각각의 측정값에 대해 소수점의 왼쪽 숫자만 줄기로 사용하여 연료펌프의 수명에 대한 줄기-잎 그림을 작성하라.
2) 상대도수분포표를 구하라.
3) 표본평균, 표본범위, 표본표준편차를 구하라.

14. 다음 자료는 한 대학교 1학년 학생 30명의 평균 평점이다.

2.6	1.8	2.6	3.7	1.9	4.2	3.8	2.1	2.7	3.0
4.0	2.4	2.3	4.3	3.1	2.6	2.6	2.5	2.7	2.7
2.9	3.4	1.9	2.3	3.3	2.2	3.5	3.0	2.5	3.4

1) 도수분포표를 구하여라.
2) 막대그림표를 그려라.
3) 평균, 중위수를 구하여라.
4) 아래사분위수와 위사분위수를 구하여라.
5) 상자그림을 그려라.

15. 어느 대학에서 통계학 과목을 수강하는 학생 중 20명을 뽑아서 다음의 설문조사를 하였다.

1. 성별 : ① 남자 ② 여자
2. 학년 : ① 1학년 ② 2학년 ③ 3학년 ④ 4학년
3. 졸업 후 진로에 대한 희망 ① 취직 ② 대학원 ③ 군입대 ④ 해외유학
4. 중간고사 시험성적 : (   )점
5. 이 과목을 수강한 후 기대하는 학점 : ① A ② B ③ C ④ D ⑤ F
6. 한달 평균 용돈 : (   )점

그 결과 다음의 자료를 얻었다.

번호	성별	학년	진로	시험성적	기대 학점	용돈
1	1	4	1	52	2	35
2	1	1	2	95	1	33
3	2	2	4	95	1	28
4	1	1	3	88.5	1	30
5	2	1	1	80	1	40
6	2	1	1	90	1	50
7	2	3	4	68	3	45
8	1	1	2	88	1	40
9	1	1	2	87	1	38
10	1	1	3	76	2	20
11	1	1	2	92.5	1	35
12	1	1	2	44	4	46
13	1	1	1	68	2	36
14	1	1	3	88	1	55
15	1	2	4	91	1	65
16	1	1	1	84.5	1	50
17	1	1	3	68	3	45
18	1	2	2	83	1	52
19	2	1	1	74	2	40
20	1	3	1	68	3	18

1) 졸업 후 진로에 대한 빈도분석과 막대그래프, 원그래프를 그려라.

2) 시험성적에 대한 줄기-잎그림과 히스토그램을 작성하여라.

3) 시험성적과 용돈에 대한 기술통계량을 구하고 성별에 따라 기술통계량을 구하여라.

4) 중간고사 점수는 마지막 학점을 평가 하는데 40% 만큼 기여한다. 새로 변수를 생성하여라.

16. 다음의 데이터는 45명의 병원 입원환자에게 어떤 마취제를 투여한 후, 환자의 수면시간을 기록한 것이다.

7	10	12	4	8	7	3	8	5
12	11	3	8	1	1	13	10	4
4	5	5	8	7	7	3	2	3
8	13	1	7	17	3	4	5	5
3	1	17	10	4	7	7	11	8

1) 계급의 수를 적절히 만들어 수면시간에 대한 도수분포표를 작성하라.
2) 히스토그램을 그려라.

17. 한 제약회사에서 혈액의 응고시간을 단축시켜 주는 새로운 물질을 개발하였다. 다음은 이 물질이 함유된 지혈제를 사용하여 혈액이 응고하는데 소요되는 시간을 측정한 자료이다. 같은 양의 혈액을 사용하였으며, 실험의 신뢰성을 높이기 위해 동일한 조건하에서 60번의 실험을 반복하였다. SPSS를 사용하여 다음을 구하여라.(단위 : 분)

2.82	3.24	3.63	3.36	3.11	2.49	2.94	2.53	3.13	2.52	3.14	3.12
2.46	2.94	3.32	2.90	2.71	3.52	3.27	3.12	3.10	3.21	3.54	3.09
3.23	3.15	2.51	2.74	3.24	3.01	3.23	3.04	3.34	3.09	2.99	2.36
3.41	3.27	2.64	3.03	2.86	3.18	3.17	3.01	3.02	2.37	2.55	3.50
3.25	3.39	2.87	3.14	2.82	3.45	3.25	2.85	3.21	2.80	2.97	3.26

1) 자료의 히스토그램을 그리고 분포상태를 설명하여라.
2) 자료의 평균, 중앙값, 표준편차, 범위를 구하여라.
3) 자료의 제 5, 25, 50, 75, 95 백분위수를 구하여라.

18. 다음은 조선시대 27명의 왕들에 대한 수명을 조사하여 얻은 것이다.

태조	73	정종	62	태종	45	세종	53	문종	38
단종	16	세조	51	예종	28	성종	37	연산군	30
중종	56	인종	30	명종	33	선조	56	광해군	66
인조	54	효종	40	현종	33	숙종	59	경종	36
영조	82	정조	48	순조	44	헌종	22	철종	32
고종	67	순종	52						

1) 관찰값들을 임진왜란을 기준으로 2개의 그룹으로 나누어 변수 war를 생성하여라.
2) 임진왜란 전과 후 각각에 대하여 변수 age(나이)의 기술통계량, 줄기-잎 그림, 상자그림 등을 출력하여 비교하여라.
3) 변수 war와 age의 일차원 빈도표를 각각 작성하여라.

19. 다음 자료는 임의로 우리나라 55개 기업을 조사하여 얻은 자료이다.

1) 대졸초봉이 가장 많은 회상의 연봉(대졸 초봉 + 상여금)은 얼마인가?
2) 업종별 대졸초봉과 매출액의 평균을 구하여 보라.
3) 업종별 상여금(%)의 평균을 구하여 히스토그램으로 비교하여 보라.
4) 양적변수에 대한 기초통계량을 구하여 보라.

변수설명
id : 일련번호
변수1(×1) : 업종(정보통신=1, 컴퓨터=2, 전자=3, 조선=4, 자동차=5, 은행=6, 종합금융=7, 증권=8, 보험=9)
변수2(×2) : 상장여부(상장=1, 비상장=2)
변수3(×3) : 남자 사원수
변수4(×4) : 여자 사원수
변수5(×5) : 자본금(단위 억원)
변수6(×6) : 매출액(단위 억원)
변수7(×7) : 대졸채용인원(95년)
변수8(×8) : 대졸채용인원(96년)
변수9(×9) : 대졸채용인원(97년)
변수10(×10) : 대졸초봉(단위 : 만원)
변수11(×11) : 상여금(단위 : %)

id	x1	x2	x3	x4	x5	x6	x7	x8	x9	x10	x11
01	1	2	147	52	100	220	57	36	.	168	600
02	2	1	1005	535	449	8567	.	150	.	85	700
3	1	1	3326	614	292	26000	2277	199	.	125	900
4	1	1	3800	700	775	13000	360	650	400	158	800
5	1	2	860	140	350	1980	10	.	.	.	.
6	2	2	1255	196	239	5546	113	274	151	171	700
7	1	2	565	25	5000	.	.	.	50	130	600
8	1	2	.	.	200	360	40	56	.	208	600
9	1	2	550	50	5000	.	.	50	70	200	1000
10	1	1	140	20	90	600	.	13	.	166	900
11	1	2	.	.	10	450	68	65	.	150	750
12	3	1	490	500	132	2501	65	57	.	130	700

13	3	1	8005	5088	12300	31000	6000	5000	.	.	800
14	3	1	.	.	.	159000	2000	1600	.	.	800
15	3	1	.	.	200	2430	46	14	.	82	700
16	3	1	4874	4650	3783	30000	840	420	.	150	800
17	4	2	1282	61	1413	15894	53	45	30	95	700
18	4	1	.	.	3698	32500	200	150	.	.	800
19	4	2	6133	335	309	11500	205	80	.	160	650
20	4	1	2405	112	400	3533	14	34	.	90	700
21	4	2	2534	1708	2150	46850	356	207	170	90	700
22	4	2	.	.	592	8620	100	95	100	95	650
23	5	2	17200	400	3547	43543	514	540	.	78	700
24	5	1	7507	587	407	122273	.	134	.	168	700
25	5	2	.	.	3225	.	500	200	100	3	800
26	5	1	1642	114	5338	4700	98	73	40	110	700
27	5	1	.	.	3262	114898	650	570	297	70	700
28	5	1	.	.	871	58500	40	40	40	90	800
29	6	1	.	.	4644	28681	14	53	.	3	1000
30	6	1	2380	1020	3165	7920	82	80	.	216	900
31	6	1	2345	1044	1710	7371	21	54	.	208	900
32	6	1	3078	1484	6160	19556	79	73	.	216	900
33	6	1	.	.	8250	28748	.	.	.	186	1000
34	6	.	.	.	.	.	.	30	20	183	600
35	6	1	7733	4212	2731	28403	159	100	.	158	.
36	6	2	12430	5770	11133	226	226	210	.	3	.
37	7	1	109	32	363	14	14	9	5	88	900
38	7	1	104	33	41	14	14	13	10	196	1200
39	7	1	127	44	300	8	8	8	4	.	.
40	7	1	100	49	2147	.	.	23	11	90	1200
41	7	1	84	35	350	4	4	1	1	88	1200
42	7	1	95	38	490	6	6	9	4	94	400
43	8	1	1789	630	3170	.	.	111	50	166	800
44	8	1	580	257	1365	34	34	15	15	191	820
45	8	1	780	330	1795	65	65	60	50	112	700
46	8	1	649	240	720	48	48	50	.	120	700
47	8	1	414	126	822	45	45	8	10	115	800
48	8	1	842	604	1293	.	.	87	40	110	700
49	9	2	.	.	686	1020	1020	1160	500	112	900
50	9	2	3676	4405	300	550	550	480	.	111	950
51	9	2	.	.	.	.	.	.	.	176	900
52	9	2	820	940	451	139	139	82	80	93	800
53	9	1	.	.	300	214	214	396	.	175	810
54	9	1	1160	821	333	228	228	66	100	92	850
55	9	1	2377	1595	447	258	258	595	227	195	900

20. 다음 자료는 담배를 피우기 전과 피운 후의 분당 맥박수를 측정한 것이다.

담배를 피우기 전	72	70	68	67	73	71	72	70	69	70	68
	72	69	66	73	71	70	72	70	69	72	73
담배를 피운 후	74	72	69	68	72	72	72	71	67	73	69
	71	68	74	73	70	74	68	71	74	74	69

1) 담배를 피우기 전과 ㅍ피운 후 각각에 대해 도수분포표 및 히스토그램을 작성하고 평균, 중위수, 표준편차 등 기술통계량을 구하여라.
2) 1)에서 얻은 결과로부터 담배를 피우기 전과 피운 후의 분당 맥박수가 어떤지를 비교분석하여라.

21. 다음 자료는 네 개의 지역에서 공기 중 일산화탄소량을 측정한 것이다.

A	95	96	92	102	103	93	101	92	95	90	
B	184	202	215	204	195	201	169	182	192		
C	215	214	197	216	215	208	228	208	216	214	227
D	155	142	146	149	146	152	159				

1) 네 개의 지역에 대해서 각각 도수분포표 및 히스토그램을 작성하고, 평균, 중위수, 표준편차 등 기술통계량을 구하여라.
2) 1)에서 얻은 결과로부터 지역별 인산화탄소량이 어떤지를 비교분석하여라.

Memo

3 확률과 확률변수

우리 주위의 세상에서는 예상하지 못한 일들이 가끔 일어난다. 다양한 일들의 크고 작은 원인 때문에 정확한 결과를 예측하는 것은 비현실적이고, 불가능하다. 하지만, 우리는 정확한 결과를 예측할 수는 없지만, 특정 사건이 일어날 비슷한 상황을 암시하는 확률이라는 것을 정할 수 있다. 표본공간에서 어떤 사건의 확률은 구하는 것이 매우 복잡하거나 어려울 때가 있다. 때때로 실험결과를 수치로 나타내는 것이 아주 중요한 의미를 가지게 된다.

확률변수는 표본공간 내에 있는 각 원소에 하나의 실수값을 대응시키는 함수로 정의된다. 표본공간이 유한개 혹은 셀 수 있는 무한개의 원소로 이루어졌을 때 이산표본공간(discrete sample space)이라 하고,어떤 통계적 실험에서는 출현 가능한 결과들이 유한하지도 않고 셀 수 없는 경우가 있다. 표본공간이 실선의 어떤 구간 내의 모든 수를 포함할 때 연속표본공간(continuous sample space)이라 한다. 이 장에서는 조합분석과 확률의 개념을 소개하고 확률의 해석과 성질에 대하여 알아보고 관심 있는 사건들의 확률과확률변수에대해 알아본다.

3-1 조합분석

3.1.1 경우의 수

어떤 사건이 일어날 수 있는 방법 하나하나를 경우라 하고 그 개수를 경우의 수 (number of case)라 한다.

유한집합 A에 속하는 원소의 개수를 $n(A)$로 나타내며 경우의 수 계산은 원소의 개수를 세는 것과 동일하다. 경우의 수를 계산 할 때에는 중복하지 않고, 빠짐없이, 가능한 모든 경우를 세는 것이 중요하다.

(1) 합사건

사건 A와 B가 일어나는 경우의 수를 각각 m, n, 두 사건 A와 B가 동시에 일어나는 경우의 수가 l가지이면 사건 A또는 사건 B가 일어나는 경우의 수는

$$n(A \cup B) = n(A) + n(B) - n(A \cap B) = m + n - l(\text{가지})$$

합의 법칙은 3개 이상의 사건에 대해서도 성립한다.

$$\begin{aligned} n(A \cup B \cup C) = & \; n(A) + n(B) + n(C) - n(A \cap B) \\ & - n(A \cap C) - n(B \cap C) + n(A \cap B \cap C) \end{aligned}$$

(2) 곱사건

두 개의 사건 A, B에 있어서 A는 m가지이고 A의 각각에 대하여 B가 n가지로 일어날 수 있다고 할 때, A가 일어나는 동시에 B가 일어나는 경우의 수는 mn이다. 두 사건 A, B가 일어나는 경우의 수를 각각 m, n이라 할 때,

A B가 동시에 일어나는 경우의 수는 $m \times n$ (가지)

예제 3-1

갑, 을 두 개의 주사위를 동시에 던질 때, 나오는 눈의 수의 합이 3 또는 8이 되는 경우의 수를 구하여라.

풀이 눈의 합이 3인 경우의 집합을 A라 하고 눈의 합이 8인 경우의 집합을 B라고 하면

$$A = \{(1,\ 2),\ (2,\ 1)\},\ B = \{(2,\ 6),\ (3,\ 5),\ (4,\ 4),\ (5,\ 3),\ (6,\ 2)\}$$

여기서 A, B가 동시에 일어날 수 없으므로 구하는 경우의 수는

$$n(A) + n(B) = 2 + 5 = 7\ (\text{가지})$$

■

예제 3-2

새로운 지역의 개발자가 주택구매자에게 4가지 종류의 주택디자인, 3가지의 난방 시스템, 차고 또는 간이차고, 옥외테라스 또는 스크린이 설치된 현관 등의 선택사항을 제시했다. 이 구매자가 선택할 수 있는 서로 다른 계획이 얼마나 되겠는가?

풀이 $4 \times 3 \times 2 \times 2 = 48$

■

예제 3-3

경제적 연료연구에서, 3대의 경주용 자동차가 각기 다른 장소에 위치하고 있는 7군데 시험장에서 5가지 다른 상표의 가솔린을 사용해서 시험이 이루어진다. 2명의 운전자가 각기 다른 결합조건하에서 주행시험이 이루어진다면 몇 번의 주행시험이 필요한가?

풀이 $3 \times 5 \times 7 \times 2 = 210$

■

3.1.2 순열

서로 다른 n개의 물건 중에서 서로 다른 r개를 택하여 한 줄로 늘어놓는 것을 n개에서 r개를 택한 순열(permutation)이라 하고, 이 순열의 수를 ${}_nP_r$로 나타낸다.

$${}_nP_r = n(n-1)(n-2)\cdots(n-r+1) \qquad (\text{단, } r \le n)$$

예제 3-4

다음 문제를 구하여라.

(1) 네 개의 숫자 1, 2, 3, 4에서 서로 다른 숫자로 만들 수 있는 세 자리의 자연수의 개수는?

(2) 43명으로 구성된 학급에서 실장 1명, 부실장 1명, 총무 1명을 선출 하는 방법의 수?

(3) 어떤 농구팀에서 어떠한 수비위치라도 맡을 수 있는 8명의 선수들 중 5명이 경기시작에 배치될 수 있는 가짓수는 얼마인가?

(4) 한 명의 교사가 심리학개론강좌를 한 번만 담당할 수 있을 때, 6명의 교사가 4개의 강좌에 배정될 수 있는 가짓수를 찾아라.

풀이 (1) ${}_4P_3 = 24$ (2) ${}_{43}P_3 = 43 \times 42 \times 41 = 74046$

(3) ${}_8P_5$ (4) ${}_6P_4$

3.1.3 중복순열

서로 다른 n개의 물건에서 중복을 허락하여 r개를 뽑아 일렬로 나열해 놓은 것을 서로 다른 n개에서 r개를 취하는 중복순열(repeated permutation)이라 하고 이 순열의 수를

$$ {}_n\Pi_r = n^r $$

로 나타낸다.

중복순열의 대표적인 예

(1) 보통 자릿수

1, 2, 3을 사용하여 만들 수 있는 두 자리수; ${}_3\Pi_2$(개)

(2) 모르스 부호

- (돈) 과 −(쓰)에서 3개를 뽑아 만들 수 있는 전신부호의 개수; ${}_2\Pi_3$(개)

(3) 기명투표

두 후보자에게 5명의 유권자가 기명 투표하는 방법의 수; ${}_2\Pi_5$(개)

(4) 우체통에 편지 넣기

5통의 편지를 3개의 우체통에 넣는 방법; ${}_3\Pi_5$(개)

(5) 함수의 개수

$A=\{1, 2\}$, $B=\{a, b, c\}$에서 A에서 B로의 함수의 개수; ${}_3\Pi_2$(개)

예제 3-5

다음 문제를 구하여라.

(1) 후보자가 세 사람, 선거인이 10사람이 있다. 기명투표로 한 사람이 한 표씩 투표를 할 때 그 결과 나타나는 방법의 수는? (단, 후보자는 투표하지 않고 무효표는 없다.)

(2) 기호 •(돈) 과 −(쓰..)를 배열하여 전신 부호를 만들 때, 세 개를 택하여 만들 수 있는 부호의 개수는 몇 개인가?

(3) 세 통의 편지를 다섯 개의 우체통에 넣는 방법의 수는? (단, 한통의 편지도 넣지 않는 우체통이 있어도 된다고 한다.)

풀이 (1) ${}_3\Pi_{10} = 3^{10}$

(2) ${}_2\Pi_3 = 2^3 = 8$

(3) ${}_5\Pi_3 = 125$(가지)

■

예제 3-6

다음 문제를 구하여라.

(1) 5명의 학생을 A, B, C 세 모임에 가입시키는 방법은 몇 가지인가?

(2) 9개의 질문으로 되어 있는 진위(T, F)테스트에서 서로 다른 응답방법은 얼마나 되겠는가?

풀이 (1) ${}_3\Pi_5$(가지)

(2) $2^9 = 512$(가지)

■

3.1.4 같은 것을 포함하는 순열

같은 것을 포함하고 있는 것을 한 줄로 늘어놓는 방법의 수(복수순열)이며 n개의 물건 중에서 같은 것이 각각 $p, q, \cdots, s$개가 있을 때, 이들 n개 모두를 일렬로 늘어놓는 방법의 수는 다음과 같다.

$$\frac{n!}{p!q!\cdots s!}(\text{단}, p+q+\cdots+s=n)$$

예제 3-7

다섯 개의 숫자 1, 1, 1, 2, 2로 만들 수 있는 네 자리의 정수의 개수를 구하여라.

풀이

(1) 1, 1, 1, 2를 택할 때, 이 네 숫자로 만들 수 있는 정수의 개수는 $\frac{4!}{3!}=4$

(2) 1, 1, 2, 2를 택할 때, 이 네 숫자로 만들 수 있는 정수의 개수는 $\frac{4!}{2!2!}=6$

따라서, (1), (2)에서 구하는 정수의 개수는 4+6=10

■

예제 3-8

다음 문제를 구하여라.

(1) $infinity$라는 단어를 구성하는 글자들로 만들어질 수 있는 서로 다른 순열의 수는 얼마인가?

(2) 같은 종류의 나무는 구별하지 않을 때 3그루의 오크나무, 4그루의 소나무, 그리고 2그루의 단풍나무가 경계선을 따라 식수될 수 있는 가짓수는 얼마인가?

(3) 어떤 대학의 축구팀이 시즌 중에 12번의 축구경기를 한다. 이 팀이 7번을 이기고, 3번을 지고, 그리고 2번을 비기면서 시즌을 마칠 수 있는 가짓수는 얼마인가?

풀이

(1) $\frac{8!}{3!2!}$

(2) $\frac{9!}{3!4!2!}$

(3) $\frac{12!}{7!3!2!}$

■

3.1.5 원순열

서로 다른 n개의 물건을 원형으로 나열하는 것을 원순열(circular permutation)이라 한다. 서로 다른 n개를 원형으로 늘어놓는 방법의 수

$$(n-1)!$$

예제 3-9

부모를 포함한 6명의 가족이 원형의 식탁에 다음과 같이 둘러앉는 방법의 수를 구하여라.

(1) 부모가 이웃하게 앉는다.

(2) 부모가 마주보고 앉는다.

풀이 (1) 부모를 한 사람으로 생각하여 모두 5명이 식탁에 둘러앉는 방법의 수는 $(5-1)!=24$이고, 그 각각에 대하여 부모가 서로 바뀌 앉는 방법의 수는 2가지이다. 따라서

$$24\times 2=48$$

(2) 부모가 마주보고 앉으면 다른 4자리의 위치는 확정된다. 따라서 구하는 방법의 수는

$$4!=24(\text{가지})$$

■

예제 3-10

다음 문제를 푸시오.

(1) 남학생 3명과 여학생 3명이 원형의 탁자에 둘러앉을 때, 남녀가 교대로 앉는 방법의 수를 구하여라.

(2) 다섯가지 서로 다른 나무들이 원형으로 식수될 수 있는 가짓수는 얼마인가?

(3) 애리조나로부터 온 8개의 포장마차들로 이루어진 무리가 원형으로 마차를 배열할 수 있는 가짓수는 얼마인가?

풀이 (1) $(3-1)!\times 2!=12(\text{가지})$

(2) $4!$

(3) $7!$

■

3.1.6 조합

서로 다른 n개의 물건(원소) 중에서 순서를 생각하지 않고 r개를 뽑을 때 이 r개로 이루어진 각각의 집합을 n개에서 r개를 취하는 조합(combination)이라 하고 이 조합의 수를 ${}_nC_r$ 또는 $\binom{n}{r}$로 표시한다.

$$ {}_nC_r = \frac{{}_nP_r}{r!} = \frac{n!}{r!(n-r)!} $$

예제 3-11

어떤 학급의 학생 수 45명에서 학급 대표 2명을 뽑는 방법의 수는?

풀이 ${}_{45}C_2 = \dfrac{45!}{2!(45-2)!} = 45 \times 22 = 990$

예제 3-12

야구선수 9명, 농구선수 5명이 있다. 물음에 답하여라.

(1) 이 중에서 3명의 야구선수와 2명의 농구선수를 뽑는 방법은 몇 가지인가?

(2) 5명을 뽑을 때, 야구 대표 1명, 농구 대표 1명이 포함되는 경우의 수?

(3) 3명을 뽑을 때, 적어도 농구선수 1명이 포함되는 경우의 수?

(4) 3명을 뽑을 때, 야구, 농구선수가 적어도 각각 1명의 선수가 포함되는 경우의 수?

풀이 (1) ${}_9C_3 \times {}_5C_2 = 840$

(2) ${}_{12}C_3 = \dfrac{12 \cdot 11 \cdot 10}{3 \cdot 2 \cdot 1} = 220$

(3) ${}_{14}C_3 - {}_9C_3 = 280$

(4) ${}_{14}C_3 - ({}_9C_3 + {}_5C_3) = 364 - (84 + 10) = 270$

3.1.7 이항정리

조합을 이용한 $(a+b)^n$의 정리이다.

n이 양의 정수 일 때,

$$(a+b)^n = {}_nC_0 a^n + {}_nC_1 a^{n-1}b^1 + {}_nC_2 a^{n-2}b^2 + \cdots + {}_nC_r a^{n-r}b^r + \cdots + {}_nC_n b^n$$
$$= \sum_{r=0}^{n} {}_nC_r a^{n-r}b^r$$

이것을 이항정리(binomial theorem)라 하고

(1) 일반항 : ${}_nC_r a^{n-r}b^r$

(2) 이항계수 : ${}_nC_0,\ {}_nC_1,\ {}_nC_2, \cdots,\ {}_nC_r, \cdots,\ {}_nC_n$

$$(a+b)^n = (a+b)(a+b)\cdots(a+b)$$

n개의 인수 $(a+b)$의 각각에서 a 또는 b를 하나씩 뽑아서 곱한 단항식의 곱이다. 이때, n개의 인수 중에서 r개의 b를 뽑고 나머지 $n-r$개는 a를 뽑아서 곱한 것이 $a^{n-r}b^r$이고 이것은 n개에서 r개를 뽑는 조합의 수만큼 나타난다. 따라서 $(a+b)^n$의 전개식에서 $a^{n-r}b^r$의 계수는 ${}_nC_r$이다.

$$(a+b)^n = (a+b_1)(a+b_2)(a+b_3)\cdots(a+b_n)$$
$$= a^n + a^{n-1}B_1 + a^{n-2}B_2 + \cdots + aB_{n-1} + B_n$$

이라면

$B_1 = b_1 + b_2 + \cdots$: $b_1, b_2, \cdots, b_n$에서 하나씩 항수 : ${}_nC_1$

$B_1 = b_1b_2 + b_1b_3 + \cdots + b_{n-1}b_n$: $b_1, b_2, \cdots, b_n$에서 두개씩 항수 : ${}_nC_2$

$\vdots$

$B_1 = b_1b_2\cdots b_n$: $b_1, b_2, \cdots, b_n$에서 n개. 항수 : ${}_nC_n$

이를 정리하면

$$(a+b)^n = {}_nC_0 a^n + {}_nC_1 a^{n-1}b^1 + {}_nC_2 a^{n-2}b^2 + \cdots + {}_nC_r a^{n-r}b^r + \cdots + {}_nC_n b^n$$
$$= \sum_{r=0}^{n} {}_nC_r a^{n-r}b^r$$

예제 3-13

$(a+b)^3$의 전개식에서 a^2b와 ab^2의 계수는 얼마인가?

풀이 $(a+b)^3 = a^3 + 3a^2b + 3ab^2 + b^3$이므로,

a^2b와 ab^2의 계수는 3

■

예제 3-14

$\left(2x^2 - \dfrac{1}{x}\right)^6$의 전개식에서 x^3의 계수는?

풀이 전개식에서 일반항은

$$_6C_r(2x^2)^{6-r}\left(-\frac{1}{x}\right)^r = (-1)^r{}_6C_r\,2^{6-r}x^{12-3r}$$

$12-3r=3$에서 $r=3$

x^3의 계수는

$$(-1)^3{}_6C_3(2)^3 = -160$$

■

예제 3-15

$(2x+1)^4(x-3)^5$의 전개식에서 x^3의 계수를 구하면?

풀이 일반항 $\sum_{r=0}^{n} {}_nC_r a^{n-r}b^r$에서

$(1+2x)^4(-3+x)^5 = {}_4C_r(2x)^r\,{}_5C_s(-3)^{5-s}x^s = {}_4C_r2^r\,{}_5C_s(-3)^{5-s}x^{r+s}$

$r+s=3$인 경우 $(r,\ s)$는 $(0,\ 3)$, $(1,\ 2)$, $(2,\ 1)$, $(3,\ 0)$이므로 이 4가지 경우를 모두 계산하면 -126

■

예제 3-16

다음 값을 구하여라.

(1) $\sum_{k=0}^{n} {}_nC_k\, 4^k$ (2) $\sum_{k=1}^{n} 2^k\, {}_nC_k\, p^k q^{n-k}$

(3) $\sum_{r=1}^{n} {}_nC_r\, 3^{n-r} 8^r$

풀이 (1) 준식 ${}_nC_0 + {}_nC_1 4^1 + {}_nC_2 4^2 + \cdots + {}_nC_n 4^n = (1+4)^n = 5^n$

(2)
$$\sum_{k=1}^{n} 2^k\, {}_nC_k\, p^k q^{n-k} = \sum_{k=1}^{n} {}_nC_k\, q^{n-k}(2p)^k$$
$$= \sum_{k=0}^{n} {}_nC_k\, q^{n-k}(2p)^k - {}_nC_0\, q^{n-0}(2p)^0$$
$$= (q+2p)^n - q^n = (2p+q)^n - q^n$$

(3)
$$\sum_{r=1}^{n} {}_nC_r\, 3^{n-r} 8^r = \sum_{r=0}^{n} {}_nC_r\, 3^{n-r} 8^r - {}_nC_0\, 3^n\, 8^0 = (3+8)^n - 3^n = 11^n - 3^n$$

■

3.1.8 다항정리

조합을 이용한 $(p_1 + p_2 + \cdots + p_k)^n$의 정리이다.

일반적으로 $\{(a+b)+c\}^n$을 전개하면 c^r의 항은 ${}_nC_r(a+b)^{n-r}c^r$ 또, $(a+b)^{n-r}$의 전개식에서 b^q의 항은

$${}_{n-r}C_q\, a^{n-r-q} b^q = {}_{n-r}C_q\, a^p\, b^q \quad (p+q+r=n)$$

따라서 $(a+b+c)^n$의 전개식에서의 $a^p b^p c^r$의 계수는

$${}_nC_r\, {}_{n-r}C_q = \frac{n!}{r!(n-r)!} \times \frac{(n-r)!}{q!(n-r-q)!} = \frac{n!}{p!q!r!}$$

따라서 $(a+b+c)^n = \sum \frac{n!}{p!\,q!\,r!} a^p a^q c^r$ (단, $p \geq 0,\ q \geq 0,\ r \geq 0$이고, $p+q+r=n$)

이다.

이항을 k개로 확장하면 다음과 같다.

$$(p_1 + p_2 + \cdots + p_k)^n = \sum \frac{n!}{x_1!\,x_2!\cdots\,x_k!} p_1^{x_1} \cdots p_k^{x_k} \tag{1}$$

(단, $x_1 \geq 0,\ x_2 \geq 0,\ x_3 \geq 0, \cdots\cdots$ 이고, $x_1 + x_2 + x_3 \cdots\cdots + x_k = n$)

식 (1)으로부터 $p_1^{x_1}, p_2^{x_2} \cdots p_k^{x_k}$을 얻을 수 있는 방법의 수는

$$\frac{n!}{x_1!\,x_2!\cdots\,x_k!} \tag{2}$$

위의 수 (2)를 다항계수(multinomial coefficient)라 하며, 이항계수는 다항계수에서 $k=2$인 특수한 경우이다. 따라서 $k=2$라 하면 다항정리는 이항정리가 된다.

예제 3-17

다음 물음에 답하여라.

(1) $(a+b+c)^9$의 전개식에서 $a^2b^3c^4$의 계수를 구하여라.

(2) $(a+b+c)^5$의 전개식에서 계수가 5인 항은 몇 개인가?

풀이 (1) 전개식의 일반항은 $\dfrac{9!}{p!\,q!\,r!} a^p a^q c^r$ (단, $p+q+r=9$) 이므로, $a^2b^3c^4$항은 $p=2, q=2,\ r=4$일 때이다. 따라서 $a^2b^3c^4$의 계수는 $\dfrac{9!}{2!\,3!\,4!} = 1260$

(2) $a^p a^q c^r$의 계수가 5라 하면 $\dfrac{5!}{p!\,q!\,r!} = 5$ (단, $p+q+r=5$). 곧

$p!\,q!\,r! = 4!,\ \ p+q+r=5$

이 두 식을 동시에 만족시키는 p, q, r의 쌍의 수는 4, 1, 0의 순열의 수와 같으므로

$3! = 6$개

■

예제 3-18

$\left(x^2 + \dfrac{1}{x} + 1\right)^6$의 전개식에서 x^3의 계수를 구하여라.

풀이 전개식의 일반항은 $\dfrac{6!}{p!\,q!\,r!}(x^2)^p\left(\dfrac{1}{x}\right)^q 1^r = \dfrac{6!}{p!\,q!\,r!} x^{2p-q}$ (단, $p+q+r=6$)

$$2p-q=3, \quad p+q+r=6$$

p, q, r은 음이 아닌 정수이므로 $(p,\ q,\ r)=(2,\ 1,\ 3),\ (3,\ 3,\ 0)$

따라서 x^3의 계수는

$$\frac{6!}{2!1!3!}+\frac{6!}{3!3!0!}= 80$$

■

예제 3-19

다음 문제에서 경우의 수를 구하여라.

(1) 공정한 주사위를 10번 던지는 통계적 실험을 할 때, 1이 한번, 3이 2번, 5가 5번이 나올 경우의 수를 구하여라.

(2) 어느 생물학 실험의 대상이 될 10명의 그룹이 있다. 이 중 3명의 혈액형이 O형, 4명은 A형이고 나머지 3명은 B형일 경우의 수는 얼마인가?

풀이 (1) 1이 한번, 3이 2번, 5가 5번 나온다면 2, 4, 6 중에서 두 번 나온 결과이므로, 구하고자 하는 경우의 수는 $\dfrac{10!}{1!2!5!2!}$이다.

(2) $\dfrac{10!}{3!4!3!}$

■

3-2 확률

3.2.1 시행과 사건

확률에 대해 설명함에 있어서, 이 확률들이 어떤 상황에서 어떻게 계산 될 수 있는지를 보여준다. 준비단계로 확률실험의 표본공간과 사건의 개념이 필요하다. 이를위해 사용되는 용어들을 소개하면 다음과 같다.

(1) 시행

동일한 조건하에서 반복할 수 있고 그 결과가 우연에 의하여 지배되는 가능한 모든 결과의 집합을 알 수 있는 관찰이나 실험이나 관찰 등의 행위를 시행이라 하고 그 결과로 일어나는 사실을 그 시행의 사건이라고 한다.

예) 한 개의 주사위를 던지는 것은 시행이고 '짝수의 눈이 나온다' 등은 이 시행의 사건이다.

(2) 표본공간과 사건

어떤 시행에서 일어날 수 있는 모든 가능한 결과의 집합을 표본공간이라 하고 표본공간의 부분집합을 사건이라 한다. 표본공간은 전체집합으로 표시된다. 하나의 시행에서 가능한 결과가 $e_1, e_2, e_3, \ldots, e_n$뿐이라 할 때, 전체집합 $S=\{e_1, e_2, e_3, \ldots, e_n\}$을 시행의 표본공간 또는 표본집단이라 한다. 또, 표본공간 S의 부분집합을 사건이라 한다. 특히 전체집합인 표본공간 S를 전사건(반드시 일어나는 사건), S의 단 하나의 원소로 된 부분집합 $\{e_1\}, \{e_2\}, \ldots$를 근원사건, S의 부분집합인 공집합 $\varnothing$을 공사건(결코 일어나지 않는 사건)이라 한다.

(3) 합사건, 곱사건, 여사건

표본공간 S의 부분집합을 사건 A, B라 할 때, $A \cup B$를 사건 A, B의 합사건, $A \cap B$를 사건 A, B의 곱사건, A^c를 사건 A의 여사건 이라 한다.

(4) 배반사건

두 사건 A, B가 동시에는 일어나지 않을 때, 곧 $A \cap B = \varnothing$일 때 A와 B는 서로 배반한다고 하고, 이 두 사건을 배반사건이라고 한다. 또, 세 개 이상의 사건에 대해서 어떠한 두 사건도 서로 배반하면 이들 사건은 서로 배반적 이라고 말한다.

예제 3-20

$S=\{1, 2, 3, 4, 5, 6\}$에서 $A=\{2, 4, 6\}, B=\{1, 3, 5\}$일 때, A와 B는 배반사건인가?

풀이 배반사건이다.

■

예제 3-21

하나의 주사위를 한 번 던지는 시행에서 i의 눈이 나오는 것을 e_i로 나타내기로 할 때, 다음에 답하여라. 또한 3 이하의 눈이 나오는 사건 E, 짝수의 눈이 나오는 사건 F, 5의 눈이 나오는 사건 G라 하자.

(1) 표본공간 S를 만들어라.

(2) 사건 E, F, G을 나타내어라.

(3) E와 F의 합사건은 G의 여사건과 같음을 보여라.

(4) E와 F는 서로 배반하지 않음을 보여라.

(5) E와 서로 배반하는 사건은 몇가지 인가?

풀이 (1) $S=\{e_1, e_2, e_3, e_4, e_5, e_6\}$

(2) $E=\{e_1, e_2, e_3\}, F=\{e_2, e_4, e_6\}, G=\{e_5\}$

(3) $E\cup F=\{e_1, e_2, e_3, e_4, e_6\}$, $G^c=\{e_1, e_2, e_3, e_4, e_6\}$이므로 $E\cup F=G^c$

(4) $E\cap F=\{e_2\}\neq\varnothing$

(5) $\{e_4, e_5, e_6\}$의 부분집합의 개수와 같으므로 $2^3=8$가지

■

3.2.2 확률의 정의

확률이란 임의성과 불확실성에 의해 일어날 수 있는 여러 결과중의 대한 연구 분야이다.

(1) 수학적 확률

어떤 시행에서 표본공간의 원소의 개수를 $n(S)$라 하고, 개개의 근원사건이 일어나는 것이 같은 정도로 확실할 때, 사건 A의 원소의 개수가 $n(A)$라 하면 A가 일어날 수학적 확률은

$$P(A)=\frac{(A\text{에 속하는 근원사건의 개수})}{(\text{근원사건의 총 개수})}=\frac{n(A)}{n(S)}$$

이다

(2) 통계적 확률

상대도수 $\frac{a}{N}$에 있어서 $\lim_{N\to\infty}\frac{a}{N}=p$일 때, 이 p의 값을 사건 A가 일어날 통계적 확률 또는 경험적 확률이라 한다. 그런데 실제로 N을 무한히 크게 할 수 없으므로 N이 어느 정도 클 때의 $\frac{a}{N}$를 통계적 확률로 보는 것이 보통이다.

(3) 확률의 기본성질

임의의 사건 A, 전사건 S, 공사건 $\varnothing$에 대하여

$$0 \le P(A) \le 1,\ P(S)=1,\ P(\varnothing)=0$$

예제 3-22

하나의 주사위를 던질 때, (1) 짝수의 눈이 나올 확률을 구하여라. (2) 3이상의 눈이 나올 확률 (3) 소수의 눈이 나올 확률을 구하여라.

풀이 하나의 주사위를 던질 때, 표본공간을 S, 짝수의 눈이 나오는 사건을 A, 3 이상의 눈이 나오는 사건을 B라 하면

$$S=\{1,2,3,4,5,6\},\ A=\{2,4,6\},\ B=\{3,4,5,6\},\ C=\{2,3,5\}$$

이므로

(1) $P(A)=\frac{n(A)}{n(S)}=\frac{3}{6}=\frac{1}{2}$

(2) $P(B)=\frac{n(B)}{n(S)}=\frac{4}{6}=\frac{2}{3}$

(3) $P(C)=\frac{n(C)}{n(S)}=\frac{3}{8}=\frac{1}{2}$

■

예제 3-23

어떤 통계의 결과 출생아 1000명 중에서 출생 후 1년까지 산 아이가 950명이라면 어떤 출생아가 1년 후 까지 살 확률은 얼마인가?

풀이 $\text{확률} = \dfrac{\text{기대하는 것이 일어난 횟수}}{\text{실험한 모든 횟수}} = \dfrac{950}{1000} = 0.95$

■

예제 3-24

5권의 소설, 3권의 시집, 그리고 한 권의 사전이 있는 서재로부터 임의로 3권의 책이 선택될 때 다음 확률은 얼마인가?

(1) 사전이 선택될 확률

(2) 소설 2권과 시집 1권이 선택될 확률

풀이 (1) $\dfrac{{}_1C_1\,{}_8C_2}{{}_9C_3}$ (2) $\dfrac{{}_5C_2\,{}_3C_1}{{}_9C_3}$

■

예제 3-25

흰 공 3개와 검은 공 4개가 들어 있는 주머니에서 2개의 공을 꺼낼 때, 같은 색 공이 나올 확률은?

풀이 $P(A) = \dfrac{n(A)}{n(S)} = \dfrac{{}_3C_2 + {}_4C_2}{{}_7C_2} = \dfrac{1}{7} + \dfrac{2}{7} = \dfrac{3}{7}$

■

3.2.3 확률의 가법정리

이 절에서는 사건들의 기본 연산인 여사건, 합사건등과 확률계산에 유용한 확률법clr에 대하여 알고자 한다.

(1) 일반적인 덧셈정리

두사건 A, B중 적어도 어느 한 쪽이 일 어나는 사건을 A와 B의 합사건 $A \cup B$이라 하고 A와 B가 동시에 일어나는 사건을 A와 B의 곱사건 $A \cap B$라 한다.

두 사건 A, B에 대하여

$$P(A \cup B) = P(A) + P(B) - P(A \cap B)$$

(2) 배반사건의 덧셈정리

일반적으로 어떤 시행에서 두사건 A, B중 어느 한 쪽이 일어나면 다른 쪽은 일어나지 않을 때, A와 B는 서로 배반이라 하고 A, B를 배반사건이라 한다. 이것은 $A \cap B = \varnothing$ 인 경우이다. 두 사건 A, B가 배반 사건일 때,

$$P(A \cup B) = P(A) + P(B)$$

(3) 여사건의 확률

사건 A의 확률과 여사건 A^c의 확률사이의 관계

$$P(A) + P(A^c) = 1,\ P(A) = 1 - P(A^c)$$

예제 3-26

한 개의 주사위를 던질 때, 짝수의 눈 또는 3이상의 눈이 나올 확률은?

풀이

$$P(A \cup B) = P(A) + P(B) - P(A \cap B)$$
$$= \frac{3}{6} + \frac{4}{6} - \frac{2}{6} = \frac{5}{6}$$

■

예제 3-27

두 사건 A, B에 대해 $P(A) = 0.3, P(B) = 0.5, P(A^c \cap B^c) = 0.4$일 때, $P(A \cap B)$의 값은?

풀이

$$P(A^c \cap B^c) = P\{(A \cup B)^c\} = 0.4$$

$$P(A \cup B) = 1 - P\{(A \cup B)^c\} = 0.6$$
$$P(A \cup B) = P(A) + P(B) - P(A \cap B)$$
$$0.6 = 0.3 + 0.5 - P(A \cap B)$$

$$P(A \cap B) = 0.2$$

■

예제 3-28

불량품이 2개 들어 있는 10개의 제품 두 개의 제품을 임의로 선택할 때, 적어도 한 개가 불량품일 확률은?

풀이 10개중 2개 봅는 경우의 수: ${}_{10}C_2 = 45$

뽑은 2개가 정품일 경우의 수: ${}_{8}C_2 = 28$

여사건의 확률에서

$$1 - \frac{{}_{8}C_2}{{}_{10}C_2} = 1 - \frac{28}{45} = \frac{17}{45}$$

■

예제 3-29

어느 자동차 업체가 리콜을 고려하고 있다. 리콜을 할 경우 브레이크 결함, 변속기 결함, 연료계통 결함, 기타결함일 확률이 각각 0.25, 0.18, 0.17, 0.40이라고 한다.

(1) 브레이크와 연료계통이 동시에 결함일 확률이 0.15라고 할 때, 리콜 된 차가 브레이크나 연료계통의 결함이 있을 확률은 얼마인가?

(2) 브레이크나 연료계통에 결함이 없을 확률은 얼마인가?

풀이 (1) $P(A) + P(B) - P(A \cap B) = 0.25 + 0.17 - 0.15 = 0.27$

(2) $1 - P(A \cup B) = 1 - 0.27 = 0.73$

■

3.2.4 확률의 곱셈정리

표본공간을 S라 하고 임의의 사건 E를 $P(E) > 0$인 사건이라 하자. 사건 E가 일어났을 때 어떤 사건 A가 일어날 확률을 생각하여 보자.

(1) 조건부 확률

실험결과에 관한 어떤 일부분의 정보를 알고 있을 때 확률들을 계산하고자 하는 경우가 종종 있다. 이러한 경우에 구하는 확률이 조건부 확률이다.

확률이 0이 아닌 두 사건 A, B에 대하여 A가 일어났다는 조건하에서 B가 일어날 확률을 사건 A가 일어났을 때의 사건 B의 조건부 확률이라 하고, $P(B|A)$또는 $P_A(B)$로 나타낸다. 사건 A가 일어났을 때의 사건 B의 조건부 확률(A가 일어났을 때의 B의 조건부확률)위의 정의에 의해

$$P(B|A) = \frac{P(A \cap B)}{P(A)},\ \text{단},\ P(A) > 0$$

가성립하며 이로부터곱셈정리$P(A) > 0,\ P(B) > 0$일 때,

$$P(A \cap B) = P(A)P(B|A) = P(B)P(A|B)$$

를 얻는다.

(2) 독립사건과 종속사건

1) 두 사건 A, B에 대하여 사건 A가 일어날 경우과 사건 A가 일어나지 않을 경우에 따라 사건 B가 일어날 확률이 달라질 때 곧, $P(B|A) \neq P(B|A^c)$일 때, 사건 A와 B는 종속이라고 하고, 종속인 두 사건을 종속사건이라 한다.
2) 두 사건 A, B에 대하여 사건 A가 일어날 경우과 사건 A가 일어나지 않을 경우에 따라 사건 B가 일어날 확률이 달라지지 않을 때, 곧 $P(B|A) = P(B|A^c) = P(B)$일 때, A와 B는 독립이라고 하고, 종속인 두 사건을 독립사건이라 한다.
3) 특히 사건 A와 사건 B가 서로 독립일 때는 다음 곱셈정리가 성립한다.

$$\text{사건 } A, B\text{가 독립} \ \Leftrightarrow\ P(A \cap B) = P(A)P(B)$$

(3) Bayes 정리

서로 배반인 사건 $E_1, E_2, \ldots E_n$이 전체사건이고, 이들을 원인으로 하여 사건 A가 일어났을 때 사건 A가 일어난 원인이 E_i일 확률은

$$P(E_i|A) = \frac{P(E_i)P(A|E_i)}{P(E_1)P(A|E_1) + P(E_2)P(A|E_2) + \ldots.}$$

두 배반사건 E_1, E_2에서 사건 A가 일어날 원인이 E_1일 확률은

$$P(E_1|A) = \frac{P(E_1)P(A|E_1)}{P(E_1)P(A|E_1) + P(E_2)P(A|E_2)}$$

예제 3-30

아래의 테이블은 1200명의 대학생들의 음주와 흡연 습관을 조사한 결과를 나타낸다.

〈표 3.1〉 음주와 흡연습관조사결과

	음주	불음주	합계
흡연	315	165	480
비흡연자	585	135	720
합계	900	300	1200

(1) 이 그룹에서 흡연을 하는 사람의 확률은 얼마인가?

(2) 음주를 하는 학생 중 흡연자의 확률은 얼마인가?

(3) 음주자의 확률은 얼마인가?

(4) 흡연자 중 음주를 하는 학생의 확률은 얼마인가?

풀이

(1) $P(\text{흡연}) = \dfrac{480}{1200} = 0.4$

(2) $P(\text{흡연} \mid \text{음주}) = \dfrac{315}{900} = 0.35$

(3) $P(\text{음주}) = \dfrac{900}{1200} = 0.75$

(4) $P(\text{음주} \mid \text{흡연}) = \dfrac{315}{480} = 0.65625$

■

예제 3-31

A시에서 환경보호 운동에 참여하고 있는 주민은 전체 주민의 20%이며, 이 중에서 여성의 비율은 60%이다. 환경보호 운동에 참여하고 있는 A시 주민 중에서 한 명을 뽑을 때, 그 사람이 남자일 확률은?

풀이 환경운동에 참여하는 사람을 E, 남자를 F라 할 때,

$$P(F|E) = \frac{P(F \cup E)}{P(E)} = \frac{0.2 \times 0.4}{0.2} = \frac{2}{5}$$

■

예제 3-32

한 개의 주사위와 한 개의 동전을 동시에 던질 때, 주사위의 짝수의 눈과 동전의 앞면이 나올 확률을 구하여라.

풀이 주사위의 짝수의 눈이 나올 사건을 A, 동전의 앞면이 나올 사건을 B라 하면 사건 A, B는 서로 독립이므로

$$P(A \cap B) = P(A)P(B) = \frac{3}{6} \times \frac{1}{2} = \frac{1}{4}$$

■

예제 3-33

오른손잡이와 왼손잡이의 IQ점수에 관심이 있던 심리학자는 간단히 2000명의 고등학교 학생들의 무작위 표본을 대상으로 다음과 같은 자료를 수집하였다.

〈표 3.2〉 IQ와 손잡이습관과의 관계

	오른손 잡이	왼손 잡이	합계
높은 IQ	190	10	200
낮은 IQ	1710	90	1800
합계	1900	100	2000

(1) 이 그룹의 학생이 높은 IQ를 가질 확률은 얼마인가?

(2) 왼손잡이인 학생들이 높은 IQ를 가질 확률은 얼마인가?

풀이 (1) $P(\text{높은 } IQ) = \frac{200}{2000} = 0.1$

(2) $P(\text{높은 } IQ | \text{왼손잡이}) = \frac{10}{100} = 0.1$

높은 IQ를 가질 확률은 학생이 왼손잡이라는 사실에 영향을 받지 않는다. 따라서 두 사건은 독립적이다.

■

예제 3-34

3개의 기계 A, B, C가 각각 이 공장의 생산품 전체의 50%, 30%, 20%를 생산한다. 이들 기계가 불량품을 생산할 비율은 3%, 4%, 5%이다. 한 제품이 임의로 선정된다고 하고 그 제품이 불량일 때 그것이 A기계에서 생산될 확률을 구하여라.

풀이 제품이 불량인 사건을 E라 하면

$$\begin{aligned} P(E) &= P(A)P(E|A) + P(B)P(E|B) + P(C)P(E|C) \\ &= (0.5)(0.03) + (0.3)(0.04) + (0.2)(0.05) = 0.037 \end{aligned}$$

Bayes 정리에 의하여

$$\begin{aligned} P(A|E) &= \frac{P(A)P(E|A)}{P(A)P(E|A) + P(B)P(E|B) + P(C)P(E|C)} \\ &= \frac{(0.5)(0.03)}{(0.5)(0.03) + (0.3)(0.04) + (0.2)(0.05)} = \frac{15}{37} \end{aligned}$$

■

예제 3-35

볼트를 만드는 어느 공장에서 세 대의 기계 A, B, C가 각각 전체의 25%, 35%, 40%를 만들며, 또 각각의 제품의 5%, 4%, 2%가 불량품이라 한다. 제품 가운데 임의로 꺼낸 하나의 볼트가 불량품이었다고 할 때, 그것이 기계 A에서 만들어졌을 확률을 구하여라.

풀이 제품이 불량일 사건을 E라 하면,

$$\begin{aligned} P(E) &= P(A \cap E) + P(B \cap E) + P(C \cap E) \\ &= P(A)P(E|A) + P(B)P(E|B) + P(C)P(E|C) \\ &= 0.25 \times 0.05 + 0.35 \times 0.04 + 0.4 \times 0.02 = 0.0345 \end{aligned}$$

$$P(A|E) = \frac{P(A \cap E)}{P(E)} = \frac{0.0125}{0.0345} = \frac{25}{69}$$

■

3-3 확률변수

3.3.1 이산확률분포

이산확률분포에서는 각 확률변수에 확률이 할당한다.

확률변수 X의 확률함수 $f(x_i) = P(X = x_i)$는 다음 조건을 만족하면 이를 이산형 확률변수 X의 확률함수, 확률질량함수(probability mass function), 혹은 확률분포라고 한다.

1) $f(x) \geq 0$
2) $\sum_x f(x) = 1$
3) $P(X = x) = f(x)$

예제 3-36

하나의 동전을 세 번 던지는 실험에서 앞면이 나온 횟수의 확률분포를 구하여라.

풀이 앞면이 나온 횟수와 그에 대한 확률은 다음과 같다.

x	0	1	2	3
$P(X = x)$	1/8	3/8	3/8	1/8

■

실제로는 확률변수 X의 관측값이 어떤 실수 x보다 작거나 같을 확률을 계산해야 될 경우가 많이 있다. 모든 실수 x에 대한 $F(x) = P(X \leq x)$를 확률변수 X의 누적분포함수(cumulative distribution function)라고 한다.

확률분포 $f(x)$를 가지는 이산형 확률변수 X의 누적분포함수 $\mathrm{F}(x)$는

$$F(x) = P(X \leq x) = \sum_{t \leq x} f(t), \qquad -\infty < x < \infty$$

로 주어진다.

누적분포는 주어진 확률변수가 취할 수 있는 값에서뿐만 아니라 모든 실수에서 정의되어진다는 사실에 유의하여야 한다.

예제 3-37

1개의 동전을 계속하여 3회 던져서 앞면의 수의 횟수 X의 분포함수를 구하고 분포함수의 그래프를 그려라.

풀이 예제 3.36에서 $F(x)$를 구하면

$$F(0)=P(X \le 0)=P(X=0)=P(0)=\frac{1}{8},$$

$$F(1)=P(X \le 1)=P(X=0)+P(X=1)=P(0)+P(1)=\frac{1}{8}+\frac{3}{8}=\frac{4}{8},$$

$$\begin{aligned}F(2)=P(X \le 2)&=P(X=0)+P(X=1)+P(X=2)\\&=P(0)+P(1)+P(2)=\frac{1}{8}+\frac{3}{8}+\frac{3}{8}=\frac{7}{8},\end{aligned}$$

$$\begin{aligned}F(3)=P(X \le 3)&=P(X=0)+P(X=1)+P(X=2)+P(X=3)\\&=P(0)+P(1)+P(2)+P(3)=\frac{1}{8}+\frac{3}{8}+\frac{3}{8}+\frac{1}{8}=1\end{aligned}$$

이다.

이때 X의 분포함수는

$$F(x)=\begin{cases}0, & x<0\\ \frac{1}{8}, & 0 \le x < 1\\ \frac{4}{8}, & 1 \le x < 2\\ \frac{7}{8}, & 2 \le x < 3\\ 1, & 3 \le x\end{cases}$$ 이고,

이를 그래프로 나타내면 [그림 3.1]과 같다.

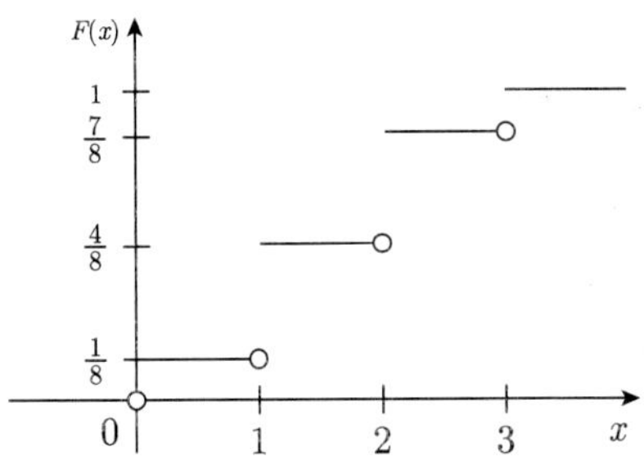

[그림 3.1] 분포함수

3.3.2 연속형 확률분포

연속형 확률분포에서는 확률변수값의 어느 한 점보다는 어떤 구간에 더 관심을 가지게 된다. 즉, $P(a < X < b)$ 혹은 $P(X \geq c)$와 같이 연속형 확률변수의 여러 구간에 대한 확률을 계산하는 데 관심을 가진다. X가 연속확률변수이면

$$P(a < X \leq b) = P(a < X < b) + P(X = b) = P(a < X < b)$$

이다. 즉, 연속형 확률분보에서는 어떤 구간의 끝짐이 포힘이 되든 안 되든 그것은 문제가 되지 않는다.

연속형 확률변수의 확률분포가 표 형태로 표시될 수는 없지만 어떤 식으로 표시될 수는 있다. 그러한 식은 필수적으로 연속형 확률변수 X의 수치함수여야 하고, 함수기호 $f(x)$로 표시된다. 연속형 확률변수를 취급할 때 $f(x)$를 x의 확률밀도함수(probability density function) 혹은 간단히 밀도함수(density function)라고 한다.

다음 확률변수 X가 구간 $[\alpha, \beta]$ 에서 모든 값을 취하고 이 구간에서 정의된 함수 $f(x)$가

1) $f(x) \geq 0$

2) $\int_{\alpha}^{\beta} f(x)dx = 1$

3) $P(a < X < b) = \int_{a}^{b} f(x)dx$ (단, $\alpha \leq a < b \leq \beta$)

를 만족할 때, 변수 X를 확률변수, 함수 $f(x)$를 X의 확률밀도함수라 한다.

예제 3-38

제어실험에서 반응온도의 변화에 따른 오차는 다음과 같은 확률분포를 가지는 연속확률변수 x라고 가정하자.

$$f(x) = \begin{cases} \frac{x^2}{3}, & -1 < x < 2 \\ 0, & \text{다른곳에서} \end{cases}$$

(1) $\int_{-1}^{2} \frac{x^2}{3} dx = 1$을 보여라.

(2) $P(1 < X \leq 2)$를 구하라.

풀이 (1) $\int_{-\infty}^{\infty} f(x)dx = \int_{-1}^{2} \frac{x^3}{3}dx = 1$

(2) $P(1 < X \le 2) = \int_{1}^{2} \frac{x^2}{3}dx = \frac{7}{9}$

■

확률밀도함수가 $f(x)$인 연속형 확률변수 X의 누적분포함수 $F(x)$는 다음과 같다.

$$F(x) = P(X \le x) = \int_{-\infty}^{x} f(t)dt, \ -\infty < x < \infty$$

다음의 두 가지 사실을 알 수 있다.

1) $P(a < X < b) = F(b) - F(a)$

2) 미분이 가능하면 $f(x) = \frac{dF(x)}{dx}$

예제 3-39

예제 3.38의 확률밀도함수에 대하여 $F(x)$를 구하고, 그것을 이용하여 $P(1 < X \le 2)$을 구하라.

풀이 $-1 < x < 2$에 대하여

$$F(x) = \int_{-\infty}^{x} f(t)dt = \int_{-1}^{x} \frac{t^2}{3}dt = \frac{x^3+1}{9}$$

따라서,

$$F(x) = \begin{cases} 0, & x < -1 \\ \frac{x^3+1}{9}, & -1 \le x < 2 \\ 1, & x \ge 2 \end{cases}$$

$$P(1 < X \le 2) = F(2) - F(1) = \frac{7}{9}$$

■

3.3.3 확률변수와 평균

X가 확률분포 $f(x)$를 가지는 확률변수라고 할 때 X가 이산형인 경우에 X의 평균 혹은 기댓값은

$$\mu = E(X) = \sum_{x} x f(x)$$

가 되고, X가 연속형인 경우에는

$$\mu = E(X) = \int_{-\infty}^{\infty} x f(x) dx$$

가 된다.

예제 3-40

품질검사원이 7개의 부품으로 구성되어 있는 불량품을 검사하려고 한다. 만일 이 부품에 4개의 양호한 부품과 3개의 결함이 있는 부품이 들어 있다고 하면, 검사원이 3개의 부품을 추출하였을 때 나타나는 양호한 부품의 평균개수를 구하라.

풀이 x를 양호한 부품의 수라고 하자. 그러면 x의 확률분포는

$$f(x) = \frac{\binom{4}{3}\binom{3}{3-x}}{\binom{7}{3}}, x = 0, 1, 2, 3$$

으로 주어진다. 따라서 $f(0)=1/35$, $f(1)=12/35$, $f(2)=18/35$, $f(3)=4/35$이다. 그러므로

$$\mu = E(X) = (0)\left(\frac{1}{35}\right) + (1)\left(\frac{12}{35}\right) + (2)\left(\frac{18}{35}\right) + (3)\left(\frac{4}{35}\right) = \frac{12}{7} = 1.7$$

이다.

■

예제 3-41

어떤 종류의 기계부품의 수명(단위:시간)을 확률변수 X라고 하자. 확률밀도함수가

$$f(x) = \begin{cases} \dfrac{20000}{x^3}, & x > 100 \\ 0, & \text{다른곳에서} \end{cases}$$

로 주어졌을 때 이 기계부품의 기대수명을 구하라.

풀이 $\mu = E(X) = \int_{100}^{\infty} x \frac{20000}{x^3} dx = 200$

그러므로, 이 기계 부품의 수명은 평균적으로 200시간이라고 할 수 있다.

■

X가 확률분포 $f(x)$를 가지는 확률변수라고 하면 확률변수 $g(x)$의 평균 혹은 기대값은 X가 이산형인 경우에는

$$\mu_{g(X)} = E[g(X)] = \sum_x g(x)f(x)$$

가 되고, X가 연속형인 경우에는

$$\mu_{g(x)} = E[g(X)] = \int_{-\infty}^{\infty} g(x)f(x)dx$$

가 된다.

예제 3-42

월요일 오후 3시에서 4시 사이에 세차장에서 서비스를 받는 차의 수를 X라고 할 때 X의 확률분포가 다음과 같다고 하자.

〈표 3.4〉 차에 대한 확률분포

x	3	4	5	6	7	8
P(X=x)	1/12	1/12	1/4	1/4	1/6	1/6

$g(X) = 3X - 2$을 종업원이 받는 수당(단위:달러)이라고 할 때, 이 시간대의 종업원의 기대수익을 구하라.

풀이 종업원의 기대수익은 다음과 같이 표시된다.

$$E[g(X)] = E(3X-2) = \sum_{x=3}^{8}(3x-2)f(x) = \frac{31}{2}\$$$

■

예제 3-43

확률변수 x의 확률밀도함수가

$$f(x)=\begin{cases}\frac{x^2}{3}, & -1<x<2\\ 0, & \text{다른곳에서}\end{cases}$$

일 때 $g(X)=5X+4$의 기대값을 구하라.

풀이 $$E(5X+4)=\int_{-1}^{2}\frac{(5x+4)x^2}{3}dx=\frac{1}{3}\int_{-1}^{2}(5x^3+4x^2)dx=\frac{123}{12}$$

■

3.3.4 분산

확률변수 x의 평균 혹은 기댓값은 확률분포의 중심위치를 설명해 주는 값으로 통계학에서 매우 중요하다. 그러나 평균값만으로 분포의 형태를 설명할 수는 없다. 즉, 확률분포의 퍼진 정도를 나타내는 수치로는 표준편차를 고려해야 할 필요가 있다.

X를 확률분포 $f(x)$와 평균 μ를 가지는 확률변수라고 할 때 X의 분산은 X가 이산형일 때에는

$$\sigma^2=E[(X-\mu)^2]=\sum_x(x-\mu)^2f(x)=\sum x^2f(x)-\mu^2$$

가 되고, x가 연속형일 때는

$$\sigma^2=E[(X-\mu)^2]=\int_{-\infty}^{\infty}(x-\mu)^2f(x)\,dx=\int x^2f(x)dx-\mu^2$$

가 된다. 분산의 양의 제곱근 σ를 x의 표준편차(standard deviation)라고 한다.

예제 3-44

A, B 두 트랙터 회사에서 어느 날 농사목적으로 사용된 트랙터의 수를 확률변수 X라고 하자. A회사에 대한 확률분포 표3.5와 B회사에 대한 확률분포 표3.6가 각각 다음과 같다.

〈표 3.5〉 A회사 확률분포

x	1	2	3
$f(x)$	0.3	0.4	0.3

〈표 3.6〉 B회사 확률분포

x	0	1	2	3	4
$f(x)$	0.2	0.1	0.3	0.3	0.1

B회사의 분산과 A회사의 분산을 구하고 비교하여라.

풀이 A회사에 대하여는

$$\mu_A = E(X) = 1(0.3) + 2(0.4) + 3(0.3) = 2.0$$

$$\sigma_A^2 = \sum_{x=1}^{3}(x-2)^2 = 0.6$$

B회사에 대하여는

$$\mu_B = E(X) = 0(0.2) + 1(0.1) + 2(0.3) + 3(0.3) + 4(0.1) = 2.0$$

$$\sigma_B^2 = \sum_{x=0}^{4}(x-2)^2 = 1.6$$

따라서, 사업목적으로 사용하는 트랙터 수의 분산은 B회사의 경우가 A회사의 경우보다 더 크다.

■

예제 3-45

3개의 볼트을 생산라인으로부터 추출하여 검사하였을 때 결함이 있는 부품의 수를 확률변수 x라고 하자. x의 확률분포가 다음과 같을 때, σ^2을 계산하라.

〈표 3.7〉 부품에대한 확률분포

x	0	1	2	3
$f(x)$	0.51	0.38	0.10	0.01

풀이 $E(X) = 0 \cdot 0.51 + 1 \cdot 0.38 + 2 \cdot 0.1 + 3 \cdot 0.01 = 0.61$

그리고

$E(X^2) = 0 \cdot 0.51 + 1 \cdot 0.38 + 2^2 \cdot 0.1 + 3^2 \cdot 0.01 = 0.87$ 이다.

따라서,

$\sigma^2 = 0.87 - (0.61)^2 = 0.4979$

■

예제 3-46

어느 편의점의 주당 콜라의 수요(단위: 1000리터)가 다음과 같은 확률분포를 가지는 확률변수 X라고 할 때, x의 평균과 분산을 구하라.

$$f(x) = \begin{cases} \frac{1}{2}(x-1), & 1 < x < 3 \\ 0, & \text{다른곳에서} \end{cases}$$

풀이

$\mu = E(X) = \frac{1}{2}\int_1^3 x(x-1)dx = \frac{5}{3}$ 이고,

$E(X^2) = \frac{1}{2}\int_1^3 x^2(x-1)dx = \frac{17}{6}$ 이다.

따라서,

$\sigma^2 = \frac{17}{6} - (\frac{5}{3})^2 = \frac{1}{18}$

■

분산 혹은 표준편차는 측정단위가 같은 두 개 또는 그 이상의 분포를 비교할 때에만 그 의미를 가지게 된다. 따라서, 어느 두 회사로부터 생산되는 병에 담긴 오렌지쥬스량(단위: 리터)의 분포의 분산을 비교할 때 분산이 더 크다는 것은 그 회사에서 생산된 각 병마다의 쥬스량이 더 변동적이라는 사실을 나타낸다.

예제 3-47

확률변수 X의 확률분포가 다음과 같이 주어졌을 때 $g(X) = 2X + 3$의 분산을 계산하라.

〈표 3.8〉 확률분포

x	0	1	2	3
$f(x)$	$\frac{1}{8}$	$\frac{3}{8}$	$\frac{3}{8}$	$\frac{1}{8}$

풀이 확률변수 $2X+3$의 평균을 구하면

$$\mu_{2X+3} = E(2X+3) = \sum_{x=0}^{3}(2x+3)f(x) = 6$$

다음 결과를 얻게 된다.

$$\sigma^2_{2X+3} = E[(2X+3) - \mu_{2X+3}]^2 = 3$$

■

예제 3-48

확률밀도함수 x가

$$f(x) = \begin{cases} \frac{x^2}{3}, & -1 < x < 2 \\ 0, & \text{다른곳에서} \end{cases}$$

를 가지는 확률변수라고 할 때, 확률변수 $g(X) = 4X+5$의 분산을 구하라.

풀이 μ_{4X+3}=8이고,

$$\sigma^2_{4X+5} = E[(4X+5) - 8]^2 = E[(4X-3)^2] = \int_1^2 (4x-3)^2 \frac{x^2}{3} dx = \frac{51}{5}$$

■

연습문제 3장

1. Success라는 단어의 문자를 모두 써서 만들 수 있는 배열의 가지 수는 몇 가지인가?

2. a, b, c, d 네 문자를 모두 써서 일렬로 세우는 방법의 가짓수는 몇 가지인가?

3. 7명 중에서 5명을 선출할 때 특별한 2명 중 1명만을 포함할 확률은 얼마인가?

4. a, b, c, d, e 다섯 문자 중 어느 세 문자를 골라 일렬로 나열하는 방법의 가짓수는 몇 가지인가?

5. 7명 중 3명의 대표를 뽑는 방법의 가짓수는 얼마인가?

6. 한 줄에 이어진 9개의 소켓에 3개의 빨간등, 4개의 노란등 2개의 파란등을 끼워서 크리스마스 트리를 장식하려고 한다. 이 표본 공간의 표본점의 개수는?

7. 세 대의 버스 A, B, C의 좌석이 각각 3석, 2석, 5석이 비어있다. 10명의 승객을 이 세 대에 분승시키는 방법은 모두 몇 가지인가?

8. 어느 공장에서 생산된 제품을 조사하니 1급품이 50%, 2급품이 30%, 3급품이 20%였다. 10개의 제품을 임의로 추출했을 때, 1급품이 4개, 2급품이 3개, 3급품이 3개일 확률을 구하여라.

9. $P(A)=1/3, P(B)=1/4, P(A \cup B)=1/2$ 일 때, $P(A \cap B)$의 값은 얼마인가?

10. 한 주사위를 여섯 번 던져 그 중에서 1의 눈이 두 번만 연속으로 나올 확률은 얼마인가?

11. 1, 2, 3, 4, 5, 6, 7이란 번호를 매긴 7개의 공이 들어있는 주머니에서 4개를 꺼냈을 때 그 중에 2, 4, 6의 번호를 가진 공이 들어있을 확률을 구하라.

12. $P(A)=0.9$, $P(A\cap B)=0.6$일 때, $P(B|A)$는 얼마인가?

13. 1, 2, 3 번호를 붙인 3개의 상자가 있고 그 각각에는 아래의 표와 같이 붉은 공, 흰 공, 푸른 공이 들어있다. 임의로 1개의 상자를 선택하고 그 상자로부터 1개의 공을 뽑는 실험을 행할 때 그 실험에서 뽑은 공이 붉은 공이었다고 하면 그 공이 제 2의 상자로부터 나왔을 확률은 얼마인가?

상자/공	붉은 공	흰 공	푸른 공	계
1	3	4	1	8
2	1	2	3	6
3	4	3	2	9

14. 한 개의 주사위와 한 개의 동전을 던졌다. A를 동전의 표면이 나오는 사건, B를 주사위 6이 나오는 사건으로 정의할 때 $P(B|A)$의 값을 구하라.

15. 주사위 한 개를 두 번 던져 적어도 한 번은 5가 나올 확률은 얼마인가?

16. 흰 공 10개, 붉은 공 4개, 검은 공 2개가 들어 있는 주머니에서 2개를 꺼낼 때, 적어도 하나는 흰 공일 확률은 얼마인가?

17. 다음과 같은 사망 원인 통계가 있다고 할 때 담배를 피우던 어떤 사람의 사망 원인이 암 질환이었을 확률은 얼마인가?

	암 질환	암 이외의 질환	합계
담배 피우는 사람	360	200	560
피우지 않는 사람	290	150	440
합계	650	350	1000

18. 2개의 주사위를 던질 때 합이 적어도 4일 때 많아야 5가 될 확률은 얼마인가?

19. A, B, C 세 사람의 판매원이 판매에 성공할 확률은 각각 $\frac{5}{8}, \frac{3}{8}, \frac{1}{3}$이라 할 때 꼭 한 사람이 판매에 성공할 확률은?

20. 2개의 수사위를 던질 때 눈의 합이 3이하일 확률은 얼마인가?

21. 자동차 공장이 상하이에 위치할 확률이 0.7, 베이징에 위치할 확률이 0.4, 그리고 양쪽에 위치할 확률이 0.8이다. 그 공장이 다음과 같이 위치할 확률은 얼마인가?

1) 두 도시 양쪽에 모두 위치할 확률

2) 두 도시 어느쪽에도 위치하지 않을 확률

22. 어떤 지방에서는 과거의 경험으로 보아 나이가 40세보다 많은 성인이 암을 가지고 있을 확률이 0.05라고 알려져 있다. 의사가 암환자를 옳게 진단할 확률이 0.78이고 암환자가 아닌 사람을 환자로 오진할 확률이 0.06이다.

1) 어떤 사람이 암환자로 진단될 확률은 얼마인가?

2) 암환자라고 진단받은 사람이 실제로 병에 걸렸을 확률은?

23. 어느 제조업체에서는 제품개발 시 세 가지 분석법을 적용하고 있는 데, 비용의 문제로 분석법 1, 2, 3을 제품의 30%, 20%, 50%에 각각 적용하고 있다. 세 가지 방법에 따라 불량률은 다음과 같이 각각 다른 것으로 알려졌다.

$$P(D|P_1) = 0.01,\ P(D|P_2) = 0.03,$$

$$P(D|P_3) = 0.02$$

여기에서 $P(D|P_j)$는 분석법 j였을 때 불량품일 확률을 나타낸다. 한 제품을 임의로 선택한 수 검사한 결과 불량이었다면, 어느 분석법을 사용했을 가능성이 가장 많은가?

24. 다음 함수들이 이산형 확률변수 X의 확률분포가 될 수 있도록 c를 구하라.

1) $f(x)=c(x^2+4),\ x=0,1,2,3$

2) $f(x)=c\binom{2}{x}\binom{3}{3-x},\ x=0,1,2$

25. 하나의 주사위를 한 번 던졌을 때 발생하는 결과를 나타내는 확률변수 X의 확률분포의 식을 구하라.

26. 선적되는 7대의 TV중 2대가 결함이 있다고 한다. 한 호텔에서 이들 중 3대를 임의로 구입하기로 했다. 만약 X를 호텔에서 구입한 결함이 있는 TV의 수라 했을 때 확률변수 X의 확률분포를 구하라. 또 그 결과를 확률 히스토그램으로 나타내어라.

27. $x=1$에서 $x=3$사이의 값을 가지게 되는 연속형 확률변수 X의 확률밀도함수는 $f(x)=\frac{1}{2}$라고 한다. 다음을 구하라.

1) 곡선 아래의 면적이 1이 됨을 보여라.

2) $P(2<X<2.5)$

28. $x=2$에서 $x=5$ 사이의 값을 가지게 되는 연속형 확률변수 X의 확률밀도 함수가 $f(x)=2(1+x)/27$이라 할 때 다음을 구하라.

1) $P(X<4)$

2) $P(3\le X<4)$

29. 연습문제 27에서 $F(x)$를 구하고, 이를 이용하여 $P(2<X<2.5)$를 계산하라.

30. 연습문제 28에서 $F(x)$를 구하고, 이를 이용하여 $P(3\le X<4)$를 계산하라.

31. DVD 플레이어의 어느 중요한 부품의 수명은 다음의 밀도함수를 따른다고 한다.

$$f(x)=\begin{cases}\frac{1}{2000}exp\left(\frac{-x}{2000}\right), & x\ge 0\\ 0, & x<0\end{cases}$$

1) $F(x)$를 구하라.

2) 부품의 수명이 1000시간 이상일 확률을 구하라.

3) 부품의 2000시간 이전에 고장 날 확률을 구하라.

32. 어느 우편주문판매에 응하는 비율 X의 확률밀도함수가 다음과 같을 때 X의 기댓값을 구하라.

$$f(x)=\begin{cases}\dfrac{2(x+2)}{5}, & 0<x<1\\ 0, & \text{다른곳에서}\end{cases}$$

33. 한 가정에서 연간 진공청소기를 사용하는 시간(단위 : 100시간) X는 다음과 같은 확률밀도함수를 가진다고 한다. 진공청소기의 연간 평균사용시간을 구하라.

$$f(x)=\begin{cases}x, & 0<x<1\\ 2-x, & 1\le x<2\\ 0, & \text{다른곳에서}\end{cases}$$

34. 어느 공항에서 비행기의 이륙대기시간 (단위 : 분) 은 확률변수 $Y=3X-2$이고, 여기에서 X의 밀도함수는 다음과 같다고 한다.

$$f(x)=\begin{cases}\dfrac{1}{4}e^{-x/4}, & x>0\\ 0, & \text{다른곳에서}\end{cases}$$

확률변수 Y의 평균과 분산을 구하라.

35. 확률변수 X의 분포가 다음과 같다고 하자.

x	-3	6	9
$f(x)$	1/6	1/2	1/3

$E(X)$와 $E(X^2)$을 구한 후, 이 값을 이용하여 $E[(2X+1)^2]$을 계산하라.

36. $E[(X-1)^2]=10, E[(X-2)^2]=6$일 때, 확률변수 X의 μ와 σ^2을 구하라.

37. 확률변수 X의 확률밀도함수가 다음과 같을 때 $g(X)=2X+5$의 기댓값과 분산을 구하여라.

$$f(x,y)=\begin{cases}2x, & 0<x<1\\ 0, & \text{그밖에서}\end{cases}$$

38. 확률변수 X의 확률분포가 다음과 같다. $g(X)=3X+2$의 기댓값과 분산을 구하여라.

x	1	2	3	4	합계
$f(x)$	0.2	0.3	0.4	0.1	1.0

39. 두 개의 주사위를 던지는 시행에서 X를 두 눈의 합을 나타내는 변수라 할 때 $E(X)$는?

40. 확률밀도함수가

$$f(x)=\begin{cases}6x(1-x), & 0\le x\le 1\\ 0, & \text{기타}\end{cases}$$

일 때, 평균과 분산은?

Memo

4 확률 분포

통계적 실험 또는 조사의 결과는 양적일 수도 있고 질적일 수도 있다. 예를 들어 대학생의 체중이나 키를 측정할 때에는 그 결과가 양적이고, 혈액형을 조사할 때는 그 결과가 O, A, B, AB와 같이 질적이다. 실험의 결과가 양적이든 질적이든 통계분석 방법은 자료의 수리적인 측면에 초점을 맞춘다. 확률변수는 실험결과를 수리적 함수에 대응시켜 통계분석을 가능하게 하는 도구이다. 이산확률변수와 연속확률변수의 두 가지 다른 확률변수가 있다.

4-1 균등분포

4.1.1 이산형 균등분포

모든 이산형 확률분포 중에서 가장 간단한 것은 확률변수가 취할 수 있는 각 값들이 모두 같은 확률을 가지는 경우이다. 이러한 확률분포를 이산형 균등분포(discrete uniform distribution)이라 한다.

확률변수 X가 x_1, ..., x_n의 각 값을 취할 확률이 동일하다면, 이산형 균일분포는

$$f(x) = \frac{1}{n},\ x = x_1, \ldots, x_n$$

로 주어진다.

예제 4-1

40와트, 60와트, 75와트, 100와트, 120와트의 전구가 들어 있는 상자에서 임의로 하나의 전구를 꺼낼 때, 표본공간 $S=\{40, 60, 75, 100, 120\}$는 1/5의 발생확률을 가진다. 따라서, X의 확률분포를 구하여라.

풀이 $f(x)=\frac{1}{5},\ x=40, 60, 75, 100, 120$

인 균등분포이다.

■

예제 4-2

하나의 주사위를 던지는 실험에서 표본공간 $S=\{1, 2, 3, 4, 5, 6\}$의 각원소의 발생확률은 1/6으로 같다. X의 확률분포를 구하여라.

풀이 $f(x)=\frac{1}{6},\ x=\{1,\ 2,\ 3,\ 4,\ 5,\ 6\}$

인 균등분포이다.

■

히스토그램으로 균등분포를 나타내면 같은 높이를 가지는 직사각형들의 집합이 된다. 이산형 균등분포의 평균과 분산은

$$\mu=E(X)=\sum_{x=1}^{n} xf(x)=\sum_{x=1}^{n} x\frac{1}{n}=\frac{1}{n}\frac{n(n+1)}{2}=\frac{n+1}{2}$$

$$E(X^2)=\sum_{x=1}^{n} x^2 f(x)=\sum_{x=1}^{n} x^2\frac{1}{n}=\frac{1}{n}\frac{n(n+1)(2n+1)}{6}=\frac{(n+1)(2n+1)}{6}$$

$$\sigma^2=V(X)=E(X^2)-(E(X))^2=\frac{(n+1)(2n+1)}{6}-\left(\frac{n+1}{2}\right)^2=\frac{n^2-1}{12}$$

예제 4-3

예제 4.2에서 X의 평균과 분산을 구하여라.

풀이 $\mu = \dfrac{1+2+3+4+5+6}{6} = 3.5$이고

$$\sigma^2 = \frac{1}{6}[(1-3.5)^2 + \ldots + (6-3.5)^2] = 2.92$$

임을 알 수 있다. ■

4.1.2 연속형 균등분포

구간 $[a, b]$에서 정의되는 연속형 균등확률변수 X의 확률밀도함수는 다음과 같다.

$$f(x) = \begin{cases} \dfrac{1}{b-a}, & a \le x \le b \\ 0, & \text{다른곳에서} \end{cases}$$

확률밀도함수의 모습을 보면 밑변이 $b-a$이고, 높이는 $1/(b-a)$로 일정한 직사각형이다. 그래서 균등분포를 직사각형 분포(rectangular distribution)라고도 한다.

예제 4-4

어느 회사의 대형회의실은 4시간을 초과하여 사용할 수 없다. 그런데 회의실에서는 긴 회의와 짧은 회의가 열리며, 회의시간 X는 구간 [0, 4]에서 정의되는 균일분포로 가정할 수 있다.

(1) 확률밀도함수를 구하여라.

(2) 어떤 회의가 최소한 3시간 이상 계속될 확률은 얼마인가?

풀이 (1) 확률밀도함수는 다음과 같이 주어진다.

$$f(x) = \begin{cases} \dfrac{1}{4}, & 0 \le x \le 4 \\ 0, & \text{다른곳에서} \end{cases}$$

(2) $P(X \ge 3) = \displaystyle\int_3^4 \frac{1}{4} dx = \frac{1}{4}$ ■

균일분포의 평균과 분산은 다음과 같다.

$$\mu = \frac{a+b}{2},\ \sigma^2 = \frac{(b-a)^2}{12}$$

4-2 이항분포와 다항분포

4.2.1 이항분포

x번 성공과 $n-x$번의 실패가 일어난 어떤 특정한 배열의 발생확률에 대해서 생각해 보자. 각 시행이 독립이므로 그 확률은 각 시행의 결과들의 확률의 곱으로 나타낼 수 있다. 각 시행에서 성공확률은 p이고 실패확률은 $q=1-p$이므로, 그 특정배열의 발생확률은 $p^x q^{n-x}$이 된다. 이제 이 실험에서 x번의 성공과 $n-x$번의 실패를 포함하고 있는 표본점의 총 수를 결정해야 한다. 이 수는 n개의 결과를 한 그룹에는 x개, 또 다른 한 그룹에는 $n-x$개로 분할하는 경우의 수와 같게 되므로 $\binom{n}{x}$가 된다. 이러한 분할은 서로 배반적이기 때문에 모든 분할들의 확률을 합하거나 혹은 간단히 $p^x q^{n-x}$에 $\binom{n}{x}$를 곱하여 일반적인 공식을 얻게 된다. 성공확률이 p, 실패확률이 $q=1-p$인 베르누이 시행의 n회 독립시행에서 성공의 횟수를 나타내는 이항확률변수 X의 확률분포는

$$f(X=x)=\binom{n}{x}p^x q^{n-x},\ x=0,1,2,...,n$$

으로 주어진다.

예제 4-5

어떤 종류의 제품이 충격실험에서 충격을 견딜 확률이 3/4이다. 4개의 제품에 대해 실험했을 때 정확하게 3개가 충격을 견딜 확률은 구하여라.

풀이 $$f(X=3)=\binom{4}{3}\left(\frac{3}{4}\right)^3\left(\frac{1}{4}\right)^1=\frac{27}{64}$$

■

예제 4-6

어느 대형 백화점이 전자장비를 제조업자로부터 납품받으려고 한다. 제조업자는 이 장비의 불량률이 2%라고 밝히고 있다.

(1) 납품된 제품 중 20개를 임의로 선택했을 때, 이 20개 중 적어도 한 대의 불량품이 있을 확률은 얼마인가?

(2) 한 달에 10번의 납품을 받고, 납품시 마다 20개의 장비를 검사한다고 하자. 적어도 한 대의 불량품이 포함된 납품이 2번 있을 확률은 얼마인가?

풀이 (1) $P(X \geq 1) = 1 - P(X=0) = 1 - 0.02^0(1-0.02)^{20-0} = 0.3324$

(2) $P(Y=2) = \binom{10}{2}0.3324^2(1-0.3324)^8 = 0.1963$

■

이항분포 $B(n, p)$의 평균과 분산은 다음과 같다.

$$\mu = np, \quad \sigma^2 = npq$$

예제 4-7

새 자동차를 사는 사람들의 70%가 자동 변속 장치를 선택한다. 새 자동차를 사는 열 명이 있는 그룹에서, 자동변속 장치를 선택하는 사람의 수의 평균값과 표준편차를 구하여라.

풀이 $\mu = np = 10(0.7) = 7,\ \sigma = \sqrt{np(1-p)} = \sqrt{10(0.7)(0.3)} \approx \sqrt{2.1}$

■

4.2.2 다항분포

각 실험의 실현치가 k개 범주 중의 하나이며, 각 범주가 나타날 확률이 $p_1, p_2, \cdots, p_k$인 확률실험에서 실험을 n번 반복했을 때 각 범주의 관측치를 확률변수 $X_1, X_2, \cdots, X_k$로 표현하며, $X_1 = x_1, X_2 = x_2, \cdots, X_k = x_k$가 관측될 확률을 측정하는 분포를 다항분포라고하며 확률은

$$P(X_1 = x_1, X_2 = x_2, \cdots, X_k = x_k) = \frac{n!}{x_1!\,x_2!\cdots x_k!} \cdot p_1^{x_1} \cdot p_2^{x_2} \cdots \cdot p_k^{x_k}$$

이다. 여기에서 $n = \sum_{i=1}^{k} x_i$이며, $p_1 + p_2 + \cdots + p_k = 1$이다.

예제 4-8

한 실험의 결과는 1, 2, 3, 4로 표현되는 4가지 속성 중 하나로 나타나며 각각의 속성이 나타날 확률이 순서대로 $\frac{1}{10}, \frac{2}{10}, \frac{3}{10}, \frac{4}{10}$이라고 한다. 이 실험에서 관측한 20개의 값에 있어서 각 속성의 관측치가 1, 4, 7, 8일 확률을 구하여라.

풀이 X_1, X_2, X_3, X_4를 각각의 속성이 관측된 수를 의미하는 확률변수라고 할 때, 각각의 속성이 나타날 확률이 $\frac{1}{10}, \frac{2}{10}, \frac{3}{10}, \frac{4}{10}$이므로,

$$P(X_1 = 1, X_2 = 4, X_3 = 7, X_4 = 8) = \frac{20!}{1!\,4!\,7!\,8!}\left(\frac{1}{10}\right)^1\left(\frac{2}{10}\right)^4\left(\frac{3}{10}\right)^7\left(\frac{4}{10}\right)^8$$

■

예제 4-9

어느 공항의 항공기 이착륙 상황에 대한 이상적인 조건을 알아보기 위해 컴퓨터 시뮬레이션이 수행되었다. 3개의 활주로가 있는 이 공항에서 각 활주로가 사용될 확률은 다음과 같이 알려져 있다.

활주로 1 ; $p_1 = 2/9$, 활주로 2 ; $p_2 = 1/6$, 활주로 3 ; $p_3 = 11/18$

임의로 도착하는 6대의 비행기가 다음과 같이 활주로에 도착할 확률은 얼마인가?

활주로 1 : 3대, 활주로 2 : 1대, 활주로 3 : 2대

풀이 $$f(2,1,3) = \left(\frac{6!}{3,\ 1,\ 2!}\right)\left(\frac{2}{9}\right)^3\left(\frac{1}{6}\right)^1\left(\frac{11}{18}\right)^2 = 0.0737$$

■

4-3 초기하 분포

4.3.1 초기하 분포

N개의 원 가운데 A에 속하는 것이 k개일 때 여기서 n개를 비복원 추출하여 A에 속하는 것이 x개 나올 확률은 다음과 같다.

$$P(X=x)=\frac{{}_{k}C_{x}\cdot{}_{N-k}C_{n-x}}{{}_{N}C_{n}}$$

예제 4-10

만약 세 명의 관리자와 여섯 명의 고용자들로 구성된 그룹에서 두 명의 위원회를 무작위로 뽑는다면, 그 위원회가 정확히 한 명의 관리자와 한 명의 고용자로 이루어질 확률은 얼마인가?

풀이 실제 확률은

$$\frac{\binom{3}{1}\binom{6}{1}}{\binom{9}{2}}=\frac{18}{36}=.5$$

■

예제 4-11

40개의 부품들로 구성된 한 로트에 불량품이 3개 들어있으며 그 로트에서 임의로 5개의 부품을 취할 때 정확히 1개의 불량품이 발견될 확률은 얼마인가?

풀이 $n=5,\ N=40,\ k=3$이고, $x=1$인 초기하 분포를 이용하면, 구하고자 하는 확률은

$$f(X=1)=\frac{\binom{3}{1}\binom{37}{4}}{\binom{40}{5}}=0.3011$$

이다.

■

4.3.2 평균과 분산

N개 가운데 A에 속하는 것이 k개 있을 때, 여기서 동시에 n개 추출할 경우 A에 속하는 것의 개수를 확률 변수 X로 나타내면 X의 평균 μ와 X의 분산 σ^2은 다음과 같다.

$$\mu = \frac{nk}{N},\ \sigma^2 = \frac{N-n}{N-1} \cdot n \cdot \frac{k}{N}(1-\frac{k}{N})$$

예제 4-12

40개의 공 가운데 흰 공이 3개 들어 있다. 이 안에서 임의로 5개를 꺼낸다. 나온 흰 공의 수효를 X라 할 때 X의 평균과 분산을 구하여라.

풀이

$$\mu = \frac{nR}{N} = \frac{(5)(3)}{40} = 0.375$$

$$\sigma^2 = (\frac{40-5}{39})(5)(\frac{3}{40})(1-\frac{3}{40}) = 0.3113$$

■

4-4 포아송 분포

4.4.1 포아송 분포

확률 변수 X의 확률 분포가

$$P(X=x) = \frac{e^{-\lambda}\lambda^x}{x!},\ (x=0,1,2...)$$

일 때 X는 포아송 분포를 한다고 한다. 단, λ은 평균이다.

포아송 분포는 이항 분포에서 p가 충분히 작은 경우 시행 회수 n을 한 없이 크게 할 때의 극한 분포로서 퍽 드물게 발생하는 사상이고 많은 조사 대상에서 몇 개가 발생할 확률을 구하는 경우에 이항 분포에 의한 계산이 복잡하므로 이런 경우에 포아송 분포를 적용시킨다.

예제 4-13

어떤 은행에서는 오전 11시부터 12시 사이에 평균 60명의 손님이 방문하고 있다. 따라서 1분간 평균 1명씩 도착한다고 볼 수 있다. 그러므로 $\lambda = 1$이다.

(1) 오전 11시부터 12시 사이의 어느 1분 동안 두 손님이 도착할 확률은 얼마인가?

(2) 어느 1분 동안에 3명 이하의 손님이 도착할 확률을 계산하여라.

풀이

(1) $P(X=2) = \dfrac{e^{-1}(1)^2}{2!} = \dfrac{1}{2e}$

e는 약 2.7183이므로

$$P(X=2) = \frac{1}{2(2.7183)} = 0.183$$

(2)
$$\begin{aligned} P(X \le 2) &= P(X=0) + P(X=1) + P(X=2) + P(X=3) \\ &= \frac{e^{-1}(1)^0}{0!} + \frac{e^{-1}(1)^1}{1!} + \frac{e^{-1}(1)^2}{2!} + \frac{e^{-1}(1)^3}{3!} \\ &= 0.3679 + 0.3679 + 0.1829 + 0.0613 \\ &= 0.98 \end{aligned}$$

이 된다.

■

4.4.2 평균과 분산

포아송 분포

$$P(X=x) = \frac{e^{-\lambda}\lambda^x}{x!}$$

의 평균과 분산은 다음과 같다. 단, $\lambda = np$이다.

$$E(X) = \lambda,\ V(X) = \lambda$$

예제 4-14

어느 회사에 오전 9시부터 11시 사이에 1분당 평균 0.4회의 전화가 걸려온다고 하며, 전화가 걸려오는 횟수가 포아송분포의 특성을 갖는다고 하면, 1분에 2회의 전화가 걸려올 확률은 얼마인가?

풀이 $P(X=2)=\dfrac{e^{-0.4}(0.4)^2}{2!}=0.0536$

즉, 약 5%의 확률을 갖는다.

예제 4-15

새벽 1시와 3시 사이 서울 강남구에서 일어나는 범죄는 1시간당 평균0.2건이다. 범죄발생수의 분포가 포아송분포를 따른다면, 오늘 새벽 1시와 2시 사이에 범죄발생이 전혀 없을 확률은 얼마인가?

풀이 $P(X=0)=\dfrac{e^{-0.2}(0.2)^0}{0!}=0.8187$

즉, 범죄가 없을 가능성은 0.8187이다.

예제 4-16

어느 건설현장에서는 사고가 종종 발생하는데, 어느 날 사고가 일어날 확률은 0.005이고, 사고들은 서로 독립적이라고 알려져 있다.

(1) 400일 동안 사고가 한 건 발생할 확률을 구하라.

(2) 사고일이 많아야 3일일 확률을 구하라.

풀이 X를 $n=400$이고 $p=0.005$인 이항확률변수라고 하자, 그러면 $np=2$이고, 포아송 근사를 이용하면

(1) $P(X=1)=e^{-2}2^1=0.271$

(2) $P(X\le 3)=\sum_{x=0}^{3}e^{-2}2^x/x=0.857$

4-5 음이항분포와 기하분포

4.5.1 음이항분포

독립적인 반복시행에서 성공확률이 p, 실패확률이 q라 하면, k번째 성공이 일어날 때까지의 시행횟수인 확률변수 X라 하면, 확률변수 X의 확률분포는

$$f(X=k) = \binom{x-1}{k-1} p^k q^{x-k} = \binom{x-1}{k-1} p^k q^{x-k} p,\ x = k, k+1, k+2 \cdots$$

이다.

예제 4-17

NBA 결승전은 7선4선승제로 벌어진다. 결승전에서 만난 두 팀 A와 B의 한 경기에서 A팀이 B팀을 이길 확률이 0.55라고 하자.

(1) A팀이 6게임 째에서 우승할 확률은 얼마인가?

(2) A팀이 우승할 확률은 얼마인가?

(3) 이 두팀이 5전3선승제인 플레이오프에서 만났다면 A팀이 플레이오프에서 우승할 확률은 얼마인가?

풀이 (1) $f(X=4) = \binom{5}{3}(0.55)^3(1-0.55)^{5-3} \cdot 0.55$

$= \binom{5}{3}(0.55)^4(1-0.55)^2 = 0.1853$

(2) P(A팀이 NBA 우승)

$= f(x=4) + f(x=5) + f(x=6) + f(x=7)$

$= {}_4C_4 0.55^4 + {}_5C_3 0.55^3 0.45^1 \cdot 0.55 + {}_6C_3 0.55^3 0.45^2 \cdot 0.55$

$+ {}_6C_3 0.55^3 0.45^3 \cdot 0.55$

$= 0.0915 + 0.1647 + 0.1853 + 0.1668 = 0.6083$

(3) P(A팀이 플레이오프로 우승)

$= f(x=3) + f(x=4) + f(x=5)$

$= {}_3C_3(0.55)^3 + {}_3C_2(0.55)^2(0.45)^1 0.55 + {}_4C_2(0.55)^2(0.45)^2 0.55$

$= 0.1664 + 0.2246 + 0.2021 = 0.5931$

■

예제 4-18

어떤 사람이 동전 3개를 던지는데 5번째에 두 번째로 모두 앞면이거나 뒷면이 나올 확률을 구하여라.

풀이 음이항분포를 이용하면 $x=5, k=2$ 그리고 $p=1/4$이다. 따라서

$$f(x=2)=\binom{4}{1}\left(\frac{1}{4}\right)^1\left(\frac{3}{4}\right)^3\left(\frac{1}{4}\right)=\binom{4}{1}\left(\frac{1}{4}\right)^2\left(\frac{3}{4}\right)^3=\frac{4!}{1!3!}\frac{3^3}{4^5}=\frac{27}{256}$$

이다.

4.5.2 기하분포

독립적인 반복시행에서 성공확률이 p, 실패확률이 $q=1-p$라 할 때, 첫 번째 성공이 일어날 때까지의 시행횟수인 확률변수 X의 확률분포는

$$f(X=x)=pq^{x-1}, x=1,2,3,\ldots$$

으로 주어진다.

예제 4-19

어떤 제조공정에서 100개의 제품마다 평균적으로 한 개의 불량품이 들어 있다고 알려져 있다. 제품을 하나씩 검사할 때 첫 번째 불량품이 일곱 번째 검사에서 발견될 확률은?

풀이 $f(x=7)=(0.01)(0.99)^6=0.0094$

예제 4-20

전화통화가 폭주하는 시간대에 한 번의 시도로 상대방과 통화할 수 있는 가능성은 p=0.05라고 할 때, 네 번째 시도에서 상대방과 통화할 수 있는 확률을 구하라.

풀이 $f(X=x)=(0.05)(0.95)^3=0.0429$

기하분포의 활용 시 중요한 의미를 가지는 기하분포의 평균과 분산을 증명 없이 결과만을 보기로 한다.

기하분포를 따르는 확률변수의 평균과 분산은 각각 다음과 같다.

$$\mu = \frac{1}{p},\ \sigma^2 = \frac{1-p}{p^2}$$

4-6 정규분포

4.6.1 정규분포

정규분포(normal distribution)는 통계 응용에서 가장 많이 이용되는 확률분포이다. 측정오차, 또는 제품의 무게, 다양한 척도와 경제지표 그리고 다양한 연구분야에서 얻어지는 자료들의 확률분포가 정규분포를 한다고 알려진 것이 매우 많다. 심지어 이산형 분포인 경우에도 정규곡선에 의해 뛰어난 근사를 나타내고, 게다가 정규분포를 하지 않는 확률변수들도 변수들의 합과 변환에 의하여 적절한 조건 아래서 근사적인 정규분포를 하기 때문에 정규분포는 특히 통계적 추론의 중추적 역할을 하고 있다. 정규분포의 확률밀도함수는 다음과 같으며 그 그래프는 종모양의 곡선으로 되며 이를 정규곡선(normal curve)이라고 한다.

확률변수 X의 확률밀도함수가

$$f(x) = \frac{1}{\sqrt{2\pi}\,\sigma} e^{-\frac{(x-\mu)^2}{2\sigma^2}},\ -\infty < x < \infty$$

로 주어질 때, X는 정규분포에 따른다고 하며, $X \sim N(\mu, \sigma^2)$으로 나타내기도 한다.

정규곡선은 다음 그림과 같으며, 이 곡선의 특징은 $x = \mu$에 대하여 대칭이고 μ의 표준편차 σ는 평균 μ에서 곡선의 변곡점까지의 거리가 된다.

정규분포는 평균 μ, 분산 σ^2만 주어지면 결정되며 σ^2에 의하여 곡선의 모양이 결정되고, μ에 의하여 곡선의 중심의 위치가 결정된다. 다음 그림은 같은 표준편차를 갖고, 평균이 다른 두 곡선을 그린 결과이다.

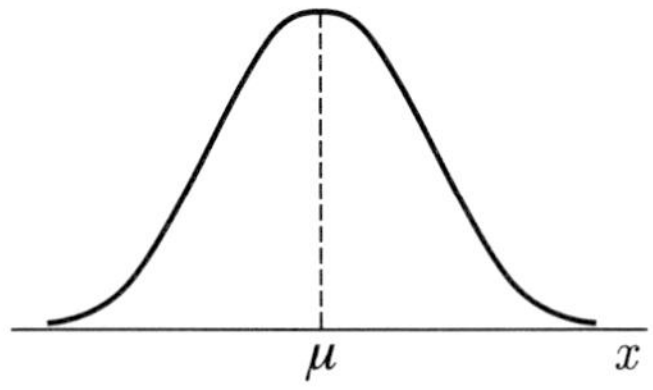

[그림 4.1] 정규분포 확률밀도 함수

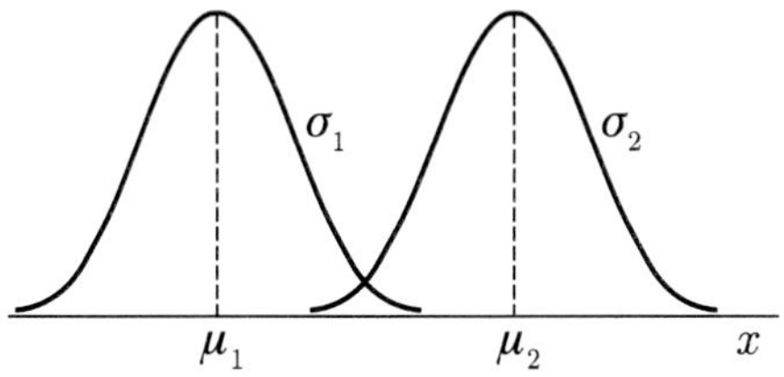

[그림 4.2] 분산은 같고 평균이 다른 정규분포의 확률밀도함수비교

다음 그림은 평균은 같으나 표준편차가 다른 두 개의 정규곡선을 그린 결과이다. 두 곡선의 중심의 위치는 동일점이고, 표준편차가 크면 낮고 넓게 퍼져 있으며 표준편차가 작으면 높고 좁게 퍼져 있다. 두 곡선의 넓이는 1이다.

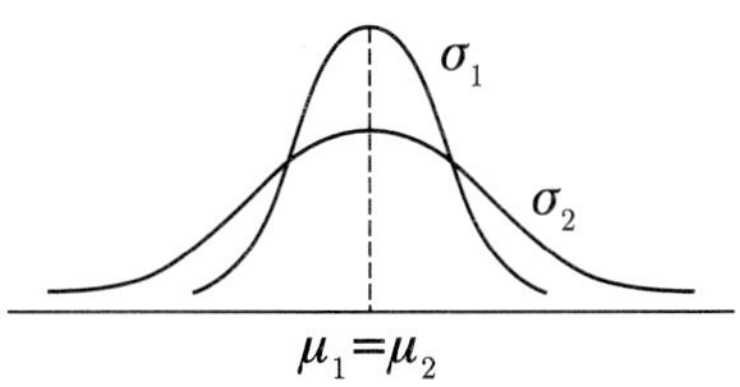

[그림 4.3] 평균은 같고 분산이 다른 정규분포의 확률밀도 함수 비교

다음 그림은 서로 다른 평균과 표준편차를 갖는 두 정규곡선을 그린 결과이다. 곡선은 평균이 크면 중심의 위치가 오른쪽으로, 분산이 크면 폭이 넓지만, 넓이는 항상 1이다.

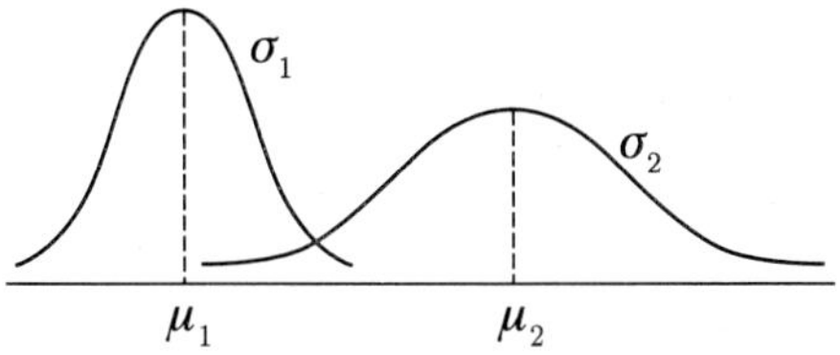

[그림 4.4] 평균도 다르고 분산도 다른 정규분포의 확률밀도 함수 비교

이제 정규분포에서 확률을 구하는 문제를 생각하자. 예로서, 어떤 기계에서 생산된 제품의 무게는 60kg, 분산이 9kg인 정규분포를 한다고 하자. 여기에서 제품의 무게가 54kg부터 64.5kg 사이에 속할 확률을 구하려면 μ=60, σ^2=9인 정규분포 확률밀도함수는 다음과 같다.

$$f(x) = \frac{1}{\sqrt{2\pi}\,3} e^{-\frac{(x-60)^2}{2(9)}}, -\infty < x < \infty$$

를 이용해서

$$P(54 < X < 64.5) = \int_{54}^{64.5} \frac{1}{\sqrt{2\pi}\,3} e^{-\frac{(x-60)^2}{2(9)}} dx$$

를 계산해야 하는데 이 계산은 보통 번거로운 일이 아니다. 그러므로 정규분포에서의 확률계산을 편리하게 하기 위해서 평균이 0이고, 분산이 1인 표준정규분포를 유도한다.

$X \sim N(\mu, \sigma^2)$에서 $Z = \frac{X-\mu}{\sigma}$라 하면

$$E(Z) = E[\frac{X-\mu}{\sigma}] = \frac{1}{\sigma}(0) = 0, \quad V(Z) = V[\frac{X-\mu}{\sigma}] = \frac{1}{\sigma^2}(\sigma^2) = 1$$

이므로, $Z = \frac{X-\mu}{\sigma}$의 평균은 0이고 분산은 1이다.

4.6.2 표준정규분포

$X \sim N(\mu, \sigma^2)$일 때 $Z = \frac{X-\mu}{\sigma}$로 정의하면 $Z \sim N(0,1)$이다.

$$\phi(z) = \frac{1}{\sqrt{2\pi}} e^{-\frac{z^2}{2}}, -\infty < x < \infty$$

이다. 확률변수 Z는 표준정규분포(standard normal distribution)를 한다고 하며 $Z \sim N(0,1)$로 표시한다.

앞의 제품의 무게에 관한 예에서 확률 $P(54 < X < 64.5)$를 계산하는 것을 다시 논의 하자.

$$Z = \frac{X-\mu}{\sigma} = \frac{X-60}{3}$$

이라하면

$$P(54 < X < 64.5) = P(\frac{54-60}{3} < \frac{X-60}{3} < \frac{64.5-60}{3})$$
$$= P(-2 < Z < 1.5)$$
$$= \int_{-2}^{1.5} \frac{1}{\sqrt{2\pi}} e^{-\frac{z^2}{2}} dz$$

와 같이 평균 μ와 분산 σ^2에 아무런 관련이 없는 식이 되어 다루기에 간편하게 되었다 .그러므로 위에서 $\int_{-2}^{1.5} \frac{1}{\sqrt{2\pi}} e^{-\frac{z^2}{2}} dz$을 일일이 계산하여야 하는 번거로움을 없애기 위해서 여러 가지 z값에 대한 $P(Z \le z) = \Phi(z) = \int_{-\infty}^{z} \frac{1}{\sqrt{2\pi}} e^{-\frac{z^2}{2}} dz$를 계산한 표준 정규분포표가 있다.

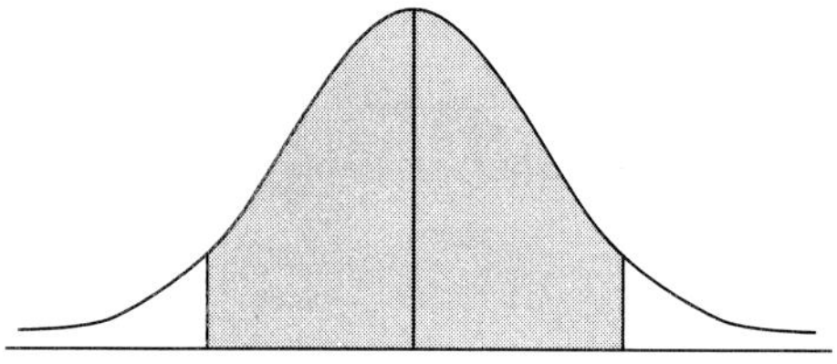

[그림 4.5] $P(-2 \le Z \le 1.5)$의 계산

$$P(-2 < Z < 1.5) = P(Z \le 1.5) - P(Z \le -2) = 0.9332 - 0.0228 = 0.9104$$

예제 4-21

$X \sim N(50, 10^2)$인 정규분포에서 $P(60 < X < 65)$을 구하여라.

풀이

$$P(60 < X < 65) = P(\frac{60-50}{10} < \frac{X-50}{10} < \frac{65-50}{10})$$
$$= P(1 < Z < 1.5) = 0.0919$$

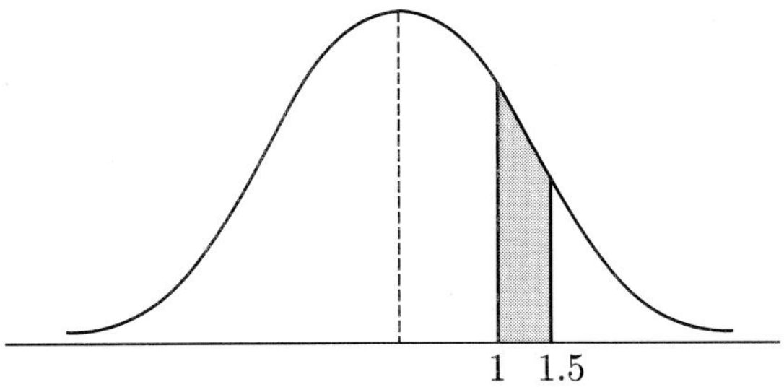

[그림 4.6] $P(1 \le Z \le 1.5)$의 계산

예제 4-22

$X \sim N(300, 50^2)$인 정규분포에서 $P(X \ge 370)$를 구하여라.

풀이 $Z = \dfrac{X-300}{50} \sim N(0,1)$이므로

$$P(X \ge 370) = P\left(\frac{X-300}{50} \ge \frac{370-300}{50}\right) = P(Z \ge 1.4)$$
$$= 1 - P(Z \le 1.4) = 1 - 0.9192 = 0.0808$$

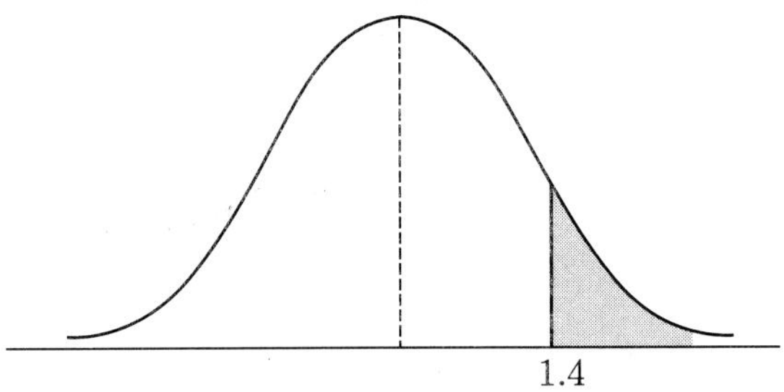

[그림 4.7] $P(Z \ge 1.4)$의 계산

예제 4-23

특정한 브랜드의 백열전구의 수명이 1500시간의 평균값과 75시간의 표준 편차로 정규적으로 분포되어있다.

(1) 백열전구가 1410시간보다 덜 오래 갈 확률은 얼마인가?

(2) 백열전구가 1563과 1648시간 사이의 오래 갈 확률은 얼마인가?

풀이 (1) $Z = \dfrac{X - 1500}{75} \sim N(0,\ 1)$이므로

$$P(\overline{X} \leq 1410) = P\left(Z \leq \frac{1410 - 1500}{75}\right) = P(\leq -1.2) = 0.1151$$

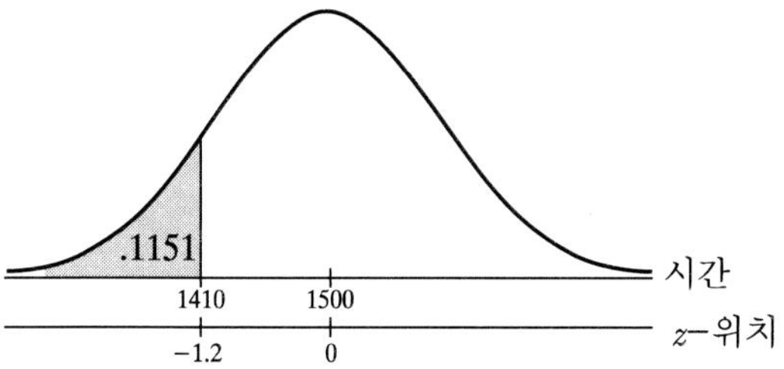

[그림 4.8] $P(Z \leq -1.2)$의 계산

(2) $P(1563 \leq X \leq 1648) = P\left(\dfrac{1563 - 1500}{75} \leq Z \leq \dfrac{1648 - 1500}{75}\right)$

$= P(.84 \leq Z \leq 1.97)$

$= P(Z \leq 1.97) - P(Z \leq .84)$

$= .9756 - .7995 = .1761$

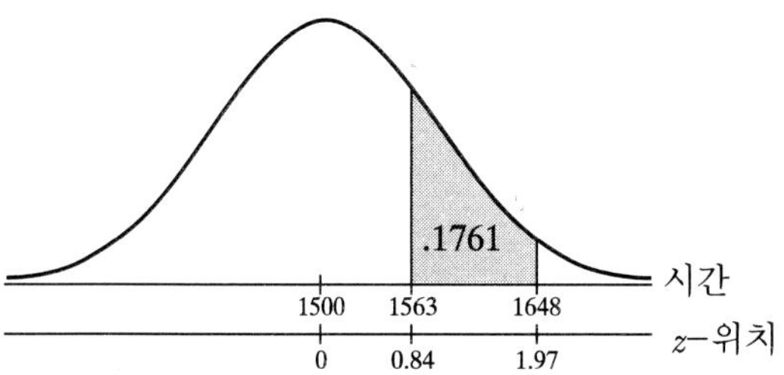

[그림 4.9] $P(0.84 \leq Z \leq 1.7)$의 계산

예제 4-24

포장 기계는 판지 상자를 평균 16.1온스의 시리얼로 채우기 위해 설치되었다. 상자 당 양들이 0.04온스와 같은 표준 편차의 정규 분포를 이룬다고 가정해보자.

(1) 상자의 10%는 몇 온스 이하가 들어있을까?

(2) 몇 온스 이상이 80% 일까?

(3) 상자들의 중간 90%는 온스 얼마 사이에 있을까?

풀이

(1) $P(X < x_0) = 0.1$이므로 $P\left(Z < \dfrac{x_0 - 16.1}{0.04}\right) = 0.1$ 표준정규분포표에서

$\dfrac{x_0 - 16.1}{0.04} = -1.28$

이므로 $x_0 = 16.1 - 1.28 \times 0.04 = 16.049$

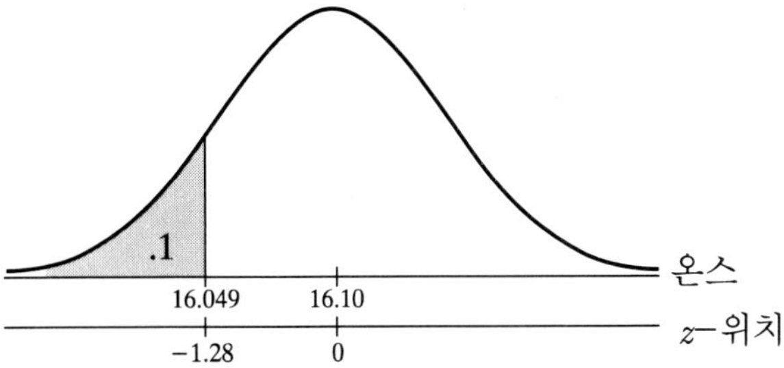

[그림 4.10] $P(Z \leq -1.28)$의 계산

(2) $P(X > x_0) = 0.8$을 의미하므로 $P\left(Z > \dfrac{x_0 - 16.1}{0.04}\right) = 0.8$ 표준정규분포표에 의하여

$\dfrac{x_0 - 16.1}{0.04} = -0.84$. 따라서 $x_0 = 16.1 - 0.84 \times 0.04 = 16$이다.

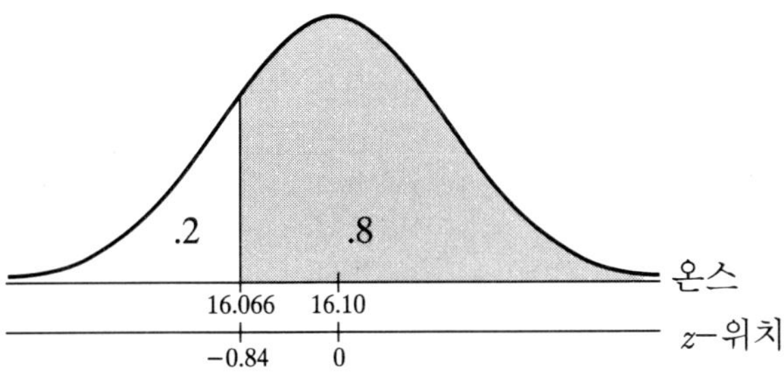

[그림 4.11] $P(Z \geq -0.84)$의 계산

(3) 표준정규분포표에 의하면 $P(-1.65 \leq Z \leq 1.65) = 0.9$이므로

$P\left(-1.65 \leq \dfrac{X - 16.1}{0.04} \leq 1.65\right) = 0.9$이다.

따라서 $16.1 - 1.65 \times 0.04 \leq X \leq 16.1 + 1.65 \times 0.04$ 즉,

$16.034 \leq X \leq 16.166$이다.

4.6.3 이항 분포의 정규 근사화

이항 분포 $P(X=x)={}_nC_xp^xq^{n-x}$에서 p, q의 값이 0.5에 가까운 값이면 충분히 크지 않은 n에 대하여도 이항 분포는 정규 분포에 잘 적합되면 p, q가 약간 작거나 큰 경우에도 n이 충분히 크면 이항 분포는 정규 근사가 가능하다. 그러므로 X가 $B(n,\ p)$ 분포로서 평균이 np, 분산이 npq일 때 정규 분포 $N(np,\ npq)$에 근사한다. 따라서

$$Z=\frac{X-np}{\sqrt{npq}}\text{는 } N(0,1)$$

분포로 근사한다.

예제 4-25

제조 공장에서 나오는 차 중 15가 결점이 있다고 가정하자. 차 40대를 배달할 때 정확히 5대가 결점이 있을 확률은 얼마인가?

풀이 실제 답은 $(\frac{40!}{35!5!})(.15)^5(.85)^{35}$이다. 정규를 이용해 답의 근사치를 구하려면, 먼저 평균값 μ과 표준편차 σ를 다음과 같이 계산해야 한다:

$$\mu=np=40(.15)=6$$

$$\sigma=\sqrt{np(1-p)}=\sqrt{40(.15)(.85)}=2.258$$

$$P(4.5\le X\le 5.5)=P(\frac{4.5-6}{2.258}\le Z\le\frac{5.5-6}{2.258})$$

$$=P(-0.66\le Z\le -0.22)=.1583$$

이다.

예제 4-26

동전을 200회 아무 생각 없이 던져서 표면이 나오는 회수가 100과의 편차가 5 이하일 확률 $P(|X-100|\le 5)$를 구하라.

풀이 X의 분포는 이항분포

$$P(X=x)={}_nC_xp^xq^{n-x}\left(n=200,p=q=\frac{1}{2}\right)$$

이고, $np = 200 \times \frac{1}{2} = 100$이며, 표준 편차는

$$\sqrt{npq} = \sqrt{200 \times \frac{1}{2} \times \frac{1}{2}} = \sqrt{50} \fallingdotseq 7.07$$

이다.

$$P(|X-100| \le 5) = P(100-5 \le X \le 100+5)$$

이 확률을 구하기 위하여 표준화한 변수

$$Z = \frac{X-100}{7.07}$$

$$P(100-5 \le X \le 100+5) = P(-0.7017 \le Z \le 0.7017)$$
$$= 2P(0 \le Z \le 0.7017) = 0.5204$$

이다.

예제 4-27

인구의 60%가 정부의 대규모 예산삭감을 지지한다면, 설문조사 된 250명 중 155이하가 예산삭감을 지지할 확률은 얼마인가?

풀이 실제 답은 이항식 155개를 더한 답이다

$$(.4)^{250} + \dots + \frac{250!}{155!95!}(.6)^{155}(.4)^{95}$$

근사치는 정규를 이용하여 쉽게 얻어질 수 있다. μ와 σ를 계산한다:

$$\mu = np = 250(.6) = 150$$

$$\sigma = \sqrt{np(1-p)} = \sqrt{250(.6)(.4)} = 7.746$$

$$P(X \le 155.5) = P(Z \le 0.71) = 0.7611$$

이다.

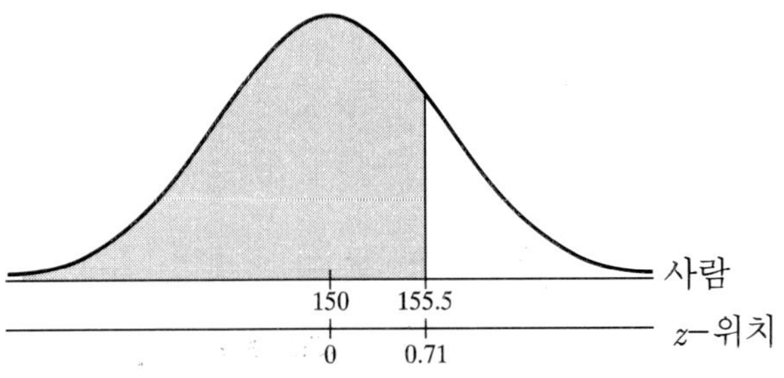

[그림 4.12] $P(Z \le 0.71)$의 계산

4-7 지수분포

공학과 과학분야에서 매우 폭넓게 사용되는 연속분포인 지수분포에 대하여 살펴본다.

확률변수 X의 확률밀도함수 $f(x)$가

$$f(x) = \begin{cases} \lambda e^{-\lambda x}, & x \geq 0, \lambda \geq 0 \\ 0, & x < 0 \end{cases}$$

로 주어질 때, X는 지수분포(exponential distribution)를 한다고 한다.

지수분포는 감마분포의 확률밀도함수에서 $\alpha = 1$이고 $\beta = \dfrac{1}{\lambda}$인 특수한 경우의 분포이다. 따라서 지수분포의 확률밀도함수를 $\dfrac{1}{\beta}e^{-\frac{x}{\beta}}$로 나타내기도 한다.

확률변수 X가 모수 λ를 갖는 지수분포를 따를 때, 평균과 분산은 다음과 같다.

$$\mu = E(X) = \frac{1}{\lambda}, \ \sigma^2 = V(X) = \frac{1}{\lambda^2}$$

위에서 지수분포의 평균과 표준편차는 $\dfrac{1}{\lambda}$로 같다는 것을 알 수 있으며, 아래의 그림에서 상수 λ가 변함에 따라 지수분포의 확률밀도함수의 그래프가 나타나 있다.

확률변수 X가 모수 λ를 갖는 지수분포를 따를 때, X의 누적도수분포함수(cdf)는 다음과 같다.

$$F(x) = \begin{cases} 0, & x < 0 \\ 1 - e^{-\lambda x}, & x \geq 0 \end{cases}$$

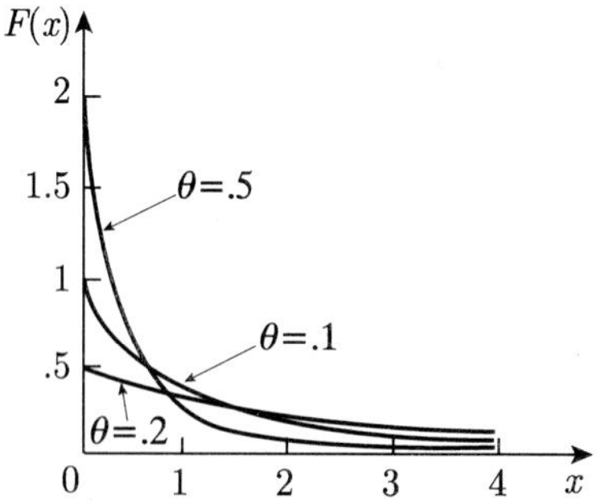

[그림 4.13] 지수분포의 그래프

예제 4-28

어느 가정에서 구입한 A회사의 냉장고는 평균 10년 동안 고장이 없다고 한다. 이 냉장고가 고장날 확률이 지수분포를 따를 때, 이 냉장고가 15년 이상 고장이 없을 확률을 구하여라. 또 5년 이내에 고장날 확률을 구하여라.

풀이

$$P(X \geq 20) = \int_{20}^{\infty} \frac{1}{10} e^{-\frac{1}{10}x} dx = e^{-1.5}$$

$$P(X \leq 3) = \int_{0}^{5} \frac{1}{10} e^{-\frac{1}{10}x} dx = 1 - e^{-0.3}$$

■

예제 4-29

확률변수 X를 인터넷에 연결된 컴퓨터 단말기의 반응시간이라 하면 X는 평균 반응시간이 3초인 지수분포를 한다고 한다. 반응시간이 9초보다 작을 확률을 구하여라. 또 반응시간이 6초와 9초 사이일 확률을 구하여라.

풀이

$$P(X \leq 10) = 1 - e^{-\frac{1}{3} \cdot 9} = 1 - e^{-3}$$

$$P(6 \leq X \leq 9) = P(X \leq 9) - P(X \leq 6) = e^{-2} - e^{-3}$$

■

연습문제 4장

1. 버스정류장에 10분 간격으로 버스가 도착한다. 승객이 버스를 기다리는 시간은 연속형 균등분포를 따른다고 한다.

1) 승객이 7분 이상 기다릴 확률은 얼마인가?
2) 승객의 대기시간이 2분에서 7분 사이일 확률은 얼마인가?

2. 화학공학학술지에 의하면 화학공장에서 발생하는 파이프 작업사고의 30%가 작업자 실수로 일어난다고 한다.

1) 추후 발생하는 20번의 파이프 작업사고 중 최소한 10번이 작업자 실수에 의해 발생할 확률은 얼마인가?
2) 20번의 사고 중 4번 이하가 작업자 실수에 의해 발생할 확률은 얼마인가?
3) 어떤 공장의 경우 20번의 사고 중 5번만이 작업자 실수로 발생할 확률은?

3. 어느 칩의 불량률은 0.1이다. 이항분포를 가정할 때, 무작위로 추출될 20개의 칩 중 많아야 3개가 불량일 확률을 구하여라.

4. 10건의 교통사고 중 6건이 속도위반에 의해 일어난다고 한다. 8건의 교통사고 중에서 6건이 속도위반일 확률을

1) 이항분포의 공식을 이용하여 구하라.
2) 이항분포표를 이용하여 구하라.

5. 어느 도시에서 사는 사람의 30%가 안경을 쓴 사람이다. 이 도시에서 임의 추출하여 인터뷰한 10번째 사람이 안경을 쓴 4번째 사람이 될 확률을 구하여라.

6. 4명의 의사와 2명의 간호사 중에서 랜덤하게 3명을 뽑아 위원회를 구성하였다. 위원들 중에서 의사의 수를 나타내는 확률변수 X의 확률분포를 구하라.
$P(2 \leq X \leq 3)$을 계산하라.

7. 생물학 연구에서는 가끔 동물에게 꼬리표를 붙여서 방생하는 경우가 있다. 멸종위기에 처한 어떤 동물 10마리를 잡아 꼬리표를 붙인 후 방생하고, 시간이 흐른 후 이 동물 15마리를 생포하였다. 이 지역에 이 종류의 동물이 25마리 서식하고 있다면, 생포된 동물 중 5마리에 꼬리표가 있을 확률은 얼마인가?

8. 어느 기업에서 컴프레서를 구입할 때 15개의 제품 중 5개를 임의로 골라 검사하는 방법을 사용하고 있다. 15개 제품 중 2개가 불량이라고 한다.

1) 표본에 1개의 불량품이 들어있을 확률은?

2) 표본에 2개의 불량품이 모두 들어 있을 확률은 얼마인가?

9. 어떤 비서가 페이지 당 평균 2회의 오타를 칠 때, 다음 페이지에서 그 비서가 다음과 같은 실수를 범할 확률은?

1) 4회 이상 범할 확률

2) 실수를 범하지 않을 확률

10. 어떤 교차로에서는 매들 평균 3건의 교통사고가 일어난다. 이 교차로에서 한 달 동안 일어난 교통사고에 대해서 다음 확률을 구하여라.

1) 정확히 5건이 일어날 확률

2) 3건 미만이 일어날 확률

11. 자동차 제조사에서 어느 모델의 브레이크 결함에 대해 조사하고 있다. 연간 이 결함을 나타내는 자동차의 수는 $\lambda = 5$인 포아송 분포를 따른다고 한다.

1) 연간 결함있는 차가 기껏해야 3대일 확률을 구하라.

2) 결함을 나타내는 차가 연간 1대를 초과할 확률을 구하라.

12. 조종사 후보생이 면허시험에 통과할 확률이 0.7이라고 할 때, 다음과 같은 경우의 확률을 계산하라.

1) 세 번째 시도에서 시험에 통과할 확률

2) 네 번 미만의 시도에서 시험에 통과할 확률

13. 표준정규분포에서 다음의 확률을 구하라.

1) Z=1.43의 왼쪽 면적
2) Z=−0.89의 오른쪽 면적
3) Z=−2.16과 Z=−0.65사이의 면적
4) Z=−1.39의 왼쪽 면적
5) Z=1.96의 오른쪽 면적
6) Z=−0.48과 Z=1.74 사이의 면적

14. 표준정규분포에서 다음과 같을 때 k값을 구하라.

1) $P(Z<k)=0.0427$
2) $P(Z>k)=0.2946$
3) $P(-0.93<Z<k)=0.7235$

15. 어느 전기회사에서는 평균수명이 800시간이고 표준편차가 40시간인 정규분포의 수명분포를 가지는 전구를 생산하고 있다. 임의로 선정된 전구의 수명이 778시간과 834시간 사이에 있을 확률을 구하라.

16. 어떤 모터의 수명은 평균 10년이고 표준편차가 2년이다. 생산자는 보증기간 안에 고장이 날 경우 무상으로 교환을 해 준다고 한다. 생산자가 고장으로 모터의 3% 정도만 교환해 주길 원한다면 얼만의 기간 동안 보증을 해 주어야 하는가? 모터의 수명은 정규분포를 따른다고 한다.

17. $\mu=100, \sigma=15$인 확률 변수 X의 정규 분포에서 $P(100 \le X<k)=0.4772$를 만족시키는 k의 값을 구하면?

18. 300명의 평균 성적이 70점, 표준 편차가 10인 정규 분포에서 60등 이내에 들려면 몇 점정도 이상 얻어야 되겠는가? 근사값으로 계산한다.

t	P
0.64	0.2389
0.74	0.2704
0.84	0.2996
0.94	0.3264

19. 어떤 전자부품 조립공정의 불량률은 1%라고 한다. 품질관리규정상 공정으로부터 100개의 제품을 추출하여 검사했을 때 불량품이 하나도 없다면 그 공정은 관리상태로 지속된다. 이항분포의 정규근사법을 이용하여 다음을 구하라.

1) 이 공정이 샘플링계획에 의해 관리상태로 지속될 확률은?

2) 공정의 불량률이 5%로 변화했음에도 관리상태로 지속될 확률은?

20. 어느 회사에서 생산하여 엔진에 사용되는 어떤 부품의 불량률이 5%라고 한다. 이 부품이 100개씩 묶음으로 선적된다고 할 때,

1) 이 로트에 포함되는 불량 부품이 2개를 초과할 확률은 얼마인가?

2) 이 로트에 포함되는 불량 부품이 10개를 초과할 확률은 얼마인가?

21. 이항 분포 $B(n, p)$에서 평균값과 표준 편차가 모두 0.95일 때 n 및 p의 값은 얼마인가?

22. 주사위를 720번 던져 1의 눈이 나온 회수를 X라 할 때 $P(115 \le X \le 135)$의 값은 얼마인가?

t	P
0.5	0.1915
1.0	0.3413
1.5	0.4332
2.0	0.4773

23. $\mu = 100, \sigma = 15$인 확률 변수 X의 정규 분포에서 $P(100 \le X < k) = 0.4772$를 만족시키는 k의 값을 구하면?

24. 어떤 컴퓨터 시스템의 반응시간(단위 : 초)은 평균이 3인 지수분포를 따른다.

1) 반응시간이 5초를 초과할 확률은?

2) 반응시간이 10초를 초과할 확률은?

25. 어떤 라디오의 수명(단위: 년)은 모수가 $\theta = 8$인 지수분포를 따른다. 어떤 사람이 중고 라디오를 구입했다면, 앞으로 8년 이상 더 사용할 확률은 얼마인가?

26. 어떤 기계를 수리하는데 걸리는 시간은 모수가 $\theta = 2$인 지수분포를 따른다. 수리시간이 2시간을 초과할 확률은 얼마인가?

Memo

5 표본 분포

모집단은 관심 있는 자료의 전체의 집합이다. 표본은 모집단을 대표하는 모집단의 일부이다. 표본 평균값 $\overline{X}$와 표본 표준편차 S는 통계량이다. 통계는 모집단 모수를 추정하기 위해 사용된다. 모집단 모수는 고정값이지만 통계량은 개개의 표본에 따라 변한다. 통계가 어떻게 변하는지 보여주는 확률 분포를 표본 분포라고 한다. 표본 분포는 평균값과 모집단 모수와 같다면 불편추정량이라고 한다.

모집단의 중요한 사실들을 알고 싶다, 하지만 실제적으로는 이 사실은 알 수 없다. 성인의 몸무게 평균을 얼마나 될까? 높은 콜레스테롤 수치가 있는 사람들의 비율은 얼마나 될까? 할 수 있는 일은 가능한 한 크고 사람들을 대표할 수 있는 집단에게서 조심스럽게 자료를 모으는 것이며 그리고 이 정보를 가지고 모집단 모수의 값을 추정해보는 것이다. 사실에 얼마나 가까이 있을까? 다른 표본들은 다른 추정치를 제시한다는 것, 또 표본 오차는 피할 수 없다.

5-1 표본비율분포

5.1.1 표본비율의 표본 분포

평균값은 근본적으로 양적인 수치이지만, 비율은 본질적으로 질적인 접근법이다. "네"란 답의 수를 세고 비율을 형성한다. 예를 들어서, 안전벨트를 매는 운전기사의 비율은 얼마인가요? 새로운 스테레오 세트가 결함이 있을 비율은 무엇인가요?

이 모집단을 "있다" "없다"로 나눈 것은 이전 이항 분포 때 했던 방식을 사용할 수 있다고 제시한다. n이 충분히 크면, 이항식은 정규분포에 의해 근사치를 구할 수 있다는 것을 명심해 둬야 한다.

이항실험에서 n회의 시행 중 성공횟수를 X라고 하면 모비율 p의 점추량은 통계량 $\hat{P}=X/n$으로 주어진다. 따라서 표본비율 $\hat{p}=x/n$이 모비율의 점추정값으로 이용된다. 미지의 모비율 p가 0과 1에 너무 가깝지 않다면 p의 신뢰구간은 $\hat{P}$의 표본분포를 이용하여 수립될 수 있다. 이항실험에서 실패를 0, 성공을 1로 나타내면 성공횟수 x는 단지 0과 1로만 구성되는 n개 값의 합으로 해석될 수 있으며, 이 때 $\hat{P}$은 n개 값의 표본평균과 같다. n이 충분히 크면 중심극한정리에 의해서 $\hat{P}$은 평균이

$$\mu_{\hat{P}}=E(\hat{P})=E\left(\frac{X}{n}\right)=\frac{np}{n}=p$$

이고, 분산이

$$\sigma_{\hat{P}}^2=\sigma_{X/n}^2=\frac{\sigma_X^2}{n^2}=\frac{npq}{n^2}=\frac{pq}{n}$$

인 정규분포를 근사적으로 따른다.

$$Z=\frac{\hat{P}-p}{\sqrt{pq/n}}$$

는 근사적으로 표준정규분포를 따른다.

예제 5-1

모든 투석 환자들의 70%가 적어도 5년은 산다고 가정해보자. 100명의 새로운 투석 환자들의 간단한 무작위 표본(SRS)에서 적어도 5년을 사는 비율이 80% 넘어갈 확률은 얼마인가?

풀이 $\mu_{\hat{P}}=0.7$과 표준편차 $\sigma_{\hat{P}}=\sqrt{\dfrac{(.7)(.3)}{100}}=.0458$이므로

$$P(\hat{P}>0.8)=P\left(Z>\frac{.80-.70}{.0458}\right)=P(Z>2.18)$$
$$=1-P(Z\le 2.18)=1-.9854=.0146$$

이다.

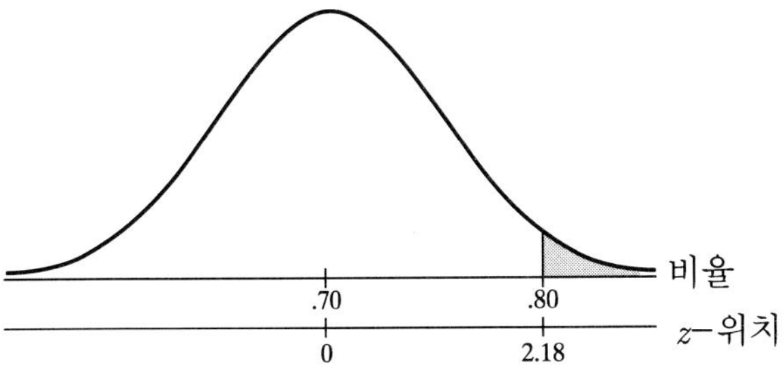

[그림 5.1] $P[Z \geq 2.18]$ 의 계산

예제 5-2

모든 운전자들의 48%가 안전벨트를 한다고 견적되었다. 경찰관이 차 400대가 한 시간에 지나가는 것을 본 다면, 운전자가 안전벨트를 하고 있을 비율이 45% 에서 55%일 확률은 얼마인가?

풀이 $\mu_{\hat{P}} = 0.48$과 표준편차 $\sigma_{\hat{P}} = \sqrt{\dfrac{(.48)(.52)}{400}} = 0.0250$이므로

$$\begin{aligned} P(0.45 \leq \hat{P} \leq 0.55) &= P\left(\frac{.45-.48}{0.0250} \leq Z \leq \frac{.55-.48}{0.0250}\right) \\ &= P(-1.2 \leq Z \leq 2.8) = P(Z \leq 2.8) - P(Z \leq -1.2) \\ &= 0.9974 - 0.1151 = 0.8823 \end{aligned}$$

이다.

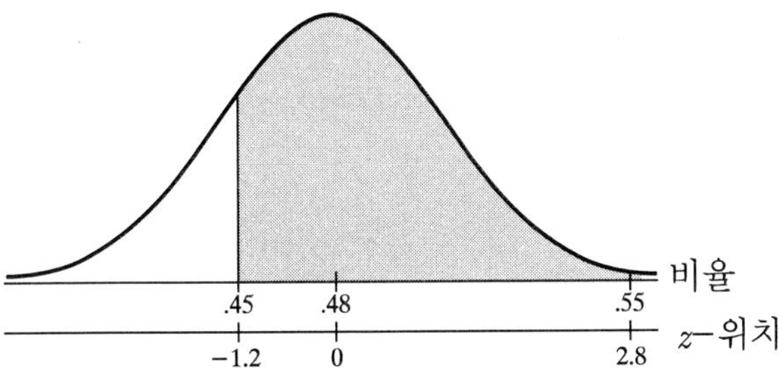

[그림 5.2] $P[-1.2 \leq Z \leq 2.8]$ 의 계산

5.1.2 두 독립된 표본비율들 차이의 표본 분포

이제부터 두 이항모수 p_1과 p_2의 차이를 추정하는 문제를 생각해 보기로 하자. 예를 들어, 관심 있는 두 모집단의 흡연자의 비율을 각각 p_1,p_2라고 하자. 여기서 두 모비율의 차이를 추정하려고 한다. 우선, 각각 평균이 n_1p_1과 n_2p_2, 분산이 $n_1p_1q_1$ 과 $n_2p_2q_2$ 인 두 이항모집단으로부터 크기 n_1 과 n_2인 확률표본을 독립적으로 추출하여 흡연자의 수를 x_1 과 x_2로 놓으면, 표본비율은 $\widehat{p_1}=x_1/n_1$ 과 $\widehat{p_2}=x_2/n_2$가 된다. 두 모비율의 차이 p_1-p_2의 점추정량은 통계량 $\widehat{P_1}-\widehat{P_2}=X_1/n_1-X_2/n_2$로 주어진다. 따라서, 표본비율의 차이 $\widehat{p_1}-\widehat{p_2}$가 p_1-p_2의 점추정값으로 이용될 것이다.다. 따라서, 표본비율의 차이 $\widehat{p_1}-\widehat{p_2}$가 p_1-p_2의 점추정값으로 이용될 것이다.

앞절에서 $\widehat{P_1}$과 $\widehat{P_2}$는 각각 평균이 p_1과 p_2, 분산이 p_1q_1/n_1 과 p_2q_2/n_2인 정규분포를 근사적으로 따른다는 것을 알았다. 두 모집단으로부터 독립적으로 표본이 추출되기 때문에 확률변수 $\widehat{P_1}-\widehat{P_2}$는 평균이

$$\mu_{\widehat{P_1}-\widehat{P_2}}=p_1-p_2$$

$$\sigma_{\widehat{P_1}-\widehat{P_2}}=\frac{p_1q_1}{n_1}+\frac{p_2q_2}{n_2}$$

인 정규분포를 근사적으로 따른다. 그러므로

$$Z=\frac{(\widehat{P_1}-\widehat{P_2})-(p_1-p_2)}{\sqrt{p_1q_1/n_1+p_2q_2/n_2}}$$

는 근사적으로 표준정규분포를 따른다.

예제 5-3

프로모터는 남자의 24%가 권투 경기관람을 즐긴다는 걸 안다. 하지만, 여자의 12%만이 이 스포츠관람 좋아한다. 남자 100명 무작위 표본과 여자 100명의 독립적인 무작위 표본에서, 권투 경기관람을 즐기는 남자의 퍼센트와 여자의 퍼센트의 차이가 10%을 넘을 확률은 얼마인가?

풀이 $p_1-p_2=0.23-0.12=0.11$ 이고 표준편차는 $\sqrt{\frac{(.23)(.77)}{100}+\frac{(.12)(.88)}{125}}=.0511$

이므로

$$P(\widehat{P}_1 - \widehat{P}_2 > 0.1) = P\left(Z > \frac{0.1 - 0.11}{0.0511}\right) = P(Z > 0.20)$$
$$= 1 - P(Z < -0.20) = 1 - 0.4207 = 0.5793$$

이다.

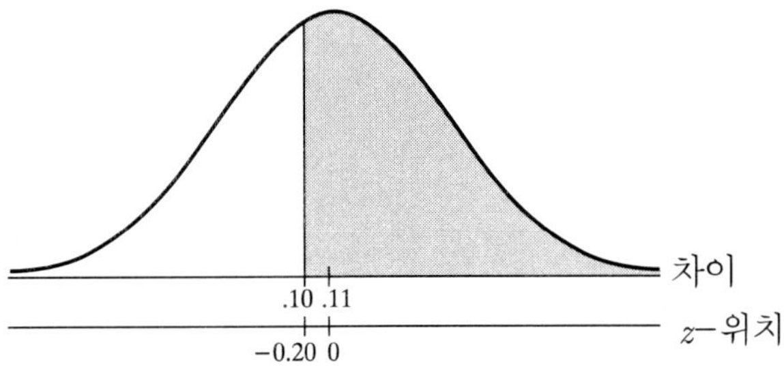

[그림 5.3] $P[Z \geq -0.20]$ 의 계산

■

예제 5-4

미국 도시에서는 혼인한 커플들 43%가 자신의 집을 소유하고 있는 반면 독신의 19%만이 자신의 집을 소유하고 있다. 200쌍의 커플들의 무작위 표본과 180명의 독신들의 독립적인 무작위 표본에서, 혼인 커플과 독신들의 퍼센트 차이가 몇 퍼센트보다 클 확률이 0.90인가?

풀이 $p_1 - p_2 = .43 - .19 = .24$ 이고 표준편차는

$\sqrt{\frac{(.43)(.57)}{200} + \frac{(.19)(.81)}{180}} = .0456$ 이고 $P(\widehat{P}_1 - \widehat{P}_2 > p_0) = 0.90$ 이다. 따라서

$P\left(Z > \frac{p_0 - (0.49 - 0.19)}{0.0456}\right) = 0.9$ 이므로

$$\frac{p_0 - 0.24}{0.0456} = -1.282,$$
$$p_0 = 0.24 - 1.282(0.0456) = 0.182$$

이다.

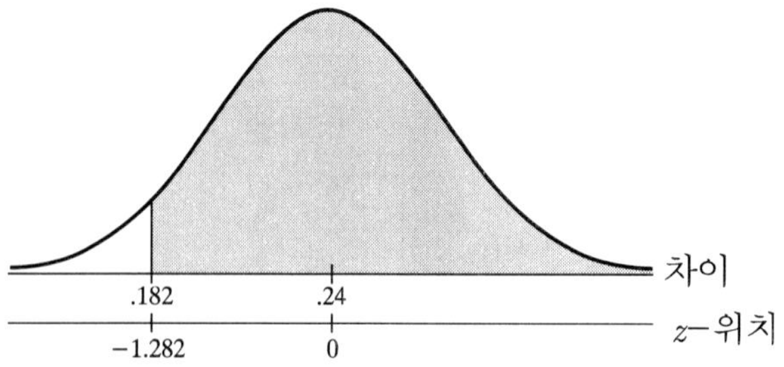

[그림 5.4] $P[Z \geq -1.282]$ 의 계산

5-2 표본평균분포

5.2.1 표본평균의 분포

평균이 μ, 분산이 σ^2인 정규모집단으로부터 크기 n의 확률표본을 추출했다고 하자. 확률표본 $X_i, i = 1,2, ..., n$은 모두 모집단과 동일한 정규분포를 따르게 된다.

$$\overline{X} = \frac{1}{n}(X_1 + X_2 + \cdots + X_n)$$

의 분포는 평균과 분산이 각각

$$\mu_{\overline{X}} = \frac{1}{n}(\mu + \mu + \cdots + \mu) = \mu$$

$$\sigma^2_{\overline{X}} = \frac{1}{n^2}(\sigma^2 + \sigma^2 + \cdots + \sigma^2) = \frac{\sigma^2}{n}$$

인 정규분포를 따르게 된다.

또한, 모집단의 분포가 알려져 있지 않을 경우라도 중심극한정리(central limit theorem)에 의하면, 표본의 크기가 상당히 크면 표본평균의 분포는 근사적으로 평균이 μ, 분산이 $\frac{\sigma^2}{n}$인 정규분포를 따르게 됨을 알 수 있다.

중심극한정리

평균이 μ이고 분산이 σ^2인 모집단으로부터 크기 n인 확률표본을 추출했을 때, 표본의 평균 $\overline{X}$에 대해서

$$Z = \frac{\overline{X} - \mu}{\sigma / \sqrt{n}}$$

는 n이 상당히 클 때 표준정규분포 $N(0,1)$에 접근한다.

일반적으로 n이 30 이상이면 모집단의 분포에 관계없이 $\overline{X}$에 대한 정규분포로의 근사는 하지만, n이 30 미만일 경우에는 모집단의 분포가 정규분포에 유사할 때에만 정규분포로의 근사가 적합하게 된다.

표본의 크기 $n = 30$은 중심극한정리를 적용하는 기준이 된다. 이 정리에서 n이 커짐에 따라 $\overline{X}$는 더욱 정규분포에 근접하게 된다.

예제 5-5

토마토들이 표준편차가 3 온스이고 평균 무게가 10 온스이고 가게가 각각 12개의 토마토가 들어있는 상자들을 판다고 가정해보자. 구매자들이 그들이 산 각 박스의 토마토들의 평균 무게를 잰다면, 이 평균들의 평균값과 표준편차는 얼마일까?

풀이 크기가 12이고, 이 표본 평균값들의 평균값은 모집단의 평균값 10 온스와 같다. 이 표본 평균값들의 표준편차는 $\frac{3}{\sqrt{12}} = 0.866$ 온스이다.

■

예제 5-6

플로리다에서 학생들이 휴가를 보낼 때 쓰는 돈의 합계의 분포가 $650의 평균값과 $120 표준편차로 정규 분포 되어 있다고 가정해보자. 10명의 학생의 무작위 표본이 평균 $600와 $700 사이를 쓸 확률은 얼마인가?

풀이 $P(600 \le \overline{X} \le 700) = P\left(\frac{600-650}{37.95} \le Z \le \frac{700-650}{37.95}\right) = P(-1.32 \le Z \le 1.32)$

$= P(Z \le 1.32) - P(Z \le -1.32) = 0.9066 - 0.0934 = 0.8132$

이다.

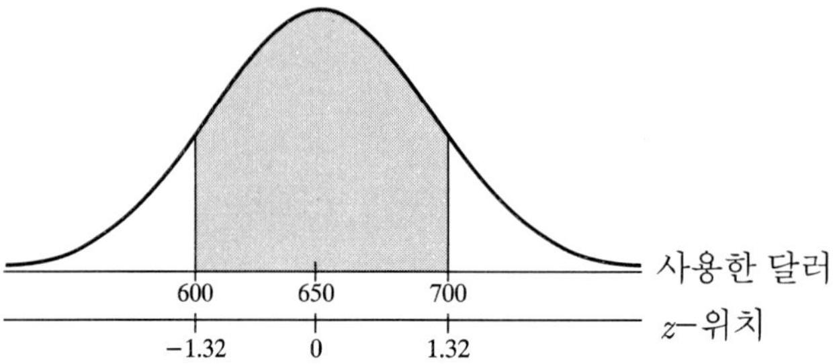

[그림 5.5] $P[-1.32 \le Z \le 1.32]$ 의 계산

예제 5-7

젊은 커플들의 평균 미결제 신용 카드 잔액이 $6500이고 표준편차가 $4200이라고 가정해보자. 100쌍의 커플들의 무작위 표본이 미결제 신용 카드 잔액 평균값이 $700을 넘을 확률은 얼마인가?

풀이 표본 크기는 30을 넘는다. 중심 극한 정리에 의해 표본 평균값들의 집합은 650의 평균값에 $\frac{420}{\sqrt{100}} = 42$의 표준편차로 근사 정규분포되어 있다. 따라서

$$P(\overline{X} > 700) = P\left(Z > \frac{700-650}{42}\right) = P(Z > 1.19) = .1170$$

이다.

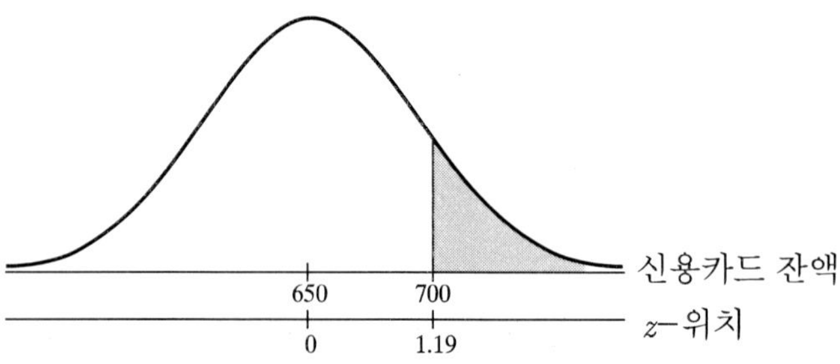

[그림 5.6] $P[Z \ge 1.19]$ 의 계산

예제 5-8

제조 공장으로부터 오는 종이의 무게는 2.3의 표준 편차를 가지고 있으며 평균 무게는 25파운드라고 알려져 있다. 종이조각 40개의 간단한 무작위 표본에서, 무게평균값이 24.5와 25.5파운드 사이 일 확률은 얼마 인가?

풀이

$$\mu_{\overline{X}} = 25 \text{ 그리고 } \sigma_{\overline{X}} = \frac{2.3}{\sqrt{40}} = 0.364.$$

$$P(24.5 \le \overline{X} \le 25.5) = P\left(\frac{24.5-25}{0.364} \le Z \le \frac{25.5-25}{0.364}\right)$$

$$= P(-1.37 \le Z \le 1.37) = .8294$$

이다.

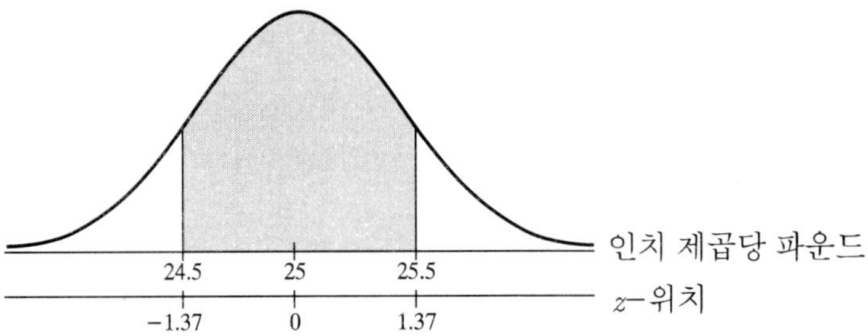

[그림 5.7] $P[-1.37 \le Z \le 1.37]$ 의 계산

5.2.2 두 독립된 표본평균값들 차이의 추출 표본 분포

다음으로는 두 모집단이 독립이고 각각의 평균이 μ_1, μ_2, 분산이 σ_1^2, σ_2^2인 각 모집단으로부터 각각 크기 n_1, n_2인 표본을 추출했을 때, 이들의 평균 $\overline{X_1}$와 $\overline{X_2}$의 차이는 어떤 분포를 따르는지 살펴보기로 하겠다. 먼저 중심극한정리에 의하면 $\overline{X_1}$와 $\overline{X_2}$는 근사적으로 각각 평균이 μ_1, μ_2분산이 σ_1^2/n_1, σ_2^2/n_2인 정규분포를 따르게 됨을 알 수 있다. 그리고 $\overline{X_1}$와 $\overline{X_2}$는 서로 독립이므로 $\overline{X_1} - \overline{X_2}$ 분포는 근사적으로 평균이

$$\mu_{\overline{X_1} - \overline{X_2}} = \mu_{\overline{X_1}} - \mu_{\overline{X_2}} = \mu_1 - \mu_2$$

이고, 분산이

$$\sigma^2_{\overline{X_1} - \overline{X_2}} = \sigma^2_{\overline{X_1}} + \sigma^2_{\overline{X_2}} = \frac{\sigma_1^2}{n_1} + \frac{\sigma_2^2}{n_2}$$

인 정규분포를 따른다. 그리고

$$Z = \frac{(\overline{X_1} - \overline{X_2}) - (\mu_1 - \mu_2)}{\sqrt{(\sigma_1^2/n_1) + (\sigma_2^2/n_2)}}$$

는 근사적으로 표준정규분포를 따른다.

예제 5-9

비료 A가 사용되었을 때, 야채 수확이 0.7톤의 표준편차에 에이커당평균이 4.5톤이었던 반면, 비료 B가 사용되었을 때 수확은 0.4톤의 표준편차에 에이커당평균이 4.3톤이었다. 비료 A를 사용한 45개의 표본분포표와 비료 B를 사용한 50개의 표본분포표에서, 평균 수확들의 차이가 마이너스일 확률이 얼마인가,즉 비료 A를 사용한 분포표의 평균 수확이 비료 B를 사용한 분포표의 평균 수확보다 낮을 확률은?

풀이

평균값들의 차이 $4.5 - 4.3 = 0.2$ 이며, 표준편차는 $\sqrt{\frac{(0.7)^2}{45} + \frac{(0.4)^2}{50}} = 0.119$이므로

$$P\left(\overline{X_1} - \overline{X_2} < 0\right) = P\left(Z < \frac{0 - (4.5 - 4.3)}{0.119}\right) = (Z < -1.68) = 0.465$$

이다. 그러므로 비료 A를 쓰는 분포표의 평균 수확이 비료 B를 쓰는 분포표의 평균 수확보다 작을 가망은 4.65%다.

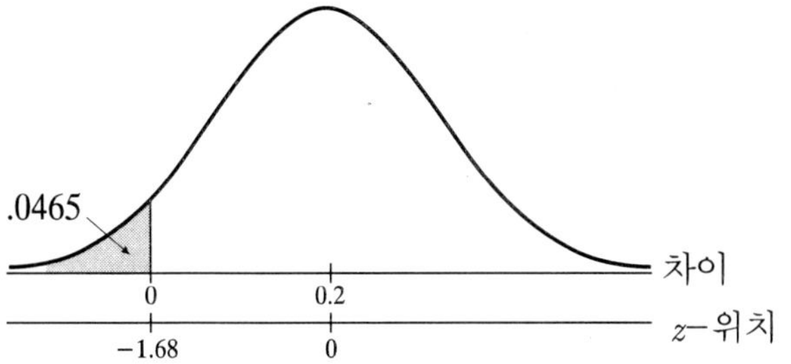

[그림 5.8] $P[Z \leq -1.68]$ 의 계산

예제 5-10

주립 학교 학생들이 학교를 결석한 날짜의 평균 햇수가 8.5 표준편차가 4.1인 사립 학교 학생들이 학교를 결석한 날 평균햇 수5.3 표준편차가 2.9이다. 200명의 주립 학교 학생들의 SRS와 150명의 사립 학교 학생들의 무작위 표본에서, 확률이 .95일 때 결석한 날 평균수의 차이(주립 평균 빼기 사립 평균)는 어떤 수보다 클까?

풀이 평균값들의 차이 $8.5-5.3=3.2$이며 표준편차는

$\sqrt{\dfrac{(4.1)^2}{200}+\dfrac{(2.9)^2}{150}}=0.374$이므로

$P\left(\overline{X_1}-\overline{X_2}>x_0\right)=0.95,\ P\left(Z>\dfrac{x_0-(8.5-5.3)}{0.374}\right)=0.95.$

따라서 $\dfrac{x_0-3.2}{0.374}=-1.645$

$x_0=3.2-1.645\cdot 0.374=2.6$이다.

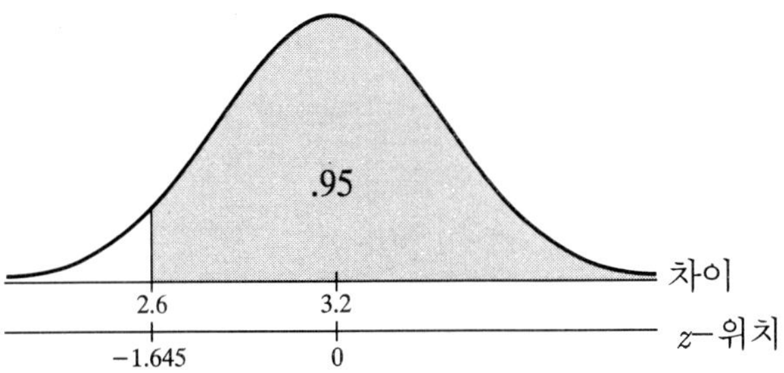

[그림 5.9] $P[Z\geq -1.645]$ 의 계산

5-3 *t*-분포

모집단의 평균에 대한 추정 또는 검정을 할 때, 모분산 σ^2이 알려져 있지 않은 경우에는 $Z=\dfrac{\overline{X}-\mu}{\sigma/\sqrt{n}}$의 분포를 이용할 수 없다. 표본의 크기가 $n\geq 30$일 때는 σ^2대신 표본분산 S^2을 사용하여도 근사적으로

$$\frac{\overline{X}-\mu}{S/\sqrt{n}} \sim N(0,\ 1)$$

임이 알려져 있으나, 표본의 크기 $n<30$ 일 때는 정규분포에 따르지 않으므로

$$T=\frac{\overline{X}-\mu}{S/\sqrt{n}}$$

는 자유도 $n-1$ 인 t분포(t-distribution)를 사용하여야 한다.

확률변수 X가 자유도 n인 t분포를 갖는다면, X의 확률밀도 함수는 다음과 같다.

$$f(x)=\frac{\Gamma(\frac{n+1}{2})}{\Gamma(\frac{n}{2})\sqrt{n\pi}}(1+\frac{x^2}{n})^{-\frac{n+1}{2}},\ -\infty < x < \infty$$

t분포의 모양은 표준정규분포와 마찬가지로 0을 중심으로 좌우 대칭이다. 그러나 표준정규 분포보다는 두터운 꼬리를 갖고 있다. t분포은 자유도 n에 따라 모양이 다르게 나타나며, 아래의 그림은 자유도 n이 n=2, 4, 8 인 경우에 대하여 t분포의 곡선이 나타나 있으며, 또한 표준정규분포의 곡선이 동시에 비교되어 나타나 있다. 즉, t분포는 자유도 n이 증가함에 따라 표준정규분포에 접근하게 된다.

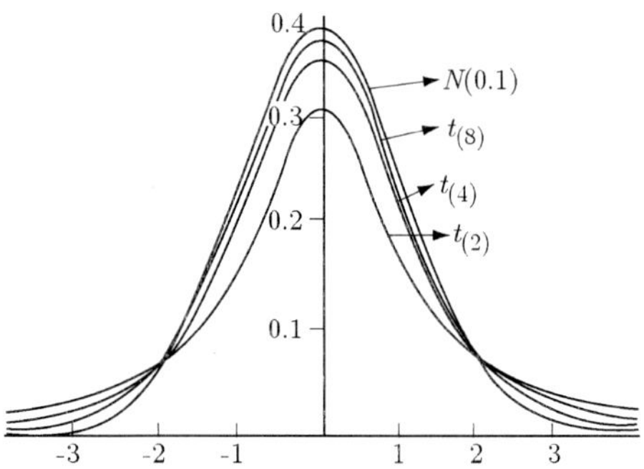

[그림 5.10] t분포와 정규분포 곡선

자유도가 n인 t분포를 $t_{(n)}$으로 나타내며, 자유도 n인 t분포에서

$$P[T > t_\alpha] = \alpha$$

인 $t_{0.05,(7)} = 1.895$값이 다음 그림에 나타나 있다.

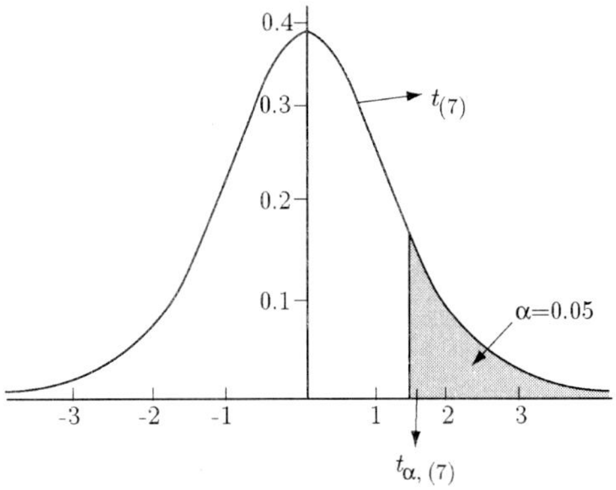

[그림 5.11] 자유도 $n=7, a=0.05$인 t분포

예제 5-11

다음을 구하여라

1) 자유도 10인 t분포를 가진다고 하자. $P(T \leq 1.415)=0.906$일 때, $P(T \leq -1.415)$는?

2) 자유도가 25이고 $\alpha=0.05$일 때, $P(T \geq t_0)=0.05$인 t를 구하여라.

풀이 1) $P(T \leq -1.415)=1-P(T \leq 1.415)=0.094$

2) t의 자유도 $n=25$, $\alpha=0.05$이므로 부록표에서 $P(T \geq 1.708)$을 만족하므로 $t_0=1.708$이다.

■

예제 5-12

어떤 화공기사는 어느 배치공정의 수율이 원재료의 리터당 500g이라고 주장하고 있다. 그는 이를 입증하기 위해 매월 25개의 배치를 추출하여 시험을 하였다. 시험결과 계산된 t값이 $-t_{0.05}$와 $t_{0.05}$사이에 있으면 그의 주장이 타당성이 있다고 하기로 한다. 25개 배치의 시험결과 표본평균은 518g이고 표준편차는 40g이었다면 어떤 결론을 낼 수 있겠는가? 단, 모집단은 근사적으로 정규분포를 따른다고 가정하라.

풀이 시험결과를 가지고 t값을 계산하면

$$t=\frac{518-500}{40\sqrt{25}}=2.25$$

이다. 또한 자유도가 24일 때 $t_{0.05} = 1.711$이다. 계산된 t값이 $t_{0.05}$보다 크므로 실제의 수율은 500g보다 크다고 할 수 있다.

■

예제 5-13

T는 자유도가 19인 t분포를 가진다고 하자. $P(T \le -1.415)$를 구하여라.

풀이 $P(T \le 1.415) = 0.913$이므로 $P(T \le -1.415) = 1 - P(T < 1.415) = 0.087$이다.

■

예제 5-14

자유도가 n=15, $\alpha = 0.05$일 때, $P(T \ge t_0) = 0.05$인 t_0를 구하여라.

풀이 T는 자유도 n=15, $\alpha = 0.05$이므로 부록의 표에서 $P(T \ge 1.753) = 0.05$를 만족하므로 t_0=1.753이 된다.

■

5-4 카이제곱분포

정규모집단 $N(\mu,\ \sigma^2)$으로부터 크기 n인 표본 $(X_1,\ X_2,\ \cdots,\ X_n)$을 추출했을 때

$$\chi^2 = \frac{\sum_{i=1}^{n}(X_i - \overline{X})^2}{\sigma^2} = \frac{(n-1)S^2}{\sigma^2}$$

은 자유도(degree of freedom) $n-1$인 χ^2-분포를 한다.

확률변수 X가 자유도 n인 카이제곱분포를 하면 $X \sim \chi^2_{(n)}$으로 표시한다. χ^2-분포는 통계적 추론 분야에서 모집단의 분산에 대한 추정과 검정, 적합도 검정, 독립성의 검정을 하는데 이용된다.

확률변수 X가 자유도 n인 카이제곱분포 $\chi^2_{(n)}$를 따를 때 X의 확률밀도함수 $f(x)$는

다음과 같이 주어진다.

$$f(x) = \frac{1}{\Gamma(\frac{n}{2})2^{\frac{n}{2}}} x^{\frac{n}{2}-1} e^{-\frac{x}{2}}, \quad 0 \le x < \infty$$

아래의 그림 5.12는 자유도의 변화에 따른 카이제곱분포를 나타낸 것으로 자유도 n이 $n=2,4,8$인 경우에 있어서 카이제곱분포의 곡선이 그려져 있으며, 자유도 n이 커짐에 따라 곡선이 대칭화 됨을 알 수 있다.

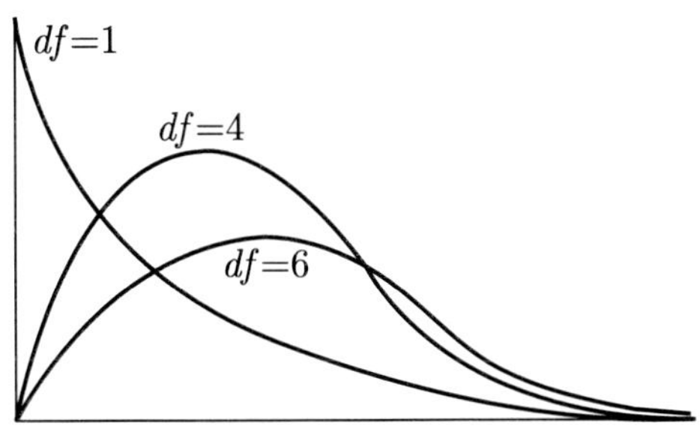

[그림 5.12] n= 1, 4, 6일 때의 카이제곱 확률밀도함수

다음과 같이 정의되는 $\chi^2_{(n)}$분포의 백분위수는 통계적 추론 분야에서 매우 유용하다. 즉, $\chi^2_{\alpha,(n)}$은

$$P[X \ge \chi^2_{\alpha,(n)}] = \alpha$$

를 만족하는 $\chi^2_{(n)}$분포의 제 100α 백분위수이다.

예를 들어, 자유도가 5일 때 $\alpha = 0.1$은 $\chi^2_{0.1,(5)} = 9.236$이고 $\alpha = 0.9$는 역시 $\chi^2_{0.9,(5)} = 1.610$을 찾을 수 있다. 이러한 값들은 그림 5.13에서와 같이 나타내어진다.

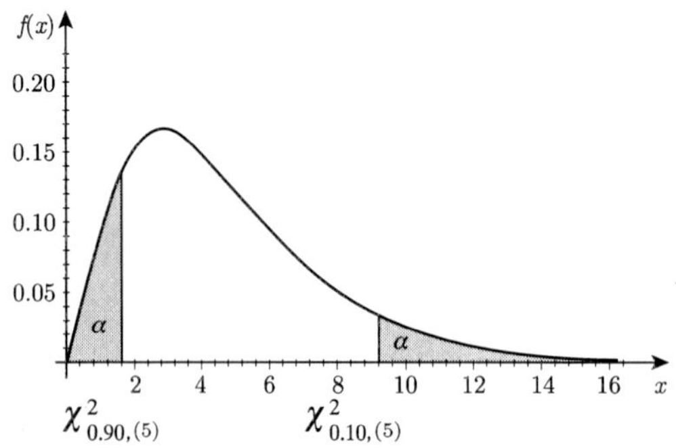

[그림 5.13] 자유도 n=5일 때 $\chi^2_{0.1,\ (5)}$, $\chi^2_{0.9,\ (5)}$ 계산

예제 5-15

어떤 자동차배터리 제조업자는 자기회사에서 제조한 배터리의 수명이 평균은 3년, 표준편차는 1년이라고 주장하고 있다. 이 회사에서 제조된 5개의 배터리를 임의로 추추하여 시험한 결과 그 수명이 각각 1.9년, 2.4년, 3.0년, 3.5년, 4.2년이었다. 이 결과를 가지고 관찰된 통계량 χ^2의 값(χ_0^2)과 $P(\chi^2 > \chi_0^2)$을 구하여라.

풀이 먼저 5개의 배터리의 표본분산을 구해보면 $s^2 = 0.815$이므로

$$\chi_0^2 = \frac{(4)(0.815)}{1} = 3.26$$

이 되고, 이는 자유도 4인 카이제곱분포를 따르는 값이 된다.
따라서

$$P(\chi^2 > \chi_0^2) = P(\chi^2 > 3.26) = 0.515$$

■

예제 5-16

확률변수 X가 자유도 9인 카이제곱 분포를 따를 때, $P[X \geq x] = 0.05$가 성립하는 x의 값을 구하여라.

풀이 부록의 표에 자유도 $n = 9$, $\alpha = 0.05$인 경우이므로 $P[X \geq 16.92] = 0.05$가 되고, 따라서 $x = 16.92$가 된다.

■

예제 5-17

분산 $\sigma^2 = 5.0$인 정규 모집단에서의 크기 5인 표본의 x의 값이 24.3, 18.9, 23.7, 23.0, 17.4 였다. 이 때 $\chi^2 = \frac{\sum_{i=1}^{n}(X_i - \overline{X})^2}{\sigma^2} = \frac{(n-1)S^2}{\sigma^2}$의 그 실현값 $\chi_0^2 = \frac{1}{\sigma^2}\sum_{i=1}^{5}(x_i - \overline{x})^2$보다 커질 확률을 구하라.

풀이 표본 크기 n이 5이다. 표본 평균 $\overline{x} = 21.46$, $s^2 = 9.623$이고, χ^2의 실현값은

$$\chi_0^2 = \frac{1}{5.0}\{(24.3-21.46)^2 + (18.9-21.46)^2 + (23.7-21.46)^2 + (23.0-21.46)^2 + (17.4-21.46)^2\} = \frac{38.5}{5.0} = 7.70$$

자유도 $v = 5-1 = 4$ 이므로 부록의 표에서

$P[\chi^2 \geq \chi_0^2] \fallingdotseq 0.10$

연습문제 5장

1. 지난 선거에서 A 후보자에 대한 지지도는 45.5%이었다. 이번에 보궐선거를 실시하게 되었으며, 유권자 200명을 임의로 선정하여 조사한 결과 적어도 110명이 A 후보자를 지지할 확률을 구하여라.

2. 문제 1에서 A 후보자에 대한 보궐 선거 지지율이 55%와 56% 사이일 확률을 구하여라.

3. 경영 이사들 중 35%가 돈을 더 많이 주는 회사로 가고 싶어 한다고 가정하자. 만약 100명을 무작위로 스카우트 할 때 40%이상 회사로 가고 싶어 할 확률을 구하여라.

4. 금을 사고파는 중개인들 중 58%는 내년에 남아공에 투기할 것이 좋을 것이라고 믿는다. 무작위로 150 중개인들을 뽑았을 때, 남아공에 투기할 것이 좋을 것이라고 믿는 사람이 55%~60% 사이일 확률을 구하여라.

5. 트랜스미션에 대한 주요 결점은 외부에 의한 영향으로 발생하며, 과거의 경험에 의하면 모든 결점의 70%가 번개에 의한 것으로 알려졌다. 이를 확인하기 위하여 200개의 결함이 있는 트랜스미션을 조사한 결과 155개 이상이 번개에 의한 원인일 확률을 구하여라.

6. 대한가족계획협회에서 2010년 7월 미혼인 남자 470명과 여자 619명을 대상으로 조사한 결과 남자 245명과 여자 223명이 성인전용 극장의 허용을 지지하는 것으로 조사되었다. 이 사실을 기초로 올해 남자와 여자 각각 1,000명씩 조사할 경우, 지지율의 차가 20% 이하로 줄어들 확률을 구하여라.

7. 많은 소비자들은 주중의 월요일에 만들어진 자동차의 결함률이 8%이고, 다른 요일에 제조된 자동차의 결함률은 월요일보다 2% 작다고 생각한다. 이러한 생각을 알아보기 위하여 월요일에 만들어진 자동차 100대를 선정하고 다른 요일에 만들어진 자동차 200대를 선정하여 조사한 결과, 월요일에 만들어진 자동차가 다른 요일에 만들어진 자동차보다 결함이 있는 비율이 3% 더 많을 확률을 구하여라.

8. 전체 학생 중 83%가 1st 과정을 이수하고 74%가 2nd 과정을 이수했다. 1st 과정 수료한 학생들 중 무작위로 60명을 뽑고, 2nd 과정 수료한 학생들 중 무작위로 50명을 뽑았을 때, 두 과정의 차이가 15%이상일 확률은?

9. X를 기댓값 $E(X)=\mu$와 분산 $V(X)=\sigma^2$을 가지는 확률 변수라 하고, $\overline{X}$를 크기 n의 확률 분포의 표본 평균이라 할 때 $E(\overline{X})$및 $V(\overline{X})$를 구하여라.

10. 모집단 분포

x	1	2	3	4
$f(x)$	0.25	0.25	0.25	0.25

로부터 크기 10인 표본을 임의 추출하였을 때,

1) $\overline{X}$의 평균과 분산을 구하여라.

2) $\overline{X}$가 2.75이상 3.5이하일 근사확률을 구하여라.

11. $\overline{X}$를 $N(75,\ 100)$으로부터 추출된 크기 25인 표본의 평균이라 할 때, $P(75<\overline{X}<79)$를 구하여라.

12. 어떤 공장에서 생산되는 전구들의 수명시간의 분포는 $\mu=800$(시간)이고 표준편차는 $\sigma=40$(시간)인 정규분포를 따른다고 알려져 있다. 이 모집단으로부터 정의되는 크기가 $n=64$(개)인 확률표본의 표본평균수명시간 $\overline{x}$가 810시간 이상이 될 확률, 즉 $P(\overline{X}\geq 810)$의 값을 결정하라.

13. 평균 저항이 40옴이고 표준편차가 2옴을 가지는 전기저항기를 만드는 기계가 있다. 36개를 임의추출하였을 때, 저항의 합이 1,458옴 이상이 될 확률은?

14. 원통형의 자동차 부품을 생산하는 제조공정에서 부품의 직경이 5mm이다. 모표준편차는 0.1이라고 알려져 있다고 한다. 이제 임의로 추출된 부품 100개의 평균직경이 5.027mm였다. $P(|\overline{X}-5| \geq 0.027)$은 얼마인가?

15. 체납된 금액의 평균은 187.5달러이고 표준편차는 54.5달러이다. 체납자의 계좌 중 50개를 뽑았을 때, 체납된 평균 금액이 200달러 이상일 확률은?

16. 응급실의 하루 평균 입원환자는 85명이고 표준 편차는 37명이다. 무작위로 30일을 뽑았을 때, 응급실 평균 입원환자수가 75명에서 95명 사이일 확률은?

17. 두 정규모집단 $N(50, 9)$, $N(40, 4)$으로부터 각각 표본의 크기 $n_1 = 5$, $n_2 = 4$인 표본을 임의 추출하였을 때 표본평균의 차 $\overline{X}-\overline{Y}$가 8.2보다 작을 확률 $P(\overline{X}-\overline{Y} < 8.2)$를 구하여라.

18. 모평균 $\mu_1 = 550$, $\mu_2 = 500$이고 모 표준편차 $\sigma_1 = 9$, $\sigma_2 = 16$인 두 정규모집단에서 각각 크기 50과 40인 표본을 임의로 추출하였을 때, 두 표본평균의 차가 48과 52사이일 확률을 구하여라.

19. 두 종류의 페인트를 비교하기 위하여 서로 독립된 두 가지 실험이 수행되었다. A, B 두 종류의 페인트를 사용하여 각각 18개의 시편에 페인트칠을 한 후에 각각의 건조시간을 측정하였다. 두 모집단의 표준편차는 똑같이 1.0인 것으로 알려졌다. 두 종류의 페인트의 평균건조시간이 같다고 가정했을 때, $P(\overline{X}-\overline{Y} > 0.5)$의 값을 구하라. 단, $n_1 = n_2 = 18$이고, $\overline{X}$와 $\overline{Y}$는 각 표본의 평균건조시간을 의미한다.

20. A, B 두 회사에서 텔레비전 브라운관을 생산하고 있다. A 회사에서 생산되는 브라운관의 수명은 평균이 12.5년, 표준편차가 2년, B 회사에서 생산되는 브라운관의 수명은 평균 12년, 표준편차가 1.8년이라고 알려져 있다. A 회사에서는 36개의 확률표본을 추출하고, B 회사에서는 49개의 확률표본을 추출했을 때, A 회사 제품의 표본평균이 B 회사 제품의 표본평균보다 적어도 1년 이상 길 확률을 구하라.

21. 후추 화분은 한 달 평균 27cm 자라고 표준 편차는 8.3이고, 물을 일주에 한번씩 줬을 때 화분은 평균 29cm 자라고 표준 편차는 7.9이다. 무작위로 60개의 화분을 뽑아서 반은 물을 일주에 한번씩 주고 반은 안 줬을 때 차이가 -3과 3사이일 확률은?

22. t-분포표를 이용하여 각 경우의 확률을 구하라.

1) 자유도가 17일 때, $P(T < -1.740)$의 값을 구하여라.

2) 자유도가 6일 때, $P(|T| < 3.143)$의 값을 구하여라.

3) 자유도가 18일 때, $P(-1.330 < T < 1.330)$의 값을 구하여라.

4) 자유도가 17일 때, $P(T > -2.567)$의 값을 구하여라.

23. 다음의 각 조건을 만족시키는 k를 찾아라.

1) 자유도가 6일 때, $P(t < k) = 0.95$

2)자유도가 15일 때, $P(-k < T < k) = 0.95$

3) 자유도가 8일 때, $P(T > k) = 0.01$

4) 자유도가 11일 때, $P(T > k) = 0.99$

24. 다음을 구하여라.

1) 자유도가 20일 때 $P(-t_{0.005} < T < t_{0.01})$의 값을 구하라.

2) 자유도가 20일 때 $P(T > -t_{0.025})$의 값을 구하라.

25. χ^2분포표를 이용하여 다음 각 경우의 값을 찾아라.

1) 자유도가 8일 때 $\chi^2_{0.05}$

2) 자유도가 17일 때 $\chi^2_{0.01}$

3) 자유도가 11일 때 $\chi^2_{0.025}$

4) 자유도가 23일 때 $\chi^2_{0.95}$

26. 다음 각 경우에 해당하는 확률 값을 찾아라.

1) 자유도가 19일 때, $P(\chi^2 > 30.14)$

2) 자유도가 5일 때, $P(\chi^2 > 5)$

3) 자유도가 10일 때, $P(3.24 < \chi^2 < 15.99)$

4) 자유도가 18일 때, $P(3.49 < \chi^2 < 17.53)$

27. 카이제곱분포에서 다음과 같을 때 χ^2_α를 구하라.

1) 자유도가 4일 때 $P(\chi^2 > \chi^2_\alpha) = 0.99$

2) 자유도가 19일 때 $P(\chi^2 > \chi^2_\alpha) = 0.025$

3) 자유도가 25일 때 $P(37.652 < \chi^2 < \chi^2_\alpha) = 0.045$

28. 정규모집단 $N(\mu,\ 25)$에서 크기 5인 확률표본[104, 110, 100, 98, 106]을 얻었다. 이때

1) 카이제곱분포의 자유도를 구하고, 관찰된 통계량 χ^2의 값을 구하여라.

2) $P(\chi^2 > \chi^2_0)$을 구하여라.

29. 분산 $\sigma^2 = 5$인 정규 분포를 따른 확률표본 $X_1,\ X_2,\ \ldots, X_n$을 고려해보자. $n = 31$이라고 할 때

1) $P(S^2 \le c) = 0.90$을 만족시키는 c의 값을 구하라.

2) $P(S^2 \ge c) = 0.95$을 만족시키는 c의 값을 구하라.

30. 평균 μ인 정규 분포를 따르는 확률표본 x_1, x_2, $\ldots, x_n$을 고려해보자. $n=16$이라고 할 때

1) $P(|4(\overline{X}-\mu)/S \le c) = 0.9S$를 만족하는 c의 값을 구하라.

2) $P(|4(\overline{X}-\mu)/S \le c) = 0.99$를 만족하는 c의 값을 구하라.

31. $\sigma^2 = 6$인 정규분포를 따르는 모집단으로부터 크기 25인 확률표본의 분산 S^2이 아래와 같을 확률을 구하라. 단, 표본분산은 계량값이다.

1) 9.1보다 클 확률

2) 3.462와 10.745 사이에 있을 확률

Memo

6 신뢰구간

미지의 모수를 한 값으로 추정하는 점추정량의 경우 한 표본에서 구한 추정치가 모수와 일치한다고 기대하기는 힘들다. 점추정의 정확성을 보완하는 방법이 구간추정(interval estimation)인데, 구간추정이란 확률로 표현된 믿음의 정도 하에서 모수가 특정한 구간에 있을 것이라고 하는 것으로 추정량의 분포를 알아야하고, 구하여진 구간 안에 모수가 있을 확률의 크기가 주어져야 한다. 즉 특정구간 안에 모수가 있을 확률의 크기는 구간의 크기에 비례하는데, 구간이 클수록 그 구간 안에 모수가 있을 확률이 큰 것은 당연하다. 이 확률의 크기를 신뢰수준(confidence level) 이라고 하는데, 일반적으로 신뢰수준은 90%, 95%, 또는 99%의 확률을 이용하는 경우가 많으며, 각각의 신뢰수준하에서 구한 구간을 신뢰구간(confidence interval) 이라고 한다.

6-1 비율의 신뢰구간

6.1.1 모집단이 하나일 때 모비율의 신뢰구간

p를 모집단에서의 어떤 속성에 대한 비율이라고 하면, 우리는 표본비율 X/n이 p의 불편 추정량이고, 모비율이 0 혹은 1에 너무 가까운 값이 아니라고 가정하고, 표본의 크기도 크다고 하자(적어도30), 이 가정 하에서 X/n의 표본분포가 근사적으로 평균이 p이고 표준편차가 $\sqrt{p(1-p)/n}$ 인 정규분포라는 것을 우리는 배웠다.

따라서

$$P(-z_{\alpha/2} < (\frac{X}{n} - p)/\sqrt{\frac{p(1-p)}{n}} < z_{\alpha/2}) = 1-\alpha$$

가 된다. 그래서 우리는 다음을 얻는다.

$$P\left(\frac{X}{n} - z_{\alpha/2}\sqrt{\frac{p(1-p)}{n}} < p < \frac{X}{n} + z_{\alpha/2}\sqrt{\frac{p(1-p)}{n}}\right) = 1-\alpha$$

가 된다. 그래서, $(1-\alpha)100\%$ 신뢰구간은

$$\frac{x}{n} - z_{\alpha/2}\sqrt{\frac{p(1-p)}{n}} < p < \frac{x}{n} + z_{\alpha/2}\sqrt{\frac{p(1-p)}{n}}$$

가 된다. p의 신뢰구간을 구하는데, 이 모르는 모수 p가 구간의 양 끝점을 계산하는데 사용되고 있다. 다행히 $\sqrt{p(1-p)/n}$ 에서 p대신 $\hat{p} = x/n$을 사용할 수 있다. 표본의 크기가 크면 이 차이는 크지 않을 것이기 때문이다. 그래서 우리는 다음의 결과를 얻는다.

모비율 p의 $(1-\alpha)100\%$ 근사적인 신뢰구간은 표본 크기가 클 때 (보통 $n > 30$) 다음과 같이 계산된다.

$$\frac{x}{n} - z_{\alpha/2}\sqrt{\frac{\frac{x}{n}(1-\frac{x}{n})}{n}} < p < \frac{x}{n} + z_{\alpha/2}\sqrt{\frac{\frac{x}{n}(1-\frac{x}{n})}{n}}$$

또는

$$\hat{p} - z_{\alpha/2}\sqrt{\frac{\hat{p}(1-\hat{p})}{n}} < p < \hat{p} + z_{\alpha/2}\sqrt{\frac{\hat{p}(1-\hat{p})}{n}}$$

예제 6-1

기계부품들의 간단한 무작위 표본에서, 225개 중 18개 수송 중에 손상이 간 것으로 보여진다. 수송 중 손상된 기계 부품들의 비율의 95% 신뢰구간 추정을 수립하라.

풀이 $x = 18,\ n = 225,\ \alpha = 0.05,\ z_{0.025} = 1.96$이다. $x/n = 0.08$이므로

$SE(\hat{p}) = \sqrt{\frac{(0.08)(0.92)}{225}} = 0.0181$가 된다.

p의 95% 신뢰구간은

$0.08 - 1.96(0.0181) < p < 0.08 + 1.96(0.0181)$

로 되고, 이를 계산하면

$0.045 < p < 0.115$

이 된다.

▪ 표본크기결정

설문조사를 하기 위해 한 가지 중요한 고려할 사항은 표본 크기의 선택이다. 더 작고 정밀한 모집단 비율의 구간 추정을 구하기 위해, 신뢰도를 낮추거나 표본 크기를 늘려야 한다. 신뢰도를 올리고 싶다면, 구간추정치를 더 넓게 하거나 표본 크기를 늘릴 수 있다. 보다 큰 표본 크기를 선택하는 게 바람직할 수도 있는 반면, 실제적으로 이 결정은 시간과 비용이 든다.

비율의 신뢰 구간을 구하기 위한 설문 조사를 준비 할 때 $\sigma_{\hat{p}}$으로 무엇을 사용해야 할까?

$\sqrt{p(1-p)} = \sqrt{p-p^2} = \sqrt{-\left(p-\frac{1}{2}\right)^2 + \frac{1}{4}} \le \frac{1}{2}$이므로 $\sqrt{\frac{p(1-p)}{n}} \le \frac{0.5}{\sqrt{n}}$이다.

오차의 한계를 d(일정)로 정하면

$$d = z_{\frac{\alpha}{2}} \frac{0.5}{\sqrt{n}}$$

이다. 이를 정리하면

$$n = \left(\frac{z_{\alpha/2}}{2d}\right)^2$$

이므로 표본의 크기 n이 결정된다.

예제 6-2

개개인의 성과에 따라 노동자의 급여가 좌우 되어야 한다고 믿는 산업계 경영진들의 비율을 찾기 위해 조사가 착수되었다. 추정이 99% 신뢰 수준에서 $\pm.06$, $\pm.03$, $\pm.02$ 이길 바란다면 경영진들 몇 명이나 인터뷰를 해야 할까요?

풀이 $2.576(\frac{.5}{\sqrt{n}}) \leq .06$는 $\sqrt{n} \geq \frac{2.576(.5)}{.06} = 21.5$, $n \geq 462.25$이다.

$2.576(\frac{.5}{\sqrt{n}}) \leq .03$는 $\sqrt{n} \geq \frac{2.576(.5)}{.03} = 42.9$, $n \geq 1840.4$이다.

$2.576(\frac{.5}{\sqrt{n}}) \leq .02$는 $\sqrt{n} \geq \frac{2.576(.5)}{.02} = 64.4$, $n \geq 4147.4$이다.

따라서 463, 1841, 또는 4148명의 경영진들이 인터뷰 되어야 한다.

■

6.1.2 두 비율들의 차이의 신뢰구간

p_1과 p_2는 알려져 있지 않고, 우리의 목적은 $p_1 - p_2$의 신뢰구간을 구하는 것이다. 첫단계는 각 모집단에서 서로 독립인 두 개의 표본을 꺼내는 것이다. $p_1 - p_2$의 불편추정량으로 $\frac{X_1}{n_1} - \frac{X_2}{n_2}$를 사용하는 것은 자연스럽다.

그 다음 $p_1 - p_2$의 신뢰구간을 만들기로 하자. 먼저 $p_1 - p_2$의 추정량인 $\frac{X_1}{n_1} - \frac{X_2}{n_2}$의 표본 분포를 알아야 한다.

그러면 $\frac{X_1}{n_1} - \frac{X_2}{n_2}$의 분포는 근사적으로 평균이 $p_1 - p_2$이고, 표준편차가 $\sqrt{\frac{p(1-p_1)}{n_1} + \frac{p_2(1-p_2)}{n_2}}$인 정규 분포를 따른다는 것이 알려져 있다. 그래서, 모집단이 하나인 경우 모비율 p의 신뢰구간을 구하는 방법을 적용하면 $p_1 - p_2$의 $(1-\alpha)100\%$ 신뢰구간은 다음과 같다.

$$\left(\frac{x_1}{n_1} - \frac{x_2}{n_2}\right) - z_{\alpha/2}\sqrt{\frac{p_1(1-p_1)}{n_1} + \frac{p_2(1-p_2)}{n_2}} <$$

$$p_1 - p_2 < \left(\frac{x_1}{n_1} - \frac{x_2}{n_2}\right) + z_{\alpha/2}\sqrt{\frac{p_1(1-p_1)}{n_1} + \frac{p_2(1-p_2)}{n_2}}$$

위 신뢰구간의 상한·하한 모두가 p_1과 p_2를 포함한다. 그러나, 우리는 이 p_1, p_2를 모르므로 이를 추정하여야 한다. 그렇지만 별 오차 없이 $\hat{p_1} = \frac{x_1}{n_1}$와 $\hat{p_2} = \frac{x_2}{n_2}$를 사용할 수 있다.

그래서, 다음 결과를 얻는다.

$p_1 - p_2$의 $(1-\alpha)100\%$ 신뢰구간은 근사적으로 다음과 같다.

$$\left(\frac{x_1}{n_1} - \frac{x_2}{n_2}\right) - z_{\alpha/2}\sqrt{\frac{\frac{x_1}{n_1}(1-\frac{x_1}{n_1})}{n_1} + \frac{\frac{x_2}{n_2}(1-\frac{x_2}{n_2})}{n_2}} <$$

$$p_1 - p_2 < \left(\frac{x_1}{n_1} - \frac{x_2}{n_2}\right) + z_{\alpha/2}\sqrt{\frac{\frac{x_1}{n_1}(1-\frac{x_1}{n_1})}{n_1} + \frac{\frac{x_2}{n_2}(1-\frac{x_2}{n_2})}{n_2}}$$

$$(\hat{p_1} - \hat{p_2}) - z_{\alpha/2}\sqrt{\frac{\hat{p_1}(1-\hat{p_1})}{n_1} + \frac{\hat{p_2}(1-\hat{p_2})}{n_2}} < p_1 - p_2 <$$

$$(\hat{p_1} - \hat{p_2}) + z_{\alpha/2}\sqrt{\frac{\hat{p_1}(1-\hat{p_1})}{n_1} + \frac{\hat{p_2}(1-\hat{p_2})}{n_2}}$$

예제 6-3

식품점의 매니저는 계산대를 지나가는 85명의 사람들의 무작위 표본에서 10명만 수표로 계산하는 정규계산대를 지나고, 92명의 소비자들의 7명이 정규계산대에서 수표로 계산하는걸 알아차린다. 다른 두 계산대를 지나가며 수표를 사용하는 소비자들의 비율의 차이의 95% 신뢰 구간 추정을 찾아라.

풀이 $n_1 = 85 \; n_2 = 92$

$\hat{p_1} = \frac{10}{85} = .118 \;\; \hat{p_2} = \frac{37}{92} = .402$

$SE(\hat{p_1} - \hat{p_2}) = \sqrt{\frac{(.118)(.882)}{85} + \frac{(.402)(.598)}{92}} = .0492$

$\hat{p_1} - \hat{p_2} = .118 - .402 = -.284$이다. 그리고 $z_{0.025} = +1.96$이다. 신뢰 구간 추정은 $-.284 \pm 1.96(.0619) = -.284 \pm .121$이다. 매니저는 급행 계산대를 지나가며 수표를 사용하는 소비자들의 비율은 .163와 .405 사이이다.

■

6-2 평균값의 신뢰구간

6.2.1 모집단이 하나일 때의 모평균의 신뢰구간

■ 모분산을 알 때 모평균의 신뢰구간

우리는 이제 모분산 σ^2을 알 때 μ의 신뢰구간(confidence interval)을 구하는 방법을 자세히 다루겠다. 먼저 95%라는 주어진 신뢰도를 가진 신뢰구간부터 유도하자.

μ의 신뢰구간을 얻기 위해 우리는 모집단이 정규분포라는 가정을 하자. 그러면 6장에서 배웠듯이 $\overline{X}$의 분포는 평균이 μ이고, 분산이 σ^2/n인 정규 분포이다. 따라서 $Z=(\overline{X}-\mu)/(\sigma/\sqrt{n})$가 표준 정규 분포를 따르게 된다.

그래서

$$P(-z_{\alpha/2} < (\overline{X}-\mu)/(\sigma/\sqrt{n}) < z_{\alpha/2}) = 1-\alpha$$

가 된다. 따라서 우리는 다음을 얻는다.

$$P\left(\overline{X} - z_{\alpha/2}\frac{\sigma}{\sqrt{n}} < \mu < \overline{X} + z_{\alpha/2}\frac{\sigma}{\sqrt{n}}\right) = 1-\alpha$$

이제까지 설명한 것은 요약하면 다음과 같다.

모집단이 정규분포이고 모표준편차 α가 알려져 있으면 μ의 $(1-\alpha)100\%$ 신뢰구간은 다음과 같다.

$$\bar{x} - z_{\alpha/2}\frac{\sigma}{\sqrt{n}} < \mu < \bar{x} + z_{\alpha/2}\frac{\sigma}{\sqrt{n}}$$

우리는 모집단이 정규 분포라는 가정하에서 μ의 신뢰 구간을 만들었다. 이 가정이 있어야만 $\overline{X}$가 정규분포를 하므로 정규분포 가정은 필요하다. n이 크면 보통 $(n \geq 30)$ 정규분포의 가정은 중요하지 않게 된다. 왜냐하면 중심극한정리에 의해 $Z=(\overline{X}-\mu)/(\sigma/\sqrt{n})$이 근사적으로 정규분포를 하기 때문이다. 이 때도 똑같은 신뢰구간을 얻는데 이것은 근사적 신뢰구간이다.

예제 6-4

분 당 2.49박동수의 표준편차로 정규분포를 따르는 양에 따라 심장 박동수를 내리는 새로운 약이 있다. 50명의 무작위 표본 평균 분 당 5.32박동수가 떨어진다면, 모든 환자들의 심장 박동수의 평균값의 95% 신뢰 구간 추정을 찾아라.

풀이 $\bar{x} = 5.32, \sigma = 2.49, n = 50, z_{0.025} = 1.96$이다.

그래서, 신뢰구간은

$$5.32 - 1.96\left(\frac{2.49}{\sqrt{50}}\right) < \mu < 5.32 + 1.96\left(\frac{2.49}{\sqrt{50}}\right)$$

이다. 이를 계산하면

$$4.63 < \mu < 6.01$$

■

예제 6-5

병입 기계는 0.12온스의 표준편차로 작동한다. 36병들의 무작위 표본에서, 기계가 병 안에 평균 16.1온스를 넣는다고 가정해보자. 이 기계가 모든 병들 안에 넣는 온스의 평균값을 추정하자. 평균값이 있다고 95% 신뢰구간을 찾아라.

풀이 표본 크기가 36이면, 표본 평균값 16.1, 표준편차 $\frac{\sigma}{\sqrt{n}} = \frac{0.12}{\sqrt{36}} = 0.02$ 인 정규분포이다($n > 30$). $16.1 \pm 1.96(0.02) = 16.1 \pm 0.0392$ 병들 안에 들어가는 온스 평균값이 16.0608과 16.1392사이이다.

■

▪ 표본의 크기 결정

다음에는 추정량 $\overline{X}$로 모평균 μ를 추정할 때 생기는 오차에 대하여 생각하여 보자. 신뢰도 $100(1-\alpha)\%$ 인 μ의 신뢰한계는

$$\overline{X} \pm z_{\frac{\alpha}{2}} \frac{\sigma}{\sqrt{n}}$$

이므로 추정량 $\overline{X}$로 모평균 μ를 추정할 때 오차는 $z_{\alpha/2}\frac{\sigma}{\sqrt{n}}$를 초과하지 않는다. 즉

신뢰도 $100(1-\alpha)\%$ 일 때

$$\overline{X}-z_{\frac{\alpha}{2}}\frac{\sigma}{\sqrt{n}}<\mu<\overline{X}+z_{\frac{\alpha}{2}}\frac{\sigma}{\sqrt{n}}$$

이므로 $|\overline{X}-\mu|<z_{\alpha/2}\frac{\sigma}{\sqrt{n}}$ 이며, $z_{\alpha/2}\frac{\sigma}{\sqrt{n}}$ 는 오차한계가 된다. 이를 d로 표시하자. 즉 $d=z_{\alpha/2}\frac{\sigma}{\sqrt{n}}$ 이고, $\overline{X}$로 μ를 추정할 때 오차의 한계 d를 정해 놓고 표본의 크기를 결정할 수 있다. 오차의 한계를 d(일정)로 정하면

$$d=z_{\frac{\alpha}{2}}\frac{\sigma}{\sqrt{n}}$$

이다. 이를 정리하면

$$n=\left(\frac{z_{\alpha/2}\sigma}{d}\right)^2$$

이므로 표본의 크기 n이 결정된다.

오차의 한계 d가 일정한 값으로 주어지고 신뢰도$100(1-\alpha)100\%$이로 μ를 추정할 때 표본의 크기 n은 다음과 같다.

$$n=\left(\frac{z_{\alpha/2}\sigma}{d}\right)^2$$

예제 6-7

볼 베어링들이 0.025인치의 지름의 표준편차의 과정에 의해 제조되었다. 지름이 ± 0.01인치 이내에 있는지 99% 확신하고 싶다면 어떤 표본 크기가 선택되어야 할까?

풀이 $\frac{\sigma}{\sqrt{n}}=\frac{0.025}{\sqrt{n}}$ 와 $z_{0.005}=2.576$ 이므로

$$2.576\left(\frac{0.025}{\sqrt{n}}\right)\le 0.01$$

$$\sqrt{n}\ge\frac{2.576(0.025)}{0.01}=6.44$$

를 찾는다.

그러므로 $n \geq 41.5$이다. 42를 표본 크기로 선택한다.

■ 모분산을 모를 때 모평균의 신뢰구간

보통 σ^2은 알려져 있지 않으므로 σ^2을 모를 경우가 더 실제적이다. 우리가 전개하려고 하는 방법은 표본 크기가 작을 때 특히 유용하다. 먼저 모집단이 정규분포라는 가정부터 하겠다. σ^2을 알 때 μ의 신뢰구간 찾을 때를 되살려 보면 $\overline{X}$의 분포는 평균 μ, 분산 σ^2/n인 정규분포라는 것에서 출발하여 표준화하면 $\dfrac{\overline{X}-\mu}{\sigma/\sqrt{n}}$은 표준정규분포를 따른다.

여기서는 σ^2을 모르므로 σ대신 이의 점 추정치 S를 쓰는 것이, 다시 말하면 통계량

$$T=\frac{\overline{X}-\mu}{S/\sqrt{n}}$$

를 쓰는 것이 좋다.

5장에서 설명한 바와 같이 T는 정규 분포가 아닌 자유도가 $(n-1)$인 Student t분포를 따른다. 그래서

$$P\left(-t_{\alpha/2,(n-1)} < \frac{X-\mu}{S/\sqrt{n}} < t_{\alpha/2,(n-1)}\right)=1-\alpha$$

가 된다.

σ를 알 때 μ의 신뢰구간을 구하는 단계를 그대로 따르면 우리는 다음을 얻는다.

$$P\left(\overline{X}-t_{\alpha/2,(n-1)}\frac{S}{\sqrt{n}} < \mu < \overline{X}+t_{\alpha/2,(n-1)}\frac{S}{\sqrt{n}}\right)=1-\alpha$$

그래서 다음의 결과를 얻는다.

모집단이 정규 분포이고 σ를 모를 때 μ의 $(1-\alpha)100\%$ 신뢰구간은

$$\bar{x}-t_{\alpha/2,(n-1)}\frac{s}{\sqrt{n}} < \mu < \bar{x}+t_{\alpha/2,(n-1)}\frac{s}{\sqrt{n}}$$

$t_{\alpha/2,(n-1)}$는 n이 30보다 크면 $z_{\alpha/2}$에 가까워지므로 이 때 μ의 신뢰구간은 근사적으로

$$\bar{x} - z_{\alpha/2}\frac{s}{\sqrt{n}} < \mu < \bar{x} + z_{\alpha/2}\frac{s}{\sqrt{n}}$$

됨을 유의하자.

예제 6-8

인조 보석들을 만드는 새로운 과정은 첫 번째 시도에 각각 0.43, 0.52, 0.46, 0.49, 0.60, 그리고 0.56 캐럿이 나가는 여섯 개의 보석을 산출했다. 이 과정에서 캐럿 무게 평균값의 90% 신뢰 구간 추정을 찾아라.

풀이

$$\bar{x} = \frac{\sum x}{n} = \frac{0.43+0.52+0.46+0.49+0.60+0.56}{6} = \frac{3.06}{6} = 0.51$$

$$s = \sqrt{\frac{\sum(x-\bar{x})^2}{n-1}}$$

$$= \sqrt{\frac{(0.08)^2+(0.01)^2+(0.05)^2+(0.02)^2+(0.09)^2+(0.05)^2}{5}}$$

$$= 0.0632$$

$t_{0.05,(5)} = 2.015$이다 그래서, 90% 신뢰구간은

$$0.51 - 2.015\left(\frac{0.0632}{\sqrt{6}}\right) < \mu < 0.51 + 2.015\left(\frac{0.0632}{\sqrt{6}}\right)$$

이고, 이를 계산하면

$$0.0458 < \mu < 0.562$$

이다.

■

6.2.2 두 평균값의 차이의 신뢰구간

■ **두 모분산을 알 때 두 평균의 차에 대한 신뢰구간**

두 모분산 σ_1^2, σ_2^2이 알려져 있는 경우, 독립인 표본이 두 정규모집단에서 추출되었다면, $\mu_1 - \mu_2$에 대한 신뢰구간은 $\overline{X_1} - \overline{X_2}$에 의하여 추정하게 된다. 즉, 두 정규모집단 $N(\mu_1, \sigma_1^2)$ $N(\mu_2, \sigma_2^2)$이므로 임의 추출한 크기 n_1, n_2인 표본 $X_{11}, X_{12}, \ldots, X_{1n_1}$과 $X_{21}, X_{22}, \ldots, X_{2n_2}$의 표본평균을 각각 $\overline{X_1}, \overline{X_2}$라 하면 5장에 의하여

$$\overline{X_1}-\overline{X_2}\ \sim N\left(\mu_1-\mu_2,\ \frac{\sigma_1^2}{n_1}+\frac{\sigma_2^2}{n_2}\right)$$

이고 $\overline{X_1}-\overline{X_2}$를 표준화시킨 Z통계량은

$$Z=\frac{(\overline{X_1}-\overline{X_2})-(\mu_1-\mu_2)}{\sqrt{\sigma_1^2/n_1+\sigma_2^2/n_2}}\ \sim\ N(0,1)$$

이므로 $\mu_1-\mu_2$의 신뢰구간은

$$P\left(-z_{\frac{\alpha}{2}}<\frac{(\overline{X_1}-\overline{X_2})-(\mu_1-\mu_2)}{\sqrt{\sigma_1^2/n_1+\sigma_2^2/n_2}}<z_{\frac{\alpha}{2}}\right)=1-\alpha$$

그래서, 다음의 결과를 얻는다.

σ_1^2과 σ_2^2이 알려진 두 정규모집단들에서 각각 크기가 n_1과 n_2인 독립인 두 확률분포들의 표본평균은 $\overline{X_1}$와 $\overline{X_2}$라고 하면, 두 모평균의 차 $\mu_1-\mu_2$에 대한 $100(1-\alpha)\%$ 신뢰구간은

$$(\overline{x_1}-\overline{x_2})-z_{\frac{\alpha}{2}}\sqrt{\frac{\sigma_1^2}{n_1}+\frac{\sigma_2^2}{n_2}}<\mu_1-\mu_2<(\overline{x_1}-\overline{x_2})+z_{\frac{\alpha}{2}}\sqrt{\frac{\sigma_1^2}{n_1}+\frac{\sigma_2^2}{n_2}}$$

이다.

예제 6-9

옛날 기계로 만든 전구에서 크기 15의 확률 표본을 뽑았더니 평균 수명이 40시간이다. 또 새로운 기계로 만든 전구에서 뽑은 크기 10인 확률 표본의 평균 수명은 45시간이다. 각 기계에서 만든 전구의 수명은 각각 정규 분포를 이루고, 옛날 기계로 만든 전구 수명의 분산은 $\sigma_1^2=25$이고, 새 기계로 만든 전구 수명의 분산은 $\sigma_2^2=30$이라 한다. μ_1, μ_2를 각각 옛날 기계와 새 기계로 만든전구 수명의 모평균이라 할 때 $\mu_1-\mu_2$의 80% 신뢰구간을 구하여라.

풀이 $\overline{x_1}=40, \sigma_1^2=25, \mu_1=15, \mu_2=45, \sigma_2^2=30, n_2=10$, 그리고 $\alpha=0.2$로 주어졌다. 그래서, $z_{\alpha/2}=z_{0.1}=1.28$이다. 결과적으로 $\mu_1-\mu_2$의 80% 신뢰구간은

$(40-45) \pm 1.28\sqrt{\frac{25}{15}+\frac{30}{10}}$ 으로 되고 이를 계산하면

$-7.765 < \mu_1 - \mu_2 < 2.235$

가 된다.

우리는 두 모집단이 각각 정규분포라는 가정을 하였다. 표본의 크기가 크면 이 가정이 필요한 것은 아니다.(보통 n_1과 n_2이 각각 30보다 크면 된다.) 중심극한정리에 의하면 $\overline{X_1} - \overline{X_2}$의 분포가 근사적으로 정규 분포를 이루기 때문이다. 실제로 이 경우는 모분산들이 알려질 필요는 없다.

모분산 σ_1^2과 σ_2^2의 추정치로서 이 경우 각 표본 분산 s_1^2과 s_2^2을 우리는 쓸 수 있다.

그래서, 다음 결과를 얻는다.

n_1과 n_2의 모두 크고 s_1^2, s_2^2이 σ_1^2, σ_2^2의 추정치라 하면 $\mu_1 - \mu_2$의 $(1-\alpha)100\%$ 신뢰구간은 다음과 같다.

$$\overline{x_1} - \overline{x_2} - z_{\frac{\alpha}{2}}\sqrt{\frac{s_1^2}{n_1}+\frac{s_2^2}{n_2}} < \mu_1 - \mu_2 < \overline{x_1} - \overline{x_2} + z_{\frac{\alpha}{2}}\sqrt{\frac{s_1^2}{n_1}+\frac{s_2^2}{n_2}}$$

예제 6-10

조립 공장의 두 과들의 개월마다 생기는 사고의 수 차이를 30개월 연구가 수행되었다. 첫 번째 과가 3.5번의 표준편차로 개월당 평균 12.3번의 사고가 난 반면, 두 번째 과는 3.4번의 표준편차로 개월당 평균 7.6사고가 났다. 개월당 사고가 난 수의 차이의 95% 신뢰 구간 추정을 구하라. (두 모집단들이 독립적이고 대략 정상적으로 분포되어있다고 가정하자.)

풀이 표본의 크기가 크므로 s_1^2과 s_2^2을 σ_1^2과 σ_2^2의 추정치로 쓸 수 있다. $\alpha = 0.05$이므로 $z_{0.025} = 1.96$이다. 신뢰구간은 다음과 같다.

$(12.3-7.6) - 1.96\sqrt{\frac{(3.5)^2}{30}+\frac{(3.4)^2}{30}} < \mu_1 - \mu_2 <$

$$(12.3-7.6)+1.96\sqrt{\frac{(3.5)^2}{30}+\frac{(3.4)^2}{30}}$$

이를 계산하면

$2.96 < \mu_1 - \mu_2 < 6.48$

이 된다.

■

■ **모분산을 모를 때 평균의 차에 대한 신뢰구간**

두 모집단은 각각 정규 분포를 이루는 것으로 가정한다.

다른 하나의 가정은 두 모집단의 분산 σ_1^2과 σ_2^2 이 σ^2으로 똑같다는 것이다. s_1^2을 구하려면 $\sum(x_{1i}-\overline{x_1})^2$을 n_1-1로 나누고, s_2^2을 구하려면 $\sum(x_{2i}-\overline{x_2})^2$을 n_2-1로 나눈다. 두 모분산이 같다는 가정을 하였기 때문에 σ^2을 추정할 때는 두 표본을 합해서 합이 타당할 것이다. 이 합동 추정치(pooled estimate)는 $\sum(x_{1i}-\overline{x_1})^2+\sum(x_{2i}-\overline{x_2})^2$을 $(n_1+1)+(n_2+1)=n_1+n_2-2$로 나누어서 얻을 수 있다.

이 합동된 추정치를 s_p^2로 표시하면

$$s_p^2=\frac{\sum(x_{1i}-\overline{x_1})^2+\sum(x_{2i}-\overline{x_2})^2}{n_1+n_2-2}$$

가 된다.

s_p^2은 다음과 같이 쓸 수 있다.

$$s_p^2=\frac{(n_1-1)s_1^2+(n_2-1)s_2^2}{n_1+n_2-2}$$

만약, $\sigma_1^2=\sigma_2^2$이면 $\mu_1-\mu_2$의 신뢰구간은 다음과 같았던 것을 상기하자.

$$(\overline{x_1}-\overline{x_2})-z_{\frac{\alpha}{2}}\sigma\sqrt{\frac{1}{n_1}+\frac{1}{n_2}}<\mu_1-\mu_2<(\overline{x_1}-\overline{x_2})+z_{\frac{\alpha}{2}}\sigma\sqrt{\frac{1}{n_1}+\frac{1}{n_2}}$$

지금 경우는 σ가 합동된 추정치 s_p로 대치되어야 한다. 그러나, 우리는 위에서처럼 표준 정규 분포에서 찾은 z값을 쓸 수 없다. 대신에 자유도 n_1+n_2-2의 t분포표에서 값을 찾아야 한다. 자유도가 n_1+n_2-2가 되는 이유는 s_p^2을 얻을 때 n_1+n_2-2로 나누었기 때문이라고 생각하면 된다. 결론적으로 다음 결과를 얻는다.

두 모집단이 각각 정규분포이고 미지의 등분산을 가질 때 $\mu_1 - \mu_2$의 $(1-\alpha)100\%$ 신뢰구간은 다음과 같다.

$$(\overline{x_1} - \overline{x_2}) - t_{\alpha/2,(n_1+n_2-2)} s_p \sqrt{\frac{1}{n_1} + \frac{1}{n_2}} < \mu_1 - \mu_2 <$$

$$(\overline{x_1} - \overline{x_2}) + t_{\alpha/2,(n_1+n_2-2)} s_p \sqrt{\frac{1}{n_1} + \frac{1}{n_2}}$$

예제 6-11

인산 비료를 5개의 구획에 주고, 질소 비료를 6개의 구획에 주었을 때, 각 구획에서의 밀의 생산량이 아래의 표에 나타나 있다. $\mu_1 - \mu_2$의 98% 신뢰 구간을 구하여라. 단, μ_1은 모든 가능한 구획에 인산 비료를 주었을 때의 평균이고, μ_2는 질소 비료를 주었을 때의 평균이다.

〈표 6.1〉 각 비료에 따른 밀의 생산량

인산 비료	질소 비료
40	50
49	41
38	53
48	39
40	40
	47

풀이 $\overline{x_1} = 43$, $\overline{x_2} = 45$, $s_1^2 = \frac{104}{4}$, $s_2^2 = \frac{170}{5}$, $n_1 = 5$, $n_2 = 6$ 이므로 σ^2의 합동된 추정치

$$s_p^2 = \frac{104+170}{5+6-2} = \frac{274}{9} = 30.44$$

그래서, $s_p = 5.517$이 된다. 그리고, $\alpha = 0.02$이므로

$$t_{0.01,(9)} = 2.821$$

이다. 그래서, 98% 신뢰 구간은 다음과 같이 주어진다.

$$(43-45) - 2.821(5.517)\sqrt{\frac{1}{5} + \frac{1}{6}} < \mu_1 - \mu_2 <$$

$(43-45)+2.821(5.517)\sqrt{\frac{1}{5}+\frac{1}{6}}$

이를 간단히 하면

$-11.424 < \mu_1 - \mu_2 < 7.424$가 된다.

6.2.3 쌍체비교 신뢰구간

이 부분에서 토론된 분석과 절차는 비교되는 두 표본들이 서로에게 독립적이라는 것이 필요하다. 하지만, 수많은 실험과 시험들이 자료들이 자연히 쌍으로 생기는 두 모집단을 비교하는 것을 포함한다. 이 같은 쌍체비교의 경우엔, 타당한 절차는 쌍 자료에서 얻은 차이들로 이루어진 하나의 변수의 하나-표본 분석을 하는 것이다.

쌍체표본은 서로 독립인 n개의 실험개체에서 쌍으로 얻어진 자료 $(X_1,\ Y_1)$, $(X_2,\ Y_2)$, $\cdots$, $(X_n,\ Y_n)$로 구성된다. 각 쌍에서의 차이 D_i를 다음과 같이 정의한다.

$$D_i = X_i - Y_i, \qquad i = 1,\ 2,\ \cdots,\ n$$

또한 $D_1,\ D_2,\ \cdots,\ D_n$은 모평균 μ_D이고, 모분산 σ_D^2인 하나의 모집단으로부터 얻어진 추출된 확률표본으로 간주한다.

두 모집단으로부터 뽑은 표본이 대응을 이루고 있을 때 각 쌍에서의 차이 $D_1,\ D_2,\ \cdots,\ D_n$은 평균이 μ_D이고 분산이 σ_D^2인 정규모집단에서 추출된 표본이라고 생각하고 μ_D와 σ_D^2 대신 표본평균 $\overline{d}=\frac{1}{n}\sum d_i$, 표본분산 $s_d^2=\frac{1}{n-1}\sum\left(d_i-\overline{d}\right)^2$을 사용한다.

μ_d의 $100(1-\alpha)\%$ 신뢰구간은 다음과 같다.

$$\overline{d}-t_{\alpha/2,(n-1)}\frac{s_d}{\sqrt{n}} \le \mu_d \le \overline{d}+t_{\alpha/2,(n-1)}\frac{s_d}{\sqrt{n}}$$

예제 6-12

특정한 약은 반응 속도를 늦추는가? 만약 그렇다면, 정부는 이 약을 복용하는 차이를 고려하여 검정하려 한다. 30명의 무작위 표본이 약 복용 전과 후에 검사되었다, 그리고 그들의 반응 시간 (초당)이다. 약 복용전과후의 차이에 대한 95%신뢰구간을 구하여라.

〈표 6.2〉 약 복용전과후의 반응속도

사람	전	후	사람	전	후
1	1.42	1.48	16	1.83	1.75
2	1.87	1.75	17	1.40	1.51
3	1.34	1.31	18	1.75	1.67
4	0.98	1.22	19	1.56	1.72
5	1.51	1.58	20	1.56	1.63
6	1.43	1.57	21	2.03	1.81
7	1.52	1.48	22	1.38	1.48
8	1.61	1.55	23	1.42	1.35
9	1.37	1.54	24	1.69	1.75
10	1.49	1.37	25	1.50	1.39
11	0.95	1.07	26	1.12	1.24
12	1.32	1.35	27	1.38	1.40
13	1.68	1.77	28	1.71	1.65
14	1.44	1.44	29	0.91	1.11
15	1.17	1.27	30	1.59	1.85

풀이 우리가 관심이 있는 자료는 반응속도의 증가량이다. 30명에 대한 반응속도 증가량은 $\{-0.06, 0.12, 0.03, -0.24, \cdots, -0.26\}$이다.

$\overline{d} = -0.038,\ s_d = 0.118$

그리고 $\alpha = 5\%$, $t_{0.025,(29)} = 2.045$이다.

95% 신뢰구간은

$$-0.038 - 2.045\left(\frac{0.118}{\sqrt{29}}\right) < \mu_d < -0.038 + 2.045\left(\frac{0.118}{\sqrt{29}}\right)$$

이 되고, 이를 계산하면

$$-0.083 < \mu_d < -0.068$$

이 된다.

■

6-3 모분산의 신뢰구간

모불산 σ^2이 알려지지 않은 정규모집단 $N(\mu,\ \sigma^2)$으로부터 크기 n인 확률표본 $X_1,\ X_2,\ \cdots,\ X_n$을 추출하였을 때 표본분산

$$S^2 = \frac{1}{n-1}\sum_{i=1}^{n}\left(X_i - \overline{X}\right)^2$$

은 모불산 σ^2의 불편추정량이고

$$\chi^2 = \frac{(n-1)S^2}{\sigma^2}$$

은 자유도 $\nu = n-1$인 χ^2분포를 한다. 따라서

$$P\left(\chi^2_{1-\alpha/2} < \frac{(n-1)S^2}{\sigma^2} < \chi^2_{\alpha/2}\right) = 1-\alpha$$

다음과 같이 σ^2의 신뢰구간이 구하여진다.

σ^2가 알려지지 않은 정규모집단으로부터의 크기 n인 확률표본의 분산이 S^2이면 σ^2의 $100(1-\alpha)\%$ 신뢰구간은

$$\frac{(n-1)S^2}{\chi^2_{\frac{\alpha}{2}}} < \sigma^2 < \frac{(n-1)S^2}{\chi^2_{1-\frac{\alpha}{2}}}$$

이다.

그래서, 우리는 다음의 결과를 얻는다.

모집단의 표준편차 σ의 $100(1-\alpha)\%$ 신뢰구간은 다음과 같다.

$$\frac{(n-1)s^2}{\chi^2_{\frac{\alpha}{2}}} < \sigma^2 < \frac{(n-1)s^2}{\chi^2_{1-\frac{\alpha}{2}}}$$

예제 6-13

어떤 참치 통조림의 무게에 대한 분산을 추정하기 위하여 임의로 10개를 추출하여 측정한 무게이다.

46.4. 46.1. 45.8. 47.0. 46.1. 45.9. 45.8. 46.9. 45.2. 46.0

참치 통조림의 무게가 정규분포를 따른다고 할 때, 모분산 σ^2에 대한 95% 신뢰구간을 구하여라.

풀이 표본분산 s^2을 계산하면 $s^2 = 0.286$, 자유도는 $\nu = 10 - 1 = 9$이므로, 부록 표에서 $\chi^2_{0.025} = 19.023$과 $\chi^2_{0.975} = 2.700$을 찾는다. 따라서 σ^2에 대한 95% 신뢰구간은 다음과 같다.

$$\frac{(9)(0.286)}{19.023} < \sigma^2 < \frac{(9)(0.286)}{2.700}$$

■

예제 6-14

정확한 전자시계를 만들고자 하는 한 전자시계제조업자가 마지막 품질검사에 합격한 시계 중에서 10개의 시계를 추출하여 품질이 얼마나 균일하게 유지되는지를 검사하려고 한다. 이를 위하여 표준시계와 10 개의 시계를 맞춘 후 한 달 후에 표준시계와의 시간차니(제조시계의 시간-표준시계의 시간)를 기록하였더니 평균과 표준편차가 다음과 같았다.

$$\overline{x} = 0.5\text{초}, \qquad s = 0.4\text{초}$$

모집단의 시간차이가 정규분포라는 가정 하에 σ의 90% 신뢰구간을 구하라.

풀이 표본의 크기가 $n = 10$이고, $\alpha/2 = 0.05$이므로, χ^2분포표로부터 $\chi^2_{0.05,(9)} = 16.92$와 $\chi^2_{0.95,(9)} = 3.33$을 얻을 수 있다. 앞에서 구한 신뢰구간의 식에 의해서 σ^2의 90% 신뢰구간은

$$\left(\frac{9 \times (0.4)^2}{16.92},\ \frac{9 \times (0.4)^2}{3.33}\right) = (0.085,\ 0.432)$$

이고, 따라서 σ의 90% 신뢰구간은 $(\sqrt{0.085},\ \sqrt{0.432}) = (0.29,\ 0.66)$이다.

■

6-4 SPSS 실습

6장에서 설명한 모수의 구간추정에 관한 예제를 SPSS를 이용하여 분석하는 방법을 알아보도록 한다.

6.4.1. 모평균의 구간추정

[예제 6.8]에서 모분산이 알려져 있지 않고 소표본인 경우의 μ의 신뢰구간을 구하여 보자.

데이터 입력 : [예제 6.8]을 아래와 같이 『SPSS 데이터 편집기 창』에 입력한다.

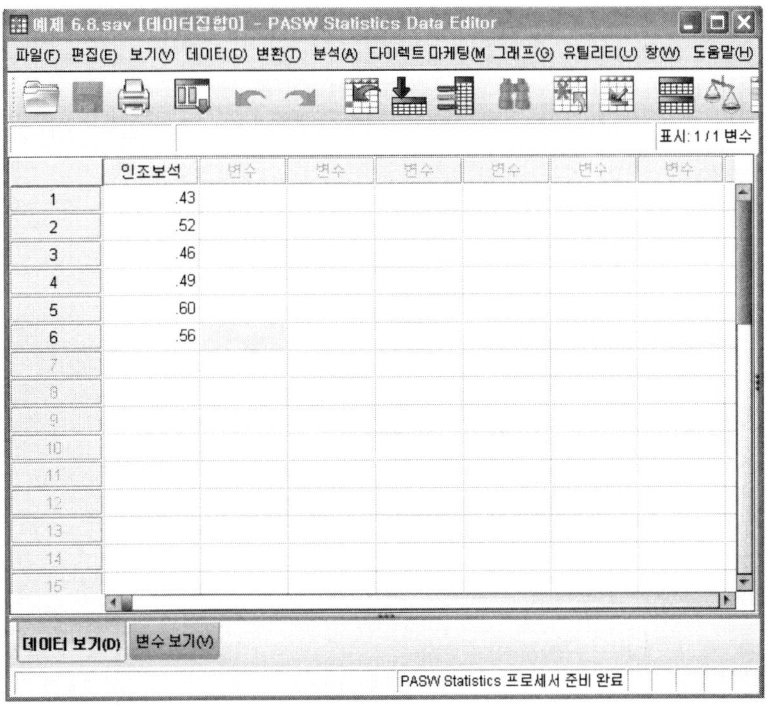

[그림 6.1] 데이터입력

모평균의 구간추정을 위하여 『분석(A) → 평균비교(M) → 일표본 T검정(S)』과 같이 순서대로 실행명령을 지정한다.

[그림 6.2] 실행명령지정

일표본 T 검정 대화상자에서 인조보석 변수를 [검정변수(T)]란으로 이동시키고 모평균의 신뢰구간을 구하기 위하여 [검정값(V)]란에 0을 입력한다.

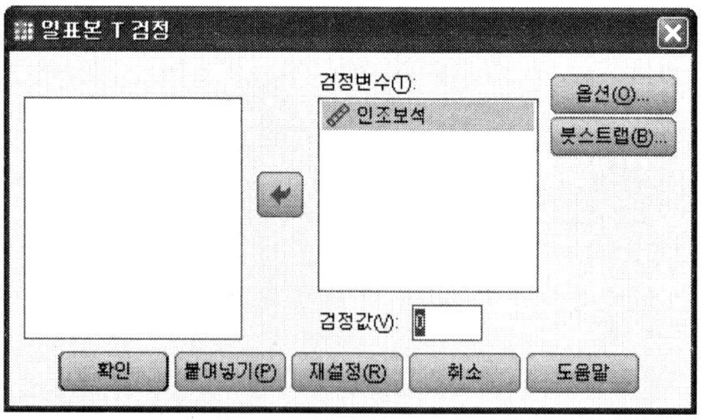

[그림 6.3] 검정변수지정

일표본 T 검정 대화상자에서 하단의 옵션을 선택한 후 90%의 신뢰구간을 구하기 위하여 [신뢰구간(C)]란에 90을 입력하고 계속을 누른다.

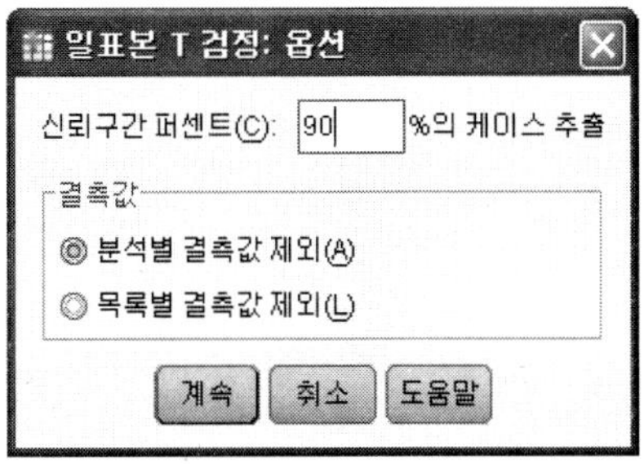

[그림 6.4] 신뢰도지정

확인을 누르면 출력결과창에 다음과 같은 분석결과가 나타난다.

일표본 통계량

	N	평균	표준편차	평균의 표준오차
인조보석	6	.5100	.06325	.02582

일표본 검정

	검정값 = 0					
					차이의 90% 신뢰구간	
	t	자유도	유의확률 (양쪽)	평균차	하한	상한
인조보석	19.752	5	.000	.51000	.4580	.5620

[그림 6.5] 분석결과

기술통계 분석결과를 보면, 6개의 케이스에서 평균이 0.51이고 표준편차가 0.06325 그리고 평균의 표준오차가 0.02582로 나타났다. 평균 인조보석의 무게의 90% 신뢰구간에 관한 추정 결과, 신뢰하한이 0.4580이고 신뢰상한이 0.5620으로 나타났다.

6.4.2 두 모집단이 독립일 때 두 모평균의 차에 대한 구간추정

[예제 6.11]의 두 모분산 σ_1^2, σ_2^2이 알려져 있지 않고 소표본인 경우의 $\mu_1 - \mu_2$의 신뢰구간을 구하여 보도록 한다.

데이터 입력 : [예제 6.11]를 아래와 같이 『SPSS 데이터 편집기 창』에 입력한다. 비료 변수에서 인산 비료를 1, 질소 비료를 2로 코딩한다.

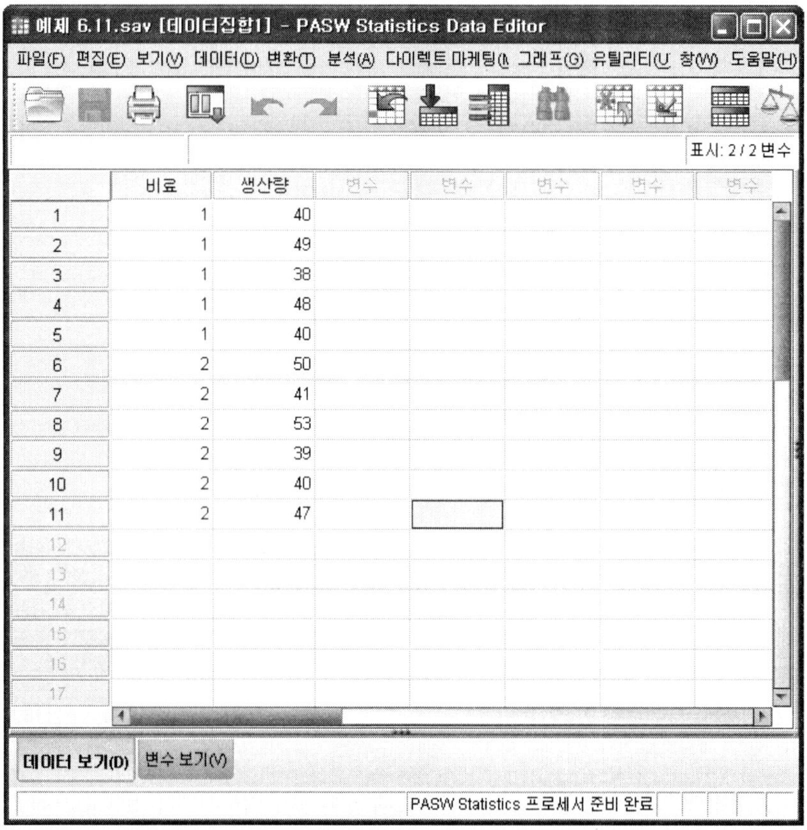

	비료	생산량
1	1	40
2	1	49
3	1	38
4	1	48
5	1	40
6	2	50
7	2	41
8	2	53
9	2	39
10	2	40
11	2	47

[그림 6.6] 데이터입력

두 모평균 차의 구간추정을 위하여 『분석(A) → 평균비교(M) → 독립표본 T 검정(T)』과 같이 순서대로 실행명령을 지정한다.

[그림 6.7] 실행명령지정

독립표본 T 검정 대화상자에서 생산량 변수를 [검정변수(T)]란으로 이동시키고 비료 변수를 [집단변수(G)]으로 이동시킨 후 [집단정의(D)]가 활성화되면 선택하여 비료를 1과 2로 구분하였으므로 집단1에 1, 집단2에 2를 입력하고 계속을 누른다.

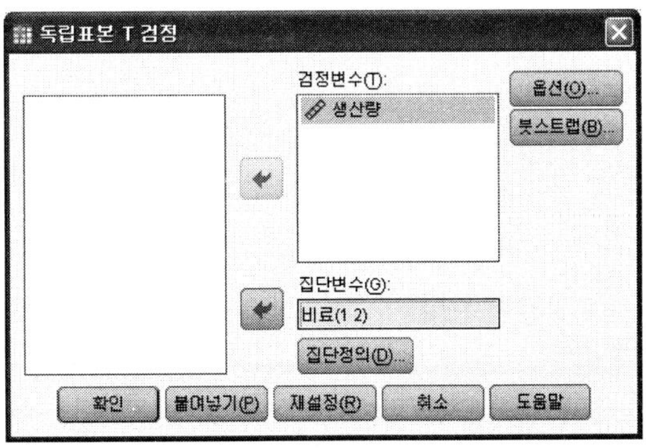

[그림 6.8] 검정변수지정

독립표본 T 검정 대화상자에서 하단의 옵션을 선택한 후 98%의 신뢰구간을 구하기 위하여 [신뢰구간(C)]란에 98을 입력하고 계속을 누른다.

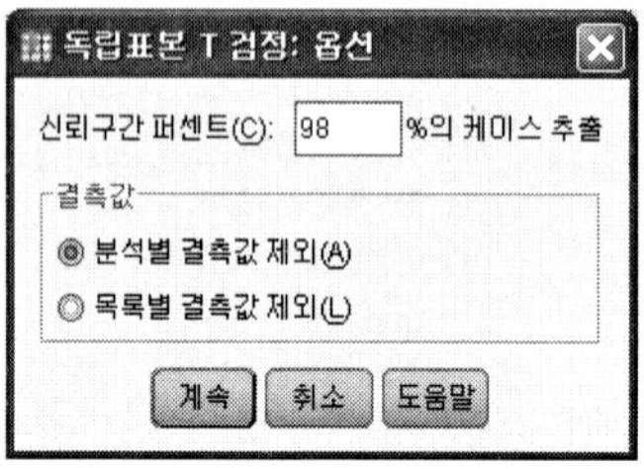

[그림 6.9] 신뢰도지정

확인을 누르면 출력결과창에 다음과 같은 분석결과가 나타난다.

집단통계량

	비료	N	평균	표준편차	평균의 표준오차
생산량	인산비료	5	43.00	5.099	2.280
	질소비료	6	45.00	5.831	2.380

독립표본 검정

		Levene의 등분산 검정		평균의 동일성에 대한 t-검정						
									차이의 98% 신뢰구간	
		F	유의확률	t	자유도	유의확률 (양쪽)	평균차	차이의 표준오차	하한	상한
생산량	등분산이 가정됨	.325	.583	-.599	9	.564	-2.000	3.341	-11.427	7.427
	등분산이 가정되지 않음			-.607	8.958	.559	-2.000	3.296	-11.310	7.310

[그림 6.10] 분석결과

기술통계 분석결과를 보면, 인산 비료는 5개의 케이스에서 평균이 43.00이고 표준편차가 5.098, 그리고 평균의 표준오차가 2.280을 보이고 있다. 반면 질소 비료의 경우에는 6개의 케이스에서 평균이 45.00이고 표준편차가 5.831, 그리고 평균의 표준오차가 2.380으로 나타났다.

두 집단이 독립일 때, 두 모평균의 차에 관한 신뢰구간 추정을 구하기 위하여 먼저 Levene의 등분산 검정을 살펴보아야 한다. Levene의 등분산 검정은 두 집단의 분산이 동일한지를 검정하는 방법이다. 독립표본 검정 결과에서 보면 F값이 0.325이고 유의확률 값이 0.583으로 유의수준 0.05보다 크기 때문에 모집단의 분산이 동일하다는 귀무가설이 채택된다. 따라서 모집단의 분산이 동일하다는 가정하에서 신뢰구간을 추정해야 한다. 따라서 독립표본 검정결과에서 "등분산이 가정됨"에 의한 신뢰구간 추정 결과 두 모평균 차의 98% 신뢰구간의 신뢰하한은 −11.427이고 신뢰상한은 7.427로 나타났다.

6.4.3 두 모집단이 대응일 때 두 모평균의 차에 대한 구간추정

[예제 6.12]의 두 표본이 대응을 이룬 경우의 $\mu_1 - \mu_2$의 신뢰구간을 구하여 보도록한다.

데이터 입력 : [예제 6.12]을 아래와 같이 『SPSS 데이터 편집기 창』에 입력한다. 독립표본과 대응표본은 자료를 입력하는 방법이 다르다는 것에 주의한다. 독립표본에서는 두 집단의 변수값들은 각기 다른 사람들에 의한 변수값이기 때문에 한 사례당 하나의 변수값이 생성되는데 반하여 대응표본의 두 집단 변수값은 동일한 사람에 의한 사전-사후 대응값이기 때문에 한 케이스당 2개의 변수값이 생성된다.

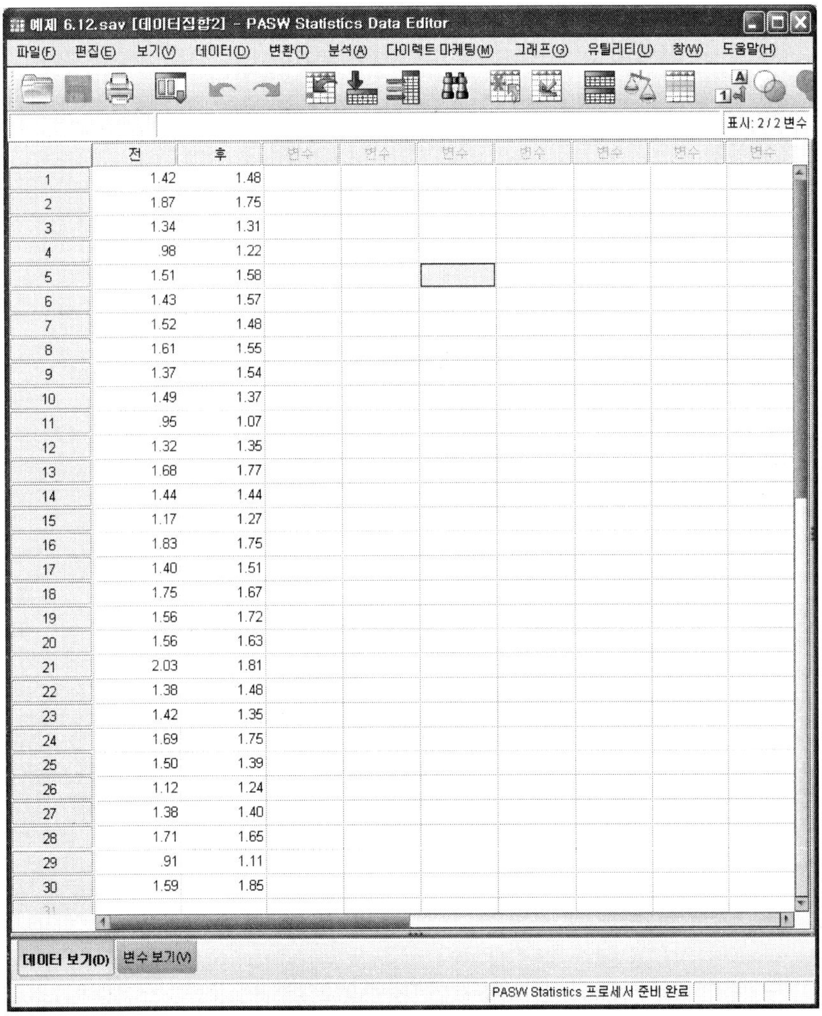

	전	후
1	1.42	1.48
2	1.87	1.75
3	1.34	1.31
4	.98	1.22
5	1.51	1.58
6	1.43	1.57
7	1.52	1.48
8	1.61	1.55
9	1.37	1.54
10	1.49	1.37
11	.95	1.07
12	1.32	1.35
13	1.68	1.77
14	1.44	1.44
15	1.17	1.27
16	1.83	1.75
17	1.40	1.51
18	1.75	1.67
19	1.56	1.72
20	1.56	1.63
21	2.03	1.81
22	1.38	1.48
23	1.42	1.35
24	1.69	1.75
25	1.50	1.39
26	1.12	1.24
27	1.38	1.40
28	1.71	1.65
29	.91	1.11
30	1.59	1.85

[그림 6.11] 데이터입력

두 모평균의 차의 구간추정을 위하여 『분석(A) → 평균비교(M) → 대응표본 T검정(P)』에서대로 실행명령을 지정한다.

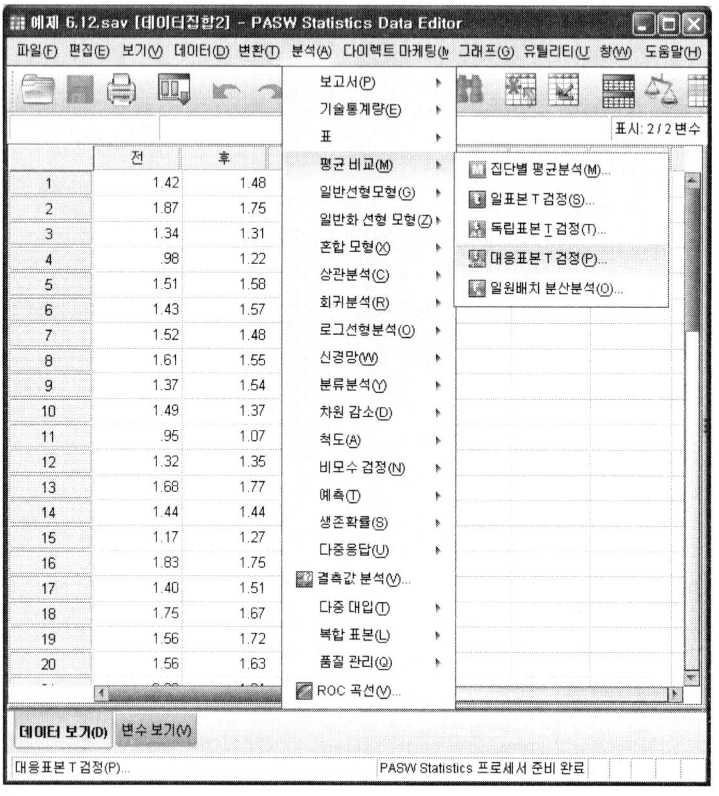

[그림 6.12] 실행명령지정

대응표본 T 검정 대화상자에서 전과 후의 변수를 [대응변수(V)]란으로 이동시킨다.

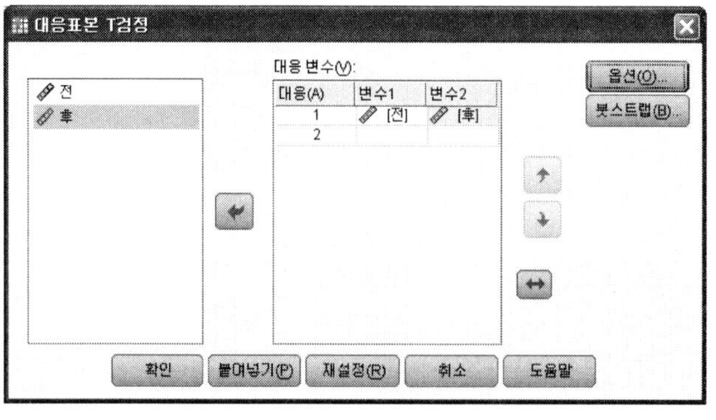

[그림 6.13] 대응변수지정

대응표본 T 검정 대화상자에서 하단의 옵션을 선택한 후 95% 신뢰구간을 구하기 위하여 [신뢰구간(C)]란에 95을 입력하고 계속을 누른다.

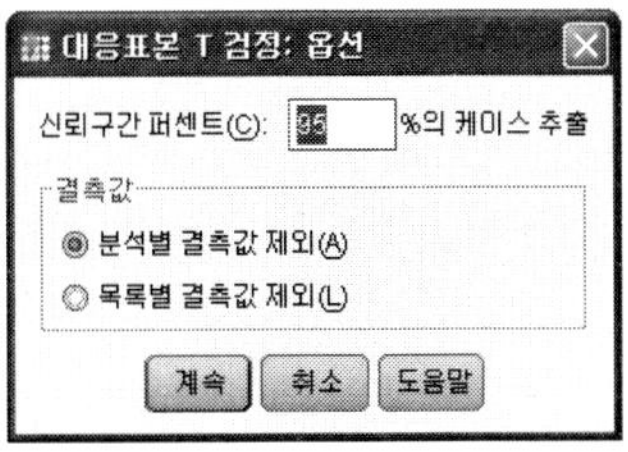

[그림 6.14] 신뢰도지정

확인을 누르면 출력결과창에 다음과 같은 분석결과가 나타난다.

대응표본 통계량

		평균	N	표준편차	평균의 표준오차
대응 1	전	1.4643	30	.26267	.04796
	후	1.5020	30	.20942	.03824

대응표본 상관계수

		N	상관계수	유의확률
대응 1	전 & 후	30	.900	.000

대응표본 검정

		대응차					t	자유도	유의확률 (양쪽)
					차이의 95% 신뢰구간				
		평균	표준편차	평균의 표준오차	하한	상한			
대응 1	전 - 후	-.03767	.11755	.02146	-.08156	.00623	-1.755	29	.090

[그림 6.15] 분석결과

대응표본 검정 결과를 보면 전에서 후를 뺀 대응차에 관한 데이터의 평균이 −0.3767이고 표준편차가 0.11755, 평균의 표준오차가 0.02146로 나타났다. 따라서 대응표본 검정 결과에서 두 모평균의 차에 관한 95% 신뢰구간은 신뢰하한이 −0.08156이고 신뢰상한은 0.00623로 나타났다.

연습문제 6장

1. 모집단 분포의 수량적 특성값을 무엇이라 하는가?

2. 어느 선거구에서 1000명의 유권자를 대상으로 한 여론 조사 결과 A 후보 지지율이 43% 이었다. 모비율 p의 95% 신뢰 한계는?

3. 단거리용 소형로켓에 적용될 새로운 발사시스템을 개발하고 있다. 현 발사시스템의 성공확률은 0.8이다. 새로운 시스템으로 발사실험을 40회 한 결과, 34회가 성공적이었다. 성공률 p의 95% 신뢰구간을 구하라.

4. A 후보의 지지율을 조사하기 위하여 1,000명을 임의로 조사한 결과 590명의 지지를 받았다. 이 후보의 지지율에 대하여 다음을 구하여라.

1) 전체 유권자의 지지율을 추정하여라.
2) 표본비율 $\hat{p}$의 표준오차를 구하여라.
3) $|\hat{p}-p|$에 대한 95% 오차한계를 구하여라.
4) 전체 유권자의 지지율에 대한 95% 신뢰구간을 구하여라.

5. 어떤 공장의 제품의 불량품을 95% 신뢰 계수로 오차 ± 0.005 이내로 조사하고자 한다. 종래 경험으로 불량률이 4% 정도라고 할 때 표본 수는 얼마인가?

6. 어떤 도시에서 수돗물에 불소를 넣어 공급하는 것에 대한 찬성률을 추정하기 위한 조사가 수행되었다. 표본에 의한 찬성률과 도시 전체의 실제 찬성률과의 차이가 1% 이내로 됨을 적어도 95%로 확신하기 위해서는 몇 명이 조사되어야 하는가?

7. 다음은 A, B 두 담배의 연소 시간을 측정한 자료이다. 신뢰도 95%로 평균의 차의 신뢰 구간을 구하면 얼마인가?

	A	B
n	100	144
$\bar{x}$	9.361	9.0
S	0.83	1.2

8. 정규 모집단에서 추출한 표본 크기 20의 표본 평균 $\overline{X}=173.2$이고, $s=8.42$일 때, 모평균 μ의 95% 신뢰 한계는? 단 $t_{n(\alpha)}$는 자유도 n, 유의 수준 α의 t-값이다.

9. 다음은 A, B 품목의 합격, 불합격 비율표이다. 신뢰 95%로 불합격 비율차를 구간 추정할 때 신뢰 상한과 하한은 얼마인가?

	합격	불합격	계
A	928	72	1,000
B	772	28	800
계	1,700	100	1,800

10. 어느 공장에서 부품조립순서에 따른 불량률을 현재의 방법과 새로운 방법에 대하여 비교하여 그 결과에 따라 조립순서를 변경하려고 한다. 현재의 방법으로 조립된 1,500개의 부품을 조사하였더니 불량품이 75개, 새로운 방법에 의해 조립된 2,000개의 부품 중에서는 불량품이 80개로 나타났다. 현 방법과 새 방법의 불량률 차이에 대한 90% 신뢰구간을 구하라.

11. 일정한 두께의 철판을 만드는 공장에서 생산되는 철판의 두께는 정규분포를 하며, 과거의 경험에서 그 표준 편차는 $\sigma=0.021$[mm] 로 알려지고 있다. 이 공장에서 만든 철판 중에서 임의로 100장을 뽑아 그 두께를 재었더니 그 평균은 1.022[mm] 였다. 이 공장 철판의 평균 두께의 95% 신뢰 구간은 얼마인가?

12. 어느 공장 제품 100개를 임의로 추출하여 제품 무게에 대한 평균 $\overline{X}=323.4$g, 표준 편차 $s=6.5$g을 얻었다. 신뢰도 95%로 그 공장 제품의 무게의 평균(모평균) μ를 구하면 얼마인가?

13. 우리나라 18살인 남자의 체중의 표준 편차가 4.8kg 이라 하자. 95% 신뢰도로서 오차가 0.5kg 이하가 되게 체중의 평균을 계산하려 할 때 필요한 표본의 수는 얼마인가?

14. 강판에 세 개의 구멍을 뚫는 데 소요되는 작업시간을 정하려고 한다. 실험을 통해서 이 작업시간의 σ는 40초라고 결론이 얻어졌다면, 표본평균이 모평균으로부터 15초 이내에 있다는 것을 95%로 확신할 수 있으려면 표본의 크기는 얼마로 정해야 되는가?

15. 어느 컴퓨터 제조회사에서 생산되는 컴퓨터의 내구연한이 정규분포를 이룬다고 한다. 10명의 소비자를 대상으로 설문 조사 한 결과 다음의 자료를 얻었다. 신뢰수준 90%에 대한 모평균μ의 신뢰구간을 구하여라. (단위 : 년)

4.6	3.6	4.0	6.1	8.8
5.3	1.2	5.6	3.3	1.6

16. 다음 자료는 TV 광고시간을 측정한 자료이다. 이 자료를 이용하여 TV 평균 광거시간에 대한 99% 근사신뢰구간을 구하여라. 일반적으로 TV 광고시간은 정규분포에 따른다고 알려져 있다. (단위 : 분)

1.5	2.9	2.8	1.6	2.2	2.5	1.9
2.0	3.1	2.7	1.3	1.9	2.6	1.9
2.7	1.8	1.7	2.2	2.3	2.3	3.5
1.8	1.5	2.1	2.0	1.5	2.0	2.4
1.9	2.3					

17. 원통형 금속봉을 생산하고 있는 기계가 있다. 금속봉 9개를 표본추출하여 그 지름을 측정하였더니 다음과 같았다(단위 : cm)

1.01	0.97	1.03	1.04	
0.99	0.98	1.01	0.99	1.03

금속봉의 지름이 정규분포를 근사적으로 따른다고 할 때 지금의 모평균에 대한 99% 신뢰구간을 구하라.

18. 다음은 A, B 두 담배의 연소 시간을 측정한 자료이다. 신뢰도 95%로 평균의 차의 신뢰 구간을 구하면 얼마인가?

	A	B
n	100	144
$\bar{x}$	9.361	9.0
S	0.83	1.2

19. 다음은 남자와 여자의 생존 연령을 조사한 자료이다.

남자	52	60	55	46	33	75	58
	45	57	88				
여자	62	58	65	56	53	45	56
	65	77	47				

1) 두 그룹의 모분산이 동일하다는 조건 아래서 합동표준편차를 구하여라.

2) 1)를 이용하여, 여자와 남자의 평균생존연령의 차이에 대한 90% 신뢰구간을 구하여라.

20. 두 종류의 페인트의 건조시간을 15번씩 측정한 결과가 다음과 같다.

페인트 A	페인트 B
3.5 2.7 3.9 4.2	4.7 3.9 4.5 5.5
3.6 2.7 3.3 5.2	4.0 5.3 4.3 6.0
4.2 2.9 4.4 5.2	5.2 3.7 5.5 6.2
4.0 4.1 3.4	5.1 5.4 4.8

건조시간은 정규분포를 따르며 두 페인트 건조시간의 모분산은 같다고 가정하여, 평균건조시간의 차이 $\mu_B - \mu_A$에 대한 95% 신뢰구간을 구하라.

21. 두 회사 타이어를 8대 택시의 뒷바퀴에 한 개씩 무작위로 장착하여 같은 실험을 한 결과, 아래와 같이 주행거리가 측정되었다고 한다. μ_D의 99% 신뢰구간을 구하라. 단, 주행거리의 차이는 정규분포를 근사적으로 따른다고 가정한다. (단위 : km)

택시	A 회사 타이어	B 회사 타이어
1	34,400	36,700
2	45,500	46,800
3	36,700	37,700
4	32,000	31,100
5	48,400	47,800
6	32,800	36,400
7	38,100	38,900
8	30,100	31,500

22. 어떤 알약의 부작용으로 혈압강하의 효과가 있는지 알아보기 위해서 15명의 환자를 대상으로 알약의 복용 전후의 혈압을 재었더니 그 결과가 다음과 같았다.

환자	1	2	3	4	5	6	7	8	9	10	11	12	13	14	15
전(x)	70	80	72	76	76	76	72	78	82	64	74	92	74	68	84
후(y)	68	72	62	70	58	66	68	52	64	72	74	60	74	72	74
$d=(x-y)$	2	8	10	6	18	10	4	26	18	−8	0	32	0	−4	10

평균 혈압강하량에 대한 95% 신뢰구간을 구하라.

23. 통조림 공장에서 통조림을 제조하기 전에 많은 양의 끓는 물로 야채를 세척하고 있다. 그런데 새로 개발된 방법인 증기를 이용한 세척방법(SBP)을 사용하면 야채에 들어있는 비타민과 미네랄이 기존의 방법보다 적게 손실된다고 한다. 10곳의 농장에서 얻은 10다발의 콩을 가지고 SBP 방법과 기존의 방법을 비교하고자 한다. 각 다발의 콩 중에서 반은 기존의 방법으로 나머지 반은 SBP 방법으로 처리한 후 통조림 된 콩에서 450g 당 비타민의 양을 측정하였다.

	농장									
	1	2	3	4	5	6	7	8	9	10
SBP	35	48	65	33	61	54	49	37	58	65
기존의 방법	33	40	55	41	62	54	40	35	59	56

두 가지 방법을 사용하였을 때 450g당 비타민 양의 평균차이에 대한 98% 신뢰구간을 구하라.

24. 다음 표는 두 가지 수면제 A, B를 10명의 환자에게 복용시켰을 때의 연장된 수면 시간을 조사한 표이다. A, B 두 수면제의 연장된 수명시간의 차이에 관한 95% 신뢰구간을 구하여라.

환자	1	2	3	4	5	6	7	8	9	10
$A(X)$	1.9	0.8	1.1	0.1	−0.1	4.4	5.5	1.6	4.6	3.4
$B(Y)$	0.7	−1.6	−0.2	1.2	−0.1	3.4	3.7	0.8	0.0	2.0

25. 자동차 배터리 제조업자는 그들이 제조한 배터리의 수명이 평균 3년이라고 한다. 이들 배터리를 임의로 5개를 추출한 표본의 수명은 다음과 같다.

1.9, 2.4, 3.0, 3.5, 4.2.(단위 : 년)

26. 다음은 어떤 제조회사에서 생산되는 음료수를 분석한 당분함량의 자료이다. 이 자료로부터 이 회사에서 생산되는 음료수의 당분함량에 대한 분산과 표준편차에 대한 95% 신뢰구간을 구하여라.

15.1	13.4	16.5	14.6	14.4
14.0	15.4	13.8	14.6	14.3

27. 다음은 어떤 회사에서 판매하는 잔디씨 10봉지의 무게를 측정한 값이다. (단위 : g)

46.4	46.1	45.8	47.0	46.1
45.9	45.8	46.9	45.2	46.0

이 회사에서 판매하는 모든 잔디씨 봉지의 무게의 분산에 대한 95% 신뢰구간을 구하라. 단, 잔디씨 봉지의 무게는 정규분포를 따른다고 한다.

σ^2에 대한 95% 신뢰구간을 구하여라.

Memo

7 검정

가설검정이란 모집단에 대한 어떤 가설을 설정한 뒤에 표본을 통하여 그 가설의 채택 여부를 결정하는 분석방법이다. 예를 들면, 건설 업체의 주요한 주주가 성공적인 계획 입찰의 비율의 구간 추정을 확인 할 수도 있고, 성공적인 입찰의 비율에 대한 주장을 검정할 수도 있다. 소비자 보호국은 특정한 담배 브랜드의 평균 니코틴 함유량의 신뢰 구간을 구할 수도 있으며, 제조업체의 그들의 담배의 평균 니코틴 함유량에 대한 주장을 검정할 수도 있다. 농업 연구원은 특정한 비료에 의한 평균 생산력 증가의 신뢰 구간을 찾을 수 있거나, 회사가 주장한 평균 생산력 증가를 검정할 수 있다. 따라서 가설검정은 모집단의 특성에 대한 어떤 가설을 설정한 뒤에 표본 관찰을 통하여 그 가설에 대한 채택여부를 결정하는 통계적 분석방법으로 실제 자료분석에서 가장 중요한 통계이론이다.

7-1 유의성 검정

일반적 검정 절차는 귀무가설이라 불리는 검정이 되어야 할 특정한 가설을 선택하는 것이다. 무작위 표본을 뽑고, 그리고 귀무가설의 가능성을 확인하기 위해 표본으로부터의 통계치를 얻는다. 표본 통계치가 주장된 모집단 모수로부터 충분히 멀리 떨어져 있으면 귀무가설을 기각할 충분한 증거가 있다고 말한다.

모비율의 검정에 대해 설명하고자 한다. 귀무가설 H_0은 비율에 대한 대등 주장의 형식으로 표명 된다 (예를 들어, $H_0 : p = .37$). 그리고 부등식의 형식으로 표명되는 대립가설이 있다. (예를 들어, $H_a : p < .37$ 또는 $H_a : p > .37$ 또는 $H_a : p \neq .37$). 검정통계량의 관측값에 대하여 귀무가설 H_0을 기각시킬 수 있는 최소의 유의수준을 P-값이라 한다. P-값이 작으면 작을수록 귀무가설과 표본 결과 사이의 차이가 더 유의하다.

가설검정에는 두 가지 오류가 있다. 즉 귀무가설 H_0가 참일 때 대립가설 H_a을 채택하는 과오를 제 1종의 과오(type I error)라고 하며, 대립가설 H_a이 참일 때 귀무가설 H_0를 채택하는 과오를 제 2종의 과오(type II error)라고 한다. 따라서 유의수준은 제 1종의 과오를 범할 확률이 된다. 가설검정에서 제 1종의 과오는 유의수준 α에 의해서 관리된다. 그러나 H_a이 참일 때 H_0를 채택할 확률 β가 있다. 이 제 2종 과오는 유의수준이 주어진 경우에 표본크기에 의해서만 관리되는 특징이 있다. 흔히 사용되는 유의수준은 1%(0.01), 5%(0.05), 10%(0.10)이며 특히 5%가 많이 사용된다. $1-\beta$를 검정력(power)라고 불린다. 가설 검정의 검정력은 2종 과오가 저질러 지지 않을 확률이다. 검정력은 대립가설 H_a에 속하는 특정 θ에 대한 H_0을 기각시킬 확률이다. 표본 크기를 늘리거나 유의 수준을 올리는 것이 둘 다 검정력(power)을 늘리는 방법이다.

7-2 비율검정

7.2.1 모비율 가설검정

지금 p를 모비율이라 하면 표본 비율 X/n는 평균이 p이고, 표준편차가 $\sqrt{p(1-p)/n}$이다. 더 나아가서 표본이 크면 X/n의 분포 형태는 근사적으로 정규 분포이다.

결과적으로 귀무가설이 참일 때, 즉 모비율 p가 p_0일 때 X/n의 분포는 n이 클 경우 평균이 p_0이고, 표준편차 $\sqrt{p_0(1-p_0)/n}$인 근사적 정규분포가 된다.

따라서 귀무가설 $H_0 : p = p_0$하에서 검정통계량은 다음과 같다.

$$Z = \frac{(X/n) - p_0}{\sqrt{p_0(1-p_0)/n}}$$

이다.

〈표 7.1〉에는 대립 가설의 특성에 기초를 둔 3가지 경우의 검정 기준이 있다. 검정절차는 중심극한정리를 적용하는 것에 기초를 두고 있다는 것을 명심하여야 한다.

유의수준은 $100\alpha\%$ 이다.

〈표 7.1〉 표본 크기가 클 때 $H_0 : p = p_0$의 검정

대립가설(H_a)	H_0를 기각하게 되는 범위
1. $p > p_0$	$z > z_\alpha$
2. $p < p_0$	$z < -z_\alpha$
3. $p \neq p_0$	$z < -z_{\alpha/2}$ 또는 $z > z_{\alpha/2}$

$$z = \frac{(x/n) - p_0}{\sqrt{p_0(1-p_0)/n}} \ : \text{ 검정통계량 } Z\text{의 계산된 값}$$

예제 7-1

연합 대변인은 연합 일원들 75%가 그들의 근본적인 요구 사항이 이뤄지지 않았을 때 쟁의를 지지할 거라고 주장한다. 125 연합 일원들 중 87가 쟁의를 하겠다고 하면 업체 교섭자는 실제 퍼센트는 낮아졌다고 할 근거가 있는지 가설 검정을 10%의 유의 수준에서 하라.

풀이

1. $H_0 : p = 0.75$
2. $H_a : p < 0.75$
3. $p_0 = 0.75$ 이므로 검정통계량은 $\dfrac{(X/n) - 0.75}{\sqrt{(0.75)(0.25)/n}}$ 이다.
4. $\alpha = 0.1$ 이므로 $z_{0.1} = -1.28$ 이다.
   검정통계량의 계산된 값이 $-z_{0.1} = -1.28$ 보다 작으면 H을 기각한다.
5. $x = 87, n = 125$ 이므로, 검정통계량의 계산된 값은
   $\dfrac{(x/n) - 0.75}{\sqrt{(0.75)(0.25)/n}} = \dfrac{87/125 - 0.75}{\sqrt{(0.75)(0.25)/125}} = -1.39$ 이다.
6. 계산된 값이 -1.28 보다 작으므로 H_0를 기각한다.
   결론 : 지지율이 낮다고 이야기할 강한 증거를 자료는 보여주고 있다.

7.2.2 두 비율간의 차이를 위한 가설 검정

흔히 우리는 두 표본비율의 차이가 표본추출오차에 의한 우연한 것인지, 아니면 정말 다른 모집단이기 때문에 차가 나는 것인지를 결정할 필요가 있다. 간단히 말해서

p_1 과 p_2를 두 모집단에서의 비율이라 할 때 귀무가설 $H_0 : p_1 = p_2$, 즉 $p_1 - p_2 = 0$을 우리는 검정하고 싶은 것이다. 귀무가설이 참이면, 즉 $p_1 = p_2$이면 이 같은 값은 p라고 표시하자. 그러면 우리는 p의 합동된 추정량

$$p = \frac{X_1 + X_2}{n_1 + n_2}$$

를 사용해서 얻을 수 있다. 이 추정치를 $\bar{p} = \dfrac{x_1 + x_2}{n_1 + n_2}$라 하자.

위 귀무가설을 검정하는데 사용하는 검정통계량은 다음과 같음을 보일 수 있다.

$$Z = \frac{\dfrac{X_1}{n_1} - \dfrac{X_2}{n_2}}{\sqrt{p(1-p)(\dfrac{1}{n_1} + \dfrac{1}{n_2})}}$$

n_1과 n_2이 클 때(모두 30보다 클 때)의 검정 절차가 〈표7.2〉에 있다. 이 표에 있는 검정은 중심 극한 정리의 이용에 기초를 두었으므로 유의 수준은 $100\alpha\%$ 임을 뜻한다.

〈표 7.2〉 표본 크기가 클 때 $H_0 : p_1 = p_2$의 검정 기준

대립가설(H_a)	H_0를 기각하게 되는 범위
1. $p_1 > p_2$	$z > z_\alpha$
2. $p_1 < p_2$	$z < -z_\alpha$
3. $p_1 \neq p_2$	$z > z_{\alpha/2}$ 또는 $z < -z_{\alpha/2}$

$$z = \frac{\dfrac{x_1}{n_1} - \dfrac{x_2}{n_2}}{\sqrt{\bar{p}(1-\bar{p})(\dfrac{1}{n_1} + \dfrac{1}{n_2})}}$$: 검정 통계량 Z의 계산된 값

예제 7-2

자동차 제조업체가 두 별개의 조립 절차들을 시도한다. 첫 번째 절차를 통해 나오는 350대의 차들의 표본에서 28대가 큰 결점이 있었던 반면, 두 번째 절차의 500대의 차들의 표본에선 32대의 차들이 결점이 있었다. 이 차이는 10% 유의 수준에서 차이가 있는가?

풀이 1. $H_0 : p_1 - p_2 = 0$

2. $H_a : p_1 - p_2 \neq 0$

3. 검정통계량은 $\dfrac{\dfrac{X_1}{n_1} - \dfrac{X_2}{n_2}}{\sqrt{p(1-p)(\dfrac{1}{n_1} + \dfrac{1}{n_2})}}$ 이다.

4. $\alpha = 0.1$ 이므로 $z_{\alpha/2} = z_{0.05} = 1.65$ 이다.

검정통계량의 계산된 값이 구간 $[-1.65, 1.65]$ 밖에 있으면 보다 크면 H_0을 기각한다.

5. $x_1 = 28, n_1 = 350, x_2 = 32, n_2 = 500$ 이므로

$$\bar{p} = \frac{28+32}{350+500} = 0.0706$$

$$z = \frac{\dfrac{28}{350} - \dfrac{32}{500}}{\sqrt{(0.0706)(0.9294)\left(\dfrac{1}{350} + \dfrac{1}{500}\right)}} = \frac{0.080 - 0.064}{0.0179} = 0.89$$

6. 계산된 값이 -1.65과 1.65 사이에 있으므로 H_0을 기각하지 않는다.

결론 : 결점들의 차이가 없다고 할 수 있다.

■

7-3 평균값 검정

7.3.1 모집단이 하나인 경우의 가설검정

▪ 모분산을 알 때 모평균에 대한 가설검정

우리가 다룰 것이 모분산을 알 때 모평균에 대한 가설검정이었다. 모집단에 대한 기본 가정은 모집단이 정규분포를 한다는 것이다. 정규분포의 가정이 없으면 표본의 크기가 커야 한다. 따라서 귀무가설 $H_0 : \mu = \mu_0$ 하에서 검정통계량은 다음과 같다.

$$Z = \frac{\overline{X} - \mu_0}{\sigma / \sqrt{n}}$$

이다.

앞절에서 기술한 3가지 대립가설에 대한 $H_0 : \mu = \mu_0$의 검정에 대한 검정 기준이 〈표 7.3〉에 요약되어 있다.

〈표 7.3〉 σ^2을 알 때 $H_0 : \mu = \mu_0$의 검정

대립가설(H_a)	H_0를 기각하게 되는 범위
1. $\mu > \mu_0$	$z > z_\alpha$
2. $\mu < \mu_0$	$z < -z_\alpha$
3. $\mu \neq \mu_0$	$z > z_{\alpha/2}$ 또는 $z < -z_{\alpha/2}$

$$z = \frac{\bar{x} - \mu_0}{\sigma/\sqrt{n}} : Z\text{를 계산한 값}$$

예제 7-3

어떤 지능 검사에서 만 15세의 아동의 모집단 평균 지능이 100, 모표준편차는 12라 한다. 지금 만 14세의 아동 36명을 임의로 추출하여 지능 검사를 한 결과 평균이 95였다 한다. 이 사실로써 만 14세의 평균 지능이 15세의 평균 지능보다 낮다고 볼 수 잇느냐? 유의 수준 0.01로 검정하라. 단, 모집단은 정규 분포를 이룬다.

풀이
1. $H_0 : \mu = 100$
2. $H_a : \mu < 100$
3. 검정통계량은 $\dfrac{\bar{X} - 100}{\sigma/\sqrt{n}}$이다.
4. $\alpha = 0.01$이므로 $-z_{0.01} = -2.33$이다.
   "계산된 검정 통계량이 같아 -2.33보다 작으면 H_0을 기각한다."
5. $\bar{x} = 95, \sigma = \sqrt{144} = 12, n = 9$이므로 검정 통계량의 계산된 값은
   $$\frac{\bar{x} - 100}{\sigma/\sqrt{n}} = \frac{95 - 100}{12/\sqrt{9}} = -1.25$$
6. 계산된 값이 -2.33보다 크므로 H_0을 기각하지 않는다.
   결론 : 평균 IQ가 100보다 큰 것으로 나타났다.

■

■ 모분산을 모르고 표본이 작을 때 모평균에 대한 가설검정

모평균에 대한 가설검정에 있어서 보다 실제적인 경우는 모분산을 모르는 경우이다.

우리는 다음의 귀무가설을 검정하려 한다.

$$H_0 : \mu = \mu_0$$

σ를 알 때는 $\dfrac{\overline{X}-\mu_0}{\sigma/\sqrt{n}}$의 검정 통계량을 사용했다. σ를 모르므로 그의 추정량 S를 사용하기로 한다. 그래서 적합한 검정 통계량은 다음과 같다.

$$T = \frac{\overline{X}-\mu_0}{S/\sqrt{n}}$$

이 시점에서 우리는 모집단이 정규 분포를 한다는 가정을 n이 작을 때 특히 첨가할 필요가 있다. 이 가정 하에서는 통계량 T가 자유도가 $n-1$인 student의 $t-$분포를 따르므로 우리는 〈표7.4〉에 있는 검정기준을 얻는다.

〈표 7.4〉 σ^2을 모를 때 $H_0 : \mu = \mu_0$의 검정

대립가설(H_a)	H_0를 기각하게 되는 범위
1. $\mu > \mu_0$	$t > t_{\alpha,(n-1)}$
2. $\mu < \mu_0$	$t < -t_{\alpha,(n-1)}$
3. $\mu \neq \mu_0$	$t < -t_{\alpha/2,(n-1)}$ 또는 $t > t_{\alpha/2,(n-1)}$

$$t = \frac{\overline{X}-\mu_0}{s/\sqrt{n}} \ : \ T\text{를 계산한 값}$$

예제 7-4

지역 상공 회의소는 도시 집들의 평균 세일 가격이 $90,000라고 주장한다. 부동산 대변인은 $75,000, $102,000, $82,000, $87,000, $77,000, $93,000, $98,000, 그리고 $68,000 상공 회의소의 주장을 유의수준 5%에서 양측 가설검정하라.

풀이

1. $H_0 : \mu = 90{,}000$
2. $H_a : \mu \neq 90{,}000$
3. 모분산이 미지이므로 검정통계량은 $\dfrac{\overline{X}-90{,}000}{S/\sqrt{n}}$이다.
4. $\alpha = 0.05$이고 자유도는 $8-1=7$, $t_{0.025,(7)} = 2.36$이다.
   검정통계량의 계산된값이 −2.36보다 작거나 혹은 2.36보다 크면 H_0를 기각한다.
5. $\overline{x} = 85{,}250$, $s = 11{,}877$, $t = \dfrac{\overline{x}-90{,}000}{s/\sqrt{n}} = \dfrac{85{,}250-90{,}000}{11{,}877/\sqrt{8}} = -1.13$

6. -1.13은 -2.36과 2.36사이에 있으므로 H_0을 기각하지 않는다.

결론 : 상공회의소의 주장을 기각할만한 충분한 증거가 없다고 결론을 짓는다.

7.3.2 모평균차 가설검정

이 절에서 우리는 두 모집단에서 모평균의 차와 어떤 속성의 비율의 차에 관한 가설검정을 하겠다. 여기서 다루는 모집단과 표본, 기호들은 앞장 6˘4절에서의 모집단, 표본 및 기호들과 같은 것으로 보면 된다.

모분산을 알 때 모평균의 차에 대한 가설검정은 다음과 같다.

$$H_0 : \mu_1 = \mu_2 \text{ 즉 } \mu_1 - \mu_2 = 0$$

그리고 귀무가설하에서 검정통계량은 다음과 같다.

$$Z = \frac{\overline{X_1} - \overline{X_2}}{\sqrt{\frac{\sigma_1^2}{n_1} + \frac{\sigma_2^2}{n_2}}}$$

여러 가지 형태의 대립가설에 대한 위의 귀무가설을 검정하는 검정 기준은 〈표 7.5〉에 있다.

〈표 7.5〉 모분산을 알 때 $H_0 : \mu_1 = \mu_2$를 검정하는 절차

대립가설(H_a)	H_0를 기각하게 되는 범위
1. $\mu_1 > \mu_2$	$z > z_\alpha$
2. $\mu_1 < \mu_2$	$z < -z_\alpha$
3. $\mu_1 \neq \mu_2$	$z > z_{\alpha/2}$ 또는 $z < -z_{\alpha/2}$

$$z = \frac{\overline{x_1} - \overline{x_2}}{\sqrt{\frac{\sigma_1^2}{n_1} + \frac{\sigma_2^2}{n_2}}}$$: 검정통계량Z의 계산된 값

예제 7-5

두 품질의 담배 A와 B의 니코틴 함량을 비교하기 위해 담배 A에서 크기 60인 표본을, 담배 B에서 크기 40인 표본을 검사하였더니 그 결과가 다음과 같았다.

〈표 7.6〉 담배 A와 B의 니코틴 함량

담 배 A	$\overline{x_1}=15.4$	$s_1^2=3$
담 배 B	$\overline{x_2}=16.8$	$s_2^2=4$

5% 유의 수준에서 볼 때 두 담배의 니코틴 함량은 차이가 있다고 할 수 있는가?

풀이 두 표본이 모두 크므로 σ_1^2, σ_2^2 대신 s_1^2, s_2^2 를 각각 쓸 수 있다. μ_A, μ_B 를 각각 담배 A와 담배 B의 니코틴 함량의 진짜 평균이라고 하자.

1. $H_0 : \mu_A = \mu_B$
2. $H_a : \mu_A \neq \mu_B$
3. 검정 통계량은 $\dfrac{\overline{X_1}-\overline{X_2}}{\sqrt{\dfrac{S_1^2}{n_1}+\dfrac{S_2^2}{n_2}}}$ 이다.
4. $\alpha=0.05$ 이므로 $z_{\alpha/2}$=1.96이다.
   "검정 통계량의 계산된 값이 −1.96보다 작거나 혹은 1.96 보다 크면 H_0를 기각한다."
5. 검정 통계량의 계산된 값은 다음과 같다.
   $$\frac{\overline{x_1}-\overline{x_2}}{\sqrt{\dfrac{s_1^2}{n_1}+\dfrac{s_2^2}{n_2}}}=\frac{15.4-16.8}{\sqrt{\dfrac{3}{60}+\dfrac{4}{40}}}=\frac{-1.4}{\sqrt{\dfrac{3}{20}}}=-3.62$$
6. 계산된 값이 −1.96보다 작으므로 H_0를 기각한다.
   결론 : 두 담배의 니코틴 함량이 차이가 있다고 할만한 충분한 이유가 있다.

■

■ 모분산이 미지일 때 모평균의 차에 대한 가설검정

다음의 검정 절차는 같은 분산을 가진 두 정규모집단에서 작은 크기의 확률표본을 뽑았을 때 특별히 알맞다. 우리는 다음의 귀무가설을 검정하려 한다.

$$H_0 : \mu_1 = \mu_2,\ \text{즉}\ \mu_1 - \mu_2 = 0$$

분산이 알려져 있으면 우리는 다음의 검정통계량을 사용한다.

$$\frac{\overline{X}-\overline{Y}}{\sqrt{\dfrac{\sigma_1^2}{n_1}+\dfrac{\sigma_2^2}{n_2}}}$$

그러나, 분산이 같다고 가정하면, 즉 $\sigma_1^2 = \sigma_2^2 = \sigma^2$이라 하면 위의 검정 통계량은 다음과 같이 된다.

$$\frac{\overline{X} - \overline{Y}}{\sigma\sqrt{\frac{1}{n_1} + \frac{1}{n_2}}}$$

σ가 알려져 있지 않으므로 우리는 그것의 합동된 추정치(pooled estimate)인

$$s_p^2 = \frac{(n_1 - 1)s_1^2 + (n_2 - 1)s_2^2}{n_1 + n_2 - 2}$$

을 사용한다. 그래서, H_0를 검정하는 적절한 검정 통계량은 다음과 같이 된다.

$$\frac{\overline{X} - \overline{Y}}{S_p\sqrt{\frac{1}{n_1} + \frac{1}{n_2}}}$$

여러 가지 경우의 대립가설에 대한 H_0검정기준이 다음의 〈표 7.7〉에 있다.

〈표 7.7〉 $\sigma_1^2 = \sigma_2^2 = \sigma^2$이고 σ^2을 모를때 $H_0 : \mu_1 = \mu_2$의 검정

대립가설(H_a)	H_0를 기각하게 되는 범위
1. $\mu_1 > \mu_2$	$t > t_{\alpha,(n_1+n_2-2)}$
2. $\mu_1 < \mu_2$	$t < -t_{\alpha,(n_1+n_2-2)}$
3. $\mu_1 \neq \mu_2$	$t < -t_{\alpha/2,(n_1+n_2-2)}$ 또는 $t > t_{\alpha/2,(n_1+n_2-2)}$

$$t = \frac{\overline{x_1} - \overline{x_2}}{s_p\sqrt{\frac{1}{n_1} + \frac{1}{n_2}}}$$: 검정 통계량 T의 계산된 값

예제 7-6

시의회 의원은 남성과 여성 공무원들은 경찰서에서 승진을 위해 똑 같은 시간을 기다린다고 주장한다. 여성 대변인은 그러나 여자가 남자들보다 더 오래 기다려야 한다고 믿는다. 만약 5명의 남자가 승진을 위해 각각 8, 7, 10, 5, 그리고 7년을 기다리는 동안 4명의 여자가 각각 9, 5, 12, 그리고 8년을 기다렸다. 유의수준 0.05에서 어떤 결론을 지어야 하나?

풀이 1. $H_0 : \mu_1 = \mu_2$

2. $H_a : \mu_1 - \mu_2 < 0$

3. 검정통계량은 $\dfrac{\overline{X_1} - \overline{X_2}}{S_p\sqrt{\dfrac{1}{n_1} + \dfrac{1}{n_2}}}$ 이다.

4. $n_1 = 5,\ n_2 = 4$ 이므로 자유도는 $5 + 4 - 2 = 7$ 이고

$\alpha = 0.05$ 이므로 $-t_{0.05,(7)} = -1.89$ 이다.

"검정통계량의 계산된 값이 -1.89보다 작으면 기각된다."

5. $\overline{x_1} = 7.4,\ s_1 = 1.82,\ \overline{x_2} = 8.5,\ s_2 = 2.89$ 이므로

$$s_p = \sqrt{\frac{(n_1 - 1)s_1^2 + (n_2 - 1)s_2^2}{n_1 + n_2 - 2}}$$

$$= \sqrt{\frac{(5-1)(1.82)^2 + (4-1)(2.89)^2}{5+4-2}} = \sqrt{5.47} = 2.34 \text{ 이다.}$$

$$t = \frac{\overline{x_1} - \overline{x_2}}{s_p\sqrt{\dfrac{1}{n_1} + \dfrac{1}{n_2}}} = \frac{7.4 - 8.5}{2.34\sqrt{\dfrac{1}{5} + \dfrac{1}{4}}} = -.70 \text{ 이다.}$$

6. 계산된 값이 -1.89 보다 크므로 H_0을 기각하지 못한다.

결론 : 의회 의원의 주장을 반대할 증거가 없다고 결론 짓는다.

7.3.3 쌍체비교 가설검정

위에 설명된 분석과 절차는 비교가 되는 두 표본들이 서로에게 독립적이란 것을 필요로 한다. 그러나, 수많은 실험들과 검정들은 자료가 자연적으로 쌍으로 생기는 두 모집단들을 비교하는 것을 피한다. 이 경우에는, 알맞은 절차는 짝지어진 자료들의 차이들로 구성된 하나의 변수에 단일표본 검정을 하는 것이다. 여러 가지 경우의 대립가설에 대한 H_0의 검정기준은 다음의 〈표 7.8〉에 있다.

〈표 7.8〉 $H_0 : \mu_d = 0$의 검정

대립가설(H_a)	H_0를 기각하게 되는 범위
1. $\mu_d > 0$	$t \geq t_{\alpha,(n-1)}$
2. $\mu_d < 0$	$t \leq -t_{\alpha,(n-1)}$
3. $\mu_d \neq 0$	$t \leq -t_{\alpha/2,(n-1)}$ 또는 $t \geq t_{\alpha/2,(n-1)}$

$$t = \frac{\bar{d}}{s_d/\sqrt{n}}$$: 검정 통계량 T의 계산된 값

예제 7-7

특정한 약은 반응 속도를 늦추는가? 만약 그렇다면, 정부는 이 약을 복용하는 차이를 고려하여 검정하려 한다. 30명의 무작위 표본이 약 복용 전과 후에 검사되었다, 그리고 그들의 반응 시간 (초당)이다. 다음 자료들은 5% 유의수준에서 그의 주장을 입증할 증거가 되는가?

〈표 7.9〉 약 복용 전과 후의 반응속도

사람	전	후	사람	전	후
1	1.42	1.48	16	1.83	1.75
2	1.87	1.75	17	1.40	1.51
3	1.34	1.31	18	1.75	1.67
4	0.98	1.22	19	1.56	1.72
5	1.51	1.58	20	1.56	1.63
6	1.43	1.57	21	2.03	1.81
7	1.52	1.48	22	1.38	1.48
8	1.61	1.55	23	1.42	1.35
9	1.37	1.54	24	1.69	1.75
10	1.49	1.37	25	1.50	1.39
11	0.95	1.07	26	1.12	1.24
12	1.32	1.35	27	1.38	1.40
13	1.68	1.77	28	1.71	1.65
14	1.44	1.44	29	0.91	1.11
15	1.17	1.27	30	1.59	1.85

풀이 우리가 관심이 있는 자료는 반응속도의 증가량이다. 30명에 대한 반응속도 증가량은 $-0.06,\ 0.12,\ 0.03,\ -0.24,\ \ldots\ldots\ -0.26$이다. 약을 복용한 모든 사람들의 반응 증가량의 평균을 μ_d라 하면

1. $H_0 : \mu_d = 0$
2. $H_a : \mu_d < 0$
3. 검정통계량은 $\dfrac{\overline{D}-0}{S_d/\sqrt{n}}$이다.
4. $\alpha = 0.05$이고 $n = 30$이므로 자유도는 29이다. $-t_{0.05,(29)} = -1.70$이고 "검정통계량의 계산된 값이 -1.70 보다 작으면 H_0을 기각한다."
5. $\overline{d} = -0.038,\ s_d = 0.118$

   $$t = \frac{\overline{d}-0}{s_d/\sqrt{n}} = \frac{-0.038}{0.118/\sqrt{30}} = -1.76$$
6. 계산된 값이 -1.70보다 작으므로 H_0을 기각한다.

   결론 : 약복용전보다 후의 반응속도가 크다고 할만한 근거가 있다.

■

7-4 분산의 검정

모집단의 산포도를 나타내는 모표준편차 σ에 대한 가설검정을 예를 들어 설명해 보자. 어느 시계공장에서 생산되는 시간의 표준편차는 $\sigma = 0.4$초라고 알려져 있다. 시계의 성능을 향상시키기 위하여 새 기술을 도입하여 제조된 시계 20개를 임의추출하고 표준편차를 구하니 0.3초였다. 새로 도입한 기술에 의하여 생산된 시계의 성능이 과거 기존의 성능보다 향상되었는가? 이를 검정하려면 $H_0 : \sigma = 0.4 \quad H_1 : \sigma < 0.4$와 같은 가설을 세워야 할 것이다.

우리는 여러 가지의 대립가설에 대한 귀무가설 $H_0 : \sigma^2 = \sigma_0^2$을 검정하려한다. 모분산 σ^2에 관한 가설 검정시에는 이의 추정치인

$$s^2 = \frac{1}{n-1}\sum_{i-1}^{n}(x_i - \overline{x})^2$$

을 사용하는 것이 가장 자연스런 출발일 것이다.

여기서 검정 통계량 $\frac{(n-1)S^2}{\sigma_0^2}$이 나오게 되고, 그래서 검정 기준이 만들어진다. 이 시점에서 우리는 $\frac{(n-1)S^2}{\sigma_0^2}$의 분포를 알아야 할 것이다. 이와 관련하여 우리는 모집단이 정규분포라는 가정을 하겠다. 5장에서 설명한 바와 같이 모집단이 분산 σ^2인 정규분포라 하면 $\frac{(n-1)S^2}{\sigma_0^2}$의 분포는 자유도가 $(n-1)$인 χ^2-분포이다.

〈표 7.10〉에는 양측 및 단측 대립가설에 대한 귀무가설 $H_0 : \sigma^2 = \sigma_0^2$을 검정하는 검정기준이 주어져 있다.

〈표 7.10〉 $H_0 : \sigma^2 = \sigma_0^2$을 검정하는 검정 기준

대립가설(H_a)	H_0를 기각하게 되는 범위
1. $\sigma^2 > \sigma_0^2$	$\chi^2 \geq \chi^2_{\alpha,(n-1)}$
2. $\sigma^2 < \sigma_0^2$	$\chi^2 \leq \chi^2_{1-\alpha,(n-1)}$
3. $\sigma^2 \neq \sigma_0^2$	$\chi^2 \leq \chi^2_{1-\alpha/2,(n-1)}$ 또는 $\chi^2 \geq \chi^2_{\alpha/2,(n-1)}$

$(n-1)s^2/\sigma_0^2$: $(n-1)S^2/\sigma_0^2$ 의 계산된 값

예제 7-8

자동차 배터리 제조업자는 그들의 배터리의 수명의 분산 0.9년이라고 주장한다. 이들 배터리 10개의 확률표본은 1.2년의 분산을 갖는다고 한다면 $\sigma^2 \geq 0.9$라고 할 수 있는지 유의수준 0.05로 검정하여라.

풀이
1. $H_0 : \sigma^2 = 0.9$
2. $H_a : \sigma^2 > 0.9$
3. 검정통계량은 $\frac{(n-1)S^2}{0.9}$이다.
4. 대립가설은 우측검정이다. $n = 10$이므로 χ^2 − 분포는 자유도가 $10-1=9$이다. 부록의 표에 의하면 $\chi^2_{0.05,(9)} = 16.919$이다. 따라서

검정통계량의 계산된 값이 16.919보다 크면 H_0를 기각한다.

5. $s^2 = 1.2$, $n = 10$, $\sigma_0^2 = 0.9$

   검정통계량의 계산된 값은 $\dfrac{(n-1)s^2}{0.9} = \dfrac{9 \times 1.2}{0.9} = 12$이 된다.

6. 계산된 값이 16.919보다 작으므로 H_0을 기각할 수 없다.

   결론 : 5% 유의수준에서 볼 때 모분산 0.9보다 크다고 할만한 근거가 없다.

예제 7-9

다음 측정치들은 실험실에서 임의로 햄스터 6마리를 뽑아 몸무게를 잰 것이다.

12, 8, 7, 12, 14, 13

햄스터의 몸무게의 분산이 2.25보다 크다는 주장에 대해 당신은 어떤 결론을 내릴 것인가?

유의 수준은 5%로 하여라.

풀이

1. $H_0 : \sigma^2 > 2.25$
2. $H_a : \sigma^2 > 2.25$
3. 검정 통계량은 $\dfrac{(n-1)S^2}{2.25}$이다.
4. 대립가설은 오른편 단측이다. χ^2-분포는 자유도가 $6-1=5$이고 $\chi^2_{0.05,(5)} = 11.07$이다.

   "검정 통계량의 계산된 값이 11.07보다 크면 H_0를 기각한다."

5. $\overline{x} = 11$, $(n-1)s^2 = \sum_{i=1}^{n}(x_i - \overline{x})^2 = 40$임은 쉽게 계산된다.

   그래서, 검정 통계량의 계산된 값은 $\dfrac{(n-1)s^2}{2.25} = \dfrac{40}{2.25} = 17.8$이 된다.

6. 계산된 값이 11.07 보다 크므로 H_0를 기각한다.

   결론 : 유의 수준에서 볼 때 모분산이 2.25보다 크다고 할만한 근거가 있다.

7-5 SPSS 실습

SPSS는 구간추정과 검정의 결과를 동일한 메뉴에서 다루고 있다. 7장에서 설명한 모수의 검정에 관한 예제를 SPSS를 이용하여 분석하는 방법을 알아보도록 한다.

7.5.1 모비율 검정

SPSS를 이용하여 [예제 7.1]의 모비율이 0.75 미만이라는 주장에 대한 검정을 실시해 보자.

먼저 데이터를 다음과 같이 입력한다. 여기서 연합 인원들의 수가 가중치이다. 그러므로, 메뉴에서 『데이터(D) → 가중케이스(W)』 기능을 이용하여 연합 인원들의 수를 [가중케이스로 지정(W)]을 선택해주어야 한다.

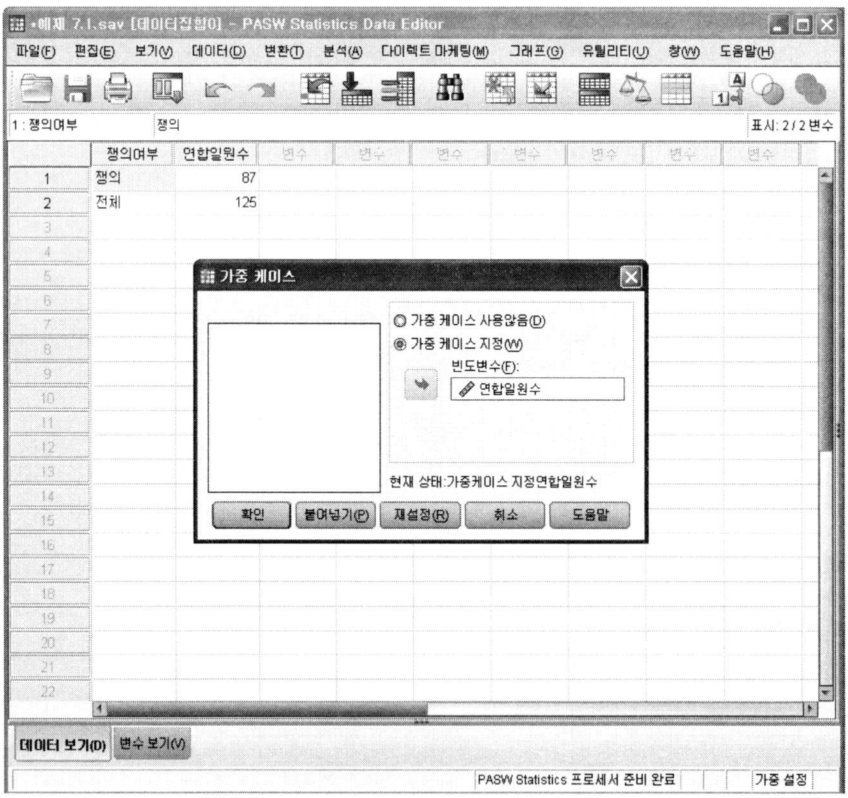

[그림 7.1] 데이터입력

모비율 검정은 『분석(A) → 비모수 검정(N) → 레거시 대화상자(L) → 이항(B)』에서 실시할 수 있다.

[그림 7.2] 검정명령어

「이항검정」창에서 [검정변수(T)]에 연합일원수를 옮기고, 아래 [검정비율(E)]에 귀무가설의 모비율인 p_0를 써 넣는다. 본 예제에서는 0.75이다. 〈확인〉을 누른다.

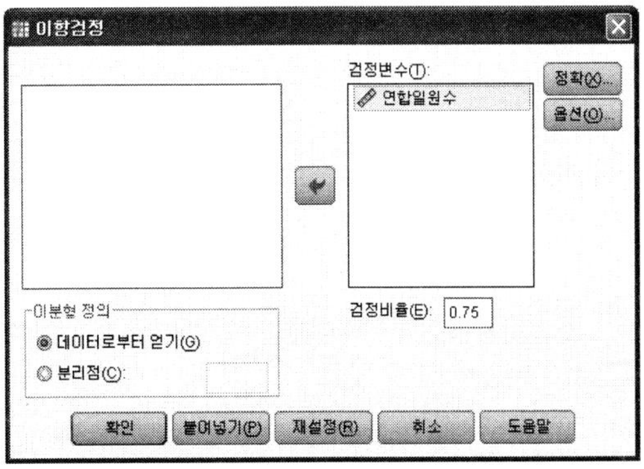

[그림 7.3] 검정변수지정

결과는 아래와 같다. 각주의 a는 지정된 대립가설이 설명되어 있고, 정규근사검정을 실시한 결과 유의확률이 0.000으로 10% 유의수준 하에서 귀무가설을 기각할만한 충분한 증거가 있다.

이항검정

		범주	N	관측비율	검정 비율	근사 유의확률 (단측)
연합일원수	집단 1	87	87	.41	.75	.000[a,b]
	집단 2	125	125	.59		
	합계		212	1.00		

a. 대립가설은 처음 집단의 케이스 비율이 .75보다 작다고 선언합니다.

b. Z 근사법을 기준으로.

[그림 7.4] 분석결과

7.5.2 모평균의 검정

[예제7.4]처럼 모분산이 알려져 있지 않고 소표본인 경우에 대하여 검정을 하도록 한다.

데이터 입력 : [예제 7.4]를 아래와 같이 『SPSS 데이터 편집기 창』에 입력한다.

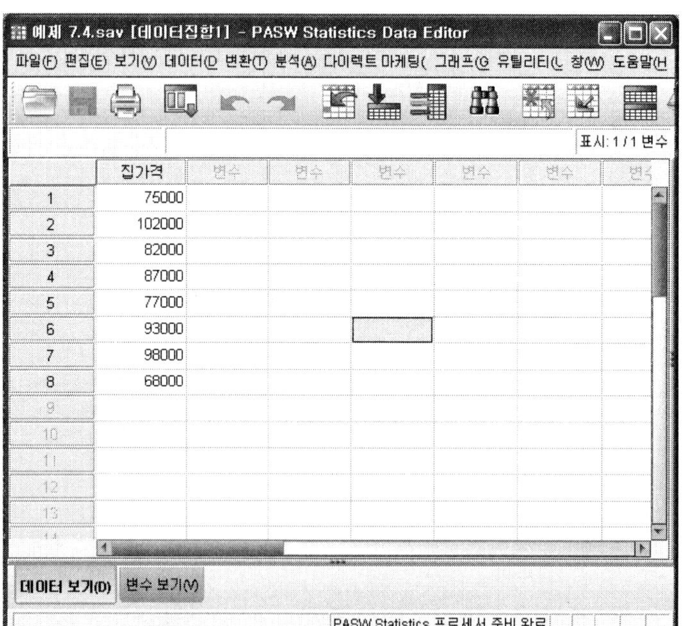

[그림 7.5] 데이터입력

모평균의 검정을 위하여 『분석(A) → 평균비교(M) → 일표본 T검정(S)』과 같이 순서대로 실행명령을 지정한다.

[그림 7.6] 실행명령지정

일표본 T검정 대화상자에서 집가격을 [검정변수(T)]란으로 이동시키고 귀무가설이 참일 때 모평균의 값이 90,000을 [검정값(V)]란에 입력한다.

일표본 통계량

	N	평균	표준편차	평균의 표준오차
집가격	8	85250.00	11877.349	4199.277

일표본 검정

	검정값 = 90000					
					차이의 95% 신뢰구간	
	t	자유도	유의확률 (양쪽)	평균차	하한	상한
집가격	-1.131	7	.295	-4750.000	-14679.71	5179.71

[그림 7.7] 분석결과

일표본 검정 결과를 보면 t검정 통계량 값은 -1.131이고 구해진 p값은 0.295이다. 검정결과에 나온 p값은 양쪽검정일 때 사용하고 단측검정일 때는 검정결과에서 산출된 p값을 $p/2$로 수정한 후 유의수준과 비교해야 할 것이다. 따라서, 유의수준 $\alpha = 0.05$를 고려한다면 $p/2 < \alpha$이므로 귀무가설을 기각한다. 그러므로 집들의 평균가격은 90,000보다 적다고 할 수 있다.

7.5.3 독립표본인 두 모평균의 차에 대한 검정

[예제 7.6]은 두 모분산 $\sigma_1^2,\ \sigma_2^2$을 모르고 소표본인 경우에 해당하는 단측 검정문제이다. 성별에 따라서 승진에 차이가 나는지 알아보고자 한다.

데이터 입력 : [예제 7.6]를 아래와 같이 『SPSS 데이터 편집기 창』에 입력한다.

성별에서 남자를 1, 여자를 2로 코딩한다.

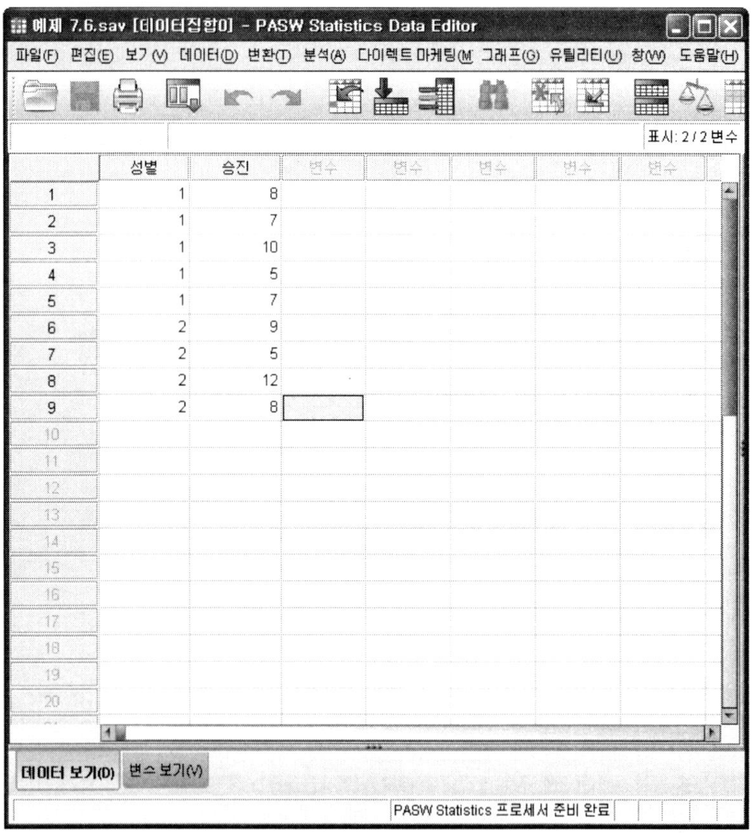

[그림 7.8] 데이터입력

독립표본 검정을 위하여 『분석(A) → 평균비교(M) → 독립표본 T 검정(T)』과 같이 순서대로 실행명령을 지정한다.

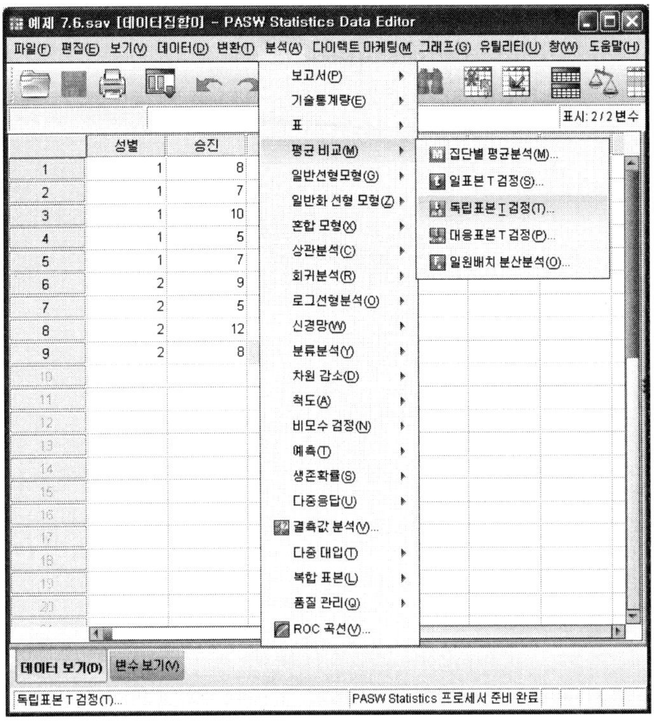

[그림 7.9] 검정명령어

독립표본 T 검정 대화상자에서 승진 변수를 [검정변수(T)]란으로 이동시키고 성별 변수를 [집단변수(G)]으로 이동시킨 후 [집단정의(D)]가 활성화 되면 선택하여 성별을 1과 2로 구분하였으므로 집단1에 1, 집단2에 2를 입력하고 계속을 누른다.

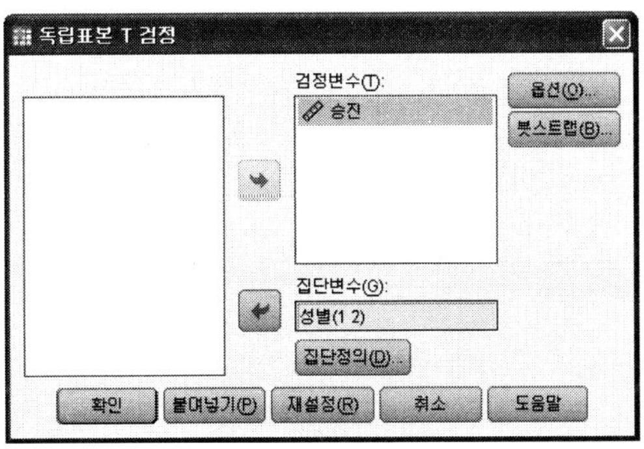

[그림 7.10] 검정변수지정

확인을 누르면 출력결과창에 다음과 같은 분석결과가 나타난다.

집단통계량

	성별	N	평균	표준편차	평균의 표준오차
승진	남자	5	7.40	1.817	.812
	여자	4	8.50	2.887	1.443

독립표본 검정

		Levene의 등분산 검정		평균의 동일성에 대한 t-검정						
									차이의 95% 신뢰구간	
		F	유의확률	t	자유도	유의확률 (양쪽)	평균차	차이의 표준오차	하한	상한
승진	등분산이 가정됨	.576	.473	-.702	7	.505	-1.100	1.567	-4.806	2.606
	등분산이 가정되지 않음			-.664	4.838	.537	-1.100	1.656	-5.401	3.201

[그림 7.11] 분석결과

기술통계 분석결과를 보면, 남자집단은 5개의 케이스에서 평균이 7.40이고 표준편차가 1.817 그리고 평균의 표준오차가 0.812를 보이는 반면 여자집단의 경우에는 4개의 케이스에서 평균이 8.50이고 표준편차가 2.887, 그리고 평균의 표준오차가 1.443로 나타났다.

독립표본 검정결과에서 우선 Levene의 등분산 검정을 살펴보면 F값이 0.576이고 유의확률이 0.473으로 유의수준 0.05보다 크기 때문에 모집단의 분산이 동일하다는 귀무가설이 채택된다. 따라서 모집단의 분산이 동일하다는 가정된다. 그 다음의 평균차의 검정에서 검정값인 t값은 −0.702이고 양측검정일 때 유의확률이므로 단측검정일 때는 0.505÷2=0.2525로 유의수준 0.05보다 크기 때문에 귀무가설을 채택한다. 따라서 성별과 승진까지 걸리는 시간의 차이가 있다고 할 수 없다.

7.5.4 쌍체비교의 검정

표본이 대응을 이룬 경우의 검정을 하는 문제에 대하여 알아보자. [예제7.7]은 약 복용 전 후 차이를 알아보기 위한 검정 문제이다.

데이터 입력 : [예제 7.7]은 짝지어진 데이터이므로 아래와 같이 『SPSS 데이터 편집기 창』에 입력한다.

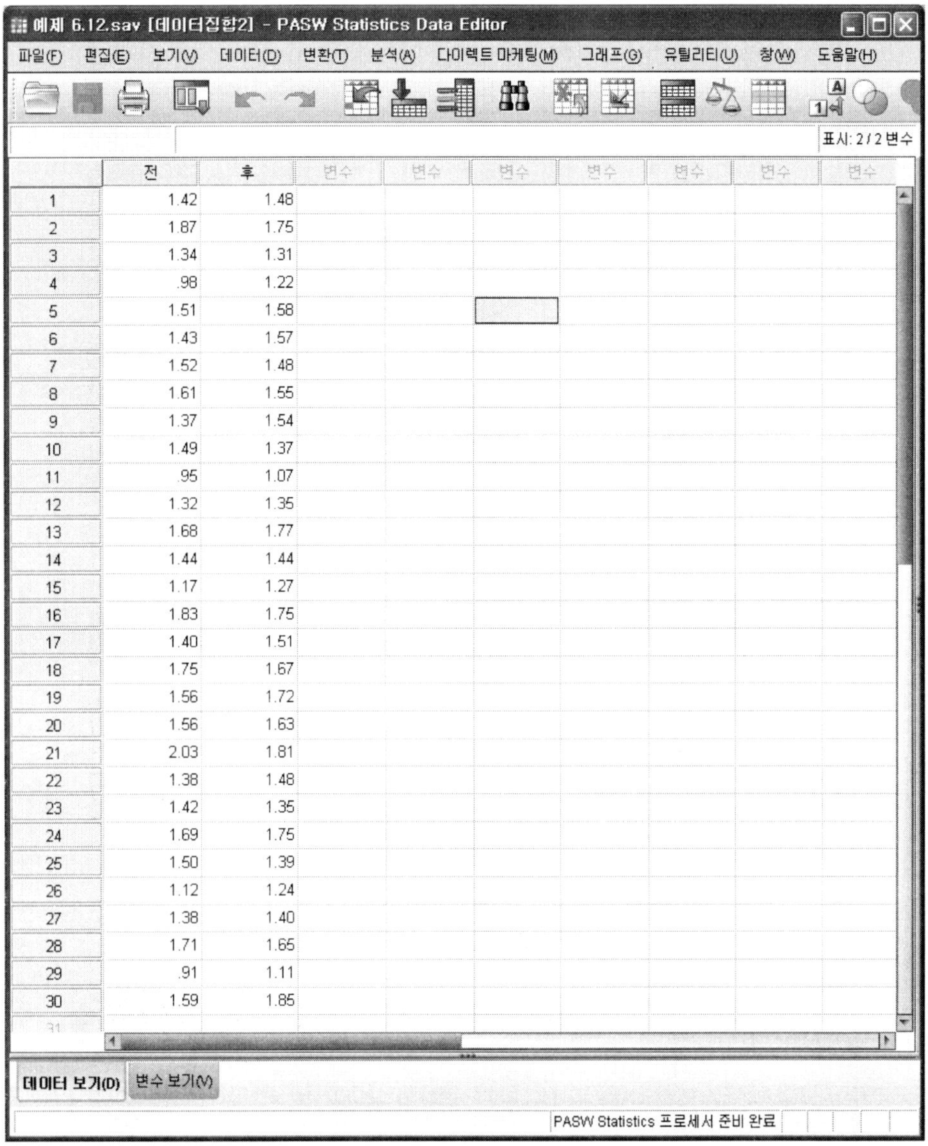

	전	후
1	1.42	1.48
2	1.87	1.75
3	1.34	1.31
4	.98	1.22
5	1.51	1.58
6	1.43	1.57
7	1.52	1.48
8	1.61	1.55
9	1.37	1.54
10	1.49	1.37
11	.95	1.07
12	1.32	1.35
13	1.68	1.77
14	1.44	1.44
15	1.17	1.27
16	1.83	1.75
17	1.40	1.51
18	1.75	1.67
19	1.56	1.72
20	1.56	1.63
21	2.03	1.81
22	1.38	1.48
23	1.42	1.35
24	1.69	1.75
25	1.50	1.39
26	1.12	1.24
27	1.38	1.40
28	1.71	1.65
29	.91	1.11
30	1.59	1.85

[그림 7.12] 데이터입력

두 모평균의 차의 구간추정을 위하여『분석(A) → 평균비교(M) → 대응표본 T검정(P)』과 같이 순서대로 실행명령을 지정한다.

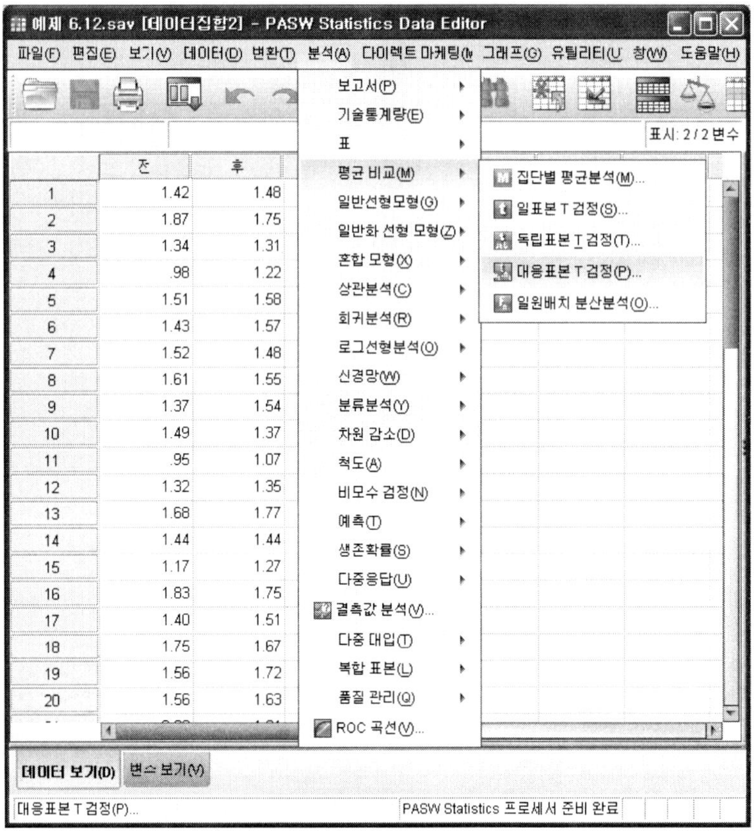

[그림 7.13] 실행명령지정

대응표본 T 검정 대화상자에서 전과 후의 변수를 [대응변수(V)]란으로 이동시킨다.

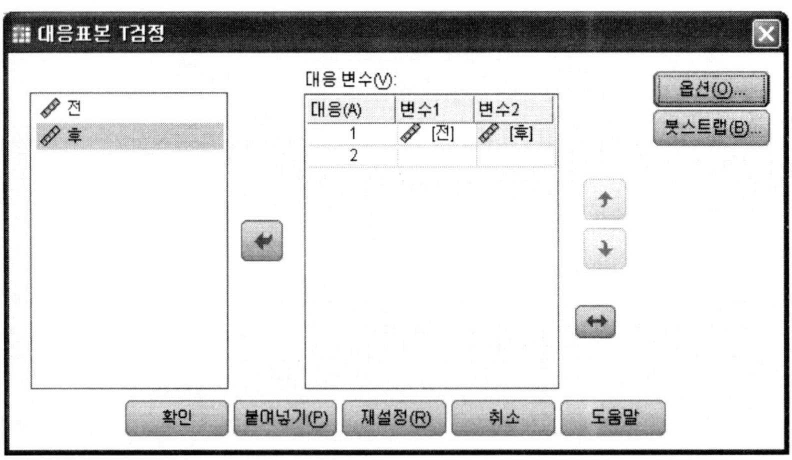

[그림 7.14] 대응변수지정

확인을 누르면 출력결과창에 다음과 같은 분석결과가 나타난다.

대응표본 통계량

		평균	N	표준편차	평균의 표준오차
대응 1	전	1.4643	30	.26267	.04796
	후	1.5020	30	.20942	.03824

대응표본 상관계수

		N	상관계수	유의확률
대응 1	전 & 후	30	.900	.000

대응표본 검정

		대응차					t	자유도	유의확률 (양쪽)
					차이의 95% 신뢰구간				
		평균	표준편차	평균의 표준오차	하한	상한			
대응 1	전 - 후	-.03767	.11755	.02146	-.08156	.00623	-1.755	29	.090

[그림 7.15] 분석결과

대응표본 검정 결과를 보면 전에서 후를 뺀 대응차에 관한 데이터의 평균이 −0.3767이고 표준편차가 0.11755, 평균의 표준오차가 0.02146로 나타났다. 따라서 대응표본 검정 결과에서 t값은 −1.755이고 양측검정일 때 유의확률은 0.09이므로 단측검정일때는 $0.09 \div 2 = 0.045$로 유의수준 0.05보다 작으므로 귀무가설을 기각한다. 즉 약물복용 전과 후의 차이가 있다고 할 수 있다.

연습문제 7장

1. 어떤 식물의 종자는 30%가 싹이 튼다고 한다. 이 종자 200개 중 50개만 싹이 텄다고 할 때 여기에 특별한 이유가 있다고 생각되는가? 유의 수준 5%로 검정하여라.

2. 어느 도시의 시장은 4년 전 56%의 지지율로 당선이 되었다. 임기가 끝나는 즈음 다시 시장에 도전하려고 한다. 여론 조사를 하였다. 300명의 유권자를 단순임의추출하여 의견을 물으니 158명이 지지한다고 하였다.

1) 재선의 가능성은 어느 정도인가?

2) 4년 전에 비하여 지지율이 내려갔다고 할 수 있는가?

3. 보통 약국에서 제조되는 신경안정제의 효과는 60%라고 한다. 신경과민으로 고통받고 있는 성인 100명을 무작위로 추출하여 새로 개발된 양을 복용하게 한 결과 70명이 효과를 보았다고 한다. 새로운 약이 기존의 약보다 효과가 더 크다고 할 수 있는지를 유의수준 0.05로 검정하라.

4. 어느 정유회사의 주장에 따르면 어떤 도시의 가정 중 1/5가 기름난방을 한다고 한다. 무작위로 1,000가정을 추출하여 조사한 결과 136가정이 기름난방을 하고 있는 것으로 조사되었다. 이 결과로 정유 회사측의 주장이 타당하다고 할 수 있는지를 P-값을 이용하여 답하라.

5. 원자력발전소의 건설에 대한 어떤 도시와 교외거주자의 지지율조사에서 임의로 추출된 도시거주자 100명 중에서는 63명이, 교외거주자 125명 중에서는 59명이 원자력 발전소의 건설을 지지하는 것으로 나타났다. 도시거주자와 교외거주자들 간의 지지율에는 유의한 차이가 있다고 할 수 있는지를 검정하라.

6. 도시지역의 성인여성 200명 중 20명이, 그리고 농촌지역의 성인여성 150명 중 10명이 유방암에 걸린 것으로 조사되었다면, 도시지역의 발병률이 더 높다고 할 수 있는지 유의수준 0.05로 답하라.

7. 어떤 도시의 외곽지역에 건설예정인 화학공장건설안에 대하여 시와 인접지역주민들을 대상으로 찬반투표를 실시하여, 시와 인접지역주민들의 지지율 사이에 유의한 차이가 있는지를 알아보려고 한다. 만일 공장건설안에 찬성하는 유권자가 시에서는 200명 중 120명, 인접지역에서는 500명 중 240명으로 나타났다면, 시에서의 유권자의 지지율이 인접지역의 지지율보다 높다고 할 수 있겠는가? 단, 유의수준은 0.05로 하라.

8. 어느 벨트 생산 공장에서 생산된 제품은 평균 1,850시간을 사용할 수 있는데, 그 표준편차는 120시간 정도라고 한다. 새로운 기술 도입으로 생산된 신형 벨트 중에서 60개를 임의 표본 조사를 해본 결과 그 표본 평균 사용 시간이 1,900시간으로 계산되었다고 한다. 이 때 사용 시간을 늘리게 되었다고 광고하는 이 공장의 주장을 5% 유의 수준에서 검정하여 보아라.

9. 에디슨전기연구소에서 발표한 진공청소기 사용으로 인한 연평균전력사용량은 46kwh였다. 12가정을 표본추출하여 진공청소기의 연간전력사용량을 조사하였더니 평균이 42kwh, 표준편차가11.9kwh로 나타났다. 유의수준 0.05로 진공청소기의 연평균전력 사용량이 46kwh보다 적은지를 검정하라.
단, 전력사용량의 모집단은 정규모집단으로 가정한다.

10. 어느 지역 청소년이 평균 IQ가 110이라고 알려져 있다. 이 지역에서 약물 복용으로 체포된 청소년의 IQ가 평균 IQ보다 떨어지는지를 알아보기 위하여 15명의 약물 복용 청소년에 대한 IQ검사를 한 결과가 다음과 같다.

125	105	117	109	118	104	98
111	107	108	135	94	90	100
99						

약물 복용자의 평균 IQ는 이 지역의 IQ보다 떨어지는 지를 유의수준 $\alpha = 0.05$하에서 가설검정 하여라. 이 문제를 풀기 위하여 추가로 필요한 가정 사항이 무엇인지도 말하여라.

11. 평균수명 1000시간이라 선전하는 전구 20개의 수명을 직접 관찰하였다. 평균은 1216시간에 표준편차는 495시간이었다.

1) 이 문제를 풀기 위해서 필요한 가정 사항들은 무엇인가?

2) 수명 1000시간의 주장은 뒷받침되는가? 유의수준 5%로 검정하여라.

3) p값을 구하여라.

12. 두 정규분포로부터 독립적인 확률표본을 추출하여 다음과 같은 결과를 얻었다.

표본 1	표본 2
$n_1 = 12$	$n_2 = 16$
$\overline{x_1} = 35$	$\overline{x_2} = 43$
$s_1 = 4.2$	$s_2 = 3.7$

1) σ^2의 통합분산을 계산하여라.

2) 이 자료는 $\mu_1 \neq \mu_2$를 주장할 충분한 근거를 제공하는가? $\alpha = 0.05$로 검정하여라.

3) 두 모평균의 차 $(\mu_1 - \mu_2)$에 대한 95% 신뢰구간을 구하여라.

13. 전구등을 제작하는 두 대의 기계가 있다. 어느 날 이들 기계에서 생산되는 각각 500개의 제품에서 불편 분산이 각각 0.005cm, 0.006cm 이고, 또 이날 생산된 제품으로부터 평균 반경은 1.503cm 와 1.476cm였다. 5% 유의 수준에서 유의적인 차이가 있다고 말할 수 있는가?

14. 두 가지 종류의 암기법이 서로 차이가 있는지를 알아보기 위하여, 두 집단의 어린 아이에게 각각의 방법으로 외국어 단어를 가르친 후, 암기하고 있는 단어가 몇 개인가를 알아보았더니 다음과 같았다.

암기법A	5 2 4 7 4 4 8 3 7 6	$n_1 = 10$
암기법B	6 5 4 9 4 6 8 5 6 7	$n_2 = 10$

위의 자료를 기초로 하여 두 암기법이 서로 차이가 잇는지를 유의수준 1%에서 검정하여라. 두 모집단의 분포는 정규분포이고, 두 모분산은 같다고 가정한다.

15. 두 강재의 마모량을 비교하기 위한 실험이 실시되었다. 강재 1과 강재 2에 대하여 각각 12회 및 10회씩 시험한 결과 강재 1의 마모량은 평균이 85, 표본표준편차가 4였고, 강재 2에서는 81과 5로 나타났다. 강재 1의 마모량이 강재 2의 그것보다 2이상 심한지를 유의수준 0.05로 검정하라. 단, 두 모집단은 분산이 같은 정규분포를 근사적으로 따른다고 한다.

16. 어느 회사에서 직업 훈련이 근로자의 능률 향상에 효과가 있는지를 알고 싶다고 하자. 이를 위해 16명의 근로자를 뽑아서 직업 훈련을 하기 전과 후의 작업능률 점수를 알아보았더니 다음과 같았다. 이 조사 결과로써 훈련 전과 후의 능률이 같다고 할 수 있는가? 유의수준 1%에서 검정하여라.

번호	1	2	3	4	5	6	7	8	9	10	11	12	13	14	15	16
후	80	90	92	75	86	90	81	70	89	88	82	79	91	90	78	89
전	75	83	96	77	81	90	82	67	94	85	78	82	96	80	87	81

17. 대학교 신입생을 대상으로 쌍을 이루는 두 사람은 IQ가 비슷하게 해서 10쌍을 골랐다. 각 쌍의 임의의 한 사람에게는 교수방법 A로, 다른 사람에게는 교수방법 B로 통계학을 가르친 후 시험을 본 결과가 아래와 같다. 두 교수방법의 점수 차이에 대한 유의수준5%로 검정하여라. 점수의 차에 대한 분포는 정규분포라고 가정한다.

쌍	1	2	3	4	5	6	7	8	9	10
A 방법	76	60	85	58	91	75	82	64	79	88
B 방법	81	52	87	70	86	77	90	63	58	83

18. 15명의 남자 대학생을 대상으로 피로하지 않은 상태와 피로한 상태에서 외부자극에 반응을 나타내기까지의 시간을 측정한 기록이 다음과 같았다고 한다.

피실험자	피로하지 않은 상태	피로한 상태
1	158	91
2	92	59
3	65	215
4	98	226
5	33	223
6	89	91
7	148	92
8	58	177
9	142	134
10	117	116
11	74	153
12	66	219
13	109	143
14	57	164
15	85	100

피로한 상태에서는 신체기능조절능력이 떨어진다고 할 수 있겠는가? 단, 모집단은 정규분포를 따른다고 가정하라.

19. 특별한 윤활유 용기들의 용량은 분산 0.03L의 분산을 가지고 정규분포를 따르는 것으로 알려져 있다. 모분산이 0.03인가를 검정하기 위하여 10개의 용기를 추출하여 다음 자료(단위 : 리터)를 얻었다. 유의수준 0.01로 검정하여라.

10.2	9.7	10.1	10.3	10.1
9.8	9.9	10.4	10.3	9.8

20. 기계에 의해 채워지는 음료수는 만일 함량의 분산이 1.15dl를 초과하면 관리하에 있지 않다고 한다. 이 기계로부터 25개의 음료수를 추출하여 함량을 조사해보니 표본분산이 2.03dl로 나타났다. 기계과 관리하에 있지 않다는 것을 유의수준 0.05로 검정하여라. 함량의 분포는 근사적으로 정규분포를 따른다고 가정한다.

21. 병에 자동으로 음료수를 채우는 시스템에서 채워지는 음료수 양의 분산이 1g 이하이어야만 시스템이 안정적이라고 할 수 있다. 품질관리 책임자가 음료수병 10개를 임의로 추출하여 음료수의 양을 측정한 결과 표본분산 $s^2 = 0.16$을 구하였다. 이 시스템의 분산이 1g 이하인가를 유의수준 5%하에서 검정하여라.

Memo

8 범주형 자료와 카이제곱 검정

이 장에선 자료 분석하는 방법 즉, 자료가 어떤 속성에 따라 분류시켜 도수화한 자료를 이용한 통계적 추론방법인 카이제곱 검정을 공부하고자 한다. 카이제곱 모델들을 이용하여 분포의 추론에 대해 배운다. 이것은 "검정의 결과들이 멘델의 유전의 원리를 지지하는가?" (적합도 검정), "침몰하는 타이타닉에서 살아남는 것이 승객과 신분과는 관계가 없는가?" (독립성 검정), 그리고 "학생들, 선생들, 그리고 직원들은 운전하는 차 종류의 분포들을 똑같이 나타내는가?" (동질성 검정)와 같은 문제들을 이 단원에서 분석하고자 한다.

8-1 적합도를 위한 카이제곱 검정

종종 자료의 측정된 패턴이 주어진 분포와 맞는가 안 맞는가 라는 것이다. 꼭 맞는 적합을 기대할 수 없다면 불일치들을 보고 적합도에 대한 판단을 결정한다.

첫 접근법은 적합하다는 귀무가설에 있다. 주어진 이론상의 분포가 고려중인 상황에 일치한다는 가설이다. 측정된 자료는 전체 모집단에서 하나의 가능한 표본으로 구성되어 있다. 귀무가설이 사실일 때, 추정값과 기대치 차이가 클 가능성에 대해 알아본다. 그 가능성이 정말 크다면 귀무가설을 기각하고 적합하지 않다고 결론 내린다.

이들은 요약하면 다음과 같다.

■ **적합도 검정 (표본크기가 큰 경우: $\widehat{E}_{ij} \geq 5$)**

상호배반 r개의 비교를 위한 가설

$$H_0 : p_1 = p_2 = \cdots = p_r \qquad H_a : H_0\text{가 아니다.}$$

의 검정 통계량은

$$\chi^2 = \sum_{i=1}^{r} \frac{(O_i - \widehat{E}_i)^2}{\widehat{E}_i} \quad (\widehat{E}_i = np_i)$$

$$\chi^2 \sim \chi^2_{(r-1)}$$

이고 이의 관측값을 χ_0^2이라고 하면 다음이 성립한다.

유의 확률	유의수준 α의 기각역
$P = P(\chi^2 \geq \chi_0^2)$	$\chi_0^2 \geq \chi^2_{\alpha,(r-1)}$

예제 8-1

오후 6시간대에 텔레비전 채널 2, 3, 4와 5는 각각 30%, 25%, 20%와 25%로 전체 시청자들의 시청률이었다. 다음 시즌의 첫째 주에 500명의 시청자들이 조사되었다.

(1) 시청자들의 선택은 바뀌지 않았다면, 몇 명이나 각 채널을 보리라 예상하나요?

(2) 실제 측정된 숫자가 이와 같다고 가정해 보자.

〈표 8.1〉 실제 시청자 수

채널			
2	3	4	5
139	139	112	111

이 숫자들은 변화를 나타내는가? 차이들은 의미가 있는가?

풀이 (1) 각각 기대치는 다음과 같다. .30(500)=150, .25(500)=125, .20(500)=100, 그리고 .25(500)=125

〈표 8.2〉 예상 시청자 수

채널			
2	3	4	5
150	125	100	125

(2) H_0: 텔레비전 시청자들은 각각 백분율 30%, 25%, 20%와 25%로 채널 2, 3, 4와 5로 분포되어 있다.

H_a: 시청자 분포는 각각 30%, 25%, 20%와 25%가 아니다.

$$\chi^2 = \sum \frac{(\text{측정값} - \text{예상값})^2}{\text{예상값}}$$

$$= \frac{(139-150)^2}{150} + \frac{(138-125)^2}{125} + \frac{(112-100)^2}{100} + \frac{(111-125)^2}{125}$$

$$= 5.167$$

$P-\text{값} = P(\chi^2 > 5.167) = .1600$

H_0를 기각할 충분한 증거가 없다. 즉, 시청자들의 선택이 바뀌었다고 충분한 증거가 없는 것이다.

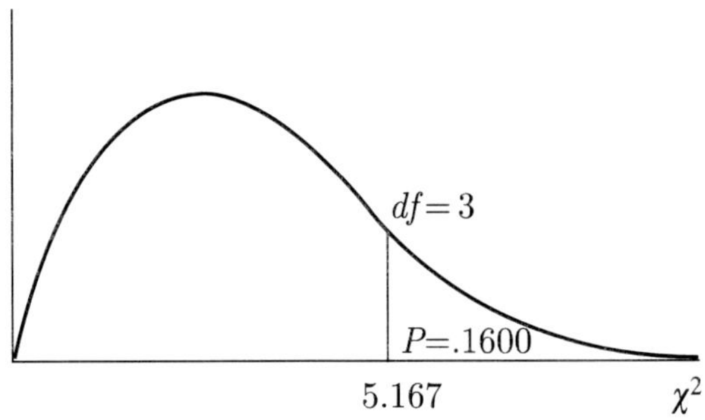

[그림 8.1] $P(\chi^2 > 5.167) = 0.16$

■

예제 8-2

$n = 46$중에서 고장이 난 기계들에 대해서, 전기적인 결함으로 인한 고장은 $x_1 = 9$, 기계적 결함으로 인한 고장은 $x_2 = 24$, 그리고 오작동으로 인한 고장은 $x_3 = 13$이다. 세 종류의 고장들에 대한 확률은 각각 20%, 50%, 30%라는 의견에 대해서 카이제곱 적합도 검정을 하여라.

풀이 H_0: 세 종류의 고장률의 백분율은 20%, 50%, 30%이다.

H_a: 세 종류의 고장률의 백분율은 20%, 50%, 30%가 아니다.

〈표 8.3〉 관측도수와 기대도수

	전기적 결함	기계적 결함	오작동 결함	합계
관측 도수	9	24	13	46
기대 도수	$46 \times 0.2 = 9.5$	$46 \times 0.5 = 23.0$	$46 \times 0.3 = 13.8$	46

$$\chi^2 = \frac{(9.0-9.2)^2}{9.2} + \frac{(24.0-23.0)^2}{23.0} + \frac{(13.0-13.8)^2}{13.8} = 0.0942$$

이 값들은 자유도 $k-1=3-1=2$인 카이제곱분포와 비교할 수 있고, P-값 $\simeq P(\chi^2 \geq 0.094) = 0.95$이다. 이처럼 큰 $P-$값은 귀무가설을 기각할만한 충분한 증거가 없다. 즉, 세 종류의 고장률의 백분율이 20%, 50%, 30%이다.

■

예제 8-3

공장 작업장에서 발생하는 사고를 줄이기 위해 새로운 안전운동을 시도하고자 한다. 우선 공장 관리자는 그 주에 작업장에서 발생한 사고 기록을 훑어본 결과 [표 4]에 나타난 것처럼 일주일 동안 총 사고 횟수가 $n=270$이라는 것을 알게 되었다. 이에 따르면 특히 월요일과 금요일에 사고가 더 많이 발생한 것으로 나타났다. 만일 이것이 사실이라면 월요일과 금요일에 특히 주의할 필요가 있으며, 그날 발생하는 사고를 줄이기 위해서 조치를 취해야만 할 것이다.그렇다면 이 자료들은 월요일과 금요일에 사고 건수가 다른 요일보다 더 빈번하게 발생한다고 할 수 있는가?

〈표 8.4〉 공장 작업장 내 사고 요인

요일	월요일	화요일	수요일	목요일	금요일	
사고 횟수	65	43	48	41	73	$n=270$

풀이 H_0: 사고발생률이 모든 요일에 균등하게 분포되어 있다.

H_a: 사고발생률이 모든 요일에 균등하게 분포되어 있지 않다.

귀무가설 하에서 기대 셀 도수는 $270 \times \frac{1}{5} = 54$

〈표 8.5〉 예제 8.3의 기대치 계산

요일	월요일	화요일	수요일	목요일	금요일	합계
기대값	54	54	54	54	54	270

$$\chi^2 = \frac{(65-54)^2}{54} + \frac{(43-54)^2}{54} + \frac{(48-54)^2}{54} + \frac{(41-54)^2}{54} + \frac{(73-54^2)}{54} = 14.95$$

이 된다. 카이제곱 통계량은 각각 $\chi^2 = 14.95$로서 자유도 $k-1=5-1=4$인 카이제곱 분포와 비교해보면 다음과 같은 P-값을 얻을 수 있다.

P-값 $\simeq P(\chi^2 \geq 14.95) = 0.0048$

P-값이 매우 작으므로 동질성에 대한 귀무가설은 신뢰할 만하지 못하다는 결론을 내릴 수 있다. 즉 공장 작업장에서 발생하는 사고들이 요일별로 동일하게 발생하지 않는다고 결론내릴 수 있다. 특히 월요일과 금요일에 사고 발생률이 높기 때문에 그 요일들에 특별한 주의가 요구된다.

■

8-2 독립성을 위한 카이제곱 검정

적합도 검정에서는 각 개체에게서 한 가지 속성만을 관찰하였다. 한편, 각 개체에게서 두 가지 속성을 동시에 관찰할 경우 검정의 관심이 달라지게 된다. 이제, 어떤 모집단으로부터 n개의 표본개체를 임의 추출하여 각 개체에게서 두 가지 속성을 관찰한 경우, 두 속성 사이에 관련성 또는 독립성을 검정하고자 한다.

독립성 검정은 요약하면 다음과 같다.

■ 두 특성의 독립성 검정 (표본크기가 큰 경우 : $\hat{E}_{ij} \geq 5$)

각각 r개와 c개의 범주로 나누어진 두 특성 사이의 독립성에 대한 가설

$$H_0: p_{ij} = p_i p_j (i=1,\ldots,r, j=1,\ldots,c) \quad H_a: H_0\text{가 아니다.}$$

의 검정 통계량은

$$\chi^2 = \sum_{i=1}^{r}\sum_{j=1}^{c} \frac{(O_{ij} - \widehat{E_{ij}})^2}{\widehat{E_{ij}}} \quad (\widehat{E_{ij}} = O_i .\ O._j/n)$$

$$\chi^2 \sim \chi^2_{((r-1)(c-1))}$$

이고, 이의 관측값을 χ_0^2이라고 하면 다음이 성립한다.

유의 확률	유의수준 α의 기각역
$P = P(\chi^2 \geq \chi_0^2)$	$\chi_0^2 \geq \chi^2{}_{\alpha,((r-1)(c-1))}$

예제 8-4

민주당 공화당 독립당을 대표하는 1000명의 성인들을 대상으로 한 전국적인 전화 투표에서 응답자에게 두 개의 질문이 던져졌다. 그들은 당과 저축과 대부 위기로 그들의 미국 은행 제도에 대한 각 당별로 교차-분류된 응답들이 다음 분할표에 주어졌다.

〈표 8.6〉 당별 교차 분류표

	만족도		
관찰된 반응	예	아니오	무반응
민주당	175	220	55
공화당	150	165	35
독립당	75	105	20

은행 제도의 흔들린 신뢰가 정당과 상관없다는 귀무가설을 검정하자. 10% 유의수준을 써라.

풀이 H_0: 정당과 은행 제도의 만족도는 독립적이다.

H_a: 장당과 은행 제도의 만족도는 독립적이지 않다.

H_0하에서 각 범주에 대한 기대도수를 구하면 다음과 같다.

$$\widehat{E_{11}} = \frac{450 \times 400}{1000} = 180,\ \widehat{E_{12}} = \frac{450 \times 490}{1000} = 220.5,\ \cdots\cdots\cdots,\ \widehat{E_{33}} = \frac{200 \times 110}{1000} = 22$$

다음으로 카이제곱의 값을 계산한다.

$$\chi^2 = \frac{(175-180)^2}{180} + \frac{(220-220.5)^2}{220.5} + \frac{(55-49.5)^2}{49.5} + \frac{(150-140)^2}{140} + \frac{(165-171.5)}{171.5} + \frac{(35-38.5)}{38.5} + \frac{(75-80)^2}{80} + \frac{(100-98)^2}{98} + \frac{(20-22)^2}{22} = 3.024$$

$df = (r-1)(c-1) = (3-1)(3-1) = 4$

$\alpha = 0.1,\ df = 4$에서 χ^2의 임계치는 7.78이다. 3.024<7.78이므로 독립적이라는 귀무가설을 기각할만한 충분한 근거가 없다.

P-값$= P(\chi^2 > 3.024) = .5538$

큰 P-값으로는 정당과 은행 제도의 만족도 사이에 아무 관계가 없는 증거이다.

예제 8-5

어느 회사에서 학력과 회사에 대한 만족도 사이에 연관성이 있는지를 알아보기 위해 회사원 300명을 랜덤하게 뽑아 조사한 결과 다음의 자료를 얻었다. 두 변수에 연관성이 있다고 할 수 있겠는가?

〈표 8.7〉 학력과 회사에 대한 만족도 분할표

학력	만족	보통	불만
고졸 이하	40	32	10
대졸 이하	92	50	28
대학원 이상	16	20	12

풀이 귀무가설을 'H_0: 학력과 만족도는 서로 독립이다'로 놓고, H_0하에서 각 범주에 대한 기대도수를 구하면 다음과 같다.

〈표 8.8〉 학력과 회사에 대한 기댓값 계산

	만족	보통	불만	계
고졸	40.45	27.88	13.67	82
대졸	83.87	57.80	28.33	170
대학원졸	23.68	16.32	8.00	48
계	148	102	50	300

$$\widehat{E_{11}} = \frac{148(82)}{300} = 40.45,\quad \widehat{E_{12}} = \frac{102(82)}{300} = 27.88, \ldots,\quad \widehat{E_{33}} = \frac{50(48)}{300} = 8.00$$

검정통계량은 다음과 같다.

$$\chi^2 = \frac{(40-40.45)^2}{40.45} + \frac{(32-27.88)^2}{27.88} + \cdots + \frac{(12-8)^2}{68}$$

$$= 15.604 > \chi^2_{0.05,(4)} = 9.488$$

따라서 유의수준 5%에서 학력과 만족도는 서로 독립이 아니라고 판단한다. ■

예제 8-6

대도시의 근교에서 출퇴근하며 혼자서만 승용차를 이용하는 사람들 중에서 250명을 랜덤 추출하여 이들을 승용차의 크기와 통근 거리에 따라 분류한 결과 표 7.10의 자료를 얻었다. 이 자료에 의하면 승용차의 크기와 통근 거리 사이에 관계가 있다고 할 수 있는지를 유의수준 5%에서 검정하여라.

〈표 8.9〉 승용차의 크기와 통근거리

	15km 미만	15km 이상 30km 미만	30km 이상	합계
경승용차	6	27	19	52
소형승용차	8	36	17	61
중형승용차	21	45	33	99
대형승용차	14	18	6	38
합계	49	126	75	250

풀이 H_0 : 승용차의 크기와 통근 거리 사이가 독립이다.

H_a : 승용차의 크기와 통근 거리 사이에 관계가 있다.

귀무가설 H_0하에서의 각 칸의 추정 기대도수를 구하면

$$\widehat{E_{11}} = \frac{52\times 49}{250} = 10.19,\ \widehat{E_{12}} \equiv \frac{52\times 126}{250} = 26.21,\ \widehat{E_{13}} = \frac{52\times 75}{250} = 15.60$$

$$\widehat{E_{21}} = \frac{61\times 49}{250} = 11.96,\ \widehat{E_{22}} \equiv \frac{61\times 126}{250} = 30.74,\ \widehat{E_{23}} = \frac{61\times 75}{250} = 18.30$$

$$\widehat{E_{31}} = \frac{99\times 49}{250} = 19.40,\ \widehat{E_{32}} \equiv \frac{99\times 126}{250} = 49.90,\ \widehat{E_{33}} = \frac{99\times 75}{250} = 29.70$$

$$\widehat{E_{41}} = \frac{38\times 49}{250} = 7.45,\ \widehat{E_{42}} = \frac{38\times 126}{250} = 19.15,\ \widehat{E_{43}} = \frac{38\times 75}{250} = 11.40$$

이들 추정 기대도수는 모두 5 이상임을 알 수 있고, 이들과 표 10의 관측 도수로부터 카이제곱통계량의 값을 구하면

$$\chi^2 = \frac{(6-10.19)^2}{10.19} + \cdots + \frac{(6-11.40)^2}{11.40} = 14.15$$

$$14.15 \geq \chi^2_{0.05,\,((4-1)(3-1))} = 12.59$$

카이제곱통계량의 관측 값이 이 기각 역에 속하므로, 유의수준 5%에서 승용차의 크기와 통근 거리 사이에는 관계가 있다고 말할 수 있다.

■

8-3 동질성을 위한 카이제곱 검정

카이제곱 적합도 검정에서는 하나의 표본을 모집단 모델에 비교하는데 하나의 변수를 가지고 분석했다. 카이제곱 독립성 검정에서는 두 변수로 분류된 하나의 표본을 가

지고 이 특성간에 어떤 관련성이 있는가를 검정하는 방법이고, 동질성을 위한 카이제곱 절차는 두 개 이상의 부모집단으로부터 표본을 추출하여 각 부모집단들의 범주 별 반응비율이 같은가를 검정할 때 적용하는 방법이다. 표본들이 간단한 무작위 표본이라는 것과 그들은 서로에게 독립적이라는 것이 중요하다. 본래의 모집단은 표본 크기에 비해서 커야 하며, 예상된 칸 숫자가 적어도 5는 되어야 한다는 것이다. 각각 행이 서로 다른 표본이다.

동질성 검정은 요약하면 다음과 같다.

■ **다항모집단의 동질성 검정(표본크기가 큰 경우 : $\widehat{E_{ij}} \geq 5$)**

c개의 범주로 나누어지는 다항모집단 r개를 비교하기 위한 가설

$$H_0 : p_{1j} = p_{2j} = \cdots = p_{rj} (i = 1,\ 2,\ \cdots,\ c) \qquad H_a : H_0\text{가 아니다.}$$

의 검정 통계량은

$$\chi^2 = \sum_{i=1}^{r} \sum_{j=1}^{c} \frac{(O_{ij} - \widehat{E_{ij}})^2}{\widehat{E_{ij}}} \quad (\widehat{E_{ij}} = O_{i\,\cdot}\, O_{\cdot\,j}/n)$$

$$\chi^2 \sim \chi^2_{((r-1)(c-1))}$$

이고, 이의 관측값을 χ_0^2이라고 하면 다음이 성립한다.

유의 확률	유의수준α의 기각역
$P = P(\chi^2 \geq \chi_0^2)$	$\chi_0^2 \geq \chi^2_{\alpha,((r-1)(c-1))}$

예제 8-7

어느 정당에서는 지역에 따라 A, B, C 세 후보에 대한 지지도가 다른지를 알아보기 위해 각 도시에서 200명씩 조사한 결과 다음의 자료를 얻었다. 지역에 따라 지지도가 다른지를 통계적으로 검정하여라.

〈표 8.10〉 지역과 후보간의 분할표

	A	B	C	계
서울	73	71	56	200
부산	102	55	43	200
대구	73	66	61	200
광주	62	98	40	200

풀이 H_0 : 지역에 따라 지지도의 비율이 같다.

H_a : 적어도 두 지역에 따라 지지도의 비율이 다르다.

〈표 8.11〉 지역과 후보 간의 기대치 계산

	A	B	C	계
서울	77.5	72.5	50	200
부산	77.5	72.5	50	200
대구	77.5	72.5	50	200
광주	77.5	72.5	50	200
계	310	290	200	800

검정통계량의 값은 다음과 같다.

$$\chi^2 = \frac{(73-77.5)^2}{77.5} + \frac{(71-72.5)^2}{72.5} + \cdots + \frac{(40-50)^2}{50} = 31.3$$

$31.3 > \chi^2_{0.01,(6)} = 16.81$

따라서 P-값$= P(\chi^2 > 31.3) = 0.00002$은 1%보다 작으며, 지역에 따라 지지도가 다르다고 결론을 내린다.

■

예제 8-8

같은 종류의 볍씨를 온도와 습도에 따라 구분되는 4가지 저장 상태에 따라 1년간 보존하였다. 벼의 저장상태가 발아에 영향을 미치는지 알아보기 위하여 각 저장 상태로 보존한 볍씨 중에서 무작위로 각각 100, 150, 130, 120개를 추출하여 그 발아상태를 조사하였다. 각 저장 상태에 따라 발아율이 동일한지를 유의수준 $\alpha = 0.05$로 검정하여라.

〈표 8.12〉 씨앗의 온도에 따른 분할표

저장상태	발아한 벼	발아하지 않은 벼	합
A	73	27	100
B	105	45	150
C	90	40	130
D	78	42	120
합	346	154	500

풀이 H_0 : 각 저장상태에 따른 발아율은 같다.

H_a : 각 저장상태에 따른 발아율이 모두 같지는 않다.

$$\chi^2 = \frac{(73-100\times 346/500)^2}{100\times 346/500} + \ldots + \frac{(42-120\times 154/500)^2}{120\times 154/500} = 1.716$$

$1.716 < \chi^2_{0.05,(3)} = 7.815$ 이므로 H_0을 기각할 수 없으며 P-값= $P(\chi^2 > 1.716) = 0.94$ > 0.1 이다. 즉 저장상태가 발아여부에 영향을 미친다는 충분한 근거가 없다.

■

예제 8-9

공단에 인접한 세 지역에서 공해를 느끼는 정도가 지역에 따라 차이가 있는가를 알아보고자 하여, 세 지역에서 각각 97명, 95명, 99명을 랜덤 추출하여 산업공해로 인한 악취를 느끼는 횟수에 대하여 조사한 결과가 표 8.13과 같다. 표 8.13에서 범주 1은 매일, 범주2는 적어도 일주일에 한 번, 범주 3은 적어도 한 달에 한 번, 범주 4는 한 달에 한 번보다는 적게, 범주 5는 전혀 악취를 느끼지 않는 경우를 뜻한다. 이 자료로부터 지역에 따라 공해를 느끼는 정도가 다르다고 할 수 있는가를 유의수준 1%에서 검정하여라.

〈표 8.13〉 범주에 따른 분할표

	범주 1	범주 2	범주 3	범주 4	범주 5	표본크기
지역 1	20	28	23	14	12	97
지역 2	14	34	21	14	12	95
지역 3	4	12	10	20	53	99
합계	38	74	54	48	77	291

풀이 검정하고자 하는 가설은 다음과 같이 주어진다.

H_0 : 지역에 따라 각 범주에 대한 비율이 같다.

H_a : H_0가 아니다.

귀무가설 하에서 기대도수는 표 20에 주어져 있다.

〈표 8.14〉 표 8.13의 자료에 대한 추정 기대도수

	범주 1	범주 2	범주 3	범주 4	범주 5
지역 1	12.67	24.67	18.00	16.00	25.67
지역 2	12.41	24.16	17.63	15.67	25.14
지역 3	12.93	25.18	18.37	16.33	26.20

$$\chi^2 = \frac{(20-12.67)^2}{12.67} + \cdots + \frac{(53-26.20)^2}{26.20} = 71.36$$

$$71.36 \geq \chi^2_{0.01,\,(8)} = 20.09$$

관측값이 기각역에 속하므로, 지역에 따라 공해를 느끼는 정도에 차이가 있다고 결론을 내린다.

동질성 검정과 독립성 검정 사이의 차이는 헷갈릴 수도 있다. 이원분류표(Two-way)가 주어졌을 땐, 어느 검정이 쓰여지는 지 명백하지 않다. 결정적인 차이는 연구 기획에 있다. 각각의 모집단들 사이의 어떤 변수의 분포를 비교하기 위해 두 개 이상의 모집단에서 각각 표본들을 정했는가? 만약 그렇다면 동질성 검정을 하는 것이다. 하나의 모집단에서 하나의 표본을 정했으며 변수들 사이의 관계가 있는지 확인하기 위해 두 개의 변수를 교차-분류를 하는가? 만약 그렇다면 독립성 검정을 하는 것이다.

예를 들어, 만약 줄기 세포 연구를 그들이 지지하는지, 반대하는지, 또는 무반응인지 알기 위해 민주당, 공화당, 그리고 독립당를 따로따로 표본추출을 한다면, 응답들의 분포가 민주당, 공화당, 그리고 독립당 다 똑같다는 귀무가설을 가지고 동질성 검사를 한다. 하지만, 만약 줄기 세포 연구에 대한 응답자들의 정치적 편애와 의견들을 유의하며, 보편적인 모집단을 표본으로 삼는다면, 정치적 편애가 줄기 세포 연구에 대한 의견과 상관없다는 귀무가설을 가지고 독립성 검정을 한다.

8-4 SPSS 실습

8장에서 설명한 범주형 자료분석의 예제를 SPSS를 이용하여 분석하는 방법을 알아보도록 한다.

8.4.1 적합도 검정

[예제 8.1]에서 오후 6시간대에 TV 채널 2,3,4,5 시청률의 비가 30%, 25%, 20%, 25%에 어긋난다고 할 수 있는지를 유의수준 0.05에서 검정하여라.

데이터 입력 : [예제 8.1]을 아래와 같이 『SPSS 데이터 편집기 창』에 입력한다. TV채널에서 TV채널2를 1, TV채널3를 2, TV채널4를 3, TV채널5을 4으로 코딩한다.

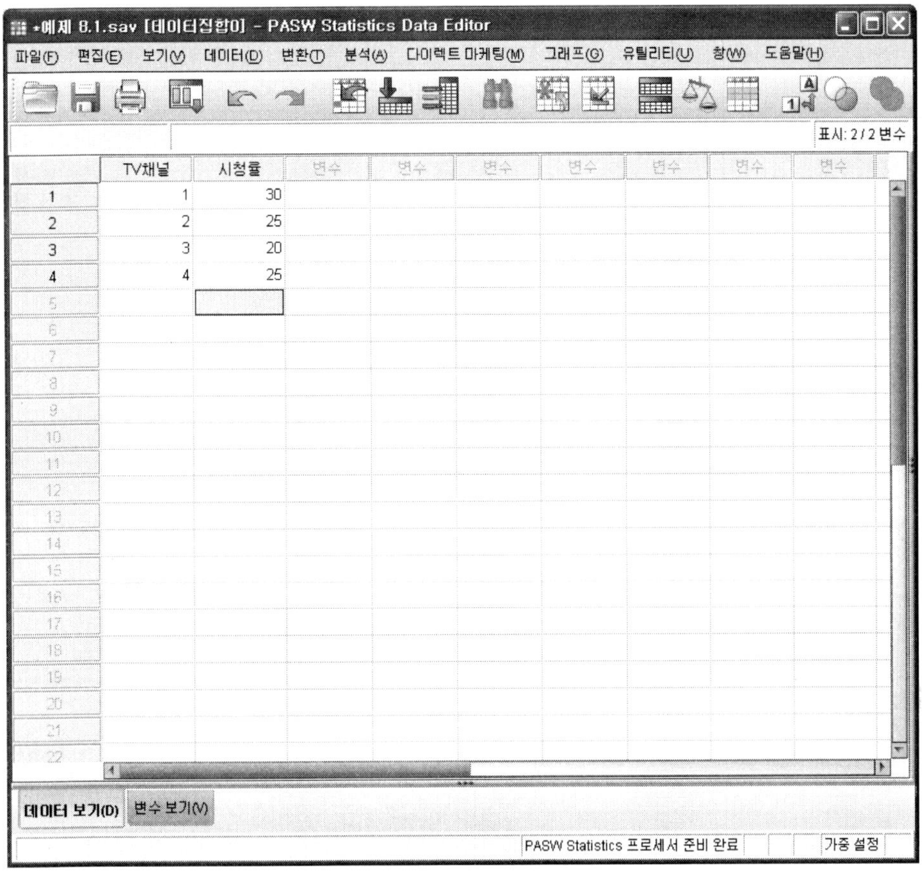

[그림 8.2] 적합도검정을 위한 데이터입력

이와 같은 입력자료를 가지고 적합도 검정을 실시하기 위하여 쥐의 수 변수에 대하여 가중치를 부여해 주어야 한다. SPSS에서는 모든 입력자료를 하나의 경우로 인식하기 때문에 인원수에 입력된 값이 하나의 수가 아닌 인원수로 인식되도록 하기 위해서이다. 우선 가중치를 부여하기 위해서는 『데이터 → 가중 케이스』와 같이 순서대로 실행명령을 지정한다.

[그림 8.3] 가중케이스명령어

가중 케이스 대화상자에서 [가중 케이스 지정(W)]를 선택하고 쥐의 수 변수를 [빈도변수(F)]란으로 이동시킨다.

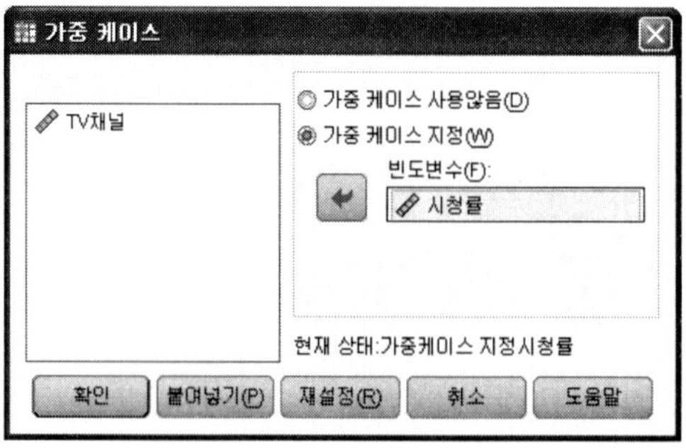

[그림 8.4] 빈도변수대화상자

가중 케이스를 지정해 주었으면 적합도 검정을 위하여 『분석 → 비모수 검정(N) → 레거시 대화상자(L) → 카이제곱검정(C)』과 같이 순서대로 실행명령을 지정한다.

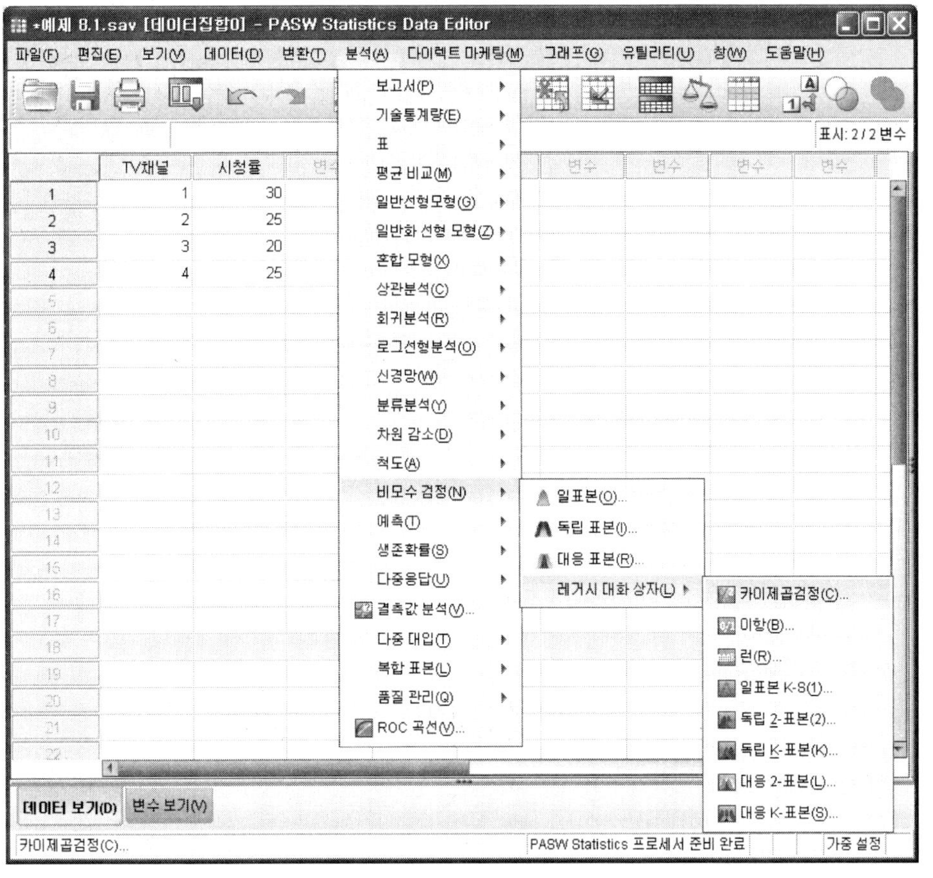

[그림 8.5] 카이제곱검정결과

카이제곱 검정 대화상자에서 TV채널 변수를 [검정변수(T)]란으로 이동시키고 하단의 기댓값에서 [값(V)]란에 차례대로 30/100=0.3, 25/100=0.25, 20/100=0.2, 25/100=0.25를 입력하여 추가한다.

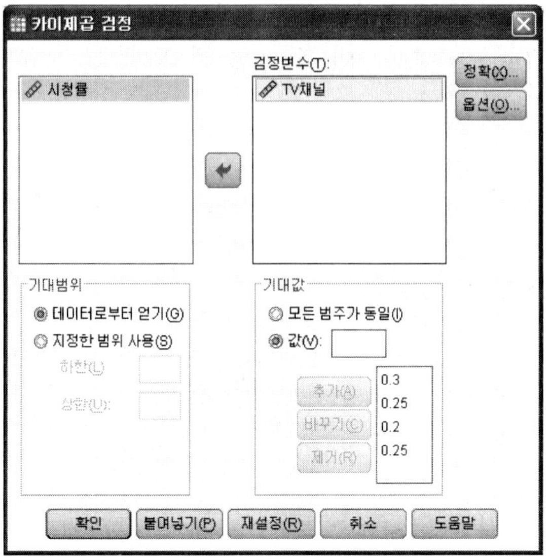

[그림 8.6] 검정변수 및 기대값입력

필요한 부분을 모두 지정한 후 확인을 누르면 출력결과창에 다음과 같은 분석결과가 나타난다.

TV채널

	관측수	기대빈도	잔차
채널2	30	30.0	.0
채널3	25	25.0	.0
채널4	20	20.0	.0
채널5	25	25.0	.0
합계	100		

검정 통계량

	TV채널
카이제곱	.000[a]
자유도	3
근사 유의확률	1.000

a. 0 셀 (.0%)은(는) 5보다 작은 기대빈도를 가집니다. 최소 셀 기대빈도는 20.0입니다.

[그림 8.7] 도수분포표와 검정통계량결과

적합도 검정결과를 보면 카이제곱 값이 .000이고 유의확률 값이 1.000로서 유의수준 0.05보다 크므로 귀무가설을 채택한다. 즉, 시청자들의 선택이 바뀌었다고 할만한 충분한 근거가 없다.

8.4.2 독립성 검정

[예제 8.4]에서 소속 정당과 은행 제도와의 관련성을 유의수준 0.05에서 검정하여라.

데이터 입력 : [예제 8.4]을 아래와 같이 『SPSS 데이터 편집기 창』에 입력한다. 소속 정당은 민주당을 1로 공화당을 2로 독립당을 3으로 만족여부는 예를 1로 아니오를 2로 무응답을 3으로 입력한다.

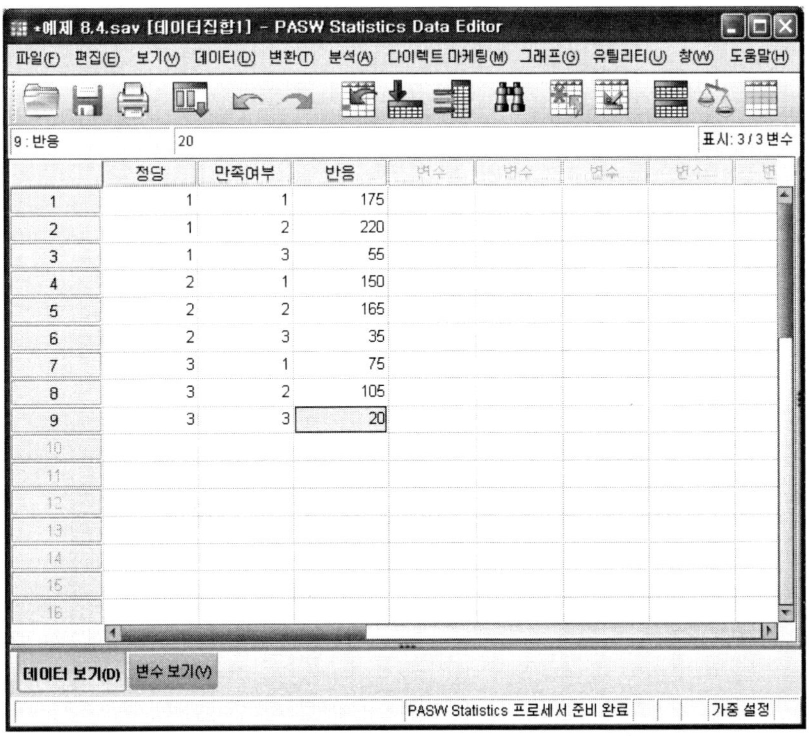

[그림 8.8] 독립성검정을 위한 데이터입력

이와 같은 입력자료를 가지고 독립성 검정을 실시하기 위하여 반응 변수에 대하여 가중치를 부여하기 위해서는 『데이터(D) → 가중 케이스(W)』와 같이 순서대로 실행명령을 지정한다.

[그림 8.9] 가중케이스 명령어

가중 케이스 대화상자에서 [가중 케이스 지정(W)]를 선택하고 반응 변수를 [빈도변수(F)]란으로 이동시킨다.

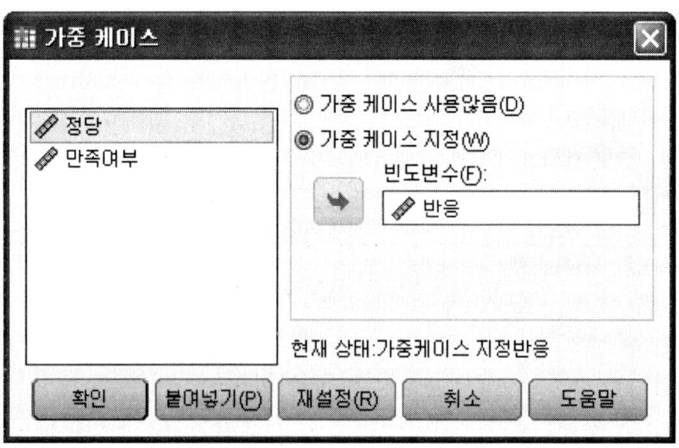

[그림 8.10] 빈도변수대화상자

가중 케이스를 지정해 주었으면 독립성 검정을 위하여 『분석(A) → 기술통계량(E) → 교차분석(P)과 같이 순서대로 실행명령을 지정한다.

[그림 8.11] 교차분석명령어

교차분석 대화상자에서 정당 변수를 [행(O)]란으로 이동시키고 찬반여부 변수를 [열(C)]란으로 이동시킨다.

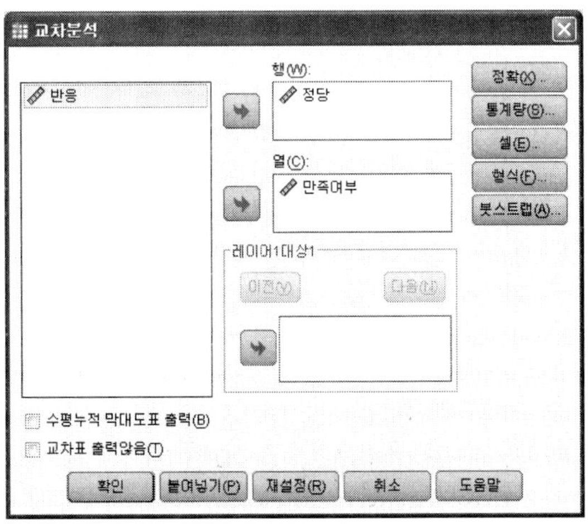

[그림 8.12] 교차분석대화상자

교차분석 대화상자에서 하단에 있는 [통계량(S)]를 선택한 후 [카이제곱(H)]을 체크하고 계속을 누른다.

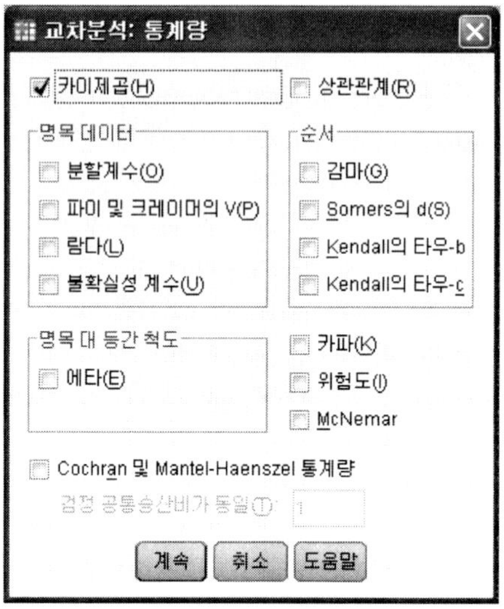

[그림 8.13] 교차분석통계량명령어

교차분석 대화상자 하단에 있는 [셀(E)]를 관측빈도와 기대빈도를 각각 체크하고 계속을 누른다.

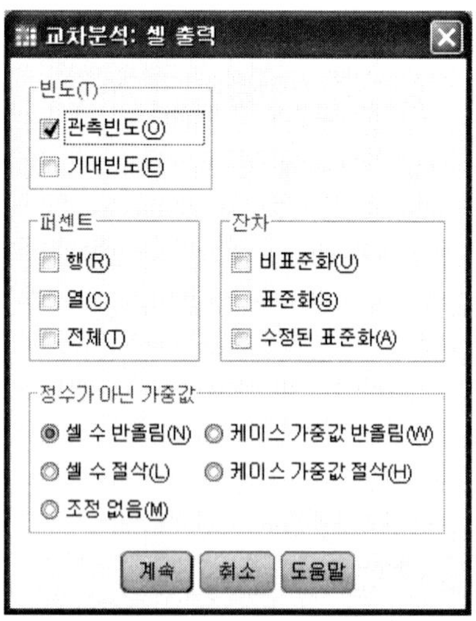

[그림 8.14] 교차분석셀출력명령어

필요한 부분을 모두 지정한 후 확인을 누르면 출력결과창에 다음과 같은 분석결과가 나타난다.

정당 * 만족여부 교차표

빈도

		만족여부			전체
		예	아니오	무반응	
정당	민주당	175	220	55	450
	공화당	150	165	35	350
	독립당	75	105	20	200
전체		400	490	110	1000

카이제곱 검정

	값	자유도	점근 유의확률 (양측검정)
Pearson 카이제곱	3.024[a]	4	.554
우도비	3.002	4	.557
선형 대 선형결합	.225	1	.636
유효 케이스 수	1000		

a. 0 셀 (.0%)은(는) 5보다 작은 기대 빈도를 가지는 셀입니다. 최소 기대빈도는 22.00입니다.

[그림 8.15] 교차분석결과 및 카이제곱검정결과

독립성 검정 결과를 보면 Pearson 카이제곱 값이 3.024이고 유의확률 값이 0.554로 유의수준 0.05보다 크므로 귀무가설을 채택한다. 따라서 소속정당과 만족여부와는 관련성이 있다고 할만한 충분한 근거가 없다. 즉, 정당과 은행제도의 만족도 사이에 아무 관계가 없다.

8.4.3 동질성 검정

[예제 8.7]에서 지역에 따라 A, B, C 세 후보에 대한 지지도가 같은지를 유의수준 0.01에서 검정하여라.

데이터 입력 : [예제 8.7]을 아래와 같이 『SPSS 데이터 편집기 창』에 입력한다. 지역에 따라서 서울을 1, 부산을 2, 대구를 3, 광주를 4로 입력하고 후보는 A후보를 1, B후보를 2, C후보를 3으로 입력한다.

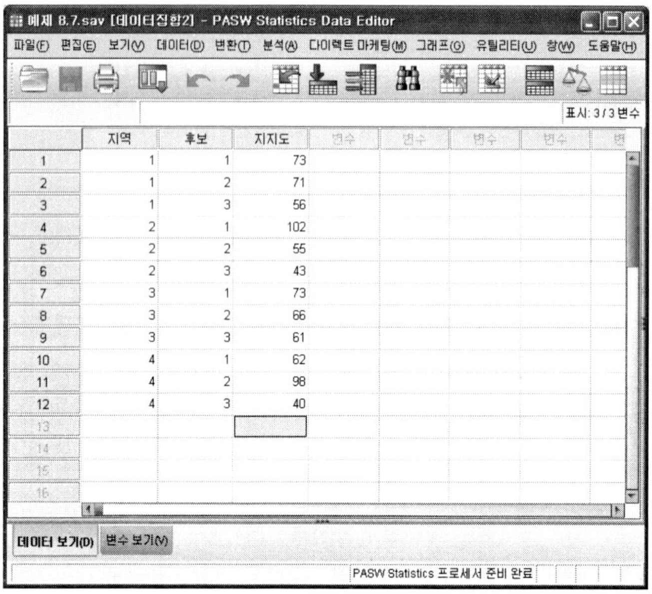

[그림 8.16] 동질성검정을 위한 데이터입력

이와 같은 입력자료를 가지고 동질성 검정을 실시하기 위하여 지지도 변수에 대하여 가중치를 부여하기 위해서는 『데이터(D) → 가중 케이스(W)』와 같이 순서대로 실행명령을 지정한다.

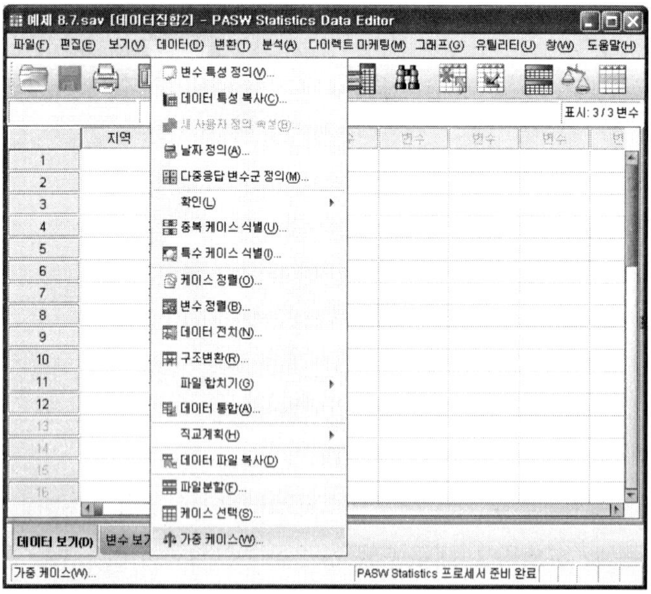

[그림 8.17] 가중케이스명령어

가중 케이스 대화상자에서 [가중 케이스 지정(W)]를 선택하고 지지도 변수를 [빈도변수(F)]란으로 이동시킨다.

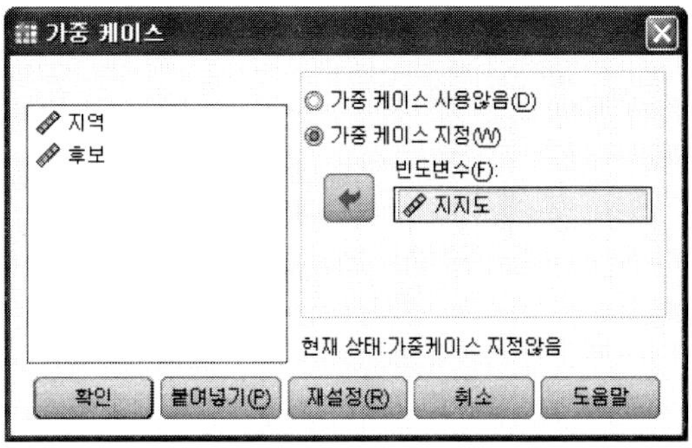

[그림 8.18] 빈도변수대화상자

가중 케이스를 지정해 주었으면 동일성 검정을 위하여 『분석(A) → 기술통계량(E) → 교차분석(C)』과 같이 순서대로 실행명령을 지정한다.

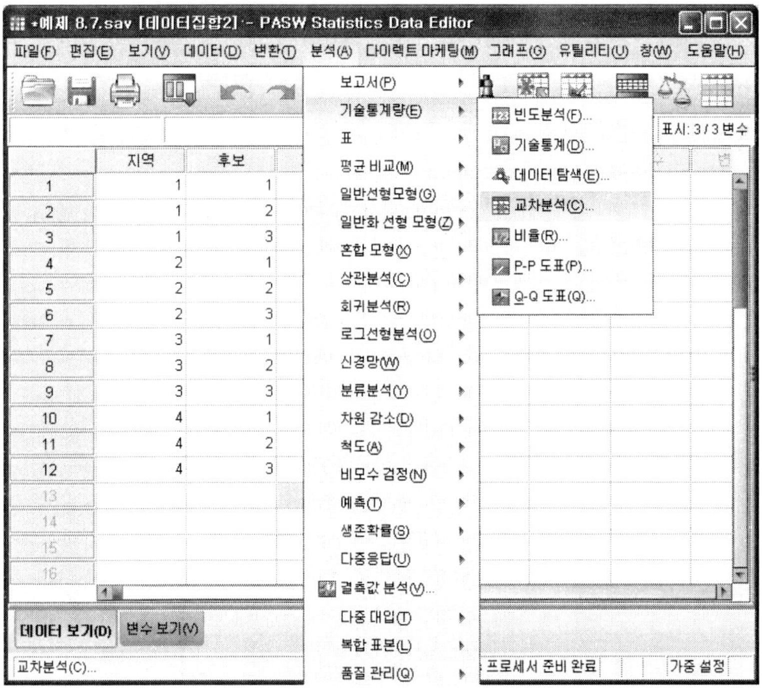

[그림 8.19] 교차분석명령어

교차분석 대화상자에서 지역 변수를 [행(O)]란으로 이동시키고 후보 변수를 [열(C)]란으로 이동시킨다.

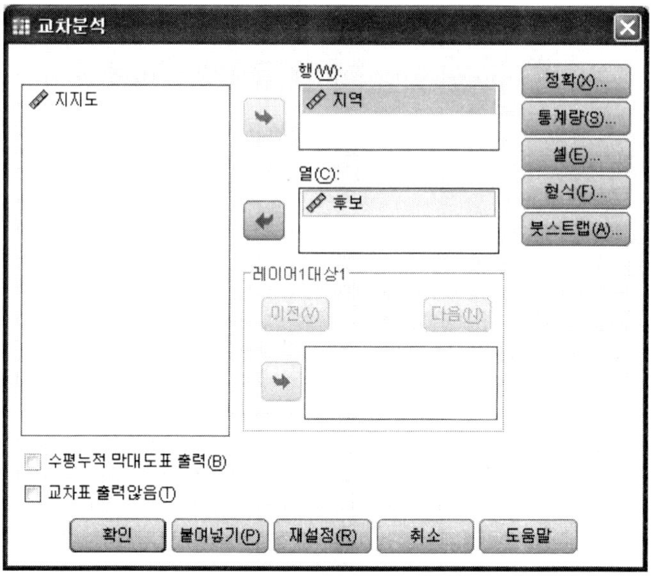

[그림 8.20] 교차분석대화상자

교차분석 대화상자에서 하단에 있는 [통계량(S)]를 선택한 후 [카이제곱(H)]을 체크하고 계속을 누른다.

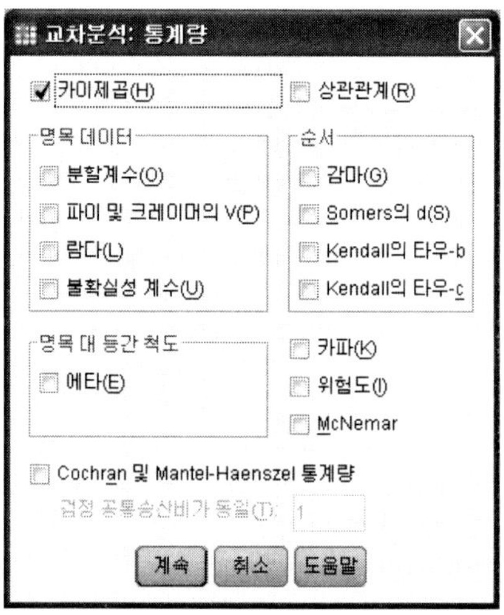

[그림 8.21] 교차분석통계량명령어

교차분석 대화상자 하단에 있는 [셀(E)]를 관측빈도와 기대빈도를 각각 체크하고 계속을 누른다.

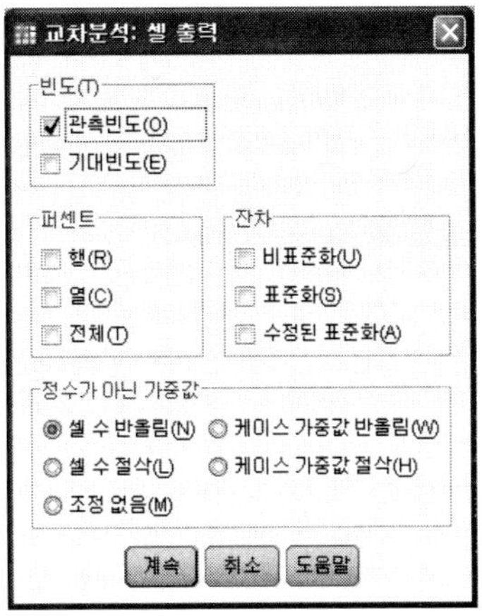

[그림 8.22] 교차분석셀출력명령어

필요한 부분을 모두 지정한 후 확인을 누르면 출력결과창에 다음과 같은 분석결과가 나타난다.

지역 * 후보 교차표

빈도

		후보			전체
		A	B	C	
지역	서울	73	71	56	200
	부산	102	55	43	200
	대구	73	66	61	200
	광주	62	98	40	200
전체		310	290	200	800

카이제곱 검정

	값	자유도	점근 유의확률 (양측검정)
Pearson 카이제곱	31.295[a]	6	.000
우도비	30.346	6	.000
선형 대 선형결합	.413	1	.520
유효 케이스 수	800		

a. 0 셀 (.0%)은(는) 5보다 작은 기대 빈도를 가지는 셀입니다. 최소 기대빈도는 50.00입니다.

[그림8.23] 교차분석결과 및 카이제곱검정결과

동일성 검정 결과를 보면 pearson의 카이제곱 값은 31.295이고 유의확률 값이 0.000으로 유의수준 0.01보다 작으므로 귀무가설은 기각된다. 즉, 지역에 따라 지지도가 다르다고 결론을 내린다.

연습문제 8장

1. 양주농협이 50kg 쌀가마니 표본 225개를 다음과 같이 조사하였다.

무게	49.25↓	49.25-49.75	49.75-50.25	50.25-50.75	50.75↑
관찰 쌀가마니 개수	25	61	70	59	10

귀무가설은 $\mu = 50, \sigma = 0.5$을 주장한다. 2.5% 유의수준으로 가정하자.

2. 어느 특정한 학기에 대한 통계학 강좌의 성적들이 다음과 같았다.

성적	A	B	C	D	F
f	14	18	32	20	16

성적들의 분포가 균일하다는 가설을 유의수준 0.05에서 검정하라.

3. 유전학자들은 초파리의 비율이 1 : 3 : 3 : 9라고 주장한다. 4000마리의 초파리가 226, 764, 733, 2277의 종의 비율로 있다고 가정하자. 유전학자들의 주장이 인정되지 않는 충분한 증거가 있는가?

4. 시간에 따른 사상자수가 다르다는 충분한 증거가 있는가? 0.05 유의수준으로 검정하여라.

시간	아침	점심	밤
사상자	1372	1578	1686

5. 스포츠잡지를 발행하는 회사에서는 새로운 고객에게 3가지 경품-티셔츠, 커피잔, 귀걸이 중 하나를 선물하고 있다. 500명의 새로운 고객을 무작위로 추출하여 경품의 선호도에 대해서 조사한 결과는 다음의 표와 같다. 경품의 선호도에 차이가 있는지를 유의수준 5%에서 검정하여라.

경품	티셔츠	커피잔	귀걸이
빈도	183	175	142

6. 어떤 유형의 범죄발생건수가 대도시의 각 지역마다 다른지를 알아보기 위한 조사가 수행되었다. 특별히 조사대상으로 선정된 범죄는 강간, 강도, 절도 및 살인이었다. 다음 자료는 지난 1년 동안 대도시의 네 지역에서 발생한 범죄발생건수이다.

지역	강간	강도	절도	살인
1	162	118	451	18
2	310	196	996	25
3	258	193	458	10
4	280	175	390	19

범죄발생건수가 대도시의 각 지역과는 무관한지를 유의수준 0.01로 검정하라.

7. 다음은 나이에 따라 자동차 A, B, C, D, E에 대한 선호도를 조사한 실험 결과이다. 나이와 선호하는 자동차의 종류는 무관한지 유의수준 5%에서 검정하여라.

나이/자동차	A	B	C	D	E
30세 미만	42	29	12	58	74
30~50세	59	34	43	19	68
50세 이상	67	42	81	7	82

8. 흡연 정도와 고혈압은 서로 독립적인 관계에 있는가를 알아보는 실험을 하였다. 180명을 조사한 결과 다음과 같이 나타났다.

	비흡연자	보통 흡연자	골초
고혈압	21	36	30
정상	48	26	19

"흡연 정도와 고혈압의 유무와는 독립이다"는 가설을 유의수준 0.05로 검정하라.

9. $\chi^2 = 87.6$이다. 운동 강도와 흡연습관에 상관관계가 있는가?

	운동 강도			
	낮은	중간	중간	높음
비흡연자	113	113	110	159
이전 흡연자	119	135	172	190
1-9개비 흡연자(매일)	77	91	86	65
10개비이상 흡연자(매일)	181	152	124	73

10. 다음은 어느 공정과정에서 3대의 기계로부터 얻어진 제품을 두 등급으로 분류한 분할표이다.

	기계1	기계2	기계3
1등급	78	65	68
2등급	22	8	30
계	100	73	98

위의 자료에서 등급과 기계의 종류를 유의수준 1%에서 독립인지를 검정하여라.

11. 어떤 회사에서 생산되는 제품의 불량품과 양품의 비율이 낮, 저녁, 그리고 밤에 따라 다른지를 결정하기 위해 아래와 같은 자료를 수집하였다. 낮, 저녁 그리고 밤에 만들어지는 제품의 불량률이 같은지를 유의수준 0.025에서 검정하여라.

	낮	저녁	밤	합계
불량품	80	70	80	230
양품	1120	930	720	2770
합계	1200	1000	800	3000

12. 다가오는 선거에서 두 명의 도지사후보에 대한 유권자들의 성향을 알아보기 위한 조사가 두 도시에서 실시되었다. 각 도시에서 500명의 유권자를 대상으로 조사한 결과는 다음과 같았다.

유권자의 성향	도시	
	성남	수원
후보A 지지	204	225
후보B 지지	211	198
미결정	85	77

유권자들의 후보A 지지율, 후보B의 지지율 및 미결정 비율은 각 도시마다 동일하다는 귀무가설을 유의수준 0.05로 검정하라.

13. 다음은 어떤 전기부품의 납땜 공정에서 작업자가 서서하는 공정과 앉아서 하는 공정에서 나온 제품을 양품과 불량품으로 분류한 분할표이다.

	양품	불량품	계
선 공정	651	49	700
앉은 공정	831	122	953
계	1482	171	1653

위의 자료에서 두 공정 간에는 차이가 없는 지를 검정하여라.

14. 액화천연가스(LNG)의 저장 기지의 후보지로 고려되고 있는 세 지역의 여론을 알아보기 위하여, 세 지역에서 각각 400명, 350명, 350명을 랜덤추출하여 기지의 건설에 대한 찬성여부를 물은 결과가 다음과 같다. 지역에 따라 찬성률에 차이가 있다고 할 수 있는가?

	찬성	반대	표본크기
지역 1	198	202	$n_1 = 400$
지역 2	140	210	$n_2 = 350$
지역 3	133	217	$n_3 = 350$
합 계	471	629	$n = 1100$

9 두 개의 변수를 갖는 자료 탐구

지금까지 하나의 변수의 관측 값에 대해서 다루어 왔다. 통계학의 많은 중요한 응용들은 서로 관련 된 하나 또는 더 많은 변수들을 연구한다. 예를 들어, 임산부의 흡연 여부와 그들의 아이들의 몸무게와 관련이 있는가? SAT 점수와 대학합격은 관련이 있는가? 사용한 비료의 양과 수확한 농작물의 양은 관련이 있는가?

여기서 두 가지 문제를 알고자 한다. 첫째, 눈에 보이는 강한 관계를 어떻게 측정할 것인가? 둘째, 이렇게 찾은 관련성을 어떤 함수의 항으로 나타낼 것인가? 예를 들어, 한 부동산 중개업자가 부동산 중개업자가 은행이율과 신규아파트 판매수 사이에 존재하는 관계뿐만 아니라 은행이율 주어졌을 때 팔린 아파트의 수를 예측할 수 있는 방법을 알고자 한다.

그래픽 표현에서 산점도는 두 변수들 사이의 있음직한 관계를 한눈에 알아볼 수 있게 해주고, 상관 계수라 불리는 수치적인 측정은 선형의 관계 강도의 양적인 값으로 종종 쓰인다. 선형관계는 인과관계가 아니다.

9-1 산점도와 상관관계

두 양적 변수 x와 y 사이에서 어떤 관계가 발견되었다고 가정하고, $(x,\ y)$ 쌍을 그래프로 그린다. 관계의 강도, 산점도, 그리고 그 관계의 기본 패턴에서부터의 어떤 편차를 주목한다. 이 단원에서는 관계가 직선으로 나타나는 1차 방정식의 항으로 나타낼 수 있는지에 대해 알아볼 것이다.

예를 들어, 다음과 같은 산점도를 보자.

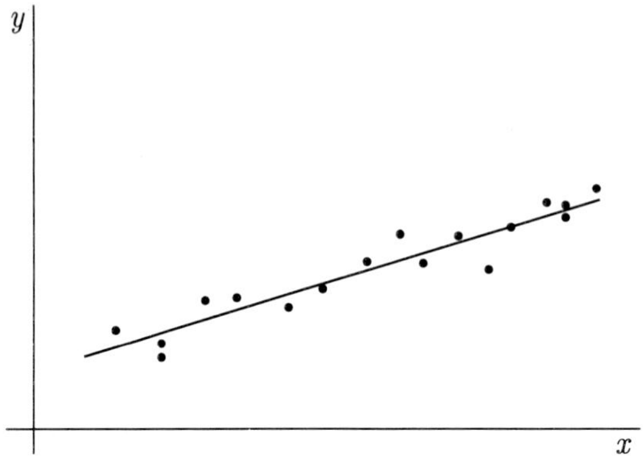

[그림 9.1] 산점도

가장 적합한 직선이라는 무엇을 의미하는지 그리고 어떻게 그 직선을 찾을 수 있는지에 대해 알고자 한다. 변수들 사이의 관계가 강해서 이 직선을 찾아서 사용하는 것이 의미 있는지 알고자 한다.

■ **산점도의 형태와 상관계수**

하나의 변수에서 더 큰 값들이 두 번째 변수에서의 더 큰 값들과 연관되어 있을 때, 그 변수들은 양의 상관관계라고 한다. 하나의 변수에서 더 큰 값들이 또 다른 변수의 더 작은 값들과 연관되어 있을 때, 그 변수들은 음의 상관관계라고 한다.

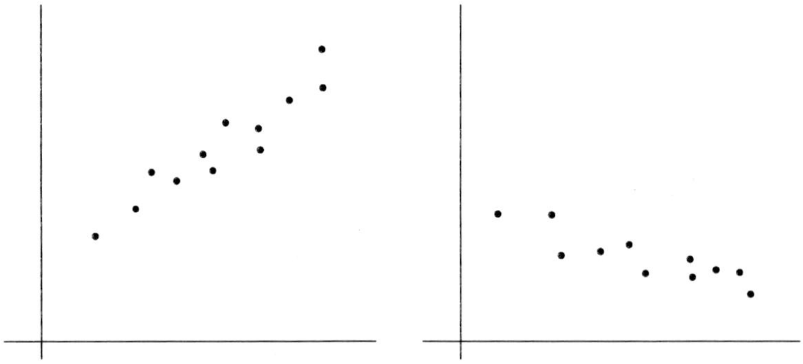

양의상관관계 음의상관관계

[그림 9.2] 상관관계의 음양

관계의 강도는 점들이 직선에 얼마나 가까이 분포되어 있냐에 따라 판단할 수 있다.

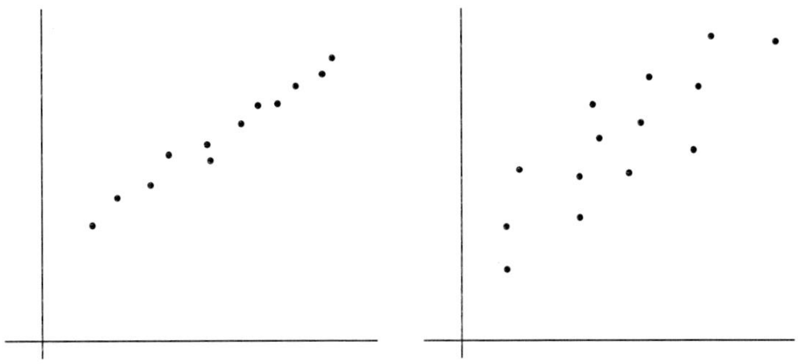

강한 상관관계 약한 상관관계

[그림 9.3] 상관관계의 강약

산점도가 1차 관계가 강하게 보일 때, 직관적으로 관계를 알 수 있지만, 대부분의 경우, 시각적으로 관계의 특정한 강도를 판단하기에는 어렵다. 이러한 이유 때문에, 상관계수라는 수학적인 계산을 한다. 상관 관계는 인과관계를 나타내지 않고 상관관계의 측정은 1차적 계의 강도만 나타낸다는 점을 유념해야 한다.

r로 표기된 상관계수는 두 집합의 평균과 표준 편차를 사용하는 공식이 있다.

$$r = \frac{1}{n-1}\Sigma\left(\frac{x_i - \overline{x}}{s_x}\right)\left(\frac{y_i - \overline{y}}{s_y}\right) = \frac{\sum(x_i - \overline{x})(y_i - \overline{y})}{\sqrt{\sum(x_i - \overline{x})^2}\sqrt{\sum(y_i - \overline{y})^2}} = \frac{s_{xy}}{\sqrt{s_{xx}}\sqrt{s_{yy}}}$$

$$s_{xy} = \sum x_i y_i - \frac{\sum x_i \sum y_i}{n}, \quad s_{xx} = \sum x_i^2 - \frac{\left(\sum x_i\right)^2}{n}, \quad s_{yy} = \sum y_i^2 - \frac{\left(\sum y_i\right)^2}{n}$$

공식에서 상관관계는 어떤 변수가 x이고 어떤 변수가 y인지 구별해 주지 않는 다는 점을 확인하자. 상관계수는 표준화 된 위치 (z-위치)을 바탕으로 하기 때문에 단위에 상관없다. 평균과 표준편차는 이상치에 크게 영향을 받을 수 있기 때문에, 상관계수는 이상치에 큰 영향을 받는다.

r의 값은 항상 −1과 +1 사이에 속하고, −1은 완벽한 음수의 상관관계를 말하고, +1은 완전한 양의 상관계수를 말한다. 상관계수가 0 이라고 해서 변수들 간의 관계가 없다는 것이 아니라는 것을 주의해야 한다. 아마 1차적 관계가 아닌 강한 관계가 있을 것이다.

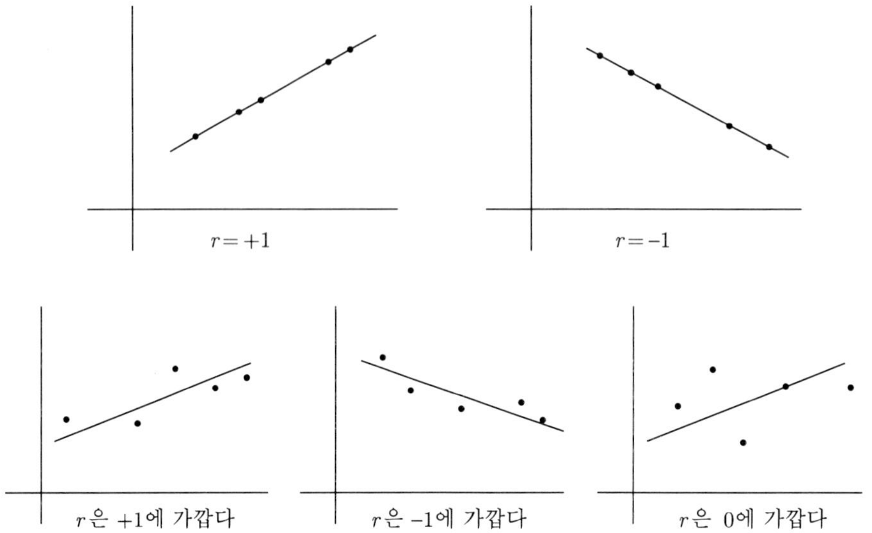

[그림 9.4] 상관관계의 강도

■ 상관계수의 검정

모집단에서의 상관계수를 ρ라고 하고 이에 대한 검정을 생각하여 보자. 두 변수 (x,y)가 이변량 정규분포를 따른다고 가정할 대, 모상관계수가 0이라는 귀무가설하에서 다음과 같은 통계량

$$\frac{\sqrt{n-2}\,r}{\sqrt{1-r^2}}$$

이 자유도가 $n-2$인 $t-$분포를 따르는 것으로 알려져 있다. 따라서 유의수준을 α로 할 때상관계수의 가설검정절차는 다음과 같다.

귀무가설 : $H_0 : \rho = 0$

검정통계량 : $t = \dfrac{\sqrt{n-2}\,r}{\sqrt{1-r^2}}$

유의수준 α에서 기각역 :

$H_a : \rho > 0$일 때,	$t \geq t_{\alpha,(n-2)}$
$H_a : \rho < 0$일 때,	$t \leq -t_{\alpha,(n-2)}$
$H_a : \rho \neq 0$일 때,	$\lvert t \rvert \geq t_{\alpha/2,(n-2)}$

예제 9-1

어떤 지역에서 두 개의 오염물질의 농도 사이에 강한 상관관계가 있다고 알려져 있다고 하자. 즉, 오존의 농도 x(ppm)와 제 2탄소의 농도 $y(\mu g/m^2)$사이에 관계는 다음의 자료와 같다. 표본상관계수와 상관관계의 유의성에 대 가설검정하여라.

〈표 9.1〉 오존농도와 탄소농도자료

x	0.066	0.088	0.120	0.050	0.162	0.186	0.057	0.100
y	4.6	11.6	9.5	6.3	13.8	15.4	2.5	11.8

x	0.112	0.055	0.154	0.074	0.111	0.140	0.071	0.110
y	8.0	7.0	20.6	16.6	9.2	17.9	2.8	1300

풀이 요약한 값들과 표본상관계수 r은 다음과 같다.

$$n=16,\ \sum x_i = 1.656,\ \sum y_i = 170.6,\ \sum x_i^2 = 0.196912,$$
$$\sum x_i y_i = 20.0397,\ \sum y_i^2 = 2253.56$$

$$r = \frac{20.0397-(1.656)(170.6)/16}{\sqrt{0.196912-(1.656)^2/16}\,\sqrt{2253.56-(170.6)^2/16}}$$
$$= \frac{2.3826}{(0.1597)(20.8456)} = 0.716$$

따라서 오존농도와 제 2의 탄소 사이에 모상관계수의 추정값은 $r=0.716$이다. ■

연관성 검정의 가설은

$$H_0: \rho = 0,\ H_a: \rho \neq 0$$

이며, $t-$통계량의 값은

$$t = \frac{\sqrt{n-2}\,r}{\sqrt{1-r^2}} = \frac{\sqrt{16-2}\,(.716)}{\sqrt{1-(.716)^2}} = 3.8376 > t_{0.025,(14)} = 2.14$$

이므로 유의수준 5%에서 H_0를 기각한다.

예제 9-2

토양생산성의 정확한 평가는 토지사용계획에 비판적이다. 유감스럽게도 대개의 경우 만족스런 토양생산성 지수는 구하기 힘들다고 알려져 있다. 생산성 지표 중에 하나는 농작물을 심는 것에 의해 부분적으로 결정된다. 그리고 같은 토양에서 두 개의 다른 농작물을 심을 때의 상관관계는 매우 강하지 않을지도 모른다. 실례로 어느 한 연구결과에 의하면 다음과 같이 8개의 다른 종류의 토양에 대한 땅콩의 산출량 y와 옥수수의 산출량 x에 관한 자료를 제시하고 있다.

〈표 9.2〉 옥수수의 산출량과 땅콩의 산출량자료

x	2.4	3.4	4.6	3.7	2.2	3.3	4.0	2.1
y	1.33	2.12	1.80	1.65	2.00	1.76	2.11	1.63

여기서 두 변수간 표본상관계수 r와 상관관계의 유의성검정하여라.

풀이 $\sum x_i = 25.7$, $\sum y_i = 14.40$, $\sum x_i^2 = 88.31$, $\sum x_i y_i = 46.856$, $\sum y_i^2 = 26.4324$

$$s_{xx} = 88.31 - \frac{(25.7)^2}{8} = 88.31 - 82.56 = 5.75$$

$$s_{yy} = 26.4324 - \frac{(14.40)^2}{8} = 0.5124$$

$$s_{xy} = 46.856 - \frac{(25.7)(14.40)}{8} = 0.5960 \text{으로부터}$$

$$r = \frac{0.5960}{\sqrt{5.75}\ \sqrt{0.5124}} = 0.347$$

이다.

■

연관성 검정의 가설은

$$H_0 : \rho = 0,\ H_a : \rho \neq 0$$

이며, $t-$통계량의 값은

$$t = \frac{\sqrt{n-2}\,r}{\sqrt{1-r^2}} = \frac{\sqrt{18-2}\,(.347)}{\sqrt{1-(.347)^2}} = .906 < t_{0.025,(6)} = 2.45$$

이므로 유의수준 5%에서 H_0를 기각하지 않는다.

9-2 최소제곱 회귀선

그려진 점들이 가장 잘 적합된 직선은 무엇인가?

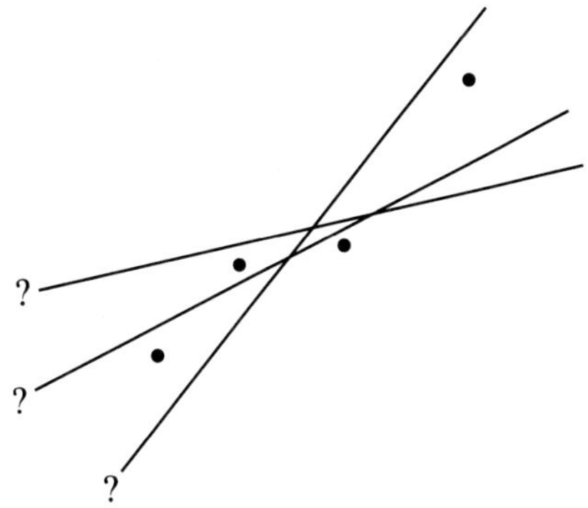

[그림 9.5] 회귀직선들

가장 적합된 직선은 관측된 값과 예측한 값들의 차이의 제곱수 합계를 최소화 하는 직선이다.

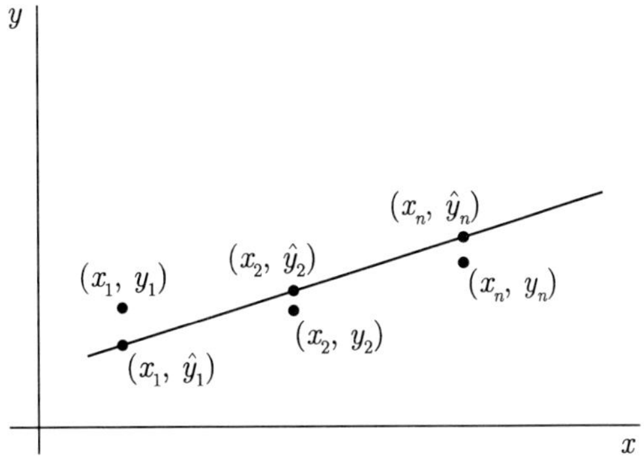

[그림 9.6] 실제값과 예측값의 표시

위의 도형에서, 다음을 최소화하길 원한다.

$$(y_1-\widehat{y_1})^2+(y_2-\widehat{y_2})^2+\cdots+(y_n-\widehat{y_n})^2$$

가장 잘 적합된 회귀선이 x와 y의 평균$(\overline{x},\ \overline{y})$을 지난다. 주어진 점을 지나는 주어진 기울기를 가진 선의 기본적인 모형에서 다음과 같은 정보를 가진다.

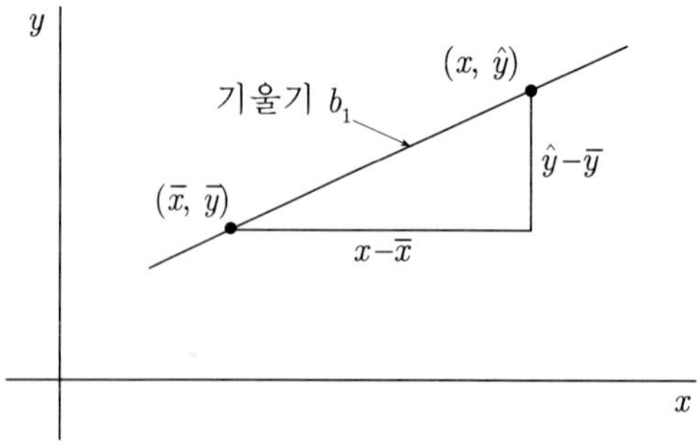

[그림 9.7] 적합된 회귀선

$\hat{y}-\bar{y}=b_1(x-\bar{x})$

또는 $\hat{y}=\bar{y}+b_1(x-\bar{x})$

b_1은 다음 공식을 통해서 구한다.

$$b_1 = r\frac{s_y}{s_x} = \frac{\sum(x_i-\bar{x})(y_i-\bar{y})}{\sum(x_i-\bar{x})^2} = \frac{s_{xy}}{s_{xx}}, \qquad b_0 = \bar{y}-b_1\bar{x}$$

가장 잘 맞는 이 선은 선을 통해 측정된 값과 예측된 값의 차이의 제곱의 합계를 최소화 하는 선이고 최소제곱 회귀선 또는 간단하게 회귀선이라 불린다. 이는 계산기에서 두 집합의 자료를 입력하고 통계학 프로그램을 사용하여 바로 구할 수 있다.

예제 9-3

강우량의 정도에 따른 대기오염의 제거의 정도를 알아보기 위하여 다음과 같은 표를 얻었다. 다음 물음에 답하여라.

〈표 9.3〉 강우량과 대기오염자료

강우량(x)	4.3	4.5	5.9	5.6	6.1	5.2	3.8	2.1	7.5
대기오염 제거정도(y)	126	121	116	118	114	118	132	141	108

(1) 상관계수 r을 계산하여라.

(2) 강우량으로부터 대기오염의 제거정도를 예측하기 위한 회귀직선의 방정식을 구하여라.

(3) 강우량이 $x=5.8$일 때, 대기오염 제거정도를 추정하여라.

풀이 (1) $n=9,\ \sum x_i = 45,\quad \sum y_i = 1094,\ \sum x_i y_i = 5348.2,$

$\sum x_i^2 = 244.26,\ \sum y_i^2 = 133786,\ \bar{x}=5,\ \bar{y}=1094/9$

$$r = \frac{\frac{1}{n-1}\sum(x_i-\bar{x})(y_i-\bar{y})}{s_x s_y} = \frac{\sum x_i y_i - n\bar{x}\bar{y}}{\sqrt{\left(\sum x_i^2 - n(\bar{x})^2\right)\left(\sum y_i^2 - n(\bar{y})^2\right)}} \fallingdotseq -0.9787.$$

(2) $b_1 = \frac{s_{xy}}{s_{xx}} = \frac{\sum x_i y_i - n\bar{x}\bar{y}}{\sum x_i^2 - n\bar{x}^2} \fallingdotseq -6.3240,\qquad b_0 = \bar{y} - b_1\bar{x} \fallingdotseq 153.1755,$

$\hat{y} = 153.1755 - 6.3240x$

(3) $x=4.8$일 때, $\hat{y} = 153.1755 - 6.3240 \cdot 5.8 = 116.496$

■

예제 9-4

다음은 여섯 개의 세정제 제품의 광고비와 전체 판매량을 나타낸 것이다.

〈표 9.4〉 광고비와 판매량자료

광고비	(\$ 1000)	(x):	2.3	5.7	4.8	7.3	5.9	6.2
전체 판매량	(\$ 1000)	(y):	77	105	96	118	102	95

만약 \$50000이 광고비로 쓰였을 때, 전체 판매량은 얼마인지 예상해보고, 회귀선의 기울기를 구하여라. 만약 \$100,0000이 광고비로 쓰였을 때는 얼마인가?

풀이 계산기를 사용하면, 회귀선의 방정식은

$\hat{y} = 98.833 + 7.293(x - 5.367) = 59.691 + 7.293x$ 즉,

판매량 = 59.691 + 7.293 광고비

회귀선은 만약 \$5000이 광고비로 쓰인다면, 그 결과인 전체 판매량은 7.293(5) + 59.691 = 96.691000 달러인 것을 예측한다.

회귀선의 기울기는 모든 추가적으로 광고비에 사용한 \$1000는 판매량에 \$7293이 증가한다는 것을 알 수 있다.

■

9-3 결정계수

단순회귀모형은 설명변수가 반응변수를 선형적으로 어떻게 설명할 수 있는가를 표현하는 모형이다. 관찰된 y_i는 다음과 같이 정리할 수 있다.

$$y_i - \bar{y} = y_i - \hat{y}_i + \hat{y}_i - \bar{y}$$

양변을 제곱하여 모든 관찰값에 대하여 더해주면 다음의 등식이 성립한다.

$$SST = \sum_{i=1}^{n}(y_i - \bar{y})^2 + \sum_{i=1}^{n}(y_i - \hat{y}_i)^2 = SSR + SSE = \sum y_i^2 - \left(\sum y\right)^2/n$$

y의 총제곱합(SST : total sum of squares)은 회귀제곱합(SSR : regression sum of squares, sum of squares due to regression)과 오차제곱합(SSE : sum of squares due to error)으로 분할된다.

결정계수 R^2은 다음과 같다.

$$R^2 = \frac{SSR}{SST} = 1 - \frac{SSE}{SST} = \frac{\sum_{i=1}^{n}(\hat{y}_i - \bar{y})^2}{\sum_{i=1}^{n}(y_i - \bar{y})^2}$$

1) $0 \le R^2 \le 1$

2) R^2이 1에 가까울수록 추정된 회귀식이 총변동량의 많은 부분을 설명한다.

3) R^2이 0에 가까울수록 추정된 회귀식이 총변동량을 적절하게 설명하지 못한다.

결정계수 R^2이 회귀모형의 적절성을 나타내는 중요한 기준이나 유일한 절대 기준이 아닐 수 있다는 점을 명심해야 한다. 또 다른 회귀모형의 적절성에 대한 판단 기준을 다음절에서 논의할 것이다.

정의로부터 SSE의 계산은 많은 양의 계산을 해야 하므로 좀 더 단순한 공식을 생각해 보자.

$$SSE = \sum\left(y_i - \hat{y}_i\right)^2 = \sum(y_i - b_0 - b_1 x_i)^2 = \sum\left(y_i - b_0 - b_1\bar{x} - b_1\left(x_i - \bar{x}\right)\right)^2$$

$$= \sum\left(y_i - \bar{y}\right)^2 - b_1^2\sum\left(x_i - \bar{x}\right)^2 = s_{yy} - b_1^2 s_{xx} = (n-1)\left(s_y^2 - b_1^2 s_x^2\right)$$

이 표현은 $\sum(y_i-\hat{y_i})^2$에서 대신하는 $\hat{y_i}=b_0+b_1x_i$로부터 얻는다.

예제 9-5

예제 9.3에서 강우량 자료의 결정계수 R^2값을 구하여라.

풀이 $b_0=153.1755$ $b_1=-6.3240$ $\sum y_i=1094$ $\sum x_i=45$

$\sum x_iy_i=5348.2$ $\sum y_i^2=133786$ $\sum x_i^2=244.26$

$s_{yy}=\sum(y_i-\overline{y})^2=\sum y_i^2-n(\overline{y})^2=133786-(1904)^2/9=804.222$

$s_{xx}=\sum(x_i-\overline{x})^2=\sum x_i^2-n(\overline{x})^2=244.26-452/9=19.26$

에서 다음과 같이 SST와 SSE를 얻을 수 있다.

$$SST=\sum y_i^2-\left(\sum y_i\right)^2/n=133786-\frac{(1094)^2}{9}=804.222$$

$$SSE=s_{yy}-b_1^2s_{xx}=804.222=(-6.3240)^2 19.26=33.9573$$

따라서 결정계수는

$R^2=1-\dfrac{33.9573}{804.222}=0.957776$이다.

즉, 다공성의 관측된 변동 95.8%는 강우량과 대기오염제거정도 사이의 점근적 선형 관계에 기인한다고 볼 수 있다.

■

예제 9-6

예제 9.4에서 광고비 자료의 결정계수 R^2값을 구하여라.

풀이 $\overline{y}=98.83$이므로

$$SST=\sum(y_i-\overline{y})^2=(77-98.83)^2+(105-98.83)^2+\cdots+(95-98.83)^2=914.833$$

$$SSR=\sum(\hat{y_i}-\overline{y})^2=(76.46-98.83)^2+(101.26\text{-}98.83)+\cdots+(104.91-98.83)^2=774.432$$

따라서 결정계수는

$$R^2=\frac{SSR}{SST}=.847$$

■

9-4 잔차플롯

측정된 값과 예측된 값 사이의 격차를 오차라고 한다. 회귀선을 산점도에 그렸을 때, 점의 오차는 회귀선으로부터 그 점까지의 세로 격차이다.

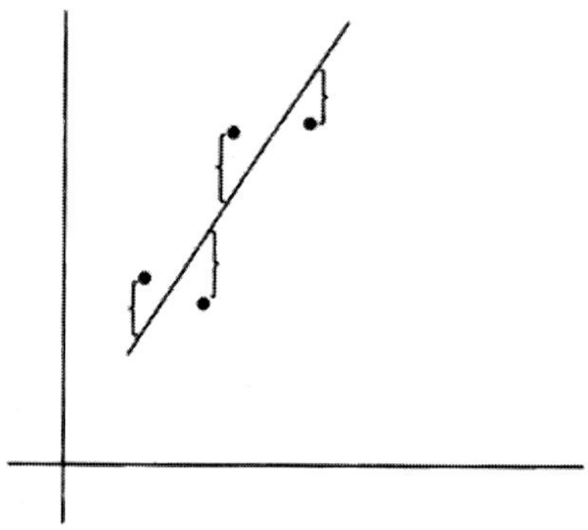

[그림 9.8] 잔차산점도

회귀선은 오차의 제곱의 합계를 최소화 하는 선이다.

예제 9-7

우리는 예제 9.4에 있는 회귀선으로부터 예상 값을 계산하고 오차를 구하여라.

풀이

x	2.3	5.7	4.8	7.3	5.9	6.2
y	77	105	96	118	102	95
$\hat{y}$	76.5	101.3	94.7	112.9	102.7	104.9
$y-\hat{y}$	0.5	3.7	1.3	5.1	-0.7	-9.9

오차의 합계는 다음과 같다는 점을 확인하자.

$$0.5+3.7+1.3+5.1-0.7-9.9=0.0$$

■

오차의 합계와 오차들의 평균은 항상 0이다.

오차의 표기로는 $\hat{e_i}=y_i-\hat{y_i}$ 따라서 $\sum_{i=1}^{n}\hat{e_i}=0$이다. 오차의 표준편차는 다음과 같이 계산된다.

$$s_e = \sqrt{\frac{\Sigma e_i^2}{n-2}} = \sqrt{\frac{\Sigma(y_i - \hat{y_i})^2}{n-2}}$$

s_e는 점들이 회귀선 주위에 어떻게 분포되어있는지에 대한 척도를 나타낸다.

잔차플롯은 더 많은 정보를 제공한다. 확실한 패턴이 있는 잔차플롯은 직선인 회귀선 보다 비선형 모델이 더 잘 맞는 다는 것을 암시해 준다. 그리고 잔차가 무작위로 분포되었든 되지 않았든, 양수와 음수의 잔차 사이의 균형과, 또한 y-값들에 관계한 잔차들의 비교에 주의해야 한다.

1차 형태가 아마 적당하겠지만, 낮은 상관관계라 할지라도 모형을 이해하는 것이 중요하다. 그리고, 1차적 모델이 가장 좋은 모델이 아닐 수 있다, 하지만 높은 r^2에 있어서는 여전히 아주 좋은 모형일 것이다.

예제 9-8

한 페인트가 마르는 시간은 특정 성분을 포함하는 양에 따라 달라진다고 가정해 보자.

성분(oz)	x:	1	2	3	4	5	6	7	8	9	10
마르는시간(hr)	y:	4	2.1	1.5	1	1.2	1.7	2.5	3.6	4.9	6.1

계산기를 사용하면, 회귀선 y= 0.327x + 1.062를 찾을 수 있고, 오차를 찾아라.

풀이

x:	1	2	3	4	5	6	7	8	9	10
$y-\hat{y}$:	2.61	0.38	−0.54	−1.37	−1.5	−1.32	−0.85	−0.08	0.89	1.77

결과로 나온 잔차플롯은 강한 패턴을 나타낸다:

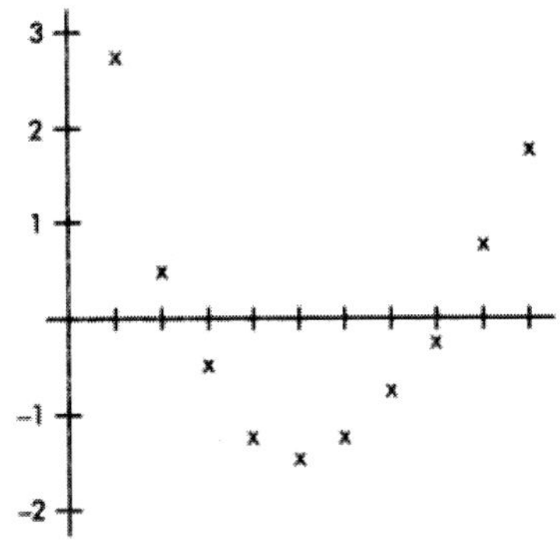

[그림 9.9] 잔차플롯

이 패턴은 비선형 모형이 직선 모형보다 더 잘 맞을 것이라고 암시한다. 본래 자료의 산점도는 무엇이 일어나는지 명확하게 보여준다.

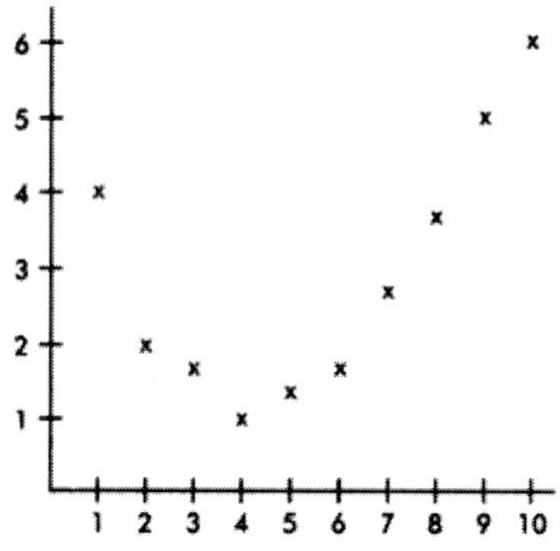

[그림 9.10] 산점도

예제 9-9

갈론 당 마일에 새로운 자동차 모델의 속도는 최소제곱 회귀선에 맞아 떨어진다. 오차들과 회귀선의 컴퓨터의 산출의 그래프는 다음과 같다.

〈회귀 분석: MPG 대 속도〉

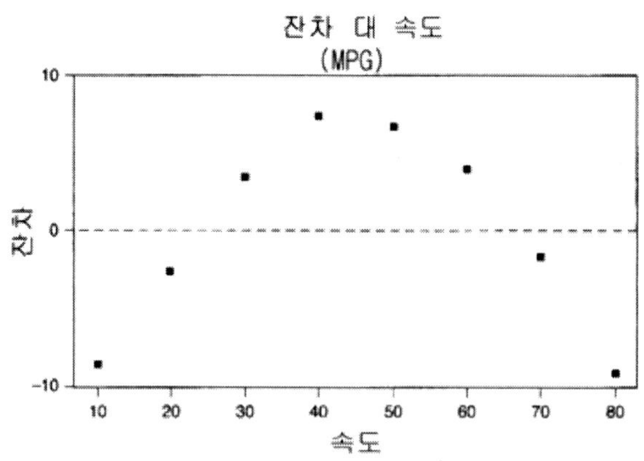

[그림 9.11] 잔차플롯

회귀선의 방정식은

〈MPG = 38.9 - 0.218 속도〉

predictor	Coef	SE Coef	T	P
변수	38.929	5.651	6.89	0.000
속도	−0.2179	0.1119	−1.95	0.099

S = 7.252 R–sq = 38.7% R–sq(adj) = 28.5%

〈분산분석〉

소스	DF	SS	MS	F	P
회귀선	1	199.34	199.34	3.79	0.099
잔차	6	315.54	52.59		
합계	7	514.88			

(1) 위 내용에 있는 회귀선의 기울기를 구하여라.

(2) 30 mph의 속도에서, 예상되는 MPG의 평균은 얼마인가?

(3) 30 mph의 속도에서, 실제 MPG는 얼마인가?

(4) 선이 가장 적절한 모델인가? 설명하라.

(5) "S = 7.252"는 무엇을 뜻하는가?

풀이 (1) 회귀선의 기울기는 -0.2179이다, 이는 평균적으로, 속도가 한 시간에 1 마일씩 증가할 때, MPG는 0.2179가 떨어진다는 것을 말한다.

(2) 30 mph의 속도에서, 예상 MPG 평균은 -0.2179(30) + 39.929, 또는 거의 32.4 MPG이다.

(3) 30 mph의 오차는 거의 +3.5이고, 나머지 = 실제 값 - 예상 값이기 때문에, 우리는 실제 MPG를 32.4 + 3.5 또는 거의 36 MPG로 계산한다.

(4) 오차가 강한 곡선의 패턴을 보이는 것은, 선이 아닌 모델이 더 적당할 것을 암시한다.

(5) 잔차의 표준편차 는 오차들의 "대표 값"이고 점들이 어떻게 회귀선 주위에 분포하는 지에 대한 척도를 나타낸다.

9-5 비선형 회귀모형

종종 두 변수들 사이의 관계를 설명하기 위해서는 직선이 가장 좋은 모델이 아닐 수도 있다. 이 문제의 명확한 표시는 산점도가 눈에 보이는 곡선을 가지고 있을 때이다. 오차들이 무작위의 분포가 아닌 명확한 모형을 가지고 있을 때이다. 이러한 경우, 하나 또는 두 개의 변수들을 변형 시킨 후 선형의 관계를 확인함으로써 종종 선이 아닌 모델이 나타날 수 있다. 유용한 변형은 종종 새로운 변수들을 만드는 계산기의 log 또는 In을 통해 나타난다.

예제 9-10

다음 년 수와 그에 해당하는 인구수를 보자

〈표 9.5〉 년도별인구수자료

년	x	1950	1960	1970	1980	1990
인구 (단위: 1000)	y	50	67	91	122	165

산포도와 잔차플롯은 비선형관계가 더욱 강한 모형인지 확인하여라.

풀이

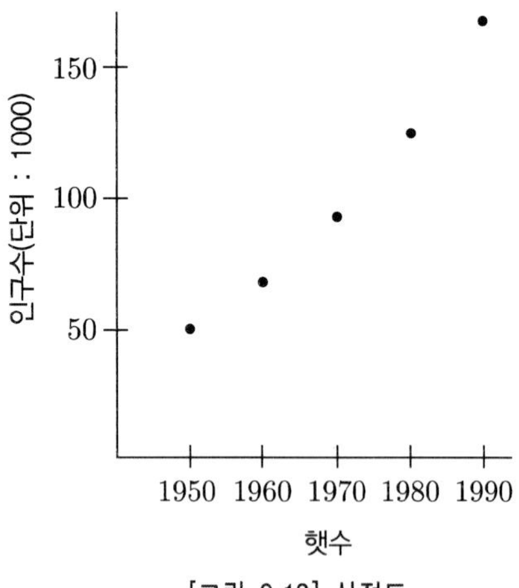

[그림 9.12] 산점도

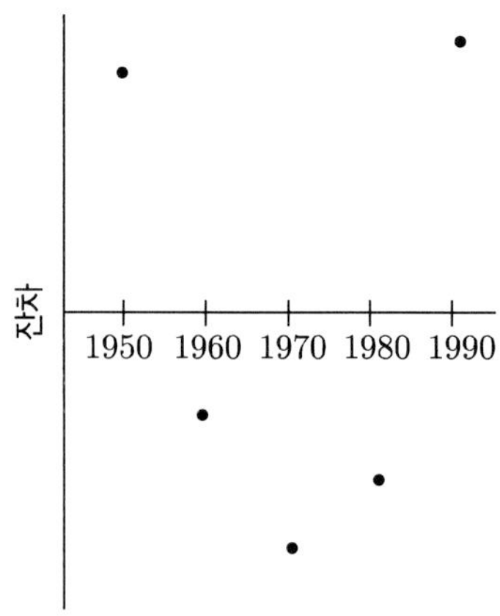

[그림 9.13] 잔차플롯

$\log y$를 새로운 변수라고 하면, 다음을 얻는다.

〈표 9.6〉 년도와 log(인구)의 자료

x:	1950	1960	1970	1980	1990
$\log y$:	1.70	1.83	1.96	2.09	2.22

산포도와 잔차플롯은 이제 더 강한 선의 관계를 암시한다.

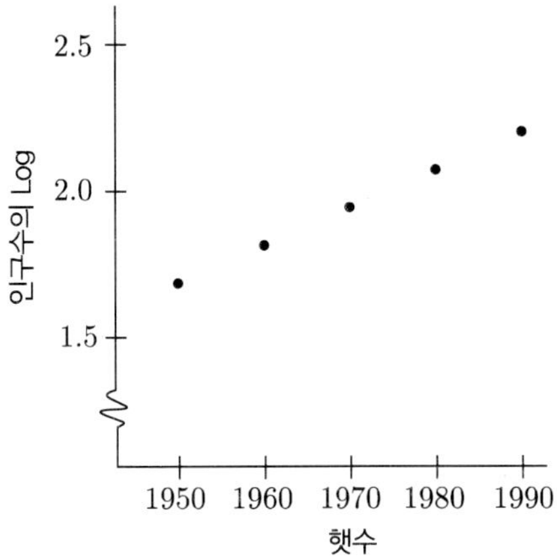

[그림 9.14] 산점도

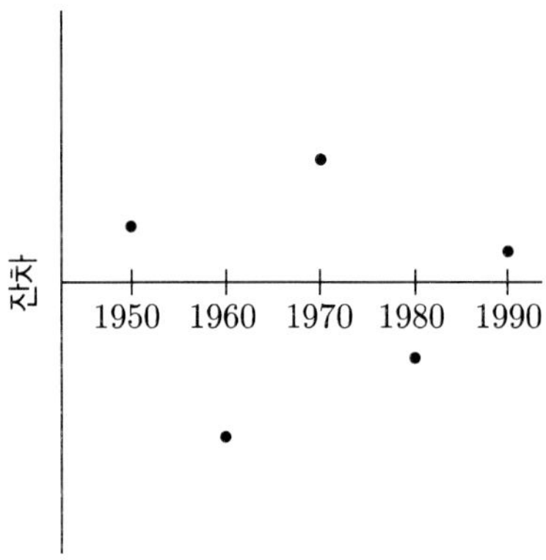

[그림 9.15] 잔차플롯

회귀선 분석은 $\log y = 0.013x - 23.65$를 나타낸다.
$\log(Pop) = -23.65 + 0.013(Year)$을 가진다.
예를 들어, 2000년도에 예상되는 인구수는 $\log(Pop) = 0.013(2000) - 23.65 = 2.35$ 일 것이고 따라서 $Pop = 10^{2.35} \approx 224$천 또는 224,000일 것이다. "1차" 방정식은 $\log y = 0.013x - 23.65$ 는
$y = 10^{0.013x - 23.65}\ [10^{-23.65} \times (10^{0.013})^x = 2.2387E - 24 \times 1.0304^x]$
로 다시 표현될 수 있다.

많은 유용한 변형이 있다. 예를 들면,
x의 1차 함수를 $\log y$라 하면, $\log y = ax + b$, 지수로 다시 표현하면
$y = 10^{ax+b}$ 또는 $b_1 = 10^b$ 일 때, $y = b_1 10^{ax}$
$\log x$의 1차 함수를 $\log y$라 하면, $\log y = a \log x + b$, 제곱으로 다시 표현하면
$y = 10^{a \log x + b}$ 또는 $b_1 = 10^b$일 때, $y = b_1 x^a$
x의 1차 함수를 라 하면, 2차로 다시 표현하면
$y = (ax+b)^2$
x의 1차 함수를 $\frac{1}{y}$라 하면, $\frac{1}{y} = ax + b$, 역수로 다시 표현하면

$$y = \frac{1}{ax+b}$$

$\log x$의 1차 함수를 y라 하면, $y = a \log x + b$는 로그 함수이다.

■

예제 9-11

다음 자료에 가능한 모델은 무엇이 있는가?

〈표 9.7〉 x, y의 자료

x	1	2	3	4	5
y	20	60	120	190	280

풀이 x와 y에 맞는 선은 r=0.99에 $\hat{y} = 65x - 1.139$을 나타낸다.

x와 $\log y$ 에 맞는 선은 r = .98에 $\log y = 0.279x + 1.139$을 나타낸다. 지수의 관계에서 결과가 나타난다.

$\hat{y} = 10^{0.279x + 1.139} = 13.77(10^{0.279x}) = 13.77(1.901^{x})$

$\log x$ 와 $\log y$에 맞는 선은 r = .99에 $\log y = 1.639 \log x + 1.295$를 나타낸다. 제곱 관계에서 결과가 나타난다.

$\hat{y} = 10^{1.639 \log x + 1.295} = 19.72(x^{1.639})$

세 모델 모두 높은 상관관계를 나타내고 적합한 형태이다. 잔차플롯 검토를 통해 더 자세한 분석을 할 수 있다.

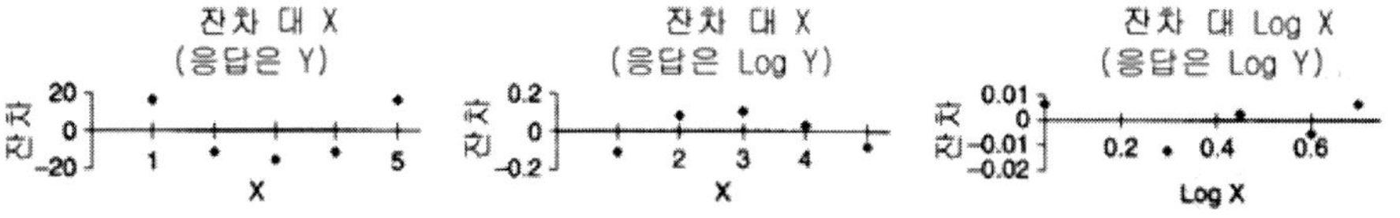

[그림 9.16] 잔차플롯

처음 두 잔차플롯은 명확한 곡선 패턴이 있다. 세 번째 잔차플롯은 더 무작위 패턴과 작은 오차를 나타낸다. 위의 세 모델 중, 제곱 모델인 $\hat{y} = 19.72(x^{1.639})$ 이 가장 좋게 나타낸다.

■

9-6 최소제곱법 회귀선 기울기의 신뢰 구간

9.2에서 최소제곱 회귀선을 토론했다.

$$\hat{y} = \bar{y} + b_1(x - \bar{x})$$

b_1이 선의 기울기이다. 이 기울기는 계산기의 통계 소프트웨어를 이용하여 쉽게 찾을 수 있다. β_1의 신뢰 구간 추정은 df $= n-2$인 t-값들을 이용해 찾을 수 있고, 적절한 표준편차는

$$s_{b_1} = \frac{\sqrt{\dfrac{\Sigma(y_i - \hat{y_i})^2}{n-2}}}{\sqrt{\Sigma(x_i - \bar{x})^2}}$$

분자에 있는 합이 제곱법 잔차의 합이며 분모에 있는 합이 제곱법 평균치의 표준편차들의 합 이다. s_{b_1}의 값은 계산기의 통계 소프트웨어가 b_1의 값을 찾는 동시에 같이 찾아진다. 계산기들은 $s_e = \sqrt{\dfrac{\Sigma(y_i - \hat{y_i})^2}{n-2}}$ 을 계산한다. 그리고 분모는 $\sqrt{\Sigma(x_i - \bar{x})^2} = s_x\sqrt{n-1}$ 로 계산될 수 있다.

여기 가정은 다음과 같다.

1) 표본은 무작위로 뽑혀야 한다.
2) 산점도는 대략 일직선 이어야 한다.
3) 잔차플롯의 분명한 패턴이 있어선 안 된다.
4) 잔차들의 분포는 대략 정규분포이어야 한다.

신뢰구간의 유도된 공식에 따르면 다음과 같이 확률계산을 할 수 있다.

$$P\left(-t_{\alpha/2,\,(n-2)} < \frac{b_1 - \beta_1}{s_{b_1}} < t_{\alpha/2,\,(n-2)}\right) = 1 - \alpha$$

β_1의 괄호 안에 부등식과 추정량들의 자리에 추정한 값을 대체하여 신뢰구간 공식을 유도할 수 있다. 회귀직선 기울기 β_1에 대한 $100(1-\alpha)\%$ 신뢰구간은 다음과 같다.

$$b_1 \pm t_{\alpha/2,(n-2)} \cdot s_{b_1}$$

이 구간은 이전의 많은 신뢰구간들의 형태와 비슷하다. 모수를 추정한 값이 중심이 되고 원하는 신뢰한계(임계값 t를 통해)와 추정량 b_1의 변동의 양에 따라 구간의 폭이 변한다

예제 9-12

점토 벽돌을 이용한 건축의 변화는 구조적, 음향적 디자인뿐만 아니라 보온과 통풍 그리고 에어콘 시스템의 디자인에 중요한 역할을 한다. 다음 표는 y=모르타르의 마른 밀도와 x=모르타르 공기 성분의 자료이다. b_1의 신뢰구간을 구하여라.

〈표 9.8〉 모르타르의 마른 밀도와 모르타르 공기 성분의 자료

x	5.7	6.8	9.6	10.0	10.7	12.6	14.4	15.0
y	119.0	121.3	118.2	124.0	112.3	114.1	112.2	115.1

x	15.3	16.2	17.8	18.7	19.7	20.6	25.0
y	111.3	107.2	108.9	107.8	111.0	106.2	105.0

풀이 산점도는 확실하게 단순선형회귀모형의 적당한 예를 제시한다. 즉, 공기성분이 증가함에 따라 밀도가 감소하는 경향의 것으로, 공기의 성분과 밀도 사이의 음의 관계를 보여준다.

요약 통계량은 다음과 같다.

$\sum x_i = 218.1,\ \sum y_i = 1693.6,\ \sum x_i^2 = 3577.01,$

$\sum x_i y_i = 24,252.54,\ \sum y_i^2 = 191,672.90$

따라서,

$s_{xy} = -372.404,\ s_{xx} = 405.836,\ b_1 = -0.917622,\ b_0 = 126.248889$

$SST = 454.1693,\ SSE = 112.4432$

이고 결정계수는

$r^2 = 1 - 112.4432/454.1693 = 0.752$

이다.

따라서 밀도에서 관측된 변동의 75%는 밀도와 공기성분 사이에 단순선형회귀모형의 적합한 관계에 있다고 할 수 있다.

$s_e^2 = 112.4432/13 = 8.6495$

그리고 $s_e = 2.941$로부터 오차의 자유도는 15-2=13이다.

추정된 b_1의 표준 편차는

$$s_{b_1} = \frac{s_e}{\sqrt{s_{xx}}} = \frac{2.941}{\sqrt{405.836}} = 0.1460$$

이고, 95%의 신뢰수준의 임계값 t는 $t_{0.025,\ (13)} = 2.160$이므로 신뢰구간은 다음과 같이 구할 수 있다.

$$-0.918 \pm (2.160)(0.1460) = -0.918 \pm 0.315 = (-1.223,\ -0.603)$$

높은 신뢰도를 가지고 우리는 0.603과 1.223 사이와 밀도 감소의 평균은 공기성분의 1% 증가와 관련된 것을 추정할 수 있다. 이미 측정되어 있는 모집단의 직선의 기울기는 구간이 좁은 것을 가리키는데, 구간은 음의 값을 포함하는 것을 알 수 있다. 따라서 공기성분이 증가함으로써 밀도는 감소한다는 경향을 신뢰할 수 있다.

■

예제 9-13

10명의 고등학생들의 무작위 표본은 주 당 텔레비전 보는 시간과 성적으로써 이와 같은 결과를 나타냈다.

〈표 9.9〉 TV시간과 성적자료

TV 시간	12	21	8	20	16	16	24	0	11	18
성적	3.1	2.3	3.5	2.5	3.0	2.6	2.1	3.8	2.9	2.6

최소제곱법 선을 구하고 실제 기울기의 95% 신뢰 구간을 구하여라.

풀이 통계 소프트웨어를 이용하면

$\hat{y} = 3.892 - 0.07202x$을 준다.

$s_e = 0.1531$ 와 $s_x = 7.074$을 얻는다.

그러므로

$$s_{b_1} = \frac{0.1531}{7.074\sqrt{10-1}} = 0.0072$$

자유도는 $df = 10 - 2 = 8$이고, 임계값 t-값들은 ± 2.306이다. 실제 기울기의 95% 신뢰 구간 추정은

$$b_1 \pm t s_{b_1} = -0.07202 \pm 2.306(0.0072) = -0.07202 \pm 0.0166$$이다.

주 당 텔레비전 보는 추가 시간마다 0.055와 0.089사이의 성적 하락과 관련 되어있다고 95% 확신한다.

■

9-7 최소제곱법 선의 기울기를 위한 가설 검정

실제 기울기의 신뢰 구간을 찾는 것에 더하여, 기울기의 값을 위한 가설 검정을 할 수도 있다. 귀무가설 $H_0: \beta_1 = 0$ 을 사용한다. 두 변수들 사이에 일직선 관계가 없다는 것이다. 최소제곱법 선의 기울기의 추론에 대한 가정은 다음을 포함한다.

1) 표본은 무작위로 선택되어야 한다.
2) 산점도는 대략 일직선 이어야 한다.
3) 잔차플롯의 분명한 모형이 있어선 안 된다.
4) 잔차들의 분포는 대략 정상이어야 한다.

회귀직선에 대한 가설검정 절차는 다음과 같다

귀무가설 : $H_0: \beta_1 = 0$

검정통계량 값 : $t = \dfrac{b_1 - 0}{s_{b_1}}$

대립가설 (H_a)	수준 α검정에 대한 기각역
1. $\beta_1 > 0$	$t \geq t_{\alpha,(n-2)}$
2. $\beta_1 < 0$	$t \leq -t_{\alpha,(n-2)}$
3. $\beta_1 \neq 0$	$\lvert t \rvert \geq t_{\frac{\alpha}{2},(n-2)}$

H_0가 참일 때 통계적 검정은 자유도 $n-2$인 t분포를 따른다.

예제 9-14

알루미늄 금속 또는 주조된 합금의 순도는 수소와 용해물의 내용에 의해 결정된다. 다음은 다양한 인장력이 x=산화물/혼합물의 비율(%)과 관련이 있다는 것을 나타내는 자료이다. 여기서 y=시험막대의 인장력을 나타낸다. 우리는 두 변수간 산점도가 선형관계임을 보여주고, 따라서 최고제곱법으로 추정식을 얻을 수 있다고 하자. 유의수준 $\alpha = 0.01$에서 검정을 하여라.

〈표 9.10〉 인장력자료

x	0.10	0.16	0.31	0.37	0.37	0.46	0.50	0.50	0.60	0.70
y	0.96	1.10	0.80	0.84	0.77	0.87	0.60	0.87	0.60	0.61

x	0.75	0.80	0.90	1.00	1.07	1.08	1.11	1.30	1.37	1.54
y	0.70	0.41	0.40	0.41	0.45	0.59	0.25	0.25	0.08	0.10

풀이 기울기 모수 β_1은 산화물/혼합물의 비율(%)에서 1% 증가에 결합하여 인장력의 변화를 나타낸다. 회귀선의 기울기를 위한 가설검정은 다음과 같다.

$H_0: \beta_1 = 0 \quad H_a: \beta_1 \neq 0$

기각역은 $t \geq t_{0.005,\,(18)} = 2.878$이거나 $t \leq -2.878$이다. 따라서 $b_1 = -0.64884$, $s_{b_1} = 0.05840$이고,

$$t = \frac{-0.64884}{0.05840} = -11.11$$

이다. $-11.11 \leq -2.878$ 이므로, H_0은 명확하게 기각된다.

P-값$= P(t < -11.11) = 0.0001$이므로 H_0는 $\alpha = 0.01$에서 기각된다.

■

예제 9-15

다음 테이블은 무작위로 뽑힌 프로 테니스 선수의 새로 개발된 테니스 라켓을 쓰는 전과 후의 서브 속도를 mph로 나타낸다.

〈표 9.11〉 신구라켓속도자료

오래된 라켓	125	133	108	128	115	135	125	117	130	121
새로운 라켓	133	134	112	139	123	142	140	129	139	126

프로들이 그들의 오래된 라켓과 새로운 라켓을 사용해 서브한 속도 사이의 플러스의 기울기를 가진 일직선 관계가 있다는 증거가 있는가?

풀이 회귀선의 기울기를 위한 가설 검정은 다음과 같다.

$H_0: \beta_1 = 0 \qquad H_a: \beta_1 > 0$

계산기의 통계 프로그램을 이용하면 다음과 같다.

새로운 속도$= 8.76 + 0.99$(오래된 속도)

$t = 5.853$ 그리고 $P = .00019$

P-값이 작으므로 귀무가설을 기각하므로, 프로들이 그들의 오래된 라켓과 새로운 라켓을 사용해 서브한 속도 사이의 양의 기울기를 가진 일직선 관계가 있다는 매우 강한 증거가 있다.

■

9-8 다중회귀모형

반응변수 $y, (i=1,\cdots,n)$에 대해서 k개의 설명변수 $x_{1i},\ldots,x_{ki}$ 가 있다고 하자. 다중회귀의 모형식은 다음과 같다.

$$\text{다중회귀모형} : y_i = \alpha + \beta_1 x_{1i} + \cdots + \beta_k x_{ki} + \epsilon_i$$

여기서 오차항 ϵ_i는 평균이 0이고 분산이 σ^2인 정규분포를 따르며 서로 독립인 것을 가정한다. 모형에서는 각 설명변수들과 반응변수간의 선형관계를 가정하고 있다.

중회귀모형은 다음과 같이 벡터 방정식으로 나타내면 편리하다.

$$y = X\beta + \epsilon$$

다만,

X는 i번째 행이 $(1, x_{1i},\ldots, x_{ki})$인 행렬

β는 $(\beta_0, \beta_1,\ldots,\beta_k)'$로 된 $(k+1)$열벡터

ϵ은 $(\epsilon_1,\ldots\epsilon_n)'$으로 된 n열벡터

y는 $(y_1,\ldots,y_n)'$으로 된 n열벡터

이와 같은 행렬을 사용하면 β의 최소제곱추정량 및 적합된 모형은 다음과 같다.

■ **최소제곱추정량과 적합된 모형 :**

$$\beta = (X'X)^{-1}X'y \ (X' : X\text{의 전치행렬})$$

$$\hat{y} = X\hat{\beta}$$

이제 각각의 회귀계수 $\beta_j (j=1,\ldots,k)$에 대해서 가설 $H_0 : \beta_j = 0$를 검정하는 방법을 알아보자. 이의 검정은 귀무가설 하에서 다음과 같은 검정통계량

$$t = \frac{b_j}{SE(b_j)}$$

이 자유도가 $n-k-1$인 $t-$분포를 따른다는 사실을 이용한다. 여기서 $SE(b_j)$는 b_j의 표준오차 추정치를 의미하는데, 구하는 식은 생략하겠다.

유의수준을 α라고 했을 때 귀무가설과 대립가설의 형태에 따른 기각역은 다음과 같

이 정리된다. 여기서 $t_{\alpha,(n-k-1)}$은 자유도 $n-k-1$인 t-분포에서 상위 α의 확률을 주는 값을 의미한다.

1. $H_0: \beta_j = 0$ $vs.$ $H_a: \beta_j > 0$일 때, $t > t_{\alpha,(n-k-1)}$이면 귀무가설 기각
2. $H_0: \beta_j = 0$ $vs.$ $H_a: \beta_j < 0$일 때, $t < -t_{\alpha,(n-k-1)}$이면 귀무가설 기각
3. $H_0: \beta_j = 0$ $vs.$ $H_a: \beta_j \neq 0$일 때, $|t| > t_{\alpha/2,(n-k-1)}$이면 귀무가설 기각

총제곱합의 분해는 단순회귀의 경우와 같으며 다만 자유도만 변한다. 중회귀모형의 유의성을 검정하기 위하여는 가설

$$H_0: \beta = 0,\ H_a: \beta \neq 0$$

을 검정하며, 이를 위한 분산분석표는 아래와 같다.

〈표 9.12〉 분산분석표

요인	제곱합	자유도	평균제곱	F값	$p-$값
회귀	SSR	k	MSR	$f=$ MSR/MSE	$P(F \geq f)$
잔차	SSE	$n-k-1$	MSE		
합계	SST	$n-1$			

중회귀모형에서 결정계수는 단순회귀와 같이 정의된다. 즉, 결정계수는

$$R^2 = \frac{SSR}{SST}$$

로 정의된다. 설명변수가 추가되면 R^2값은 언제나 증가한다. 그러나 때로는 추가된 설명변수가 유의성이 없거나 설명력이 미약한 경우가 있다. 이와 같은 경우에는 결정계수보다는 다음과 같이 정의된 수정결정계수(adjusted R^2)를 살펴보아야 한다.

$$\text{수정된 } R^2 = 1 - \frac{n-1}{n-k-1}\frac{SSE}{SST}$$

새로 추가되는 변수가 설명력이 없을 때는 이 수정결정계수의 값이 오히려 감소하기 때문에 새로운 설명변수의 추가 여부를 판단하는 데 도움이 된다.

예제 9-16

어떤 플라스틱 제품의 강도(kg/cm^2)가 그 제품을 생산하는 사출 과정중의 온도(°C)와 시간(sec)에 따라서 어떻게 변화하는가를 알아보기 위하여 실험을 한 결과 아래와 같은 자료를 얻는다. 사출온도와 사출시간을 각각 설명변수 x_1, x_2로 하고 강도를 반응변수 Y로 하는 중선형회귀모형을 적용할 때, 모회귀계수와 모회귀함수를 최소제곱법에 의하여 추정하여라.

〈표 9.13〉 중회귀자료

온도(x_1)	195	179	205	204	201	184	210	209
시간(x_2)	57	61	60	62	61	54	58	61
강 도(y)	81.4	122.2	101.7	145.2	135.9	64.8	92.1	113.8

풀이 강도를 y, 온도를 x_1, 시간을 x_2로 놓고 SPSS를 이용하여 중회귀를 시행한 결과가 다음과 같은 결과를 얻었다. 출력결과와 모양은 일부 편집한 형태이다.

〈표 9.14〉 SPSS를 이용한 출력결과

모형 요약

모형	R	R 제곱	수정된 R 제곱	추정값의 표준오차
1	.942[a]	.888	.843	10.8734

a. 예측값: (상수), 시간, 온도

분산분석[b]

모형		제곱합	자유도	평균 제곱	F	유의확률
1	회귀 모형	4666.722	2	2333.361	19.736	.004[a]
	잔차	591.157	5	118.231		
	합계	5257.879	7			

a. 예측값: (상수), 시간, 온도

b. 종속변수: 강도

계수[a]

모형		비표준화 계수		표준화 계수	t	유의확률	B에 대한 95.0% 신뢰구간	
		B	표준오차	베타			하한값	상한값
1	(상수)	-428.885	98.987		-4.333	.007	-683.339	-174.431
	온도	-.234	.383	-.098	-.610	.569	-1.219	.751
	시간	9.829	1.623	.973	6.056	.002	5.657	14.002

a. 종속변수: 강도

출력 결과에 의하면 R^2=0.888(수정된 R^2=0.843)로서, 전체 변동의 88.8%를 회귀 모형으로 설명하고 있음을 알 수 있다. 모형에 대한 분산분석의 결과 유의확률이 0.004으로 매우 유의성이 있음을 나타낸다.

추정된 회귀직선은 다음과 같다.

$\hat{y} = -428.885 - 0.234x_1 + 9.829x_2$

회귀계수 x_1, x_2의 유의확률이 각각 0.569, 0.002으로 x_1은 유의하지 않으며 x_2는 매우 유의하다.

■

9-9 SPSS 실습

9장에서 설명한 회귀분석의 예제를 SPSS를 이용하여 분석하는 방법을 알아보도록 한다.

9.9.1 상관계수

[예제 9.1]에서 두 변수 X, Y의 상관계수를 구해보자.

데이터 입력 : [예제 9.1]을 아래와 같이 『SPSS 데이터 편집기』 창에 입력한다.

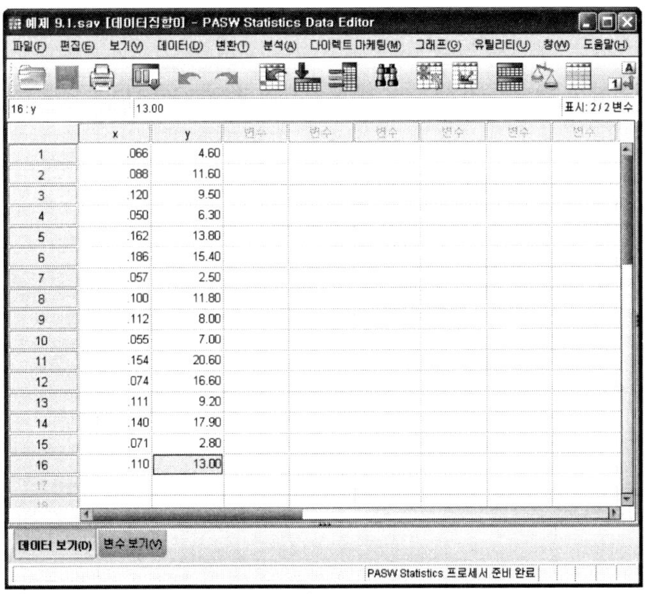

[그림 9.17] 데이터입력

상관분석을 위하여 『분석(A) → 상관분석(C) → 이변량(B)』 상관계수와 같이 순서대로 실행명령을 지정한다.

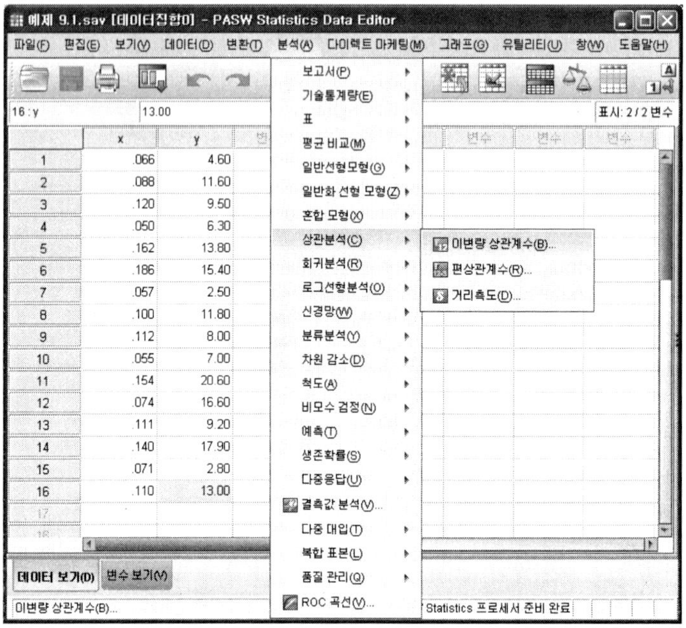

[그림 9.18] 실행명령지정

이변량 상관계수 대화상자에서 x, y을 [변수(V)]란으로 이동시키고 하단에 있는 상관계수 중에서 Pearson을 체크한다. 하단부에 [유의한 상관계수 별표시 (F)]는 통계적으로 유의한 상관계수 값에 별표시를 하겠다는 것을 나타낸다.

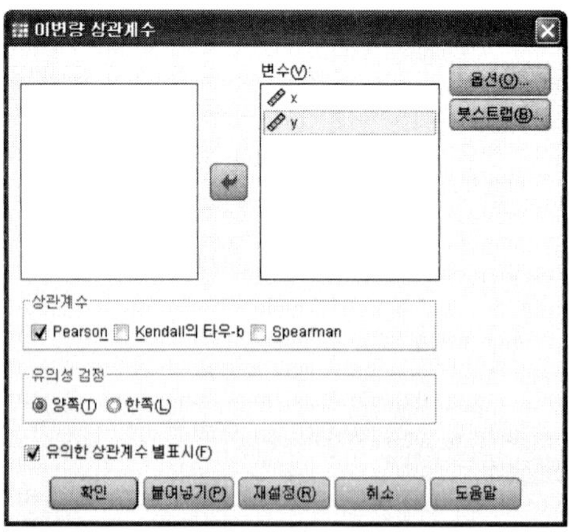

[그림 9.19] 변수지정

필요한 부분을 모두 지정한 후 확인을 누르면 출력결과창에 다음과 같은 분석결과가 나타난다.

상관계수

		x	y
x	Pearson 상관계수	1	.716**
	유의확률 (양쪽)		.002
	N	16	16
y	Pearson 상관계수	.716**	1
	유의확률 (양쪽)	.002	
	N	16	16

**. 상관계수는 0.01 수준(양쪽)에서 유의합니다.

[그림 9.20] 분석결과

분석결과를 보면 Pearson 상관계수 r= 0.716이고 유의확률은 0.002로서 두 변수 x와 y사이에 강한 상관관계가 있다는 것을 알 수 있다.

9.9.2 단순회귀분석

[예제 9.3] 데이터에 대해서 SPSS를 통해서 회귀분석을 실시하여 보자. 『데이터 편집기』에 다음과 같이 강우량, 오염정도를 입력하자.

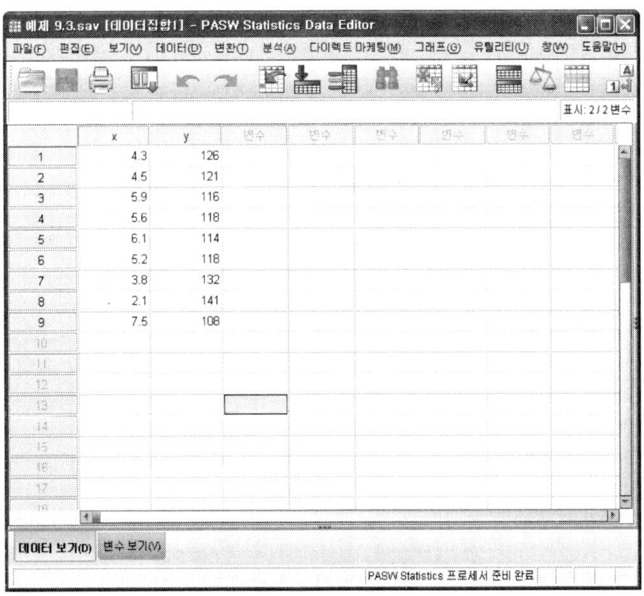

[그림 9.21] 데이터입력

『분석(A) → 회귀분석(R) → 선형(L)』을 선택한다.

[그림 9.22] 실행명령지정

대화상자가 나오면 왼쪽의 변수목록에서 반응변수(종속변수)에 해당하는 대기오염 제거정도(y)를 선택하여 오른쪽의 [종속변수(D)]로 이동시키고, 설명변수(독립변수)에 해당하는 강우량(x)를 선택하여 오른쪽의 [독립변수(I)]로 이동시킨다. '방법(M)'은 변수선택방법을 의미하는 것으로 디폴트가 '입력'으로 되어 있다. 다음으로 〈통계량(S)〉 버튼을 누른다.

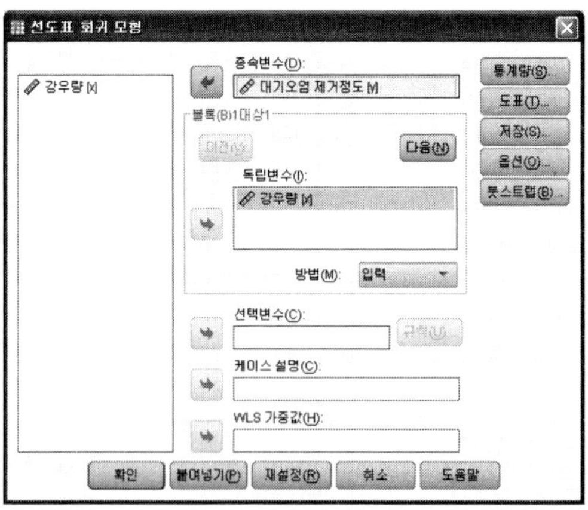

[그림 9.23] 종속변수와 독립변수지정

「통계량」 대화상자에서 옵션을 선택한다. 디폴트로 '추정값(E)'과 '모형적합(M)'이 선택되어 있는데 이는 각각 회귀계수 α, β의 추정치와 분산분석결과를 제공한다. 회귀계수의 신뢰구간과 기술통계량 및 상관계수를 보기 위해서 다음과 같이 '신뢰구간(N)'과 '기술통계(D)'를 선택하자. 〈계속〉을 누르고 나와 〈확인〉을 누른다.

[그림 9.24] 통계량지정

먼저 기술통계량과 상관계수를 확인한다. 강우량과 대기오염 제거정도의 상관계수는 0.979이며 유의확률은 0.000으로 매우 작음을 알 수 있다.

기술통계량

	평균	표준편차	N
대기오염 제거정도	121.56	10.026	9
강우량	5.000	1.5516	9

상관계수

		대기오염 제거정도	강우량
Pearson 상관	대기오염 제거정도	1.000	-.979
	강우량	-.979	1.000
유의확률 (단측)	대기오염 제거정도	.	.000
	강우량	.000	.
N	대기오염 제거정도	9	9
	강우량	9	9

[그림 9.25] 분석결과

모형 요약에서 결정계수는 'R제곱'으로 나와있다. 결정계수가 0.958이므로 이 회귀모형이 전체 변동의 약 95.8%정도 설명하고 있음을 알 수 있다. 결정계수는 독립변수가 많아지면 많아질수록 커지는 경향이 있는데 이를 수정한 것이 수정된 결정계수(수정된 R 제곱으로 출력됨)이다. 이에 대해서는 다중회귀에서 다루기로 하자.

모형 요약

모형	R	R 제곱	수정된 R 제곱	추정값의 표준오차
1	.979[a]	.958	.952	2.203

a. 예측값: (상수), 강우량

[그림 9.26] 결정계수

분산분석표가 나오는데 이로부터 회귀모형이 유의한지 볼 수 있다. 유의확률이 0.000으로 매우 작으므로 회귀모형은 의미가 있다고 할 수 있다. 단순 선형모형에서는 이 값이 β에 대한 유의성 검정의 유의확률과 같게 된다. 분산분석에 관한 것도 다중회귀분석에서 다시 설명할 것이다.

분산분석[b]

모형		제곱합	자유도	평균 제곱	F	유의확률
1	회귀 모형	770.262	1	770.262	158.768	.000[a]
	잔차	33.961	7	4.852		
	합계	804.222	8			

a. 예측값: (상수), 강우량

b. 종속변수: 대기오염 제거정도

[그림 9.27] 분산분석

다음으로 계수부분에는 회귀계수에 대한 추정치, 검정통계량과 95% 신뢰구간을 제공하여 준다. '비표준화 계수'에서 'B'라고 된 부분이 추정된 회귀계수이다. '(상수)'는 회귀모형에서의 절편항 α에 대한 추정치이며, '강우량'으로 되어 있는 부분이 β에 관한 추정치이다. 예제 9.3에서 계산한 바와 같이 $a = 153.175$, $b = -6.324$로 추정되었다. $H_0 : \beta = 0$에 대한 양측검정의 유의확률이 0.000으로 매우 작으므로 가설은 기각되며, 강우량이 대기오염 제거정도와 유의한 선형관계에 있다고 할 수 있다. 'B에 대한

95% 신뢰구간'은 회귀계수의 95% 신뢰구간의 하한과 상한으로 β의 신뢰구간은 (−7.511, −5.137)로 나왔다.

계수[a]

모형		비표준화 계수		표준화 계수	t	유의확률	B에 대한 95.0% 신뢰구간	
		B	표준오차	베타			하한값	상한값
1	(상수)	153.175	2.615		58.583	.000	146.993	159.358
	강우량	-6.324	.502	-.979	-12.600	.000	-7.511	-5.137

a. 종속변수: 대기오염 제거정도

[그림 9.28] 회귀계수

적합된 회귀직선을 그림으로 나타내기 위해서는 먼저 산점도를 그려야 한다. 『그래프(G)메뉴 → 레거시대화상자(L) → 선점도/점도표(S)』를 선택하여 산점도를 그린 다음 그림을 더블클릭한다. 「도표편집기」가 나오면 찍힌 점들을 오른단추로 클릭하고 단축메뉴 중에서 [추가(D) 전체적합선]을 선택한다. 특성창이 뜨면 '적합방법' 중 선형을 선택하고 〈닫기(C)〉단추를 누른다.

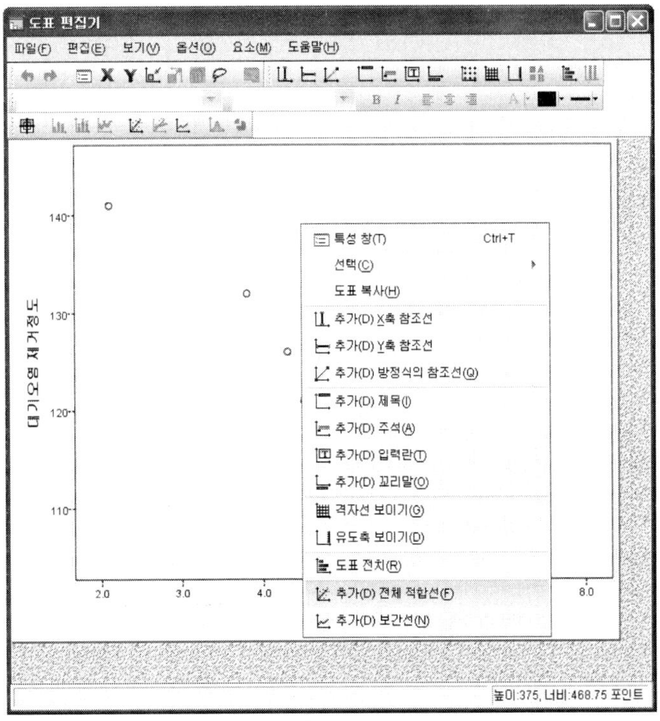

[그림 9.29] 산점도명령어

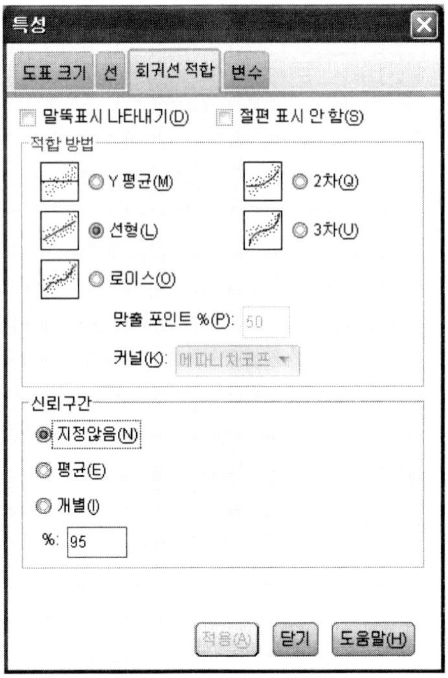

[그림 9.30] 회귀선적합선택

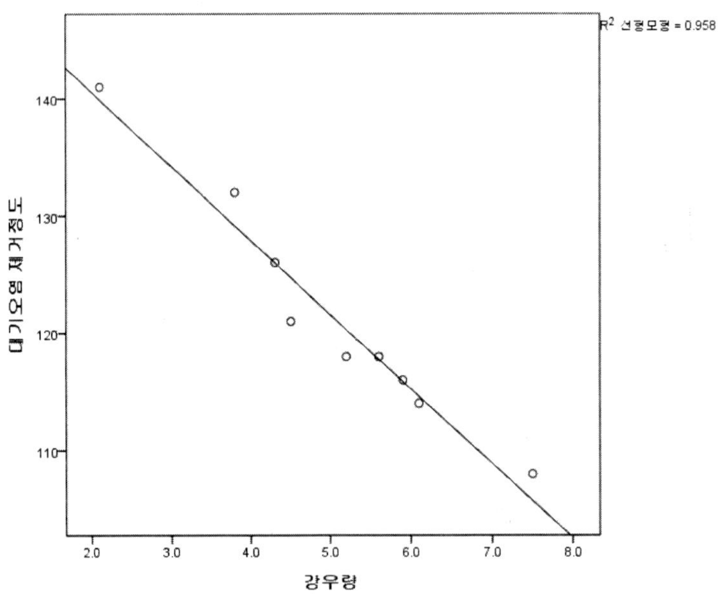

[그림 9.31] 산점도와 회귀선

9.9.3 선형성을 위한 변수변환

[예제 9.10]에서 비선형 회귀 분석을 하여보자.

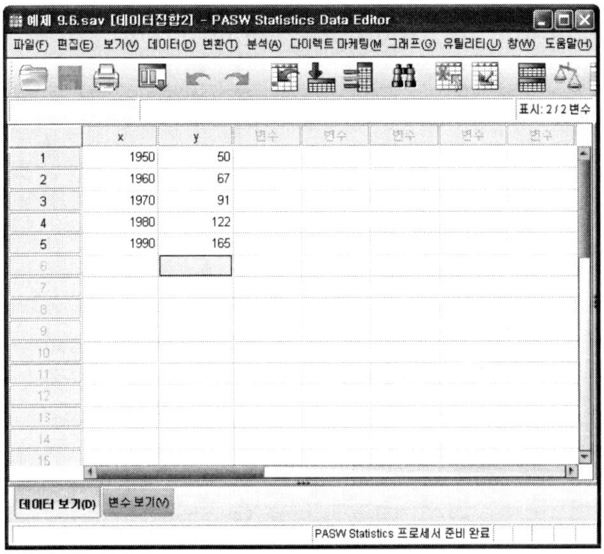

[그림 9.32] 데이터입력

회귀모형 적합에 앞서 두 변수간의 산점도를 그려보자. 산점도를 보면, 년도에 따라서 인구 수가 곡선을 그리면서 증가하고 있으며 두 변수간의 관계가 선형성을 보이지 않음을 알 수 있다.

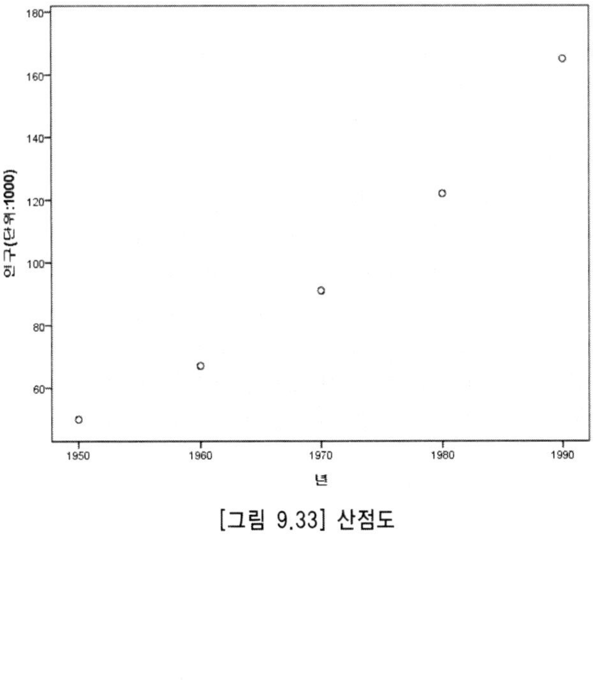

[그림 9.33] 산점도

또한 인구의 기술통계량을 구해보면 중위수는 91이고, 범위는 최소값이 50, 최대값이 165이며, 왜도가 0.647로 오른쪽으로 꼬리가 긴 형태의 분포를 가지고 있다. 이런 경우는 설명변수의 변환을 통하여 문제를 해결할 수 있다.

통계량

인구(단위:1000)

N	유효	5
	결측	0
평균		99.00
중위수		91.00
표준편차		45.755
왜도		.647
왜도의 표준오차		.913
첨도		-.564
첨도의 표준오차		2.000
최소값		50
최대값		165

[그림 9.34] 통계량

『변환(T) → 변수계산(C)』을 선택하여 아래와 같이 인구에 Lg10 변환을 하여 새 변수 'log$y$'를 생성하고 〈확인〉을 누른다.

[그림 9.35] 변수변환명령어

로그인구와 년도의 산점도를 다시 그려보면 다음과 같다. 변수변환하기 이전과 비교하면, 로그인구의 산점도에서 선형적인 경향이 보다 명확해졌음을 쉽게 확인할 수 있다.

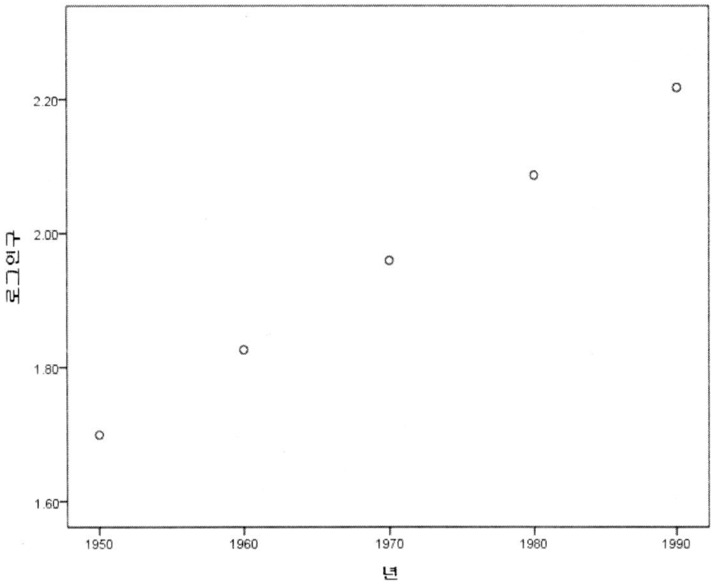

[그림 9.36] 변환된 산점도

[그림 9.37] 종속변수와 독립변수지정

이제 로그변환한 변수를 이용하여 회귀분석을 실시하여 보자.『분석(A) → 회귀분석(R) → 선형(L)』을 선택한다. 대화상자가 나오면 왼쪽의 변수목록에서 로그인구를 선택하여 오른쪽의 [종속변수(D)]로 이동시키고 년도를 선택하여 오른쪽의 [독립변수(I)]로 이동시킨다. 〈통계량〉버튼을 눌러 원하는 통계량을 선택한 뒤 〈계속〉을 누르고 나와 〈확인〉을 누른다

결과는 다음과 같다. 로그인구와 년도의 상관계수는 1.000이고 유의확률은 0.000이므로 두 변수는 선형관계를 보임을 알 수 있다.

상관계수

		로그인구	년
Pearson 상관	로그인구	1.000	1.000
	년	1.000	1.000
유의확률 (단측)	로그인구	.	.000
	년	.000	.
N	로그인구	5	5
	년	5	5

[그림 9.38] 분석결과

모형 요약에서 결정계수 R제곱이 1.000이므로 이 회귀모형이 전체 변동의 100%정도 설명하고 있음을 알 수 있다.

모형 요약

모형	R	R 제곱	수정된 R 제곱	추정값의 표준오차
1	1.000[a]	1.000	1.000	.00154

a. 예측값: (상수), 년

[그림 9.39] 모형요약

계수부분을 살펴보자. 회귀모형에서의 α의 추정치는 $a = -23.599$이며, 로그인구에 대한 회귀계수 추정치 $b = 0.013$으로 추정되었다. $H_0 : \beta = 0$에 대한 양측검정의 유의확률이 0.000으로 매우 작으므로 가설은 기각된다. 즉, 년도가 10년 증가하면 인구는 0.013만큼 증가하며, 이 값은 유의하다. 한편 회귀계수 β의 95% 신뢰구간은 (0.013, 0.013)이다.

계수[a]

모형		비표준화 계수		표준화 계수	t	유의확률	B에 대한 95.0% 신뢰구간	
		B	표준오차	베타			하한값	상한값
1	(상수)	-23.599	.096		-246.079	.000	-23.905	-23.294
	년	.013	.000	1.000	266.498	.000	.013	.013

a. 종속변수: 로그인구

[그림 9.40] 회귀계수

9.9.4 중회귀 모형

[예제 9.16]의 강도 데이터에 대해서 SPSS를 이용하여 다중회귀를 실행하고 결과를 해석하여 보자. 다음의 형태로 설명변수들과 반응변수를 입력한다.

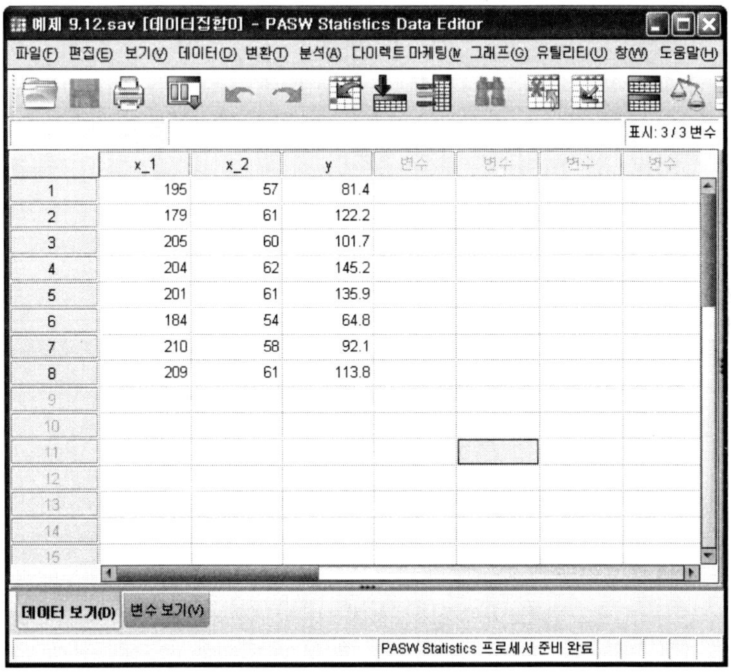

[그림 9.41] 데이터입력

각 설명변수와 반응변수를 짝지어 산점도를 그린 결과는 다음과 같다. 각 설명변수와 반응변수 간에 어느 정도 선형성이 있음을 짐작할 수 있으며, 회귀분석을 적용하는 것이 타당해 보인다.

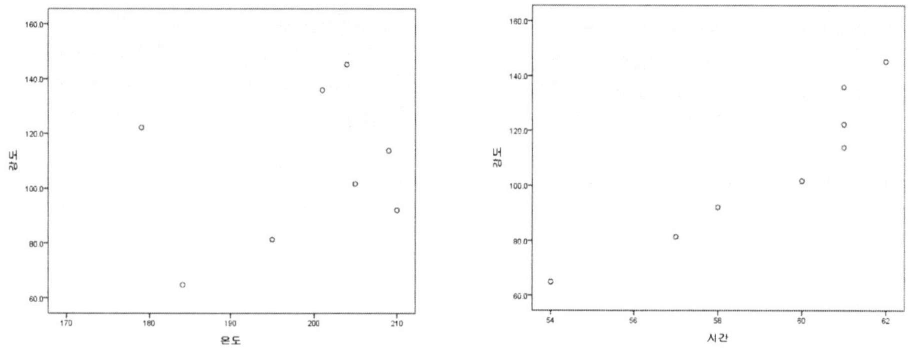

[그림 9.42] 산점도

『분석(A) → 회귀분석(R) → 선형(L)』을 선택한다. 「선형 회귀분석」대화상자가 나타나면 왼쪽의 변수목록에서 강도(y)를 선택하여 오른쪽의 [종속변수(D)]로 이동시키고 온도(x_1)과 시간(x_2)을 선택하여 오른쪽의 [독립변수(I)]로 이동시킨다. [방법(M)]은 '입력'으로 그대로 둔다. 〈통계량(S)〉 버튼을 통계량을 선택하고 〈계속〉을 누른다.

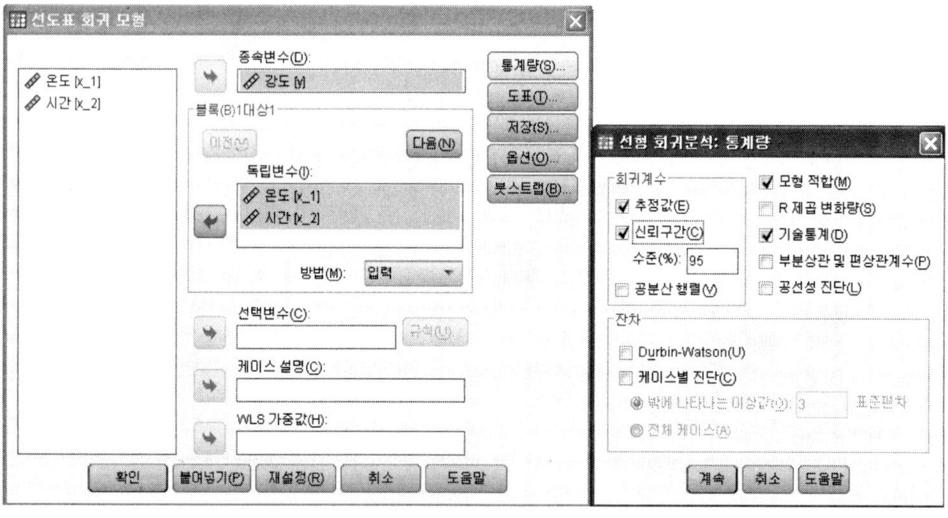

[그림 9.43] 통계량지정

출력 결과는 다음과 같다. 강도와 온도의 상관계수는 0.251, 강도와 시간의 상관계수는 0.938, 온도와 시간의 상관계수는 0.359이다. 강도와 시간은 유의수준이 0.05 보다 작으므로 5% 유의수준 하에서 귀무가설을 기각하지만 강도와 온도, 온도와 시간은 각각 유의수준이 0.274, 0.191로 유의수준 0.05보다 크므로 5% 유의수준 하에서 귀무가설을 기각하지 않는다.

기술통계량

	평균	표준편차	N
강도	107.137	27.4067	8
온도	198.38	11.488	8
시간	59.25	2.712	8

상관계수

		강도	온도	시간
Pearson 상관	강도	1.000	.251	.938
	온도	.251	1.000	.359
	시간	.938	.359	1.000
유의확률 (단측)	강도	.	.274	.000
	온도	.274	.	.191
	시간	.000	.191	.
N	강도	8	8	8
	온도	8	8	8
	시간	8	8	8

[그림 9.44] 출력결과

실행결과를 보면 다중상관계수(R)가 0.942이며, 결정계수(R^2)는 0.888이다. 즉, 온도와 시간이라는 두 개의 설명변수를 이용하여 총변동의 88.8%를 설명할 수 있다. 수정된 결정계수(수정된 R^2)는 0.843으로 나온다.

모형 요약

모형	R	R 제곱	수정된 R 제곱	추정값의 표준오차
1	.942[a]	.888	.843	10.8734

a. 예측값: (상수), 시간, 온도

[그림 9.45] 모형요약

분산분석표는 다음과 같다. 모형이 유의한지 여부에 대한 검정통계량 F-값은 30.576으로 매우 크고 이의 유의확률(p-값)은 0.000으로 매우 작다. 따라서 모든 회귀계수가 0이라는 가설은 기각되고, 다중회귀모형이 유의하다고 할 수 있다.

분산분석[b]

모형		제곱합	자유도	평균 제곱	F	유의확률
1	회귀 모형	4666.722	2	2333.361	19.736	.004[a]
	잔차	591.157	5	118.231		
	합계	5257.879	7			

a. 예측값: (상수), 시간, 온도

b. 종속변수: 강도

[그림 9.46] 분산분석

회귀계수에 대한 추정 및 검정결과를 보면 "비표준화 계수"라고 되어 있는 부분이 각 설명변수에 대한 회귀계수의 추정치이다.

모형 요약

모형	R	R 제곱	수정된 R 제곱	추정값의 표준오차
1	.942[a]	.888	.843	10.8734

a. 예측값: (상수), 시간, 온도

분산분석[b]

모형		제곱합	자유도	평균 제곱	F	유의확률
1	회귀 모형	4666.722	2	2333.361	19.736	.004[a]
	잔차	591.157	5	118.231		
	합계	5257.879	7			

a. 예측값: (상수), 시간, 온도

b. 종속변수: 강도

계수[a]

모형		비표준화 계수		표준화 계수	t	유의확률	B에 대한 95.0% 신뢰구간	
		B	표준오차	베타			하한값	상한값
1	(상수)	-428.885	98.987		-4.333	.007	-683.339	-174.431
	온도	-.234	.383	-.098	-.610	.569	-1.219	.751
	시간	9.829	1.623	.973	6.056	.002	5.657	14.002

a. 종속변수: 강도

[그림 9.47] 회귀계수

따라서, 적합된 회귀식은

$$\hat{y} = -428.885 - 0.234x_1 + 9.829x_2$$

가 된다. 유의확률을 보면 온도(x_1)과 시간(x_2)의 회귀계수에 대한 p-값이 각각 0.569과 0.002으로 나와 있다. 따라서 5% 유의수준에서 온도의 회귀계수는 유의하지 않고 시간의 회귀계수만 유의하게 나타난다. 시간(x_2)의 계수는 9.829이므로 온도(x_1)이라는 영향을 제거한 뒤에 순수하게 시간가 1단위 증가함에 따라 I강도가 9.829만큼 유의하게 증가함을 의미한다. 반면 온도(x_1)은 시간(x_2)의 효과를 제거한 후 강도에 유의하게 영향을 미치지 않음을 알 수 있다. 한편 "B에 대한 95% 신뢰구간"은 각각 회귀계수에 대한 95% 신뢰구간의 하한과 상한을 가리킨다. 예를 들어 시간의 회귀계수에 대한 95% 신뢰구간은 (5.657, 14.002)이다.

연습문제 9장

1. 임의로 추출한 컴퓨터 공학과 학생 6명의 통계학과 프로그램언어 점수이다. 상관계수를 구하여라.

통계학점수	70	92	80	74	65	83
로그램언어	74	84	63	87	78	90

2. 다음 자료를 이용하여 상관계수를 구하고 그 의미를 설명하여라.

x	4	5	9	14	18	22	24
y	46	22	11	16	7	3	17

3. 다음 데이터는 어떤 공정에서 여러수준의 온도의 변화에 따라 당분으로 변환된 양을 측정한 결과이다.

x	y
1.0	8.1
1.1	7
1.2	8.5
1.3	9.8
1.4	9.5
1.5	8.9
1.6	8.6
1.7	10.2
1.8	9.3
1.9	9.2
2.0	10.5

1) 회귀직선을 추정하여라.

2) 온도가 1.75일 때 당분으로 변환된 양을 추정하여라.

4. 대학교 1학년들의 그들이 고등학교 3학년일 때 수학성적과 대학교 첫 1년간 통계학 성적을 수집했더니 결과가 다음 같은 상관 등식이 있다.

통계학 성적=1.35+0.00161(수학성적) with $r = 0.632$

수학점수를 볼 때, 몇 %의 변화가 수학성적을 설명할 수 있나?

5. 다음과 같은 자료를 이용하여 물음에 답하여라.

x	1	2	3	4	5
y	3	3	2	6	5

1) 선형회귀모형을 구하여라.

2) s_e^2을 구하여라.

3) $H_0 : \beta_1 = 0,\ H_a : \beta_1 \neq 0$을 $\alpha = 0.05$로 검정하여라.

4) 유의수준 5%인 β_1의 신뢰구간을 구하여라.

6. 다음은 어떤 공정에서 여러 수준의 온도에 따라 당분으로 변화된 양을 측정한 결과이다.

x	1.0	1.1	1.2	1.3	1.4	1.5	1.6	1.7	1.8	1.9	2.0
y	8.1	7.8	8.5	9.8	9.5	8.9	8.6	10.2	9.3	9.2	10.5

1) 회귀직선을 추정하라.

2) 온도가 1.75일 때 당분으로 변화된 양을 추정하라.

3) s_e^2을 구하라.

4) β_1의 95% 신뢰구간을 구하라.

7. 다음 자료는 1972~92년 동안의 국제 멀리 뛰기 대회 기록의 경향을 보여준다. 이 자료는 1900년부터 최소제곱근 회귀직선을 따른다.

K squared = 92.1%

Variable	Coefficient	SE of Coeff	t-ratio	Prob
Constant	256.576	11.59	22.1	0.0001
Year	0.95893	0.141	6.81	0.0024

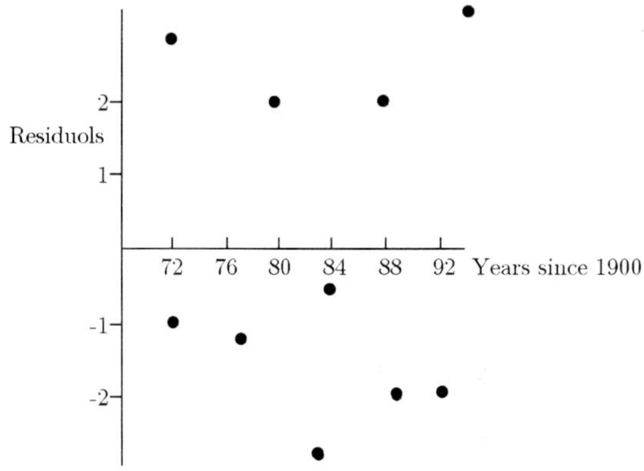

1) 선이 적합한 모형으로 나타나는가? 설명하여라.
2) 최소제곱근 직선의 기울기는 얼마인가?
3) 상관계수는?
4) 1980년의 예상 우승한 거리는 얼마인가?
5) 1980년의 정확한 우승한 거리는 얼마인가?

8. 랜덤으로 추출한 35명의 세계 체스 선수의 통계는 다음과 같다.

$$\bar{x} = 6.2,\ s_x = 1.3$$
$$\bar{y} = \$208,000,\ s_y = \$42,000$$
$$r = 0.15$$

회귀직선의 식을 구하여라.

9. 다음 자료를 보고 물음에 답하여라. 반응 변수는 가격(price)이다.

Dependent variable is Price

Rsquared = 89.8% Rsquared(adjusted) = 89.2%

s = 9.508 with 20−2 = 18 degrees of freedom

Source	SS	df	MS	F-ratio
Regression	14271.2	1	14271.2	158
Rcsidual	1627.31	18	90.4063	
Variable	Coeff	s.e. of coeff	t-ratio	prob
Constant	0.890087	16.16	0.055	0.956
Assessed	1.0292	0.08192	12.6	0.000

1) 최소제곱근 회귀직선의 식을 구하여라.
2) 99%의 β_1 구간추정치를 구하여라.
3) 회귀직선의 기울기에 대한 유의성 검정을 하여라.

10. 다음 자료를 보고 물음에 답하여라.

잠 (시간)	4 11 9	2 14 10	9 7 5	8 4	14 1	2 9
수학 점수	423 470 339	520 582 355	550 284 472	309 440	690 452	401 568

1) 회귀직선의 식을 구하여라
2) 95%의 β_1의 구간추정치를 구하여라.
3) 회귀직선의 기울기에 대한 유의성 검정을 하여라.

11. 다음은 미국의 연도별 인구수(millions) 이다.

1900	76.1	1950	151.9
1905	83.8	1955	165.1
1910	92.4	1960	180.0
1915	100.5	1965	193.5
1920	106.5	1970	204.0
1925	115.8	1975	215.5
1930	123.1	1980	227.2
1935	127.3	1985	237.9
1940	132.5	1990	249.4
1945	133.4		

1) 회귀직선식과 상관계수를 구하여라.
2) 비선형 모델을 찾기 위해 log(인구수) 대 년도(1900년부터)를 그려라. 회귀직선과 상관 계수를 구하여라.
3) 각각의 모델을 이용해 2100년의 인구수를 예측하고, 인구수가 300(millions)에 이르는 시기를 예측하라.
4) 3)에서 너의 답에 대한 정확성을 논평하라.

12. 다음은 태양으로 부터의 평균거리(millions mile) 와 공전의 시간(일)이다.

행성	평균거리	공전시간(일)
수성	36	88
금성	67	275
지구	93	365
화성	141	687
목성	484	4332
토성	888	10826
천왕성	1764	30676
해왕성	2790	59911
명왕성	3654	90824

1) x를 평균거리, y를 공전시간으로 놓고 $\log x$ 대 $\log y$의 회귀직선과 상관계수를 구하여라.
2) 평균거리가 5000(millions mile)인 새로운 행성이 발견됐다고 가정하자. 회귀직선을 이용해 공전시간을 추정하라.
3) 공전시간이 45,000(일)인 새로운 행성이 발견됐다고 가정하자. 회귀직선을 이용해 평균거리를 예측하라.

13. 이 자료는 암모니아를 산화하여 질산을 만드는 화학공정에서 세 설명변수의 값과 대응되는 손실분량을 21일간 측정한 자료이다. 자료에서 변수들의 내용은 다음과 같다.

x_1 : 작업속도

x_2 : 냉각수 온도

y : 암모니아의 손실분량(%)

번호	x_1	x_2	y
1	80	27	42
2	80	27	37
3	75	25	37
4	62	24	28
5	62	22	18
6	62	23	18
7	62	24	19
8	62	24	20
9	58	23	15
10	58	18	14
11	58	18	14
12	58	17	13
13	58	18	11
14	58	19	12
15	50	18	8
16	50	18	7
17	50	19	8
18	50	19	8
19	50	20	9
20	56	20	15
21	70	20	15

1) 선형회귀식을 추정하여라.

2) 결정계수는 얼마인가?

3) 각각 회귀계수의 신뢰구간과 의미를 설명하여라.

14. 어느 도시에서는 개인주택의 겨울 난방비를 예측하려고 한다. 난방비에 영향을 줄 것으로 예상되는 세 가지 변수를 다음과 같이 선정하였다.

x_1 : 1월 평균 온도(° C)

x_2 : 단열재의 두께(Cm)

x_3 : 주택의 나이(년)

난방비(y)를 세 변수의 선형모형으로 적합 시키기 위해 20가구를 랜덤하게 선택하여 조사한 결과 아래 자료를 얻었다. SPSS를 이용하여 다음 물음에 답하여라.

1) 선형회귀식을 추정하여라.

2) (1)에서 추정된 회귀식에서 회귀계수의 의미를 설명하여라.

3) 1월 평균 기온이 -1.1° C, 단열재의 두께가 5cm, 10년된 주택일 때 난방비를 예측하여라.

y	x_1	x_2	x_3
250	1.67	3	6
360	−1.67	4	10
165	2.22	7	3
43	15.56	6	9
92	18.33	5	6
200	−1.11	5	5
355	−12.22	6	7
290	−13.89	10	10
230	−6.11	9	11
120	12.78	2	5
73	12.22	12	4
205	8.89	5	1
400	−6.67	5	15
320	3.89	4	7
72	15.56	8	6
272	−6.67	5	8
94	14.44	7	3
190	4.44	8	11
235	−2.78	9	8
139	−1.11	7	5

15. 노동조합에서는 매년 연봉협상을 하기 위해 연봉을 합리적으로 예측하려고 한다. 조합에서는 20명의 조합원을 랜덤하게 뽑아 연봉(y)에 영향을 미칠 것으로 예상하는 경력(x_1), 실적(x_2), 석사학위 소유여부(x_3)의 세 가지 변수에 대해서 조사한 결과 아래의 자료를 얻었다. SPSS를 이용하여 다음에 답하여라.

1) 상관행렬을 구하여라. 어느 독립변수가 종속변수와 강한 상관관계를 가지고 있는가?

2) 선형회귀식을 추정하여라.

3) 회귀계수 각각에 대해 유의수준 5%에서 유의성을 검정하여라.

4) 5년 경력에 실적이 60이고 대학을 졸업한 조합원의 예상 연봉은 얼마인가?

y	x_1	x_2	x_3
21.1	8	35	0
23.6	5	43	0
19.3	2	51	1
33.0	15	60	1
28.6	11	73	0
35.0	14	80	1
32.0	9	76	0
26.8	7	54	1
38.6	22	55	1
21.7	3	90	1
15.7	1	30	0
20.6	5	44	0
41.8	23	84	1
36.7	17	76	0
28.4	12	68	1
23.6	14	25	0
31.8	8	90	1
20.7	4	62	0
22.8	2	80	1
32.8	8	72	0

Memo

10 분산분석

지금까지는 두 모평균을 비교하는 문제를 다루었으며 이와 같은 문제의 자료는 한 군의 표본으로부터 구해진 쌍체자료(paired data)였거나 두 군의 독립된 표본으로부터 구해진 자료(unpaired data)였었다. 이를 확장하여 이 장에서는 3개 이상의 모평균을 비교하는 문제를 생각하며, 분석의 대상은 한 군의 표본에서 여러 번 측정된 자료이거나 또는 독립된 여러 표본으로부터의 자료이다.

예컨대, 여러 종류의 비료, 또는 제조 과정, 교육 방법, 광고 기법들을 비교하고자 할 것이다. 통상적으로 모집단에서 표본을 취한다. 표본에서 구한 표본평균들은 차이를 보이게 된다. 여기에서 연구 목적은 관찰된 표본 평균의 차이가 우연한 것에 기인하는 것인지를 알아내는 것이다. 또는 이러한 차이가 너무 커서, 우연한 것으로 돌릴 수가 없고 표본이 동일하지 않은 모집단에서 추출되어졌음에 기인하는가 하는 것이다.

두 개 이상의 모평균에 관한 가설검정에 있어서, 한 번에 2개씩 t검정법을 사용하여 비교할 수도 있다. 그러나, 적당한 수의 모집단들을 비교하는 경우에는, 첫째 t검정의 수가 너무 많아지게 된다. 예컨대, 8개의 모집단들을 서로 비교하려면 $\binom{8}{2}=28$번의 t검정을 해야만 된다. 적어도 두 평균을 검정하는데 사용되는 t검정법이 확장된 그러한 검정기법이 필요하다.

분산분석(analysis of variance : ANOVA)은 요컨대 여러 개의 평균들을 비교하기 위한 검정 방법이다. 즉 평균들의 균등성에 관한 검정 절차에서 단지 분산을 분석하는 것이다. 분산분석법은 Ronald A. Fisher(1890~1962)가 처음으로 발표하였으며, 농업에 관한 연구에 많이 적용 되었다. 분산 분석법은 이와 같은 강력한 통계적 도구로서 발표된 이래 경제학, 심리학, 시장 조사, 산업 공학 등을 포함하는 각 학문적 연구 분야에 적용되어 왔음은 잘 알려진 사실이다. 본장에서는 가장 간단한 분산분석 모형인 일원배치법(one-way ANOVA)과 이원배치법(two-way ANOVA)을 다룬다. 일원배치법에서는 각 처리에서의 반복수가 같은 경우와 다른 경우로 나누어 생각하고, 이원배치법에서는 각 처리에서 반복이 없는 경우을 생각하기로 한다.

10-1 일원 배치법

일원배치 분산분석법(one-way ANOVA)이란 실험결과에 영향을 미치는 인자가 1개이고 1개의 인자를 k개의 수준으로 분류하며 각 수준에서 $n_1, n_2, \ldots, n_k$개의 관측값을 얻어 표 10.1과 같은 일원 배치법(one-way classification)의 구조를 얻는다. 즉, 〈표 10.1〉은 k개의 모집단에서 각각 $n_1, n_2, \ldots, n_k$개의 표본을 추출하여 얻은 표이며 표본의 총합은 $N = \sum n_i$이다.

k개의 모집단 또는 k개의 수준을 처리(treatment)라고도 하며 표 10.1과 같이 분류한다. k개의 모집단의 평균이 μ_1, μ_2, …, μ_k이고 분산이 모두 σ^2인 정규분포를 한다고 가정한다.

〈표 10.1〉 일원배치법의 자료구조(반복수가 다른 경우)

	처리1	처리2	…	처리k	
	y_{11}	y_{21}	…	y_{k1}	
	y_{12}	y_{22}	…	y_{k2}	
	⋮	⋮	⋮	⋮	
	y_{1n_1}	y_{2n_2}	…	y_{kn_k}	
평균	$\bar{y}_{1.}$	$\bar{y}_{2.}$	…	$\bar{y}_{k.}$	총평균$\bar{y}_{..}$

위의 표에서 각 처리마다 관측되는 자료의 개수가 다름에 유의해야 한다. 각 처리에 해당하는 관측치의 개수를 n_i라고 하면, 전체 관측값의 개수는 $N = \sum_{i=1}^{k} n_i$이 되고, 평균의 기호는 다음과 같이 정의된다.

$$\bar{y}_{i}. = \frac{1}{n_i}\sum_{j=1}^{n_i} y_{ij},\ i = 1, 2, \cdots, k$$

$$\bar{y}.. = \frac{1}{N}\sum_{i=1}^{k}\sum_{j=1}^{n_i} y_{ij}$$

i번째 수준에서 j번째 관측값 y_{ij}를 나타내는 확률변수를 Y_{ij}라고 하면, Y_{ij}는 다음과 같은 모형(model)으로 표시할 수 있다.

$$Y_{ij} = \mu + \alpha_i + \epsilon_{ij}\ (i = 1, 2, \cdots, k,\ j = 1, 2, \cdots, n_i)$$

여기서 μ는 전체의 모평균, α_i는 수준 A_i의 주효과를 나타내고, ϵ_{ij}는 i번째 수준 j번째 관측값의 우연오차의 부분인 오차항으로서 $\epsilon_{ij} \sim N(0, \sigma^2)$인 분포를 한다. i번째 수준은 i번째 모집단과 같은 뜻이다. 수준 i의 모평균을 μ_i라고 하면

$$\mu_i = \mu + \alpha_i$$

$$\sum_{i=1}^{k}\alpha_i = \sum_{i=1}^{k}(\mu_i - \mu) = 0$$

i번째의 모집단에서 j번째 관찰차 y_{ij}의 오차항 ϵ_{ij}의 분포는 $\epsilon_{ij} \sim N(0, \sigma^2)$이므로 k개의 각 수준(각 모집단)의 분산은 σ^2으로 모두 같다. 위의 내용을 요약하면 다음과 같다.

일원배치법의 모형(반복수가 다른 경우)

$Y_{ij} = \mu + \alpha_i + \epsilon_{ij}\ (i = 1, 2, \cdots, k,\ j = 1, 2, \cdots, n_i)$

다만, α_i는 처리효과로서 $\sum \alpha_i = 0$이며,

ϵ_{ij}는 서로 독립인 오차항으로서 $N(0, \sigma^2)$을 따른다.

k개의 모집단의 평균이 모두 동일한가? 또는 차이가 있는가를 가설을 세워 검정의 절차를 생각하여 보자. 즉 k개의 각 수준의 주효과 사이에 차이가 없다는 가설은

$$H_0 : \alpha_1 = \alpha_2 = \cdots = \alpha_k = 0$$

이다. $\alpha_i = 0$은 i번째 수준의 주효과는 없다를 뜻하며 이는 각 수준의 평균은

$\mu + \alpha_i = \mu_i$가 되어 서로 같다는 것이다. 따라서 가설 H_0가 채택되면 각 수준의 효과는 차가 없다. 즉 k개의 평균은 차가 없다를 뜻한다. 이제 귀무가설과 대립가설을 다음과 같이 표시하자.

$$H_0 : \alpha_i = 0,\ H_a : \alpha_i \neq 0\ (i = 1, 2, \cdots, k)$$

$\alpha_i \neq 0$는 $\alpha_i(\alpha_1, \alpha_2, \cdots, \alpha_k)$ 중 적어도 하나는 0이 아니다의 듯이다.

가설을 검정하기 위하여 몇 가지 변동(variation)사이의 관계를 알아보자. 기호는 표 10.1의 일원배치표에 표시한 바와 같다. 자료전체의 변동을 총변동(total variation) 또는 총제곱합(total sum of squares)이라고 하며, 이것은 각 관찰치와 관찰치 전체의 평균과의 차의 제곱합 즉 편차의 제곱합을 말하며 SS_T로 표시한다.

$$SS_T = \sum_{i=1}^{k}\sum_{j=1}^{n_i}(y_{ij} - \bar{y}_{..})^2$$

k개의 각 수준(각 모집단) 내의 변동의 합을 급내변동(variation within class) 또는 잔차변동(residual variation)이라 부르며, 이것은 관찰치 y_{ij}와 각 수준 A_i내의 평균 $\bar{y}_{i.}$ 의 차의 제곱합들을 합한 것이며 SSE로 표시한다.

$$SSE = \sum_{i=1}^{k}\sum_{j=1}^{n_i}(y_{ij} - \bar{y}_{i.})^2$$

각 수준(각 모집단)의 평균 $\bar{y}_{i.}$ 와 전체평균 $\bar{y}_{..}$ 의 차의 제곱합 즉, 수준과 수준사이의 변동을 급간변동(variation between treatments)이라 하며 SS_{tr}로 표시한다.

$$SS_{tr} = \sum_{i=1}^{k}n_i(\bar{y}_{i.} - \bar{y}_{..})^2$$

앞에서 변동은 평방합이나 제곱합으로 나타내기도 한다. 그러므로 전변동, 급내변동, 오차변동, 처리간 변동등은 총 제곱합, 처리제곱합, 잔차제곱합 등으로 표시하기도 한다.

처리효과의 유의성을 검증하는 귀무가설과 대립가설은 각각 다음과 같다.

$$H_0 : \alpha_1 = \alpha_2 = \cdots = \alpha_k = 0,\ H_a : \alpha_i\text{들이 모두 0은 아니다.}$$

반복수가 다른 경우에 총 제곱합의 분해는 다음과 같다.

$$\sum_{i=1}^{k}\sum_{j=1}^{n_i}(y_{ij} - \bar{y}_{..})^2 = \sum_{i=1}^{k}n_i(\bar{y}_{i.} - \bar{y}_{..})^2 + \sum_{i=1}^{k}\sum_{j=1}^{n_i}(y_{ij} - \bar{y}_{i.})^2$$

$$SS_T \quad = \quad SS_{tr} \quad + \quad SSE$$

윗식에서 반복수가 같은 경우와 다른 것은 n_i가 처리마다 다르므로 $\sum$ 기호 밖으로 나올 수 없는 것이다.

$N=\sum_{i=1}^{k} n_i$를 사용하면 각 제곱합의 자유도와 검정의 기각역도 같은 형식으로 나타낼 수 있으며, 분산분석표는 〈표 10.2〉와 같다.

〈표 10.2〉 일원배치법의 분산분석표(반복수가 다른 경우)

요인	제곱합	자유도	평균제곱	F값	유의확률
처리	$SS_{tr}=\sum_{i=1}^{k} n_i(\bar{y}_{i\cdot}-\bar{y}_{\cdot\cdot})^2$	$k-1$	$MS_{tr}=\dfrac{SS_{tr}}{(k-1)}$	$f=\dfrac{MS_{tr}}{MSE}$	$P(F\geq f)$
잔차	$SSE=\sum_{i=1}^{k}\sum_{j=1}^{n_i}(y_{ij}-\bar{y}_{i\cdot})^2$	$N-k$	$MSE=\dfrac{SSE}{(N-k)}$		
계	$SS_T=\sum_{i=1}^{k}\sum_{j=1}^{n_i}(y_{ij}-\bar{y}_{\cdot\cdot})^2$	$N-1$		$(N=\sum_{i=1}^{k} n_i)$	

분산분석표를 이용하여 유의수준 α에서 검정할 때 기각역은 다음과 같이 나타낼 수 있다.

$$f \geq F_{\alpha}(k-1, N-k)$$

다만, SPSS 등의 소프트웨어를 사용하여 유의확률이 출력되면, 유의확률이 α보다 작을 때 귀무가설을 기각하고, 처리효과에 유의한 차이가 있다고 결론을 내리면 된다.

예제 10-1

토양의 박테리아 분량을 측정하기 위하여 대상 지역을 4개 구로 나누고, 각 지역에서 15개소의 토양을 채취하여 수분을 가하여 묽게한 다음 용기에 이식하고 균의 군집을 세어 본 결과 아래 표를 얻었다. 각 지역에 있어서 균(박테리아)의 군집 수에는 유의적인 차이가 있는가?

〈표 10.3〉 지역별 균의 군집수분류표

지 역 별	I	II	III	VII	
균 의 군 집 수	72 69 63 53 51	47 52 45 30	56 58 56	69 67 62	합 계
소 계	308	174	170	198	850
자 료 수	5	4	3	3	15
평 균	308/5	174/4	170/3	198/3	850/15

풀이 전변동 SS_T를 구하면

$$SS_T = 72^2 + 69^2 + 63^2 + 53^2 + 51^2 + 47^2 + 52^2 + 45^2 + 30^2 + 56^2 + 58^2 + 56^2 + 69^2 + 67^2 + 62^2 - \frac{850^2}{15}$$
$$= 49{,}892 - 48{,}166.6 \fallingdotseq 1{,}725$$

처리제곱합 SS_{tr}를 구하면

$$SS_{tr} = \frac{308^2}{5} + \frac{174^2}{4} + \frac{170^2}{3} + \frac{198^2}{3} - \frac{850^2}{15} \fallingdotseq 49{,}243 - 48{,}167 = 1{,}076$$

따라서 급내 변동 SSE는 $SSE = 1{,}725 - 1{,}076 = 649$

분산 분석표는 다음과 같다.

〈표 10.4〉 분산분석표

요 인	평방합	자유도	불편 분산	분산비	5% 또는 1% 점
처 리	1,076	3	358.3	6.73	$F_{11}^3(0.05) = 3.59$
잔 차	649	11	59.0		$F_{11}^3(0.01) = 6.22$
전 체	1,725	14			

따라서 각 지역에 있어서의 균의 군집수가 동일하다는 가설 $H_0 : \mu_1 = \mu_2 = \mu_3 = \mu_4$ 는 매우 유의적이다 (유의수준1%)

예제 10-2

3종류의 온도계(A_1, A_2, A_3)로 어느 날의 온도를 4회 측정한 결과 아래의 표와 같았다. 각 온도계에 의한 온도에 차이가 있는가를 검정하여라. 단, 표의 수치는 각 측정값에서 67.0을 뺀 것이다.

〈표 10.5〉 온도계에따른 4회측정표

회 \ 수준	A_1	A_2	A_3
1	18	24	5
2	−18	20	−24
3	−4	1	−8
4	8	10	−17
계	4	55	−44

풀이 전변동을 계산하기 위하여 y_{ij}^2의 표를 만든다.

〈표 10.6〉 y_{ij}^2의 표

회 \ 수준	A_1	A_2	A_3	계
1	324	576	25	
2	324	400	576	
3	16	1	64	
4	64	100	289	
계	728	1,077	954	2,759

앞 절의 방법으로 필요한 통계량의 값을 계산하면

$$SS_T = 2,759 - \frac{15^2}{12} = 2,740 (df = 11)$$

$$SS_{tr} = \frac{4,977}{4} - \frac{15^2}{12} \fallingdotseq 1,225 \ (df = 2)$$

$$SSE = SS_T - SS_{tr} = 2,740 - 1,225 = 1,515 \ (df = 9)$$

가 된다. 이상으로 분산 분석표를 만들면 다음과 같다.

〈표 10.7〉 분산분석표

요 인	변 동	자유도	불편 분산	분산비	5% 점
처 리	1,225	2	613	3.65	4.26
잔 차	1,515	9	168		
전 체	2,740	11			

따라서 유의 수준 5%로서 수준 A_1, A_2, A_3의 온도계에 차가 있다고 할 수 없다. ■

10-2 이원 배치법

관측값을 두 가지 관점에서 급(행)과 군(열)으로 이중 분류하고 i급 j군의 관측값 y_{ij}를 정리하여 급 상호간 또는 군 상호간의 관측값의 차이의 유의성을 검정하는 것을 이원 배치법이라 한다.

예를 들면 토마토를 재배하는데 토마토의 종류가 A_1, A_2, A_3의 3종류이고, 이 세종류의 각각에 4종류의 비료 B_1, B_2, B_3, B_4를 살포하였을 때에 토마토의 생산량을 관찰하는 문제는 이원배치인 것이다.

일반화하면, 인자 A의 수준이 $A_1, A_2, \cdots, A_k$의 인자 B의 수준이 $B_1, B_2, \cdots, B_l$이 있다고 하자. 그리고 인자 A의 수준 A_i와 인자 B의 수준 B_j에서 관측값을 y_{ij}라고 표시하고 이를 표로 만들면 다음 〈표 10.8〉인 이원배치표가 된다.

〈표 10.8〉 이원 배치법의 자료구조

급(행) \ 군(열)	1	2	$\cdots$	j	$\cdots$	l	계	평균
1	y_{11}	y_{12}	$\cdots$	y_{1j}	$\cdots$	y_{1l}	$T_1 .$	$\bar{y}_1 .$
2	y_{12}	y_{22}	$\cdots$	y_{2j}	$\cdots$	y_{2l}	$T_2 .$	$\bar{y}_2 .$
$\vdots$	$\cdots$	$\cdots$	$\cdots$	$\cdots$	$\cdots$	$\cdots$	$\cdots$	$\cdots$
i	y_{i1}	y_{i2}	$\cdots$	y_{ij}	$\cdots$	y_{il}	$T_i .$	$\bar{y}_i .$
$\vdots$	$\cdots$	$\cdots$	$\cdots$	$\cdots$	$\cdots$	$\cdots$	$\cdots$	$\cdots$
k	y_{k1}	y_{k2}	$\cdots$	y_{kj}	$\cdots$	y_{kl}	$T_k .$	$\bar{y}_k .$
계	$T ._1$	$T ._2$	$\cdots$	$T ._j$	$\cdots$	$T ._l$	$T_{..} = \sum T_i . = \sum T ._j$	
평균	$\bar{y} ._1$	$\bar{y} ._2$	$\cdots$	$\bar{y} ._j$	$\cdots$	$\bar{y} ._l$	$\bar{y}_{..} - \frac{T..}{kl}$	

위의 표에서 $n = kl$, $\bar{y}_{ij} = \frac{T_i .}{l}$, $\bar{y} ._j = \frac{T ._j}{k}$, $T.. = \sum_j \sum_i y_{ij}$, $\bar{y}.. = \frac{T..}{n}$

이다.

〈표 10.8〉에서 A인자를 행인자라고 하고, B인자를 열인자라고 한다. 관측값 y_{ij}에 대응되는 확률변수를 Y_{ij}라고 하면, Y_{ij}는 다음과 같은 모형으로 표시된다.

$$Y_{ij} = \mu + \alpha_i + \beta_j + \epsilon_{ij}, \quad i = 1, \cdots, k, \quad j = 1, \cdots, l$$

여기서 μ는 자료전체의 모평균이고 α_i는 수준 A_i의 주효과, β_j는 수준 B_j의 주효과이며, ϵ_{ij}는 실험의 우연오차인 오차항이며 $\epsilon_{ij} \sim N(0, \sigma^2)$이다. σ^2은 전체의 모분산이기도 하다. 인자별 각 수준의 주 효과의 합은 항상 0이다.

$$\sum^{k} \alpha_i = 0 \,, \; \sum^{l} \beta_j = 0$$

일원배치의 분산분석에서는 인자가 A 한 개이지만 이원배치의 분산분석에서는 인자가 A, B 두 개이므로 2개의 가설을 세워야 한다. 인자 A에 대한 가설 $H_{0\alpha}$, B에 대한 가설은 $H_{0\beta}$라고 한다.

$H_{0\alpha} : \alpha_1 = \alpha_2 = \cdots = \alpha_k = 0,$

$H_{1\alpha} : \alpha_i \neq 0$인 i가 적어도 하나 존재한다.

$H_{0\beta} : \beta_1 = \beta_2 = \cdots = \beta_l = 0,$

$H_{1\beta} : \beta_j \neq 0$인 j가 적어도 하나 존재한다.

위 가설을 검정하기 위하여 변동(제곱합)들 사이의 관계를 알아야 한다. 이원배치표에서 다음 몇 가지 변동(제곱합)을 정의한다.

총변동(총 제곱합) : $SS_T = \sum_{i=1}^{k} \sum_{j=1}^{n_i} (y_{ij} - \bar{y}\,..)^2$

자유도 : $\nu_T = n - 1 = kl - 1$

A간 변동(행처리 제곱합) : $SS_A = l \sum_{i}^{k} (\bar{y}_{i\,.} - \bar{y}\,..)^2$

자유도 : $\nu_A = k - 1$

B간 변동(열처리 제곱합) : $SS_B = k \sum_{j}^{l} \bar{y}_{.\,j} - \bar{y}\,..)^2$

자유도 : $\nu_B = l - 1$

오차변동(오차 제곱합) : $SSE = \sum_{i}^{k} \sum_{j}^{l} (y_{ij} - \bar{y}_{i\,.} - \bar{y}_{.\,j} + \bar{y}\,..)^2$

자유도 : $\nu_E = \nu_T - \nu_A - \nu_B = (k-1)(l-1)$

위 네 가지 변동사이의 관계식이 다음과 같다.

전변동은 다음과 같이 분해할 수 있다.

$$SS_T = \sum_{i=1}^{k}\sum_{j=1}^{l}(y_{ij} - \bar{y})^2 = k\sum_{j=1}^{l}(\bar{y}_{\cdot j} - \bar{y})^2 + l\sum_{i=1}^{k}(\bar{y}_{i\cdot} - \bar{y})^2 + \sum_{j=1}^{l}\sum_{i=1}^{k}(y_{ij} - \bar{y}_{ij} - \bar{y}_{\cdot j} + \bar{y})^2$$

$$SS_T = \sum_{i=1}^{k}\sum_{j=1}^{l}(y_{ij} - \bar{y})^2 = \sum_{i,j} y_{ij}^2 - \frac{T_{\cdot\cdot}^2}{n}$$

$$SS_B = k\sum_{j=1}^{l}(\bar{y}_{\cdot j} - \bar{y})^2 = \frac{1}{k}\sum_{j=1}^{l} T_{\cdot j}^2 - \frac{T_{\cdot\cdot}^2}{n}$$

$$SS_A = l\sum_{i=1}^{k}(\bar{y}_{j\cdot} - \bar{y})^2 = \frac{1}{l}\sum_{i=1}^{k} T_{i\cdot}^2 - \frac{T_{\cdot\cdot}^2}{n}$$

$$SS_E = \sum_{j=1}^{l}\sum_{i=1}^{k}(y_{ij} - \bar{y}_{i\cdot} - \bar{y}_{j\cdot} + \bar{y})^2$$

이제 분산 σ^2의 불편추정량을 구하여 보자. 위 식에서

$$MSA = \frac{SS_A}{k-1}, \qquad MSE = \frac{SSE}{(k-1)(l-1)}$$

는 σ^2의 불편추정량이며 이와 똑같이

$$MSB = \frac{SS_B}{l-1}$$

도 σ^2의 불편추정량임을 쉽게 알 수 있다. 다만 일원배치에서는 $\nu_E = n-k$이었으나 이원배치에서는 $\nu_E = (k-1)(l-1)$이므로 MSE의 분모에 $n-k$대신 $(k-1)(l-1)$을 쓴다. 그리고

$$F_A = \frac{MSA}{MSE} \sim F[l-1, (k-1)(l-1)]$$

이며, 검정통계량의 값 $F_B > F_a\ [l-1, (k-1)(l-1)]$이면 가설 $H_{0\beta}$: $\beta_j = 0$을 기각하고, '인자 B의 수준사이의 효과의 차는 유의적이다'라는 판정을 내린다. 이상을 요약해서 분산분석표를 만들면 아래의 표 10.9와 같다.

〈10.9〉 이원배치법의 분산분석표

요인	평 방	자유도	불변 분산	F통계량
행간	$SS_A = \frac{1}{l}\sum_{i=1}^{k} T_{i\cdot}^2 - \frac{T_{\cdot\cdot}^2}{n}$	$k-1$	$MSA = \frac{SS_A}{(k-1)}$	$F_A = \frac{MSA}{MSE}$
열간	$SS_B = \frac{1}{k}\sum_{j=1}^{l} T_{\cdot j}^2 - \frac{T_{\cdot\cdot}^2}{n}$	$l-1$	$MSB = \frac{SS_B}{(l-1)}$	$F_B = \frac{MSB}{MSE}$
잔차 (오차)	$SSE = SS_T - SS_A - SS_B$	$(k-1)\cdot$ $(l-1)$	$MSE = \frac{SSE}{(k-1)(l-1)}$	
전체	$SS_T = \sum_{i,j} y_{ij}^2 - \frac{T_{\cdot\cdot}^2}{n}$	$n-1$		

예제 10-3

A, B, C 3인의 공원이 Ⅰ, Ⅱ, Ⅲ, Ⅳ인 4대의 공작 기계에 의하여 하루에 제작한 부품의 수는 다음과 같았다 (각 제품 개수에서 35를 뺐다). 이것을 앞절의 방법에 의하여 평균값 사이의 차를 조사하면 유의차는 인정 안된다. 이것은 기계의 차에 의한 변동 때문에 개인차에 의한 변동이 나타나지 않았을지도 모른다. 기계의 차에 의한 영향을 배제하고 개인차를 검정하여라. 또 개인차를 배제한 기계에 의한 제품수의 평균차(기계의 우열)를 검정하여라.

〈표 10.10〉 이원분류표

	A	B	C	$T_{i\cdot}$
Ⅰ	1	0	-1	0
Ⅱ	3	2	1	6
Ⅲ	2	3	0	5
Ⅳ	0	-2	-3	-5
$T_{\cdot j}$	6	3	-3	$T_{\cdot\cdot} = 6$

풀이

$$SS_T = (1^2 + 3^2 + 2^2) + \{2^2 + 3^2 + (-2)^2\} + \{(-1)^2 + 1^2 + (-3)^2\} - \frac{6^2}{12} = 39$$

$$SS_B = \frac{6^2}{4} + \frac{3^2}{4} + \frac{(-3)^2}{4} - \frac{6^2}{12} = 10.5$$

$$SS_A = \frac{0^2}{3} + \frac{6^2}{3} + \frac{5^2}{3} + \frac{(-5)^2}{3} - \frac{6^2}{12} = 25.67$$

$SSE = SS_T - SS_A - SS_B = 39 - 10.5 - 25.67 = 2.83$

이것으로부터 다음 분산 분석표를 얻는다.

〈표 10.11〉 분산분석표

요 인	평방	자유도	불편 분산	분산비	5%점
SS_B	10.5	3-1=2	5.25	11.2	5.14
SS_A	25.67	4-1=3	8.55	18.2	4.76
SSE	2.83	2×3=6	0.47		
SS_T	39	11			

따라서 개인에 의한 차도, 기계에 의한 차도 유의함을 알 수 있다.

예제 10-4

무연탄에서 코크스(cokes)를 제조하는데 10% 첨가하는 역청탄 (A)을 5종류 $(A_1, A_2, A_3, A_4, A_5)$ 선택하고, 타르피치(tar pitch)의 첨가량 (B)을 4수준 $(B_1 : 4\%,\ B_2 : 6\%, B_3 : 8\%, B_4 : 10\%)$ 택하여 첨가한 후에 이것을 가열 성형하고, 코크스의 내압강도$(kg/com^{2)})$를 측정한 결과 다음과 같이 얻었다. 이 자료에 대하여 이원배치법의 모형을 적용할 때, 역청탄의 종류와 타르피치의 첨가량이 코크스의 내압강도에 유의한 영향을 미치는가의 여부를 알아보기 위해 유의수준 5%로 검정하여라.

〈표 10.12〉 역청탄과 첨가량의 이원분류표

	A_1	A_2	A_3	A_4	A_5	평 균
B_1	79	72	51	58	68	65.6
B_2	75	66	48	56	65	62
B_3	69	64	44	51	61	57.8
B_4	65	62	41	45	58	54.2
평 균	72	66	46	52.5	63	총평균 59.9

풀이 인자 A(역청탄의 종류)와 인자 B(타르피치의 첨가량)의 유의성을 판단하기 위한 가설

$H_{0\alpha} : \alpha_1 = \cdots = \alpha_5 = 0, \qquad H_{a\alpha}$: 적어도 한 α_i는 0이 아니다.

$H_{0\beta} : \beta_1 = \cdots = \beta_4 = 0, \qquad H_{a\beta}$: 적어도 한 β_j는 0이 아니다.

을 검정하기 위한 제곱합을 계산하면

$$SS_A = 5\{(72-59.9)^2 + \cdots + (63-59.9)^2\} = 1764.8$$

$$SS_B = 4\{(65.6-59.9)^2 + \cdots + (54.2-59.9)^2\} = 369$$

$$SS_T = (79-59.9)^2 + \cdots + (58-59.9)^2 = 2153.8$$

$$SSE = SS_T - SS_A - SS_B = 20$$

이고, 각각의 자유도는 5-1=4. 4-1=3, 5×4-1=19, (5-1)(4-1)=12이다. 따라서, 이로부터 평균제곱과 F 검정통계량의 관측값들을 구해보면

$$MSA = SS_A/4 = 441.2$$

$$MSB = SS_B/3 = 123$$

$$MSE = SSE/12 = 1.67$$

$$F_A = MSA/MSE = 264.19$$

$$F_B = MSB/MSE = 73.65$$

이며, 부록의 F 분포표에서 $F \sim F(4,12)$와 $F \sim F(3,12)$일 때

$P(F \geq 264.19) < 0.001$ 과 $P(F \geq 73.65) < 0.001$

임을 알 수 있으며, 실제로 SPSS를 이용하면 유의확률은

$P = P(F \geq 264.19) = 0.0001$ 과 $P = P(F \geq 73.65) = 0.0001$

이다. 이로부터 역청탄의 종류에 따라서 코크스의 인장강도에 유의한 차이가 있다는 결론을 유의수준 5%에서 내릴 수 있으며, 타르피치의 첨가량에 따라서도 코크스의 인장강도가 유일하게 다름을 알 수 있다. 이러한 검정과정을 분산분석표로 나타내면 다음과 같다.

〈표 10.13〉 분산분석표

요인	제곱합	자유도	평균제곱	F값	유의확률
인자 A	1764.8	4	441.2	264.19	0.0001
인자 B	369	3	123	73.65	0.0001
잔차	20	12	1.67		
계	2153.8	19			

10-3 SPSS 실습

10장에서 설명한 분산분석의 예제를 SPSS를 이용하여 분석하는 방법을 알아보도록 한다.

10.3.1 일원배치 분산분석

[예제 10.1]에서 지역에 따른 균의 군집의수에 차이가 있는지를 일원배치 분산분석과 Duncan의 다중범위검정을 실시해 보자.

데이터 입력 : [예제 10.1]을 아래와 같이 『SPSS 데이터편집기 창』에 입력한다. 지역을 1,2,3,4로 코딩한다.

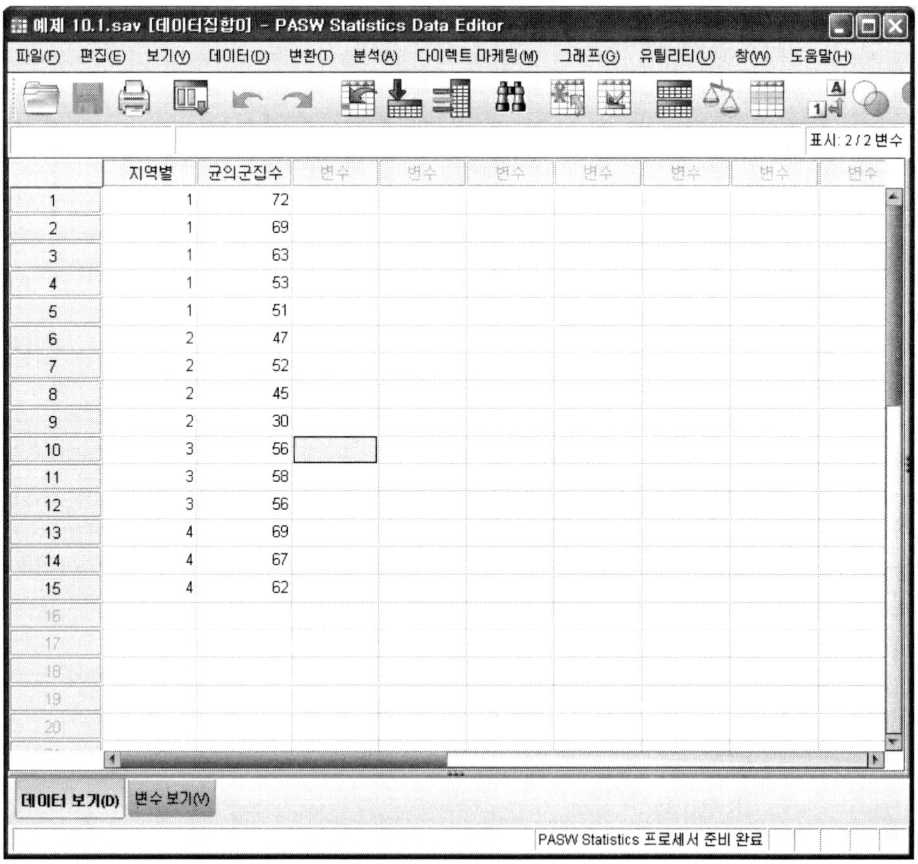

	지역별	균의군집수
1	1	72
2	1	69
3	1	63
4	1	53
5	1	51
6	2	47
7	2	52
8	2	45
9	2	30
10	3	56
11	3	58
12	3	56
13	4	69
14	4	67
15	4	62

[그림 10.1] 데이터입력

일원배치 분산분석을 위하여 『분석 → 평균비교 → 일원배치 분산분석』과 같이 순서대로 실행명령을 지정한다.

[그림 10.2] 실행명령지정

일원배치 분산분석 대화상자에서 군집의 수 변수를 [종속변수(E)]란으로 이동시키고 균의 지역별 변수를 [요인변수(F)]란에 이동시킨다.

[그림 10.3] 종속변수와 요인분석지정

Duncan의 다중범위검정을 위하여 일원배치 분산분석 대화상자에서 하단의 [사후분석(H)]을 선택하고, 다중비교 방법들 중 Duncan을 체크하고 계속을 누른다.

[그림 10.4] Duncan의 다중범위검정

기술통계를 구하기 위하여 일원배치 분산분석 대화상자에서 하단의 [옵션(O)]을 선택하고 기술통계를 체크하고 모집단의 등분산 검정을 위하여 분산 동질성 검정을 체크하고 계속을 누른다.

[그림 10.5] 기술통계지정

필요한 부분을 모두 지정한 후 확인을 누르면 출력결과창에 다음과 같은 분석결과가 나타난다.

기술통계

균의군집수

	N	평균	표준편차	표준오차	평균에 대한 95% 신뢰구간		최소값	최대값
					하한값	상한값		
지역1	5	61.60	9.370	4.190	49.97	73.23	51	72
지역2	4	43.50	9.469	4.735	28.43	58.57	30	52
지역3	3	56.67	1.155	.667	53.80	59.54	56	58
지역4	3	66.00	3.606	2.082	57.04	74.96	62	69
합계	15	56.67	11.101	2.866	50.52	62.81	30	72

분산의 동질성 검정

균의군집수

Levene 통계량	df1	df2	유의확률
2.852	3	11	.086

분산분석

균의군집수

	제곱합	df	평균 제곱	F	유의확률
집단-간	1076.467	3	358.822	6.083	.011
집단-내	648.867	11	58.988		
합계	1725.333	14			

사후검정

동일 집단군

균의군집수

Duncan[a,b]

지역별	N	유의수준 = 0.05에 대한 부집단	
		1	2
지역2	4	43.50	
지역3	3		56.67
지역1	5		61.60
지역4	3		66.00
유의확률		1.000	.149

동일 집단군에 있는 집단에 대한 평균이 표시됩니다.

a. 조화평균 표본 크기 3.582을(를) 사용합니다.

b. 집단 크기가 동일하지 않습니다. 집단 크기의 조화평균이 사용됩니다. I 유형 오차 수준은 보장되지 않습니다.

[그림 10.6] 분석결과

기술통계치를 살펴보면 각 지역별 균의 군집수의 증가에 대한 평균값, 표준편차, 표준오차, 평균값의 신뢰구간, 최소값, 최대값들이 나타나 있다. 분산분석이 가능하기 위해서는 모집단 등분산의 가정이 충족되어야 한다. 따라서 분산의 동질성 검정 결과를 보면 Levene의 통계량인 F값이 2.852이고 유의확률 값이 0.086으로 유의수준 0.05보다 크기 때문에 모집단의 분산이 동일하다는 귀무가설을 기각하지 않는다.

다음으로 분산분석 검정 결과를 보면 F값이 6.083이고 유의확률 값이 0.011로 유의수준 0.05보다 작기 때문에 귀무가설을 기각한다. 따라서 지역 별로 균의 군집수의 차이가 있다고 할 수 있다.

이와 같이 분산분석을 통해서 4개의 지역간에 균의 군집수의 증가는 차이가 있다는 것이 입증되었으며 4개의 지역 간에 서로 어떻게 차이가 있는지에 대한 의문이 생긴다. 이를 알아보는 분석을 사후검정이라 한다. Ducan의 다중범위검정 결과를 살펴보면 4개의 지역의 종류가 2개의 동일집단군으로 분류되었는데 그 동일 집단군에 속한 지역의 종류는 차이가 있지 않으므로 지역의 종류는 1,3,4와는 차이가 있지 않고 이들 외의 2는 차이가 있다.

10.3.2 반복이 없는 이원배치 분산분석

[예제 10.4]에서 제품의 내압강도에 대한 역청탄과 첨가량의 차이는 없는지를 유의수준 $\alpha = 0.05$로 검정하여보자.

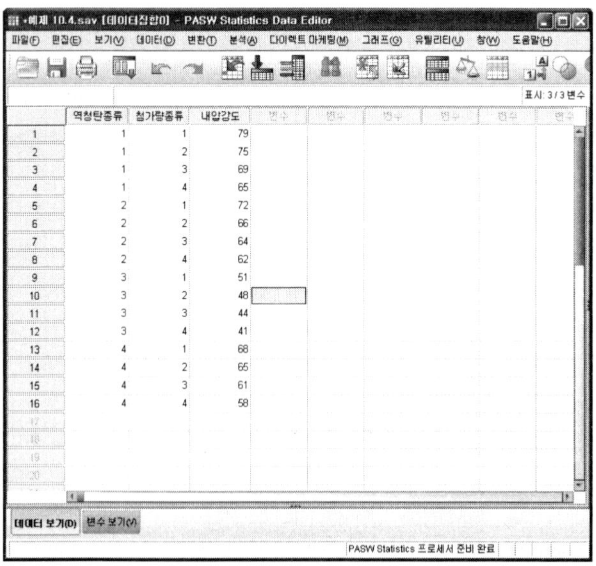

	역청탄종류	첨가량종류	내압강도
1	1	1	79
2	1	2	75
3	1	3	69
4	1	4	65
5	2	1	72
6	2	2	66
7	2	3	64
8	2	4	62
9	3	1	51
10	3	2	48
11	3	3	44
12	3	4	41
13	4	1	68
14	4	2	65
15	4	3	61
16	4	4	58

[그림 10.7] 데이터입력

데이터 입력 : [예제 10.4]를 아래와 같이 『SPSS 데이터 편집기 창』에 입력한다. 역청탄 종류를 1, 2, 3, 4, 5로 코딩하고 첨가량 종류를 1,2,3,4로 코딩한다.

반복이 없는 이원배치 분산분석을 위하여 『분석 → 일반선형모형 → 일변량』과 같이 순서대로 실행명령을 지정한다.

[그림 10.8] 실행명령지정

일변량 대화상자에서 내압강도 변수를 [종속변수(D)]란으로 이동시키고 역청탄 변수와 첨가량 종류 변수를 [모수요인(F)]란에 이동시킨다.

[그림 10.9] 종속변수와 모수요인지정

일변량 대화상자에서 오른쪽 맨 위의 [모형(M)]을 선택한 후 모형설정에서 사용자 정의를 체크하고 항 설정에서 주효과로 선택한 후 역청탄과 첨가량 종류를 [모형(M)]으로 이동시키고 계속을 누른다.

[그림 10.10] 모형선택

필요한 부분을 모두 지정한 후 확인을 누르면 출력결과창에 다음과 같은 분석결과가 나타난다.

개체-간 효과 검정

종속 변수:내압강도

소스	제 III 유형 제곱합	자유도	평균 제곱	F	유의확률
수정 모형	1766.000[a]	6	294.333	203.769	.000
절편	61009.000	1	61009.000	42237.000	.000
역청탄종류	1491.000	3	497.000	344.077	.000
첨가량종류	275.000	3	91.667	63.462	.000
오차	13.000	9	1.444		
합계	62788.000	16			
수정 합계	1779.000	15			

a. R 제곱 = .993 (수정된 R 제곱 = .988)

[그림 10.11] 분석결과

역청탄과 첨가량에 대한 주효과의 유의확률은 각각 0.000과 0.000으로 유의수준 0.05보다 작으므로 귀무가설을 기각한다. 즉 역청단의 종류와 첨가량의 종류에 따른 내압강도는 통계적으로 유의하게 차이가 있다.

연습문제 10장

1. 다음의 분산분석표를 완성하여라.

요인	제곱합	자유도	평균제곱합	F
처리		2		
잔차			20	
계	500	11		

2. 어떤 직물의 가공시 처리액의 농도가 직물의 인장강도에 영향을 미치는 지의 여부를 조사하기 위해, 네 가지 농도 A_1:3.0%, A_2:3.5%, A_3:4.0%, A_4:4.5%에서 반복 각 5회, 총 20회를 랜덤하게 처리한 후 인장강도를 측정한 결과가 아래의 표와 같다. 이 자료에 대하여 일원배치법의 모형을 적용할 때, 농도에 따른 인장강도에 차가 있는지를 알아보기 위한 분산분석 표를 작성하고 적절한 가설을 유의수준 5%에서 검정하여라.

	A_1	A_2	A_3	A_4	
	47	51	50	22	
	58	62	38	23	
	51	31	47	28	
	61	46	27	42	
	46	49	23	25	
평균	52.6	47.8	37.0	28.0	총평균 41.35

3. 세 종류의 공정에서 생산된 철선의 인장강도에 차이가 있는지를 알아보기 위해 공정 1에서 4회, 공정 2에서 5회, 공정 3에서 6회, 총 15회를 랜덤하게 실험한 후 인장강도를 측정하여 아래의 표를 얻었다. 이 자료에 대하여 일원배치법의 모형을 적용할 때, 공정에 따라 인장강도에 차가 있다고 할 수 있는 지를 알아보기 위해 유의수준 5%에서 검정하여라.

	공정1	공정2	공정3	
	2	4	6	
	3	5	5	
	4	6	7	
	5	4	4	
		3	6	
			8	
평균	3.5	4.4	6.0	총평균 4.8

4. 다음의 자료는 컴퓨터활용, 교양영어, 미적분학, 확률과 통계에서 5명의 학생이 얻은 최종 성적을 나타낸 것이다.

학생 \ 과목	컴퓨터활용	교양영어	미적분학	확률과 통계
1	68	57	73	61
2	83	94	91	86
3	72	81	63	59
4	55	73	77	66
5	92	68	75	87

유의수준 0.05를 사용하여 다음의 가설을 검정하여라.

1) 강좌들은 같은 난이도를 가지고 있다.

2) 학생들은 같은 능력을 가지고 있다.

5. 아래의 자료는 어느 생산 공장에서 5명의 기능공 $(B_1, B_2, B_3, B_4, B_5)$이 4대의 기계 $(A_1,\ A_2,\ A_3,\ A_4)$를 하루씩 사용하여 생산한 제품의 양을 조사한 결과이다. 제품을 생산하는데 기능공 사이에 효과가 다른지 기계들의 효과가 다른지를 분석하라.

	B_1	B_2	B_3	B_4	B_5
A_1	90	98	99	100	96
A_2	92	92	93	94	98
A_3	95	93	91	96	90
A_4	98	96	37	93	99

6. 생물학 실험에서 지정된 기간동안 어떤 유형의 식물의 성장을 향상시키기 위하여 화학약품의 네 가지의 농도가 사용된다. 생존한 식물들에 대하여 다음과 같은 성장 자료가 cm 단위로 기록되었다.

1	8.2	8.7	9.4	9.2		
2	7.7	8.4	8.6	8.1	8.0	
3	6.9	5.8	7.2	6.8	7.4	6.1
4	6.8	7.3	6.3	6.9	7.1	

7. 접착된 플라스틱의 조각들을 떼어놓은 데에 필요한 힘을 결정하기 위하여 연구가 이루어졌다. 네 가지의 수준의 습도를 사용하여 플라스틱의 세 가지 유형을 시험하였다. 결과가 kg 단위로 다음과 같이 주어졌다.

플라스틱 유형 \ 습도	30%	50%	70%	90%
A	39.0	33.1	33.8	33.0
B	36.9	27.2	29.7	28.5
C	27.4	29.2	26.7	30.9

유의수준 0.05를 사용하여 분산분석표를 작성하고 결과를 설명하여라.

Memo

풀이

연습문제 해답

1장 SPSS사용법 연습문제

생략

2장 기술통계 연습문제

1.

혈액형	도수	상대도수
O	16	0.40
A	18	0.45
B	4	0.10
AB	2	0.05
합계	40	1.00

2. 1)

계급값	도수
1.0~2.0	7
2.0~3.0	3
3.0~4.0	4
4.0~5.0	4
5.0~6.0	3
6.0~7.0	5
7.0~8.0	5
8.0~9.0	6
9.0~10.0	5
도수의 총합	42

2) 통과수

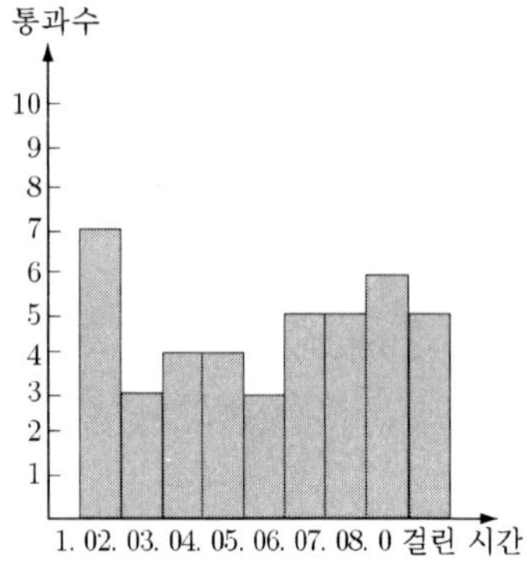

3) $3+5+5+6+5=24,\ \frac{24}{42}\times 100 = 57.14\cdots \fallingdotseq 57$

57%

4)

		#
9	24478	5
8	244899	6
7	23467	5
6	34557	5
5	039	3
4	0135	4
3	1135	4
2	178	3
1	1123667	7

+------------+-------------+

5) 평균 = 5.52391, 중위수 = 6.1,
최빈값 = 1.1

6) 범위 = 8.7, 표준편차 = 2.863037

3.

4. (1)

계급	도수
0.45-0.90	2
0.90-1.35	6
1.35-1.80	11
1.80-2.25	5
2.25-2.70	6

(2)

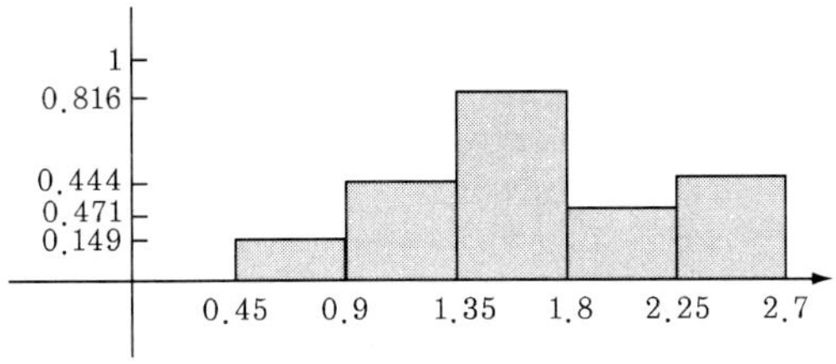

5. 0　6

1　223445567777889

2　000000222445567799

3　022444566

4　1167

5　12

6.

7. 1) 최고측정치와 최저측정치는 각각 32.1과 11이다. 그러므로 계급 구간은 $\frac{32.1-11}{5}=4.22$이다.

따라서 가까운 정수 5를 구간으로 하면 된다.

기온(X)	정확한계	빈도수(f)	상대빈도	누적상대빈도	누적백분율빈도
10~14	9.5~14.5	5	0.16	0.16	16
15~19	14.5~19.5	7	0.23	0.39	39
20~24	19.5~24.5	10	0.32	0.71	71
25~29	24.5~29.5	6	0.19	0.90	90
30~34	29.5~34.5	3	0.10	1.00	100(%)
$n=31$					

2)

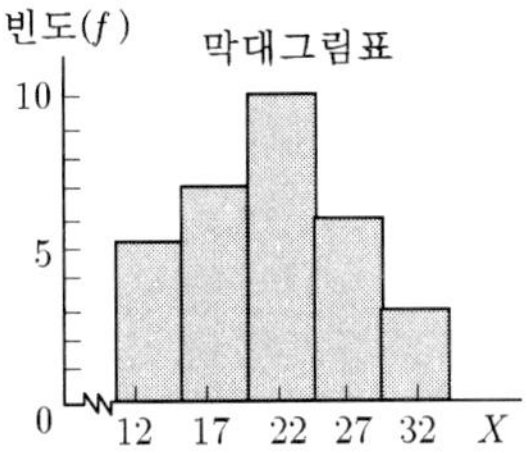

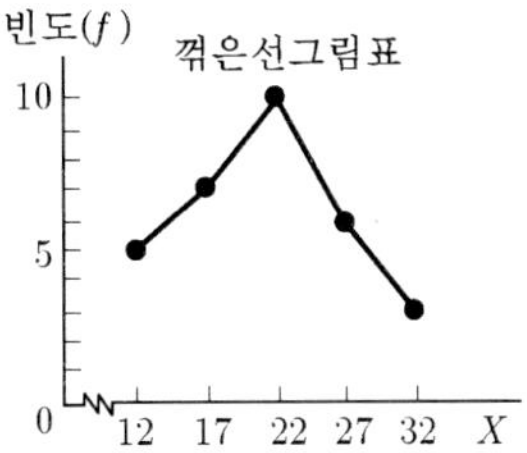

8. 평균 : 26.75

중앙값 : 25

9. 1)

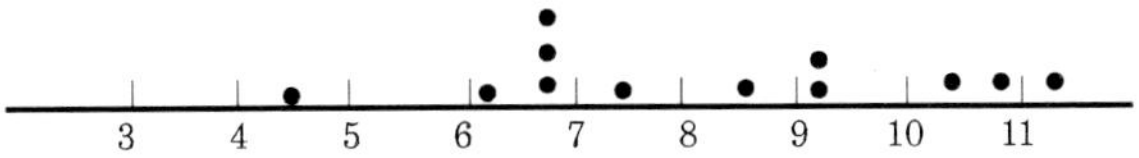

2) 평균 : 8.178, 중앙값 : 7.925　3) $Q_1=6.71$,　$Q_3=9.75$

10. 2) 분산 = 18.67, 표준편차 = 4.32

11. 1) $Q_2 = 153$ 2) $Q_1 = 135.5$, $Q_3 = 166.5$

12. 1) 68.4 2) 66.34 3) 2.51

13. 1)

줄기	잎	도수
0	22233457	8
1	023558	6
2	035	3
3	03	2
4	057	3
5	0569	4
6	0005	4

2)

계급구간	중간점	도수	상대도수
0.0–0.9	0.45	8	0.267
1.0–1.9	1.45	6	0.200
2.0–2.9	2.45	3	0.100
3.0–3.9	3.45	2	0.067
4.0–4.9	4.45	3	0.100
5.0–5.9	5.45	4	0.133
6.0–6.9	6.45	4	0.133

3) 표본평균 = 2.7967, 표본범위 = 6.3, 표본표준편차 = 2.2273

14. 1) 총도수 $N = 30$

계급값	도수
1.5~2.0	3
2.0~2.5	5
2.5~3.0	10
3.0~3.5	6
3.5~4.0	3
4.0~4.5	3
도수의 총합	30

2)

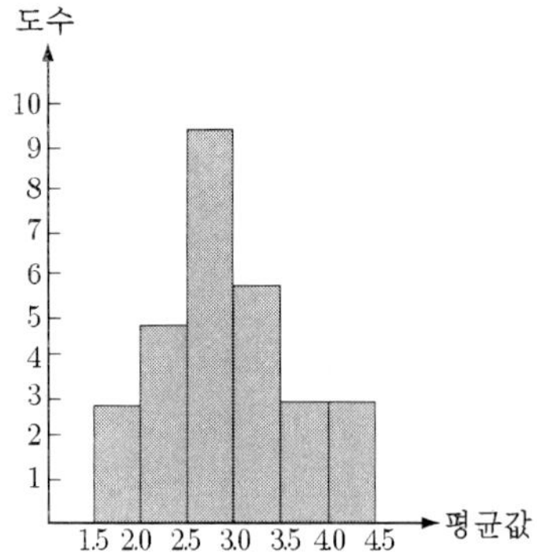

3) 평균 = 2.866667 ≒ 2.87, 중위수 = 2.7

4) $Q_1 = 2.4$, $Q_3 = 3.4$

5)

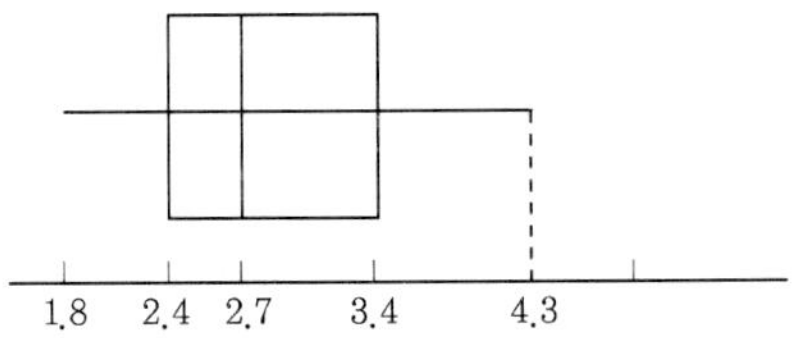

3장 확률변수 연습문제

1. $\frac{7!}{2!3!}=420$ **2.** ${}_4P_4=4!=24$ **3.** $\frac{{}_2C_1\,{}_5C_4}{{}_7C_5}$ **4.** ${}_5P_3=60$

5. ${}_7C_3=35$ **6.** $\frac{9!}{3!4!2!}=1260$

7. 이것은 A승차권 3매, B승차권 2매, C승차권 5매를 일렬로 세우는 방법과 같으므로

$\frac{10!}{3!2!5!}=2520$[가지]

8. $P=\frac{10!}{4!3!3!}(0.5)^4(0.3)^3(0.2)^3$ **9.** $\frac{1}{12}$ **10.** $5\times\left(\frac{1}{6}\right)^2\left(\frac{5}{6}\right)^4$

11. $\frac{4}{{}_7C_4}=\frac{4}{35}$ **12.** $P(B|A)=\frac{P(A\cap B)}{P(A)}=\frac{0.6}{0.9}=\frac{2}{3}$

13. 뽑은 공이 붉은 공일 사상을 A, 그 공이 제 1상자로부터 나왔을 사상을 A_1, 그 공이 제 2상자로부터 나왔을 사상을 A_2, 그 공이 제 3상자로부터 나왔을 사상을 A_3라 하면 베이스(Bayes)의 공식에 의하여

$$P(A_2|A)$$
$$=\frac{P(A_2)P(A|A_2)}{P(A_1)P(A|A_1)+\cdots+P(A_3)P(A|A_3)}$$
$$=\frac{\frac{1}{3}\times\frac{1}{6}}{\frac{1}{3}\times\frac{3}{8}+\frac{1}{3}\times\frac{1}{6}+\frac{1}{3}\times\frac{4}{9}}=\frac{12}{71}$$

이다.

14. $P(A)=\frac{1}{2}$, $P(B)=\frac{1}{6}$ 이므로,

$P(A\cap B)=\frac{1}{2}\times\frac{1}{6}=\frac{1}{12}$ 이므로,

$$P(B|A)=\frac{P(A\cap B)}{P(A)}=\frac{\frac{1}{2}\times\frac{1}{6}}{\frac{1}{2}}=\frac{1}{6}$$

15. $1-\frac{5}{6}\times\frac{5}{6}=\frac{11}{36}$ **16.** $1-\frac{6}{16}\times\frac{5}{15}=\frac{7}{8}$

17. $P(\text{암질환}|\text{담배}) = \dfrac{P(\text{암질환} \cap \text{담배})}{P(\text{담배})}$

$$= \frac{\frac{360}{1000}}{\frac{560}{1000}} = 0.64$$

18. 합이 적어도 4일 확률 : $P(A) = \dfrac{33}{36}$, 합이 많아야 5일 확률 : $P(B) = \dfrac{10}{36}$

$P(A \cap B) = \dfrac{7}{36}$, $\quad P(B|A) = \dfrac{P(A \cap B)}{P(A)} = \dfrac{7}{33}$

19. $\dfrac{5}{8} \times \dfrac{5}{8} \times \dfrac{2}{3} + \dfrac{3}{8} \times \dfrac{3}{8} \times \dfrac{2}{3} + \dfrac{3}{8} \times \dfrac{5}{8} \times \dfrac{1}{3} = \dfrac{83}{192}$

20. $\dfrac{3}{36}$

21. (1) $P(S \cap B) = P(S) + P(B) - P(S \cup B)$

$$= 0.7 + 0.4 - 0.8 = 0.3$$

(2) $P(S' \cap B') = 1 - P(S \cup B) = 0.2$

22. C : 한 사람이 암에 걸렸을 사건

D : 한 사람이 암에 걸렸다고 진단할 사건

(1) $P(C) = 0.05$, $P(D|C) = 0.78$, .

$P(C') = 0.95$, $P(D|C') = 0.06$

따라서

$P(D) = P(C \cap D) + P(C' \cap D)$

$$= (0.05)(0.78) + (0.95)(0.06) = 0.096$$

(2) $P(C|D) = \dfrac{P(C \cap D)}{P(D)} = \dfrac{0.039}{0.096} = 0.406$

23. 문제로부터 $P(P_1) = 0.30$, $P(P_2) = 0.20$, $P(P_3) = 0.50$이고, 우리가 구할 확률은 $P(P_j|D)$이다.

정리 2.17의 베이즈 정리로부터

$P(P_1|D)$

$$= \frac{P(P_1)P(D|P_1)}{P(P_1)P(D|P_1) + \cdots + P(P_3)P(D|P_3)}$$

$$= \frac{(0.3)(0.01)}{(0.3)(0.01) + (0.2)(0.03) + (0.5)(0.02)}$$

$$= \frac{0.003}{0.019} = 0.158$$

이다. 비슷한 방법으로

$P(P_2|D) = \dfrac{(0.3)(0.2)}{0.019} = 0.316$ $P(P_3|D) = \dfrac{(0.02)(0.5)}{0.019} = 0.526$ 을 얻을 수 있다. 제품이 불량이었을 때 분석법 3일 조건부 확률이 세 가지 중 가장 크므로, 분석법 3을 사용했을 가능성이 가장 크다.

24. (1) $1 = \sum_{x=0}^{3} c(x^2 + 4) = 30c$, 따라서 $c = \dfrac{1}{30}$

(2) $1=\sum_{x=0}^{2} c\binom{2}{x}\binom{3}{3-x}$

$=c\left[\binom{2}{0}\binom{3}{3}+\binom{2}{1}\binom{3}{2}+\binom{2}{2}\binom{3}{1}\right]=10c$

따라서 $c=\frac{1}{10}$

25. 주사위는 확률 $\frac{1}{6}$로 6개의 다른 면이 나온다. 따라서, $f(x)=\frac{1}{6}$, $x=1,2,3,4,5,6$

26. 결함이 있는 2대의 TV에서 x대를 뽑고, 5대의 TV에서 3-x대를 뽑을 수 있다. 총 7대의 TV에서 임의로 3대를 뽑을 수 있다. 따라서 $f(x)=\dfrac{\binom{2}{x}\binom{5}{3-x}}{\binom{7}{3}}$, $x=0,1,2$ 이며, 표로 나타내면,

x	0	1	2
$f(x)$	$\frac{2}{7}$	$\frac{4}{7}$	$\frac{1}{7}$

27. (1) $\int_1^3\left(\frac{1}{2}\right)dx=\frac{x}{2}\Big|_1^3=1$

(2) $P(2<X<2.5)=\int_2^{2.5}\left(\frac{1}{2}\right)dx$

$=\frac{x}{2}\Big|_2^{2.5}=\frac{1}{4}$

(3) $P(X\le 1.6)=\int_1^{1.6}\left(\frac{1}{2}\right)dx$

$=\frac{x}{2}\Big|_1^{1.6}=0.3$

28. (1) $P(X<4)=\int_2^4\frac{2(1+x)}{27}dx$

$=\frac{(1+x)^2}{27}\Big|_2^4=\frac{16}{27}$

(2) $P(3\le X<4)=\int_3^4\frac{2(1+x)}{27}dx$

$=\frac{(1+x)^2}{27}\Big|_3^4=\frac{1}{3}$

29. $F(x)=\int_1^x\left(\frac{1}{2}\right)dt=\frac{x-1}{2}$, $P(2<X<2.5)=F(2.5)-F(2)=\frac{1.5}{2}-\frac{1}{2}=\frac{1}{4}$

30. $F(x)=\frac{2}{27}\int_2^x(1+t)dt$

$=\frac{2}{27}\left(t+\frac{t^2}{2}\right)\Big|_2^x=\frac{(x+4)(x-2)}{27}$

$P(3\le X<4)=F(4)-F(3)$

$=\frac{(8)(2)}{27}-\frac{(7)(1)}{27}=\frac{1}{3}$

31. (1) $F(x)=\int_0^x \frac{1}{2000}\exp\left(-\frac{t}{2000}\right)dt$

$$=-\exp\left(-\frac{t}{2000}\right)\Big|_0^x=1-\exp\left(-\frac{x}{2000}\right)$$

따라서, $F(x)=\begin{cases}0, & x<0\\ 1-\exp\left(-\frac{x}{2000}\right), & x\geq 0\end{cases}$

(2) $P(X>1000)=1-F(1000)$

$$=1-\left(1-\exp\left(-\frac{1000}{2000}\right)\right)$$

$$=0.6065$$

(3) $P(X<2000)=F(2000)$

$$=1-\exp\left(-\frac{2000}{2000}\right)$$

$$=0.6321$$

32. $E(X)=\int_0^1 \frac{2x(x+2)}{5}dx=\frac{8}{15}$

33. $E(X)=\int_0^1 x^2\,dx+\int_1^2 x(2-x)dx=1$. 따라서 연간 평균사용시간은 $(1)(100)=100$시간.

34. $\mu_Y=E(3X-2)=\frac{1}{4}\int_0^\infty (3x-2)e^{-\frac{x}{4}}dx=10$

따라서 $\sigma_Y^2=E\{[(3X-2)-10]^2\}$

$$=\frac{9}{4}\int_0^\infty (x-4)^2e^{-\frac{x}{4}}dx=144$$

35. $E(X)=\frac{11}{2}$, $E(X^2)=\frac{93}{2}$, 따라서

$E[(2X+1)^2]=4E(X^2)+4E(X)+1=209$

36. $E(X^2)-2E(X)=9$, $E(X^2)-4E(X)=2$

따라서 $E(X)=\frac{7}{2}$, $E(X^2)=16$

따라서 $\mu=\frac{7}{2}$, $\sigma^2=16-\left(\frac{7}{2}\right)^2=\frac{15}{4}$

37. $E(X)=\int_0^1 x\cdot 2xdx=\left[\frac{2}{3}x^3\right]_0^1=\frac{2}{3}$, $V(X)=\int_0^1 x^2\cdot 2x\,dx-\left(\frac{2}{3}\right)^2=\frac{1}{18}$

$E(2X+5)=2E(X)+5=\frac{19}{3}$

$V(2X+5)=4V(X)=\frac{2}{9}$

38. $E(X)=\sum_{x=1}^4 xf(x)=2.4$, $V(X)=E(X^2)-E(X)^2$

$$=\sum_{x=1}^4 x^2f(x)-(2.4)^2=0.84$$

$E[g(X)]=E(3X+2)=3E(X)+2=9.2$, $V[g(X)]=V(3X+2)=9V(X)=7.56$

39.

X	2	3	4	5	6	7	8	9	10	11	12
P	$\frac{1}{36}$	$\frac{2}{36}$	$\frac{3}{36}$	$\frac{4}{36}$	$\frac{5}{36}$	$\frac{6}{36}$	$\frac{5}{36}$	$\frac{4}{36}$	$\frac{3}{36}$	$\frac{2}{36}$	$\frac{1}{36}$

$$E(X)=2\times\frac{1}{36}+3\times\frac{2}{36}+\cdots 12\times\frac{1}{36}=7$$

40. $$E(X)=\int_{-\infty}^{\infty} xf(x)dx=\int_0^1 x(6x-6x^2)dx$$
$$=\left[2x^3-\frac{3}{2}x^4\right]_0^1=\frac{1}{2}$$

$$V(X)=\int_{-\infty}^{\infty} x^2 f(x)dx-[E(X)]^2$$
$$=\int_0^1 x^2(6x-6x^2)dx-\left(\frac{1}{2}\right)^2$$
$$=\left[\frac{3}{2}x^4-\frac{6}{5}x^5\right]_0^1-\frac{1}{4}=\frac{1}{20}$$

4장 확률분포 연습문제

1. 1) $P(X>7)=\frac{10-7}{10}=0.3$ 2) $P(2<X<7)=\frac{7-2}{10}=0.5$

2. $B(20, 0.3)$

1) $P(X\geq 10)=1-P(X\leq 9)=1-0.9520$ 2) $P(X\leq 4)=0.2375$

$=0.0480$

3) $P(X=5)=0.1789$

3. $n=20$이고, 불량일 확률은 $p=0.10$이다. 따라서 $P(X\leq 3)=0.8670$

4. $n=8,\ p=0.60$

1) $P(X=6)=\binom{8}{6}(0.6)^6(0.4)2=0.2090$ 2) $P(X=6)=P(X\leq 6)-P(X\leq 5)$

$=0.8936-0.6846=0.2090$

5. ${}_9C_3(0.3)^3(0.7)^6\times 0.3=0.08$

6. $h(x;6,3,4)=\dfrac{\binom{4}{x}\binom{2}{3-x}}{\binom{6}{3}},\quad x=1,2,3$

$P(2\leq X\leq 3)=h(2;6,3,4)+h(3;6,3,4)=\frac{4}{5}$

7. $h(5;25,15,10)=\dfrac{\binom{10}{5}\binom{15}{10}}{\binom{25}{15}}=0.2315$

8. 1) $\dfrac{\binom{2}{1}\binom{13}{4}}{\binom{15}{5}}=0.4762$ 2) $\dfrac{\binom{2}{2}\binom{13}{3}}{\binom{15}{5}}=0.0952$

9. 평균이 2인 포아송분포

1) $P(X\leq 4)=1-P(X\leq 3)=0.1429$

2) $P(X=0)=p(0;2)=0.1353$

10. 1) $P(X=5)=\dfrac{e^{-3}3^5}{5!}=0.1008$ 2) $P(X<3)=0.4232$

11. 1) $P(X\leq 3)=0.2650$ 2) $P(X>1)=1-P(X\leq 1)=1-0.0404$

$=0.9596$

12. 기하분포를 사용하면

1) $P(X=3)=g(3;0.7)=(0.7)(0.3)^2$

$=0.0630$

2) $P(X<4)=\sum_{x=1}^{3}g(x;0.7)$

$=\sum_{x=1}^{3}(0.7)(0.3)^{x-1}=0.9730$

13. 1) 0.9236 2) $1-0.1867=0.81333$ 3) 0.2424 4) 0.0823 5) 0.0250

6) 0.6435

14. 1) 분포표에 따르면 $k=-1.72$

2) $P(Z>k)=0.2946$ 따라서

$P(Z<k)=0.7054$.분포표에 따르면,

$k=0.54$

3) $P(Z<-0.93)=0.1762$

$0.1762+0.7235=0.8997$ 따라서

$k=1.28$

15. $P(778<X<834)=P(-0.55<Z<0.85)$

$=0.8023-0.2912=0.5111$

16. $P(Z<1.88)=0.03$이므로

$z=-1.88,\ x=(2)(-1.88)+10=6.24$(년)

17. $P(0<Z<2)=0.4772$

$Z=\dfrac{x-\mu}{\sigma}=\dfrac{k-100}{15}=2,\ k=130$

18. $P\left(0\leq t\leq \dfrac{X-70}{10}\right)=0.5-\dfrac{60}{300}=0.3$

$\dfrac{X-70}{10}\fallingdotseq 0.84,\ X=70+0.84\times 10\fallingdotseq 78$

19. 1) $n=100, p=0.01,$

$\mu=100\times0.01=1$

$\sigma=\sqrt{100\times0.01\times0.99}=0.995$

$P(X\le 0)=P(X\le 0.5)$

$=P(Z\le \frac{0.5-1}{0.995})$

$=P(Z\le -0.503)=0.3075$

2) $n=100$

$p=0.05, \mu=(100)(0.05)=5$

$\sigma=\sqrt{(100)(0.05)(0.95)}=2.1794$

따라서 $z=(0.5-5)/2.18=-2.06$

$P(X\le 0)\approx P(X\le -2.06)=0.0197$

20. 1) $p=0.05,\ n=100,\ \mu=5$

$\sigma=\sqrt{(100)(0.05)(0.95)}=2.1794$

따라서 $z=(2.5-5)/2.1794=-1.147$

$P(X\ge 2)\approx P(Z\ge -1.147)=0.8749$

2) $z=(10.5-5)/2.1794=2.524$

$P(X\ge 10)\approx P(Z>2.52)=0.0059$

21. $E(X)=np=0.95,\ \sigma^2(X)=npq=0.95^2$

$q=0.95$ $\qquad p=1-q=0.05$

$n=19$

22. $E(X)=720\times\frac{1}{6}=120$

$\sigma(X)=\sqrt{720\times\frac{1}{6}\times\frac{5}{6}}=10$

인 정규분포를 따른다고 한다.

$P(115\le X\le 135)=P(-0.5\le Z\le 1.5)$

$=0.1915+0.4332=0.6247$

23. $P(0<Z<2)=0.4772$

$Z=\frac{x-\mu}{\sigma}=\frac{k-100}{15}=2,\ k=130$

24. $\mu=3,\ f(x)=\frac{1}{3}e^{-x/3},\qquad x>0$

1) $P(X>5)=\int_5^\infty \frac{1}{3}e^{-x/3}dx$

$=\frac{1}{3}\left[-3e^{-x/3}\right]\Big|_5^\infty=e^{-5/3}=0.1889$

2) $P(X > 10) = e^{-10/3} = 0.0357$

25. $P(X \geq 8) = \int_0^{\infty} \frac{1}{8} e^{-\frac{1}{8}x} dx = 0.3679$

26. X : 기계를 수리하는 데 걸린 시간

$$X \sim \exp\left(\frac{1}{2}\right), \ \frac{1}{2} e^{-\frac{1}{2}} = f(x)$$

$$\int_2^{\infty} e^{-\frac{1}{2}x} dx = -e^{-\frac{1}{2}} \Big|_2^{\infty}$$

$$= e^{-1} = 0.3679$$

5장 표본분포 연습문제

1. $P(\hat{p} \geq 0.55) = P\left(Z \geq \frac{0.55 - 0.455}{\sqrt{\frac{0.455 \times 0.545}{200}}}\right)$

$= P(Z \geq 2.7) = 0.0035$

2. $P(0.55 \leq \hat{p} \leq 0.56) = P(-0.14 \leq Z \leq 0.14)$

$= 0.114$

3. $P(\hat{p} \geq 0.4) = P\left(Z \geq \frac{0.4 - 0.35}{\sqrt{\frac{0.35 \times 0.65}{100}}}\right)$

$= P(Z \geq 1.05) = 0.15$

4. $P(0.55 \leq \hat{p} \leq 0.6) =$

$$= P\left(\frac{0.55 - 0.58}{\sqrt{\frac{0.58 \times 0.42}{150}}} \leq Z \leq \frac{0.6 - 0.58}{\sqrt{\frac{0.58 \times 0.42}{150}}}\right)$$

$= P(-0.744 \leq Z \leq 0.496) = 0.4616$

5. $P\left(\hat{p} \geq \frac{155}{200}\right) = P\left(Z \geq \frac{\frac{155}{200} - 0.7}{\sqrt{\frac{\frac{155}{200}\left(\frac{45}{200}\right)}{200}}}\right)$

$= P(Z \geq 2.54) = 0.006$

6. $P(\hat{p}_1-\hat{p}_2\le 0.20)=$

$$P\left(Z\le \frac{0.20-\left(\frac{245}{470}-\frac{223}{619}\right)}{\sqrt{\frac{\frac{245}{470}\left(1-\frac{245}{470}\right)}{470}+\frac{\frac{223}{619}\left(1-\frac{223}{619}\right)}{619}}}\right)$$

$=P(Z\le 0.078)=0.531$

7. $P(\hat{p}_1-\hat{p}_2\ge 0.03)$

$$=P\left(Z\ge \frac{0.03-(0.08-0.06)}{\sqrt{\frac{0.08\times 0.92}{100}+\frac{0.06\times 0.94}{200}}}\right)$$

$=P(Z\ge 0.313)=0.377$

8. $P(\hat{p}_1-\hat{p}_2\ge 0.15)=$

$$=P\left(Z\ge \frac{0.15-(0.83-0.74)}{\sqrt{\frac{0.83\times 0.17}{60}+\frac{0.74\times 0.26}{50}}}\right)$$

$=P(Z\ge 0.136)=0.446$

9. $E(\overline{X})=\mu,\qquad V(\overline{X})=\dfrac{\sigma^2}{n}$

10. 1) $\mu_{\overline{X}}=2.5,\ \sigma^2_{\overline{X}}=\dfrac{\sigma^2}{n}=\dfrac{\sigma^2}{10}=0.125$

2) $P(2.75\le Z\le 3.5)=P(0.71\le Z\le 2.82)$

$=0.2365$

11. $P\left(\dfrac{75-75}{\frac{10}{\sqrt{25}}}\le Z\le \dfrac{79-75}{\frac{10}{\sqrt{25}}}\right)=P(0\le Z\le 2)$

$=0.477$

12. $P(\overline{X}\ge 810)=P\left(Z\ge \dfrac{810-800}{\frac{40}{\sqrt{64}}}\right)=P(Z\ge 2)$

$=0.023$

13. $P\left(\overline{X}>\dfrac{1458}{36}\right)=P(\overline{X}>40.5)=P(Z>1.5)$

$=0.0668$

14. $P(|\overline{X}-5|\ge 0.027)=P(|Z|\ge 2.7)$

$=2(0.0035)=0.007$

15. $P(\overline{X}\ge 200)=P\left(Z\ge \dfrac{200-187.5}{54.5}\right)$

$=P(Z\ge 1.622)=0.0526$

16. $P(75 \le \overline{X} \le 95) = P\left(\dfrac{75-85}{\dfrac{37}{\sqrt{30}}} \le Z \le \dfrac{95-85}{\dfrac{37}{\sqrt{30}}}\right)$

$= P(-1.48 \le Z \le 1.48) = 0.8611$

17. $P(\overline{X} - \overline{Y} < 8.2) = P\left(X \le \dfrac{8.2-(50-40)}{\sqrt{\dfrac{9}{5}+\dfrac{4}{4}}}\right)$

$= P(Z < -1.08) = 0.1401$

18. $P(48 \le \overline{X} - \overline{Y} \le 52) = P(-2.62 \le Z \le 2.62)$

$= 0.9912$

19. $P(\overline{X} - \overline{Y} \ge 0.5) = P\left(Z \ge \dfrac{0.5-0}{\sqrt{\dfrac{1}{18}+\dfrac{1}{18}}}\right)$

$= P(Z \ge 1.5) = 0.067$

20. $P(\overline{X} - \overline{Y} \ge 1) = P\left(Z \ge \dfrac{1-(12.5-12)}{\sqrt{\dfrac{2^2}{36}+\dfrac{1.8^2}{36}}}\right)$

$= P(Z \ge 1.19) = 0.117$

21. $P(-3 \le \overline{X} - \overline{Y} \le 3)$

$= P(-0.478 \le Z \le 2.392) = 0.675$

22. 1) 0.05 2) 0.98 3) 0.8 4) 0.99

23. 1) 1.943 2) 2.131 3) 2.896 4) -2.718

24. 1) $P(-t_{0.005} < t < t_{0.01}) = 0.985$ 2) $P(t > -t_{0.025}) = 0.975$

25. 1) 15.51 2) 33.41 3) 21.92 4) 13.09

26. 1) 0.05 2) 0.413 3) 0.875 4) 0.513

27. 1) $\chi^2_{0.99} = 0.297$ 2) $\chi^2_{0.025} = 32.852$ 3) $\chi^2_{0.05} = 37.652$

그러므로 $\alpha = 0.05 - 0.045 = 0.005$, $\chi^2_{0.005} = 46.928$

28. 1) $\overline{x} = 103.6$, $s^2 = 22.8$

$\chi^2_0 = \dfrac{(n-1)s^2}{\sigma^2} = \dfrac{4 \times 22.8}{25} = 3.648$

2) $P(\chi^2 \ge 3.648) = 0.404$

29. 1) $P\left(\chi^2 < \dfrac{c \times 30}{5}\right) = 0.90$

$6c = 40.256$, $c = 6.71$

2) $P\left(\chi^2 \ge \dfrac{c \times 30}{5}\right) = 0.95$

$6c = 18.493$, $c = 3.08$

30. 1) $P(|t| \le c) = 0.95$, $c = 2.13$

2) $P(|t| \geq c) = 0.10, \quad c = 1.753$

31. 1) $P(S^2 > 9.1) = P\left(\frac{(n-1)S^2}{\sigma^2} > \frac{(24)(9.1)}{6}\right) = P(\chi^2 > 36.4) = 0.05$

2) $P(3.462 < S^2 < 10.745)$

$= P(13.848 < \chi^2 < 42.980)$

$= 0.95 - 0.01 = 0.94$

6장 신뢰구간 연습문제

1. 모수

2. n이 클 때, 비율은 정규분포에 따른다.

$s_p = \sqrt{\frac{p(1-p)}{n}}$, $0.43 \pm 1.96\sqrt{\frac{0.43 \times 0.57}{1000}}$

3. $n = 40, \quad \hat{p} = \frac{34}{40} = 0.85, \quad \hat{q} = 0.15, \quad z_{0.025} = 1.96$

따라서

$0.85 \pm (1.96)\sqrt{\frac{(0.85)(0.15)}{40}} = 0.85 \pm 0.111$

$0.739 < p < 0.961$

4. 1) $\hat{p} = \frac{590}{1000} = 0.59$

2) $SE(\hat{p}) = \sqrt{\frac{0.59 \times 0.41}{1000}} = 0.016$

3) $1.96SE(\hat{p}) = 1.96 \times 0.016 = 0.0314$

4) $(0.59 - 0.0314, 0.59 + 0.0314) = (0.558, 0.6214)$

5. $1.96\sqrt{\frac{0.04 \times 0.96}{n}} = 0.005$

$n = \frac{1.96^2 \times 0.04 \times 0.96}{(0.005)^2} \fallingdotseq 5900$

6. $1.96\frac{0.5}{\sqrt{n}} \leq 0.01$에서 $n \geq \frac{(1.96)^2}{(4)(0.01)^2} = 9604$

$n = 9604$

7. $(\overline{x_1} - \overline{x_2}) - 1.96\sigma < \mu_1 - \mu_2 < (\overline{x_1} - \overline{x_2}) + 1.96\sigma$

$\sigma = \sqrt{\frac{0.83^2}{100} + \frac{1.2^2}{144}} = 0.14$

$0.0856 < \mu_1 - \mu_2 < 0.6344$

8. $173.2 \pm t_{19,(0.025)} \dfrac{8.42}{\sqrt{20}} = 173.2 \pm 2.09 \dfrac{8.42}{\sqrt{20}}$

9. $\widehat{p_A} - \widehat{p_B} = 0.072 - 0.035 = 0.037(3.7\%)$

$(\widehat{p_A} - \widehat{p_B}) \pm$

$$1.96\sqrt{\frac{0.072(0.928)}{1000} + \frac{0.035(0.965)}{800}}$$

$= 0.037 \pm 1.96 \times 0.01044 = 0.037 \pm 0.0205$

$[0.0165,\ 0.0575]$

10. $0.05 - 0.04 \pm$

$$1.645\sqrt{\frac{0.05 \times 0.95}{1500} + \frac{0.04 \times 0.96}{2000}}$$

$-0.0017 < p_1 - p_2 < 0.0217$

11. $1.022 \pm 1.96 \dfrac{0.021}{\sqrt{100}} = 1.022 \pm 0.005$

$1.017 < \mu < 1.027(mm)$

12. 모집단 표준편차 σ는 미지이므로 표본의 표준편차 s로 대치한다. 즉 $\sigma \fallingdotseq s$이다.

$\overline{X} - 1.96 \dfrac{\sigma}{\sqrt{n}} \le \mu \le \overline{X} + 1.96 \dfrac{\sigma}{\sqrt{n}}$ 에서

$\overline{X} = 323.4, \quad \sigma \fallingdotseq s = 6.5, \quad n = 100$

즉 $323.4 - 1.274 \le \mu \le 323.4 + 1.274$

$\mu = 323.4 \pm 1.3(g)$

13. 95% 신뢰도로서

$\overline{X} - 2\dfrac{4.8}{\sqrt{n}} \le m \le \overline{X} + 2\dfrac{4.8}{\sqrt{n}}$

$|m - \overline{X}| \le 2\dfrac{4.8}{\sqrt{n}} = 0.5, \quad \dfrac{9.6}{\sqrt{n}} \le 0.5$

$\sqrt{n} = 19.2, \quad n = 369$

14. $1.96 \dfrac{40}{\sqrt{n}} \le 15$ 에서

$n \ge [(1.96)(40)/15]^2 = 27.35, \ n = 28$

15. $\overline{x} = 4.41, \quad s^2 = 4.959$

$\overline{x} \pm t_{0.05,(9)} \dfrac{s}{\sqrt{10}} = 4.41 \pm 1.29$

$3.12 < \mu < 5.70$

16. $\overline{x} = 2.163, \quad s = 0.519, \quad t_{0.005,(29)} = 2.76$

$\overline{x} \pm t_{\alpha,(n-1)} \dfrac{s}{\sqrt{n}} = 2.163 \pm 2.76 \dfrac{0.519}{\sqrt{30}}$

$1.96 < \mu < 2.35$

17. $n = 9,\ \overline{x} = 1.0056,\ s = 0.0245,\ t_{0.005,(8)} = 3.355$

99% 신뢰구간은 $0.978 < \mu < 1.033$이다.

18. $(\overline{x_1} - \overline{x_2}) - 1.96\sigma < \mu_1 - \mu_2 < (\overline{x_1} - \overline{x_2}) + 1.96\sigma$

$\sigma = \sqrt{\dfrac{0.83^2}{100} + \dfrac{1.2^2}{144}} = 0.14$

$0.0856 < \mu_1 - \mu_2 < 0.6344$

19. 1) $s_p^2 = \dfrac{9s_x^2 + 9s_y^2}{10+10-2}$

$= \dfrac{9(88.5481 + 240.5601)}{23} = 164.5541$

$s_p = \sqrt{164.5541} = 12.83$

2) $t_{0.05,(18)} = 1.734$이므로, 90% 신뢰구간은 다음과 같다.

$\left(1.5 - (1.734)(12.83)(0.4472),\ 1.5 + (1.734)(12.83)(0.4472)\right)$

$= (-8.45,\ 11.45)$

20. $n_A = n_B = 15,\ \overline{x_A} = 3.82,\ \overline{x_B} = 4.94,$

$s_A = 0.7794,\ s_B = 0.7538,\ s_p = 0.7667$

$t_{0.025,(28)} = 2.048$

$(4.94 - 3.82) \pm (2.048)(0.7667)\sqrt{1/15 + 1/15} = 1.12 \pm 0.57, \quad 0.55 < \mu_B - \mu_A < 1.69$

21. $n = 8,\ \overline{d} = -1112.5,\ s_d = 1454,\ t_{0.005,(7)} = 3.499$

$-1112.5 \pm (3.499)\dfrac{1454}{\sqrt{8}} = -1112.5 \pm 1798.7 - 2911.2 < \mu_D < 686.2$

22. 알약 복용 전후의 혈압차이 D_i를 모집단이 $N(\mu_D, \sigma_D^2)$인 분포로부터 추출한 표본이라 하면 μ_D에 대한 신뢰구간을 구하려면

$\overline{D} \pm t_{0.025,(14)}\dfrac{s_D}{\sqrt{15}}$

로부터 구할 수 있다. 자료로부터 표본의 평균과 표준편차는

$\overline{d} = \dfrac{1}{15}\sum d_i = 8.80, \quad s_D = \sqrt{\dfrac{\sum(d_i - \overline{d})^2}{n-1}} = 10.98$

이고, $t_{0.025,(14)} = 2.145$ 이므로 95% 신뢰구간은

$8.80 \pm 2.145\dfrac{10.98}{\sqrt{15}} = 8.80 \pm 6.08$ 혹은 $(2.72,\ 14.88)$이다.

23. 3.00 ± 5.24

24.

환자	1	2	3	4	5	6	7	8	9	10	합계
$A(X)$	1.9	0.8	1.1	0.1	−0.1	4.4	5.5	1.6	4.6	3.4	
$B(Y)$	0.7	−1.6	−0.2	1.2	−0.1	3.4	3.7	0.8	0.0	2.0	
차이	1.2	2.4	1.3	−1.1	0	1.0	1.8	0.8	4.6	1.4	13.4

위 표에서 $\sum d_i = 13.4$이므로 $\bar{d} = \frac{13.4}{10} = 1.34$, $s_d^2 = \frac{1}{n-1}\left[\sum d_i^2 - n\bar{d}^2\right] = 2.23822$

$s_d = \sqrt{2.2382} = 1.496$, $\alpha = 0.05$, 자유도 $= 10 - 1 = 9$, $t_{0.025,\,(9)} = 2.262$

이다. 그러므로 A, B 두 수면제의 차 μ_D에 대한 95% 신뢰구간은

$1.34 - 2.262\frac{1.496}{\sqrt{10}} < \mu_D < 1.34 + 2.262\frac{1.496}{\sqrt{10}}$, $0.27 < \mu_D < 2.41$이다.

25. $s^2 = 0.815$, $\chi^2_{0.975} = 0.484$, $\chi^2_{0.025} = 11.143$

$$\frac{(n-1)s^2}{\chi^2_{0.025}} < \sigma^2 < \frac{(n-1)s^2}{\chi^2_{0.975}}$$

$$\frac{4 \times 0.815}{11.143} < \sigma^2 < \frac{4 \times 0.815}{0.484}$$

$0.2926 < \sigma^2 < 6.74$

26. $\bar{x} = 14.61$, $s^2 = 0.7854$, $\chi^2_{0.975,\,(9)} = 2.70$

$\chi^2_{0.025,\,(9)} = 19.02$

$$\frac{9 \times 0.7854}{19.02} \le \sigma^2 \le \frac{9 \times 0.7854}{2.70}$$

$0.755 \le \sigma^2 \le 1.618$

27. 우선 측정값 10개의 표본분산을 구하면 다음과 같다.

$$s^2 = \frac{n\sum_{i=1}^{n} x_i^2 - \left(\sum_{i=1}^{n} x_i^2\right)}{n(n-1)}$$

$$= \frac{(10)(21{,}273.12) - (461.2)^2}{(10)(9)} = 0.286$$

$\alpha = 0.05$, 자유도 $= 9$, $\chi^2_{0.025} = 19.023$

$\chi^2_{0.975} = 2.700$

$$\frac{(9)(0.286)}{19.023} < \sigma^2 < \frac{(9)(0.286)}{2.700}$$

$0.135 < \sigma^2 < 0.953$

7장 검정 연습문제

1. $H_0 : p = 0.3$ (즉, 특별한 이유가 없다)

$$Z = \frac{\left|\frac{50}{200} - 0.3\right|}{\sqrt{\frac{0.3 \times 0.7}{200}}} = 1.54 < 1.96$$

H_0를 채택한다. 따라서 특별한 이유가 있다고 생각할 수 없다.

2. 1) $\hat{p}=0.5267$ 2) $H_0 : p=0.56,\quad H_a : p<0.56$

$$Z=\frac{0.5267-0.56}{\sqrt{0.56(1-0.56)/300}}=-1.1619$$

$-1.1619>z_{0.025}=-1.96$이므로 귀무가설을 기각하지 않는다. 즉, 유의수준 5%하에서 지지율이 내려갔다고 볼 수 없다.

3. $H_0 : p=0.6,\quad H_a : p>0.6$

$x=70,\ n=100,\ \hat{p}=0.7$

$$Z=\frac{0.7-0.6}{\sqrt{\frac{0.6\times 0.4}{100}}}=2.04$$

$2.04>1.645$이므로 H_0를 기각한다.

4. $H_0 : p=0.2,\quad H_a : p<0.2$

$$Z=\frac{\frac{136}{1000}-0.2}{\sqrt{\frac{0.2\times 0.8}{1000}}}=-5.06$$

$P-$값$=P(Z\leq -5.06)\simeq 0$이므로 H_0를 기각한다.

5. $H_0 : p_1=p_2,\quad H_a : p_1\neq p_2$

$$\bar{p}=\frac{63+59}{100+125}=0.5422$$

$$Z=\frac{\frac{63}{100}-\frac{59}{125}}{\sqrt{0.5422\times 0.4578\left(\frac{1}{100}+\frac{1}{125}\right)}}=2.36$$

$2.36>1.96$이므로 H_0를 기각한다.

6. $H_0 : p_1=p_2,\quad H_a : p_1>p_2$

$$\bar{p}=\frac{20+100}{200+150}=0.086$$

$$Z=\frac{\frac{20}{200}-\frac{10}{150}}{\sqrt{0.086\times 0.914\left(\frac{1}{200}+\frac{1}{150}\right)}}=1.10$$

$1.10<1.96$이므로 H_0를 기각할 수 없다.

즉, 도시지역에서 유방암이 더 발생한다는 충분한 근거가 없다.

7. $H_0 : p_1=p_2,\quad H_a : p_1>p_2$

$$\hat{p}_1=\frac{120}{200}=0.6,\ \hat{p}_2=\frac{240}{500}=0.48$$

$$\bar{p}=\frac{120+240}{200+500}=0.51$$

$$Z=\frac{0.60-0.48}{\sqrt{0.51\times 0.49\left(\frac{1}{200}+\frac{1}{200}\right)}}=2.9$$

$2.9>1.645$이므로 H_0를 기각한다.

8. 우측검정 $H_0: m=1850$, $H_a: m>1850$

$$Z=\frac{1900-1850}{\frac{120}{\sqrt{60}}}=3.23>1.65$$

H_0를 기각한다. 따라서 평균사용 시간이 길어졌다고 볼 수 있다.

9. $H_0: \mu=46$, $H_a: \mu<46$

$\overline{x}=42,\ s=11.9,\ n=12$

$$t=\frac{42-46}{\frac{11.9}{\sqrt{12}}}=-1.16$$

$-1.16>-t_{0.05,(11)}=-1.8$임로 H_0를 기각할 수 없다.

10. $H_0: \mu=110$, $H_a: \mu<110$

$\alpha=0.05,\ \overline{x}=108,\ s=11.95229, n=15$

$$t=\frac{108-110}{11.95/\sqrt{15}}=-0.6481$$

$-0.6481>-1.7161=t_{0.05,(14)}$

H_0를 기각하지 않는다.

11. 1) 모집단이 정규분포를 따른다.

2) $H_0: \mu>1000$, $H_a: \mu\neq 1000$

$$t=\frac{1216-1000}{495/\sqrt{20}}=1.9514$$

$1.9514<t_{0.025,(19)}=2.093$이므로 귀무가설을 기각하지 않는다. 즉, 유의수준 5% 하에서 수명기간 1000시간의 주장을 뒷받침한다.

12. 1) $$s_p^2=\frac{(n_1-1)s_1^2+(n_2-1)s_2^2}{n_1+n_2-2}$$
$$=\frac{(12-1)\times 4.2^2+(16-1)\times 3.7^2}{12+16-2}$$
$$=15.3612$$

2) $H_0: \mu_1=\mu_2$, $H_a: \mu_1\neq\mu_2$

$$t=\frac{(\overline{x_1}-\overline{x_2})-(\mu_1-\mu_2)}{\sqrt{s_p^2\left(\frac{1}{n_1}+\frac{1}{n_2}\right)}}=-5.3450$$

기각 영역 : $|t|>t_{0.025,(26)}=2.056$이므로 H_0를 기각한다.

3) 95% 신뢰구간 :

$$\overline{x}_1 - \overline{x}_2 \pm t_{0.025,\,(26)} \sqrt{s_p^2\left(\frac{1}{n_1}+\frac{1}{n_2}\right)}$$

$$= -8 \pm 3.0773$$

13. $H_0 : \mu_1 = \mu_2, \quad H_a : \mu_1 \neq \mu_2$

$\overline{x}_1 = 1.503,\ \overline{x}_2 = 1.476,\ s_1^2 = 0.005$

$s_2^2 = 0.006$

$$Z = \frac{\overline{x}_1 - \overline{x}_2}{\sqrt{s_1^2/n_1 + s_2^2/n_2}} = 5.76 > 1.96$$

H_0를 기각한다.

5%의 유의수준에서 유의적인 차이가 있다고 판단할 수 있다.

14. $s_p^2 = \dfrac{(10-1)3.78+(10-1)6.27}{10+10-2} = 3.23$

$H_0 : \mu_A = \mu_B, \quad H_a : \mu_A \neq \mu_B$

$n_A, n_B \leq 30$, 정규모집단일 때 t통계량을 이용한다.

$$t = \frac{(\overline{x}_A - \overline{x}_B) - (\mu_A - \mu_B)}{\sqrt{s_p^2\left(\frac{1}{n_A}+\frac{1}{n_B}\right)}} = -1.245$$

$-1.245 > -t_{0.001,\,(18)} = -2.878$이므로 H_0를 기각할 수 없다. 유의수준 1% 하에서 두 암기법에 유의한 차이가 있다고 할 수 없다.

15. $H_0 : \mu_1 - \mu_2 = 2, \quad H_a : \mu_1 - \mu_2 > 2$

$\overline{x}_1 = 85,\ \overline{x}_2 = 81,\ s_1 = 4,\ s_2 = 5,\ n_1 = 12\ \ n_2 = 10$

$$s_p = \sqrt{\frac{11\times16 + 9\times25}{12+10-2}} = 4.48$$

$$t = \frac{85-81-2}{4.48\sqrt{\frac{1}{12}+\frac{1}{10}}} = 1.04$$

$1.04 < t_{0.05,\,(20)} = 1.724$ 이므로 H_0를 기각할 수 없다.

16. $\overline{d} = 1,\ s_d^2 = 29.47,\ n = 16$

$H_0 : \mu_d = 0, \quad H_a : \mu_d \neq 0$

$$t = \frac{\overline{d} - \mu_d}{\sqrt{\frac{s_d^2}{n}}} = \frac{1}{\sqrt{\frac{29.47}{16}}} = 0.582$$

$0.582 < t_{0.005,\,(15)} = 2.947$이므로 H_0를 기각할 수 없다.

17. $H_0 : \mu_d = 0, \quad H_a : \mu_d > 0\ \ \overline{d} = 1.1$

$s_d = 9.34,\ t = \dfrac{1.1}{9.34/\sqrt{10}} = 0.037$

$0.037 < t_{0.05,(9)} = 1.83$

따라서 H_0를 기각하지 않는다.

18. $H_0 : \mu_d = 0, \quad H_a : \mu_d < 0 \quad \bar{d} = -54.13$

$s_d = 83.002, \ t = \dfrac{-54.13}{83.002/\sqrt{15}} = -2.53$

$-2.53 < -t_{0.05,(14)} = -1.76$

따라서 H_0를 기각한다.

19. $H_0 : \sigma^2 = 0.03, \quad H_a : \sigma^2 \neq 0.03$

$n = 10, \ s^2 = 0.0604$

$$\chi^2 = \frac{(n-1)s^2}{\sigma_0^2} = \frac{9 \times 0.0604}{0.03} = 18.12$$

$\chi^2_{0.995,(9)} = 1.735 < 18.12 < 23.578 < \chi^2_{0.005,(9)}$

이므로 H_0를 기각할 수 없다. 즉 모분산이 0.03이라고 할 수 있다.

20. $H_0 : \sigma^2 = 1.15, \quad H_a : \sigma^2 > 1.15$

$n = 25, \ s^2 = 2.03$이므로

$$\chi^2 = \frac{(n-1)s^2}{\sigma_0^2} = \frac{24 \times 2.03}{1.15} = 42.37$$

$42.37 > 36.415 = \chi^2_{0.05,(24)}$이므로 H_0를 기각할 수 있다. 즉, 기계가 관리하에 있지 않다고 할 수 있다.

21. $H_0 : \sigma^2 = 1, \quad H_a : \sigma^2 < 1$

$n = 10, \ s^2 = 0.16$

$$\chi^2 = \frac{(n-1)s^2}{\sigma_0^2} = \frac{9 \times 0.16}{1} = 1.44$$

$1.44 < \chi^2_{0.95,(9)} = 3.33$이므로 H_0를 기각할 수 있다. 즉 병채우기 시스템의 분산은 $1g$이하라고 할 수 있다.

8장 범주형자료분석 연습문제

1. H_0 :자료는 정규분포 $N(50, 0.5^2)$를 따른다.

H_a :자료는 정규분포 $N(50, 0.5^2)$를 따르지 않는다.

기대수는 다음과 같다.

$\widehat{E_1} = 225\,P(X \le 49.25) = 15.03$

$\widehat{E_2} = 225\,P(49.25 \le X \le 49.75) = 54.38$

$\widehat{E}_3 = 225\,P(49.75 \le X \le 50.25) = 86.18$

$\widehat{E}_4 = 225\,P(50.25 \le X \le 50.75) = 54.38$

$\widehat{E}_5 = 225\,P(X \ge 50.75) = 15.03$

$$\chi^2 = \frac{(25-15.03)^2}{15.03} + \frac{(61-54.38)}{54.38} + \cdots + \frac{(10-15.03)^2}{15.03} = 12.53$$

$12.53 > \chi^2_{0.025,\,(4)} = 11.14$이므로 H_0를 기각한다.

2. $H_0 : p_1 = p_2 = p_3 = p_4 = p_5 = \dfrac{1}{5}$

$H_a : p_i \ne \dfrac{1}{5}$인 i가 존재한다.

$\widehat{E}_1 = \widehat{E}_2 = \widehat{E}_3 = \widehat{E}_4 = \widehat{E}_5 = 100 \times \dfrac{1}{5} = 20$

$$\chi^2 = \frac{(14-20)^2}{20} + \cdots + \frac{(16-20)^2}{20} = 10$$

$10 > \chi^2_{0.05,\,(4)} = 9.488$이므로 H_0를 기각할 수 있다. 즉 성적들의 분포는 균일하다고 할 수 없다.

3. H_0 :초파리의 비율이 1:3:3:9이다.

H_a :초파리의 비율이 1:3:3:9가 아니다.

$$\chi^2 = \frac{\left(226 - 4000 \times \frac{1}{16}\right)^2}{4000 \times \frac{1}{16}} + \cdots + \frac{\left(2277 - 4000 \times \frac{9}{16}\right)^2}{4000 \times \frac{9}{16}} = 3.27$$

$3.27 < \chi^2_{0.1,\,(3)} = 6.25$이므로 H_0를 기각할만한 충분한 증거가 없다.

4. $H_0 : p_1 = p_2 = p_3$

$H_a : H_0$이 아니다.

$$\frac{1372 + 1578 + 1686}{3} = 1545$$

$$\chi^2 = \frac{(1372-1545)^2}{1545} + \cdots + \frac{(1686-1545)^2}{1545} = 32.94$$

$32.94 > \chi^2_{0.05,\,(2)} = 5.99$이므로 시간에 따른 사상자수가 다르다는 충분한 증거가 있다.

5. 각 경품의 기대도수 : $500 \times \dfrac{1}{3} = 166.7$

관측도수와 기대도수의 차인 잔차는 다음과 같다.

경품	티셔츠	커피잔	귀걸이
기대도수	166.7	166.7	166.7
잔차	16.3	8.3	-24.7

$$\chi^2 = \frac{(16.3)^2}{166.7} + \frac{(8.3)^2}{166.7} + \frac{(-24.7)^2}{166.7} = 5.667$$

$5.667 < \chi^2_{0.05,\,(2)} = 5.991$

따라서, 경품의 선호도에 차이가 있다고 결론지을 수 없다.

6. H_0 : 범죄발행건수는 각 지역과 무관하다.

H_a : 범죄발행건수는 각 지역과 무관하지 않다.

$\alpha = 0.01$, 기각역 : $\chi^2 > 21.666$,

자유도=9. 다음은 기대 도수이다.

지역	강간	강도	절도	살인
1	186.4	125.8	423.5	13.3
2	380.0	256.6	863.4	13.3
3	228.7	154.4	519.6	27.1
4	214.9	145.2	488.5	15.3

$$\chi^2 = \frac{(162-186.4)^2}{186.4} + \frac{(118-125.8)^2}{125.8} + \cdots + \frac{(19-15.3)^2}{15.3} = 124.59$$

H_0를 기각한다. 즉, 범죄발행건수는 각 지역과 무관하지 않다.

7.

나이/자동차	A	B	C	D	E
30세 미만	50.38	31.49	40.78	25.19	61.17
30~50세	52.25	32.66	42.30	26.13	69.67
50세 이상	65.37	40.86	52.92	32.69	87.16

H_0 : 나이와 자동차 선호도는 무관하다.

H_a : 나이와 자동차 선호도는 관련이 있다.

$\chi^2 = 103.7221 > \chi^2_{0.05,\,(8)} = 15.5073$이므로 나이에 따라 자동차의 선호도가 다르다고 할 수 있다.

8. H_0 : 고혈압의 유무는 흡연정도에 독립이다.

H_a : 고혈압의 유무는 흡연정도에 종속이다.

$\alpha = 0.05$, 기각역 : $\chi^2 > 5.991$, 자유도=2.

다음은 기대 도수이다.

	비흡연자	보통 흡연자	골초
고혈압	33.4	30.0	23.6
정상	35.6	32.0	25.4

$$\chi^2 = \frac{(21-33.4)^2}{33.4} + \cdots + \frac{(19-25.4)^2}{25.4} = 14.60$$

H_0를 기각한다. 즉, 고혈압의 유무는 흡연정도에 종속이다.

9. $df = (4-1)(4-1) = 9,\ \chi^2_{0.001,\,(9)} = 27.88$

$87.6 > 27.88$이므로 유의수준 0.1% 하에서 운동 강도와 흡연습관에 상관관계가 있다는 충분한 근거가 있다.

10. H_0 :등급과 기계의 종류는 독립이다.

H_a :등급과 기계의 종류는 종속이다.

기대도수는 다음과 같다.

	기계1	기계2	기계3
1등급	77.86	56.84	46.89
2등급	13.51	16.16	13.33

또한, 검정통계량 값은

$$\chi^2 = \frac{(78-77.86)^2}{77.86} + \cdots + \frac{(30-13.33)^2}{13.33} = 9.376$$

$9.736 > \chi^2_{0.01,\,(2)} = 9.21$이므로 귀무가설 H_0는 기각된다. 즉, 제품의 등급과 기계종류 간 차이가 존재한다고 볼 수 있다.

11. p_1, p_2, p_3를 낮, 저녁, 밤에 생산된 불량률이라 하면, 검정하고자 하는 가설은 다음과 같다.

H_0 :낮, 저녁, 그리고 밤에 생산되는 제품의 불량률은 서로 같다.

H_a :낮, 저녁, 그리고 밤에 생산되는 제품의 불량률은 서로 같지 않다.

기대도수

$$\widehat{E_{11}} = \frac{230 \times 1200}{3000} = 92$$

$$\cdots\quad \widehat{E_{23}} = \frac{2770 \times 800}{3000} = 738.7$$

와 같이 계산하면 아래의 표로 나타낼 수 있다.

	기대도수		
	낮	저녁	밤
불량품	92.0	76.7	61.3
양품	1108	923.3	738.7

자유도 $= (2-1)(3-1) = 2$이고, 검정통계량의 값은

$$\chi^2 = \frac{(80-92)^2}{92} + \cdots + \frac{(720-738.7)^2}{738.7} = 8.476 \ > \ \chi_{0.025,\ (2)} =$$

H_0를 기각할 수 있다. 즉, 낮, 저녁, 그리고 밤에 생산되는 제품의 불량률은 차이가 있다고 할 수 있다.

12. H_0 : 유권자들의 후보A 지지율, 후보B의 지지율 및 미결정 비율은 각 도시마다 동일하다.

H_a : 유권자들의 후보A 지지율, 후보B의 지지율 및 미결정 비율은 각 도시마다 동일하지 않다.

$\alpha = 0.05$, 기각역 : $\chi^2 > 5.991$, 자유도=2. 다음은 기대 도수이다.

유권자의 성향	도시	
	성남	수원
후보A 지지	214.5	214.5
후보B 지지	204.5	204.5
미결정	81	81

$$\chi^2 = \frac{(204-214.5)^2}{214.5} + \cdots + \frac{(77-81)^2}{81} = 1.84$$

H_0를 기각할 수 없다. 즉, 유권자들의 후보A 지지율, 후보B의 지지율 및 미결정 비율은 각 도시마다 동일하다고 할 수 있다.

13. H_0 : 두 공정 간에는 차이가 없다.

H_a : 두 공정 간에는 차이가 있다.

기대도수 $\widehat{E_{11}} = \frac{700 \times 1482}{1653} = 627.59$

$\widehat{E_{12}} = \frac{700 \times 171}{1653} = 72.41$

$\widehat{E_{21}} = \frac{953 \times 1482}{1653} = 854.41$

$\widehat{E_{22}} = \frac{953 \times 171}{1653} = 98.59$와

같이 나타내면 아래 표로 나타낼 수 있다.

	양품	불량품
선 공정	627.59	72.41
앉은 공정	854.41	98.59

$$\chi^2 = \frac{(651-627.59)^2}{627.59} + \cdots + \frac{(122-98.59)^2}{98.59} = 554.137$$

$554.137 > \chi^2_{0.01,\ (1)} = 6.635$이므로 H_0를 기각 할 수 있다. 즉, 전기부품의 납땜 공정에서 작업자가 서서하는 공정과 앉아서 하는 공정에서 양품과 불량품 생산에 차이를 유발한다.

14. H_0 : 지역에 따라 찬성률이 같다.

H_a : 지역에 따라 찬성률이 다르다.

기대도수 $\widehat{E_{11}} = \dfrac{400 \times 400}{1100} = 171.3$

$\widehat{E_{12}} = \dfrac{629 \times 400}{1100} = 22.87$

$\widehat{E_{21}} = \dfrac{471 \times 350}{1100} = 149.9$

$\widehat{E_{22}} = \dfrac{629 \times 350}{1100} = 200.1$

$\widehat{E_{31}} = \dfrac{471 \times 350}{1100} = 149.9$

$\widehat{E_{22}} = \dfrac{629 \times 350}{1100} = 200.1$

$$\chi^2 = \frac{(198 - 171.3)^2}{171.3} + \cdots + \frac{(217 - 200.1)^2}{200.1} = 11.75$$

$11.75 > \chi^2_{0.05,\,(2)} = 5.99$이므로 H_0를 기각 할 수 있다. 즉, 지역에 따라 찬성률에 차이가 있다.

9장 회귀분석 연습문제

1. $n = 6,\ \sum x_i = 464,\ \sum y_i = 476,$

$\sum x_i y_i = 36926,\ \sum x_i^2 = 36354,\ \sum y_i^2 = 38254$

$\bar{x} \fallingdotseq 77.3333,\ \bar{y} \fallingdotseq 79.3333$

$$r = \frac{\frac{1}{n-1}\sum (x_i - \bar{x})(y_i - \bar{y})}{s_x s_y}$$

$$= \frac{\sum x_i y_i - n\bar{x}\bar{y}}{\sqrt{\left(\sum x_i^2 - n\bar{x}^2\right)\left(\sum y_i^2 - n\bar{y}^2\right)}} \fallingdotseq 0.2397$$

2. $n = 7,\ \sum x_i = 96,\ \sum y_i = 122,$

$\sum x_i y_i = 1217,\ \sum x_i^2 = 1702,\ \sum y_i^2 = 3324$

$\bar{x} \fallingdotseq 13.7143,\ \bar{y} \fallingdotseq 17.4286$

$$r = \frac{\frac{1}{n-1}\sum(x_i - \bar{x})(y_i - \bar{y})}{s_x s_y}$$

$$= \frac{\sum x_i y_i - n\bar{x}\bar{y}}{\sqrt{\left(\sum x_i^2 - n\bar{x}^2\right)\left(\sum y_i^2 - n\bar{y}^2\right)}} \fallingdotseq -0.6174$$

$r = -0.6174$이므로 강한 음의 상관관계를 나타내고, $r^2 \fallingdotseq 0.4508$이므로 전체의 45%는 선형관계로 설명될 수 있다.

3. 1) $n = 11$, $\sum x_i = 16.5$, $\sum y_i = 99.6$,

$\sum x_i y_i = 151.71$, $\sum x_i^2 = 25.85$, $\bar{x} = 1.5$,

$\bar{y} = 99.6/11$

$$b_1 = \frac{s_{xy}}{s_{xx}} = \frac{\sum x_i y_i - n\bar{x}\bar{y}}{\sum x_i^2 - n\bar{x}^2 = 2.1}$$

$b_0 = \bar{y} - b_1\bar{x} \fallingdotseq 5.9045$, $\therefore \hat{y} = 5.9045 + 2.1x$

2) $x = 1.75$일 때,

$\hat{y} = 5.9045 + 2.1 \times 1.75 = 9.5795$이다.

4. 39.9%

5. 1) $n = 5$, $\sum x_i = 15$, $\sum y_i = 19$, $\sum x_i y_i = 64$,

$\sum x_i^2 = 55$, $\bar{x} = 3$, $\bar{y} = 3.8$

$$b_1 = \frac{s_{xy}}{s_{xx}} = \frac{\sum x_i y_i - n\bar{x}\bar{y}}{\sum x_i^2 - n\bar{x}^2 = 0.7}$$

$b_0 = \bar{y} - b_1\bar{x} = 1.7$, $\therefore \hat{y} = 1.7 + 0.7x$

2) $s_x^2 = \dfrac{\sum x^2 - n\bar{x}^2}{n-1} = 2.5$,

$s_y^2 = \dfrac{\sum y^2 - n\bar{y}^2}{n-1} = 2.7$

$s_e^2 = \dfrac{SSE}{n-2} = 1.9667$

3) 가설설정 : $H_0 : \beta_1 = 0$, $\quad H_a : \beta_1 \neq 0$

유의수준 : $\alpha = 0.05$

검정통계량

$$t = \frac{b_1 s_x \sqrt{n-1}}{s_e} \fallingdotseq 1.5785,$$

기각역 : $|t| \geq t_{0.025,(3)} = 3.182$

결과판정 : $|t| = 1.5785 < 3.182 = t_{0.025,(3)}$이므로, H_0를 기각할 수 없다. 즉, $\beta_1 = 0$이라고 할 수 있다.

4) β_1의 신뢰구간은

$$b_1 - t_{\frac{\alpha}{2},(n-2)}\frac{s_e}{s_x\sqrt{n-1}} < \beta_1 <$$

$$b_1 + t_{\frac{\alpha}{2},(n-2)}\frac{s_e}{s_x\sqrt{n-1}}$$

$$0.7-3.182\frac{\sqrt{1.9667}}{\sqrt{2.5}\sqrt{4}} < \beta_1 <$$

$$0.7+3.182\frac{\sqrt{1.9667}}{\sqrt{2.5}\sqrt{4}}$$

$-0.7111 < \beta_1 < 2.1111$이 된다.

6. 1) $n=11,\ \sum x_i = 16.5,\ \sum y_i = 100.4,$

$\sum x_i y_i = 152.59,\ \sum x_i^2 = 25.85$

$$b_1 = \frac{(11)(152.29)-(16.5)(100.4)}{(11)(25.85)-(16.5)^2} = 1.8901$$

$$b_0 = \frac{100.4-(1.8091)(16.5)}{11} = 6.4136, \quad \hat{y} = 6.4136+1.8901x$$

2) $x=1.75,$

$\hat{y} = 6.4136+(1.8091)(1.75) = 9.580$

3) $s_{xx} = 25.85-16.5^2/11 = 1.1$

$s_{yy} = 923.58-100.4^2/11 = 7.2018$

$s_{xy} = 152.59-(165)(100.4)/11 = 1.99$

$b_0 = 6.4136,\ b_1 = 1.8091$

$$s_e = \frac{7.2018-1.8091^2\times 1.1}{9} = 0.4$$

4) $1.8091 \pm (2.262)(0.632)/\sqrt{1.1}$

$0.446 < b_1 < 3.172$

7. 1) 잔차플롯이 곡선이 아니므로 직선이 적합한 모형이다.

2) $b_1 = 0.959$　3) $r = 0.96$　4) $\hat{y} = 0.95893\times 80+256.576 = 333.3$　5) $333.3+2 = 335.3$

8. $b_1 = r\dfrac{s_y}{s_x} = 0.15\times\dfrac{42{,}000}{1.3} = 4846.15$

$b_0 = \bar{y}-b_1\bar{x} = 208{,}000-4{,}846.15\times 6.2$

$= 177{,}954$

이므로 $y = 4{,}846.15x+177{,}954$

9. 1) $y = 0.89 + 1.03x$

2) $b_1 \pm t_{0.005, (18)} s_{b_1} = 1.03 \pm 2.87 \times 0.082$

$$= (0.795, 1.265)$$

3) 가설검정 : $H_0 : \beta_1 = 0, \quad H_a : \beta_1 \neq 0$

유의수준 : $\alpha = 0.05$

검정통계량 :

$$t = \frac{b_1 s_x \sqrt{n-1}}{s_{b_1}} = 12.6,$$

기각역 : $|t| \geq t_{0.025, (18)} = 2.10$

결과판정 : $|t| = 12.6 > 2.10 = t_{0.025, (18)}$이므로, H_0를 기각한다.

10. 1) $y = 385.39 + 9.85x$, $r^2 = 0.13$, $r = 0.37$

2) $b_1 \pm t_{0.005, (13)} s_{b_1} = (-5.15, 24.86)$

3) $t = 1.4185$, $1.4185 < t_{0.025, (13)} = 2.16$이므로 H_0를 채택한다. 즉 선형관계가 의미가 없다.

11. 1) $y = 1.926x - 3593$, $r = 0.989$

2) $\log y = 0.005639t + 1.905$

$t = x - 1900$, $r = 0.996$

3) 비선형모형에서

$\log y = 0.005639(200) + 1.905 = 3.0328$

$y = 1078(million)$

$\log 300 = 0.005639t + 1.905$

$t = 101$ 그러므로 $1900 + 101 = 2001$년

선형모형에서 $1.926 \times 2100 - 3593 = 452$(millions)

$300 = 1.926x - 3593$에서, $x = 2021.29$년

4) 비선형 모형이 더 큰 상관계수를 갖고 더 정확하다.

12. 1) $\log y = -0.342 + 1.486 \log x$, $r = 0.9997$

2) $\log y = -0.342 + 1.486 \log 5000 = 5.155$,

$y = 142.780$일

3) $\log 45{,}000 = -0.342 + 1.486 \log x$

$\log x = 3.362$, 따라서 $x = 2{,}300$(million days)

10장 분산분석 연습문제

1.

요인	제곱합	자유도	평균제곱합	F
처리	320	2	160	8
잔차	180	9	20	
계	500	11		

2. 이 예제는 일원배치법의 모형에서 $k=4, n=5$인 경우, 즉,

$Y_{ij}=\mu+\alpha_i+e_{ij},\ i=1,2,3,4,\ j=1,2,\cdots,5$

로서 오차항 e_{ij}에 대한 가정이 전제된 것이다. 그리고 검정하고자 하는 가설은

$H_{0\alpha}:\alpha_1=\cdots=\alpha_4=0,\ H_a$:적어도 한 α_i는 0이 아니다

이다. 주어진 자료에서

$SS_T=(47-41.35)^2+\cdots+(25-41.35)^2=334.55$

$SS_{tr}=5[(52.6-41.35)^2+\cdots+(28.0-41.35)^2]=1826.55$

$SSE=(47-52.6)^2+\cdots+(25-28.0)^2=1508.00$

을 얻을 수 있으며, 총 제곱합 SST의 자유도는 $4\times5-1=19$이며, 처리제곱합 SS_{tr}의 자유도는 4-1=3, 잔차제곱합 SSE의 자유도는 $20-4=16$이다.

이로부터 평균제곱과 F검정통계량의 관측값을 구해보면

$MS_{tr}=SS_{tr}/3=608.85$

$MSE=SSE/16=94.25$

$f=MS_{tr}/MSE=608.85/94.25=6.46$

이며, 부록의 F 분포표에서 $F\sim F(3,16)$일 때

$0.001<P(F\geq6.46)<0.01$

임을 알 수 있으며, 실제로 통계패키지를 이용하면 유의확률은

$P=P(F\geq6.46)=0.0045$

이다. 이로부터 농도에 따라 직물의 인장강도에 유의한 차이가 있다는 결론을 유의수준 5%에서 내릴 수 있다.

3. 이 예제는 $k=3, n_1=4, n_2=5, n_3=6$인 일원배치법의 모형으로 공정간의 유의성을 판단하기 위한 가설

$H_0:\alpha_1=\alpha_2=\alpha_3=0,\ H_a$: 적어도 한 α_i는 0이 아니다.

을 검정하기 위한 제곱합을 계산하면

$SS_T=(2-4.8)^2+\cdots+(8-4.8)^2=36.4$

$SS_{tr}=4(3.5-4.8)^2+\cdots+6(6.0-4.8)^2=16.2$

$SSE=(2-3.5)^2+\cdots+(8-6.0)^2=20.2$

이고, 각각의 자유도는 4+5+6-1=14, 3-1=2, 15-3=12이다. 따라서 이로부터 평균제곱과 F검정 통계량의 관측값을 구해보면

$MS_{tr} = SS_{tr}/2 = 8.1$

$MSE = SSE/12 = 1.68$

$f = MS_{tr}/MSE = 8.1/1.68 = 4.82$

이며, 부록의 F 분포표에서 $F \sim F(2,12)$일 때

$P(F \geq 4.82) < 0.05$

임을 알 수 있으며, 실제로 통계패키지를 이용하면 유의확률은

$P = P(F \geq 4.82) = 0.0292$

이다. 이로부터 공정에 따라 철선의 인장강도에 유의한 차이가 있다는 결론을 유의수준 5%에서 내릴 수 있으며, 이러한 검정과정을 분산분석표로 나타내면 아래의 표와 같다.

요 인	제곱합	자유도	평균제곱	F값	유의확률
처 리	16.2	2	8.1	4.82	0.0292
잔 차	20.2	12	1.68		
계	36.4	14			

4. 강좌의 효과를 α_i라 하고, 학생의 효과를 β_j라 하면,

1) 가설 설정:

① $H_{0\alpha}: \alpha_1 = \alpha_2 = \alpha_3 = \alpha_4 = 0$, $H_{1\alpha}: \alpha_i \neq 0$인 i가 존재한다.

② $H_{o\beta}: \beta_1 = \beta_2 = \beta_3 = \beta_4 = \beta_5 = 0$, $H_{1\beta}: \beta_j \neq 0$인 j가 존재한다.

2) 계 산 :

$T_{1\cdot}$	$T_{2\cdot}$	$T_{3\cdot}$	$T_{4\cdot}$	$T_{\cdot\cdot}$
370	373	379	359	1481

$T_{\cdot 1}$	$T_{\cdot 2}$	$T_{\cdot 3}$	$T_{\cdot 4}$	$T_{\cdot 5}$	$T_{\cdot\cdot}$
259	354	275	271	322	1481

요 인	제곱합	자유도	평균제곱	검정통계량	임계값
A	42.15	3	14.050	0.1516	$F_{0.05}(3,12) = 3.49$
B	1618.70	4	404.675	4.3667	$F_{0.05}(4,12) = 3.26$
오 차	1112.10	12	92.675		
총 합	2772.95	19			

3) 결과판정 :

① $F_A = 0.1516 < 3.49 = F_{0.05}(3,12)$이므로, $H_{0\alpha}$를 기각할 수 없다. 즉, 강좌들의 난이도는 차이가 있다고 할 수 없다.

② $F_B = 4.3667 > 3.26 = F_{0.05}(4,12)$이므로, $H_{0\beta}$를 기각할 수 있다. 즉, 학생들의 능력은 차이가 있다고 할 수 있다.

5. 기계의 효과를 α_i라 하고, 기능공의 효과를 β_j라 하면,

1) 가설설정 :

① $H_{0\alpha}: \alpha_1 = \alpha_2 = \alpha_3 = \alpha_4 = 0$, $H_{1\alpha}: \alpha_i \neq 0$인 i가 존재한다.

② $H_{o\beta}: \beta_1 = \beta_2 = \beta_3 = \beta_4 = \beta_5 = 0$, $H_{1\beta}: \beta_j \neq 0$인 j가 존재한다.

2) 계 산 :

$T_{1\cdot}$	$T_{2\cdot}$	$T_{3\cdot}$	$T_{4\cdot}$	$T_{\cdot\cdot}$
483	469	465	483	1900

$T_{\cdot 1}$	$T_{\cdot 2}$	$T_{\cdot 3}$	$T_{\cdot 4}$	$T_{\cdot 5}$	$T_{\cdot\cdot}$
375	379	380	373	373	1900

$$SS_T = \sum_{i=1}^{4}\sum_{j=1}^{5} x_{ij}^2 - \frac{T_{\cdot\cdot}^2}{n} = (68^2 + 83^2 + \cdots + 87^2) - \frac{1481^2}{20} = 2772.95$$

$$SS_A = \frac{1}{l}\sum_{i=1}^{4} T_{i\cdot}^2 - \frac{T_{\cdot\cdot}^2}{n}$$

$$= \frac{1}{5}(370^2 + 373^2 + 379^2 + 359^2) - \frac{1481^2}{20} = 42.15$$

$$SS_B = \frac{1}{k}\sum_{j=1}^{5} T_{\cdot j}^2 - \frac{T_{\cdot\cdot}^2}{n}$$

$$= \frac{1}{4}(259^2 + 354^2 + 275^2 + 271^2 + 322^2) - \frac{1481^2}{20} = 1618.70$$

$$SSE = SS_T - SS_A - SS_B = 1112.10$$

$$\nu_T = n-1 = 19,\ \nu_A = k-1 = 3,\ \nu_B = l-1 = 4,\ \nu_E = (k-1)(l-1) = 12$$

$$SS_T = \sum_{i=1}^{4}\sum_{j=1}^{5} x_{ij}^2 - \frac{T_{\cdot\cdot}^2}{n} = (90^2 + 98^2 + \cdots + 99^2) - \frac{1900^2}{20} = 188$$

$$SS_A = \frac{1}{l}\sum_{i=1}^{4} T_{i\cdot}^2 - \frac{T_{\cdot\cdot}^2}{n}$$

$$= \frac{1}{5}(483^2 + 469^2 + 465^2 + 483^2) - \frac{1900^2}{20} = 52.8$$

$$SS_B = \frac{1}{k}\sum_{j=1}^{5} T_{\cdot j}^2 - \frac{T_{\cdot\cdot}^2}{n}$$

$$= \frac{1}{4}(375^2 + 379^2 + 380^2 + 383^2 + 383^2) - \frac{1900^2}{20} = 11$$

$$SSE = SS_T - SS_A - SS_B = 124.2$$

$$\nu_T = n-1 = 19,\ \nu_A = k-1 = 3,\ \nu_B = l-1 = 4,\ \nu_E = (k-1)(l-1) = 12$$

요 인	제곱합	자유도	평균제곱	검정통계량	임계값
A	52.8	3	17.60	1.7005	$F_{0.05}(3,12) = 3.49$
B	11.0	4	2.75	0.2657	$F_{0.05}(4,12) = 3.26$
오 차	124.2	12	10.35		
총 합	188.0	19			

3) 결과판정 :

① $F_A = 0.1516 < 3.49 = F_{0.05}(3,12)$ 이므로, $H_{0\alpha}$를 기각할 수 없다. 즉, 제품을 생산하는데 기계들의 효과는 차이가 있다고 할 수 없다.

② $F_B = 4.3667 > 3.26 = F_{0.05}(4,12)$ 이므로, $H_{0\beta}$를 기각할 수 없다. 즉, 제품을 생산하는데 기능공들의 효과는 차이가 있다고 할 수 없다.

6. 1) 가설설정 : $H_0 : \alpha_1 = \alpha_2 = \alpha_3 = \alpha_4 = 0,\ H_1 : \alpha_i \neq 0$인 i가 존재한다.

2) 계 산 :

$T_1.$	$T_2.$	$T_3.$	$T_4.$	$T..$
35.5	40.8	40.2	34.4	150.9

$$SS_T = \sum_{i=1}^{4}\sum_{j=1}^{n_i} x_{ij}^2 - \frac{T_{..}^2}{n} = (8.2^2 + 8.7^2 + \cdots + 7.1^2) - \frac{150.9^2}{20} = 19.3495$$

$$SS_A = \sum_{i=1}^{4} \frac{T_{i.}^2}{n_i} - \frac{T_{..}^2}{n}$$

$$= (\frac{35.5^2}{4} + \frac{40.8^2}{5} + \frac{40.2^2}{6} + \frac{34.4^2}{5}) - \frac{150.9^2}{20} = 15.462$$

$$SSE = SS_T - SS_A = 3.8857$$

$$\nu_r = n-1 = 19,\ \nu_A = k-1 = 3,\ \nu_E = \nu_r - \nu_A = 16$$

요 인	제곱합	자유도	평균제곱	검정통계량	임계값
처 리	15.4620	3	5.1540	21.2099	$F_{0.05}(3,16) = 5.29$
오 차	3.8875	16	0.2430		
총 합	19.3495	19			

3) 결과판정 : $F = 21.2099 > 5.29 = F_{0.01}(3,16)$ 이므로, H_0를 기각할 수 있다. 즉 4가지 농도에 따라 식물들의 평균 성장에는 차이가 있다고 할 수 있다.

7. 플라스틱 유형의 효과를 α_i라 하고, 습도의 효과를 β_j라 하면,

1) 가설설정 :

① $H_{0\alpha} : \alpha_1 = \alpha_2 = \alpha_3 = 0,\ H_{1\alpha} : \alpha_i \neq 0$ 인 i가 존재한다.

② $H_{o\beta} : \beta_1 = \beta_2 = \beta_3 = \beta_4 = 0,\ H_{1\beta} : \beta_j \neq 0$인 j가 존재한다.

2) 계 산 :

$T_1.$	$T_2.$	$T_3.$	$T..$
138.9	122.3	114.2	375.4

$T._1$	$T._2$	$T._3$	$T._4$	$T..$
103.3	89.5	90.2	92.4	375.4

$$SS_T = \sum_{i=1}^{3}\sum_{j=1}^{4} x_{ij}^2 - \frac{T^2_{\cdot\cdot}}{n} = (39.0^2 + 33.1^2 + \cdots + 30.9^2) - \frac{375.4^2}{12} = 171.1767$$

$$SS_A = \frac{1}{l}\sum_{i=1}^{3} T_{i\cdot}^2 - \frac{T^2_{\cdot\cdot}}{n}$$

$$= \frac{1}{4}(138.9^2 + 122.3^2 + 114.2^{2^2}) - \frac{375.4^2}{12} = 79.2717$$

$$SS_B = \frac{1}{k}\sum_{j=1}^{4} T^2_{\cdot j} - \frac{T^2_{\cdot\cdot}}{n}$$

$$= \frac{1}{3}(103.3^2 + 89.5^2 + 90.2^2 + 92.4^2) - \frac{375.4^2}{12} = 41.2167$$

$$SSE = SS_T - SS_A - SS_B = 50.6883$$

$$\nu_T = n-1 = 11,\ \nu_A = k-1 = 2,\ \nu_B = l-1 = 3,\ \nu_E = (k-1)(l-1) = 6$$

요 인	제곱합	자유도	평균제곱	검정통계량	임계값
A	79.2717	2	39.6359	4.6917	$F_{0.05}(2,6) = 5.14$
B	41.2167	3	13.7389	1.6263	$F_{0.05}(3,6) = 4.76$
오 차	5036883	6	8.4481		
총 합	171.1767	11			

3) 결과판정 :

① $F_A = 4.6917 < 5.14 = F_{0.05}(2,6)$ 이므로, $H_{0\alpha}$를 기각할 수 없다. 즉, 플라스틱 유형에 따라 필요한 힘은 차이가 있다고 할 수 없다.

② $F_B = 1.6263 < 4.76 = F_{0.05}(3,6)$ 이므로, $H_{0\beta}$를 기각할 수 없다. 즉, 습도에 따라 필요한 힘은 차이가 있다고 할 수 없다.

Memo

찾아보기

| 자 |

| 차 |

| 카 |

| 타 |

| 파 |

| 하 |

| 기타 |

저자 소개

손방용

고려대학교에서 수리통계학으로 이학박사학위를 취득하였으며, 현재 대진대학교에서 강의를 하고 있다. 또한 그동안의 강의 경험을 바탕으로 다수의 저서를 집필하였다.
저서로는『선형대수학』,『미적분학』,『실용문서 편집기』,『유티즌을 위한 인터넷 활용』등과 다수의 논문이 있다.

민만식

고려대학교에서 수리통계학으로 이학박사학위를 취득하였으며, 현재 대진대학교에서 강의를 하고 있다. 또한 그동안의 경험을 바탕으로 다수의 저서를 집필하였다.
저서로는『미분방정식과 미적응용』,『확률과 통계』,『통계수학』,『선형대수학』,『미분적분학』등과 다수의 논문이 있다.

SPSS를 활용한
통계학

2012년 2월 25일 초판 1쇄 발행

저　자 / 손방용 · 민만식
발행자 / 오판근
발행처 / 교우사

주　소 / 서울 동대문구 약령시로 8 교우빌딩 2층
전　화 / 925-2861~2, 편집부 / 925-2825
팩　스 / 925-2860

E-mail / kyowoo@kyowoo.co.kr
http://www.kyowoo.co.kr

등록 / 1994. 3. 24 제6-0256호

ISBN 978-89-8172-919-6 (93310)

값 24,000 원